NEY DE SOUZA (Org.)

Teologia em Diálogo

*Os desafios da reflexão
teológica na atualidade*

EDITORA
SANTUÁRIO

DIRETOR EDITORIAL:
Marcelo C. Araújo

EDITORES:
Avelino Grassi
Edvaldo Manoel de Araújo
Márcio F. dos Anjos

COORDENAÇÃO EDITORIAL:
Ana Lúcia de Castro Leite

COPIDESQUE:
Leila Cristina Dinis Fernandes

REVISÃO:
Ana Lúcia de Castro Leite

DIAGRAMAÇÃO:
Juliano de Sousa Cervelin
Simone Godoy

CAPA:
Alfredo Castillo

Todos os direitos reservados à Editora Santuário – 2010/2011

**Dados Internacionais de Catalogação na Publicação (CIP)
(Câmara Brasileira do Livro, SP, Brasil)**

Teologia em diálogo / Ney de Souza, (org.). - Aparecida, SP: Editora Santuário, 2010.

Vários autores.
Bibliografia

ISBN 978-85-369-0218-0

1. Reflexões 2. Teologia 3. Teologia – Estudo e ensino I. Souza, Ney de.

10-14099 CDD-230

Índices para catálogo sistemático:

1. Teologia cristã: Religião 230

Todos os direitos reservados à **EDITORA SANTUÁRIO** — 2011

Composição, CTcP, impressão e acabamento:
EDITORA SANTUÁRIO – Rua Padre Claro Monteiro, 342
12570-000 – Aparecida-SP – Fone: (12) 3104-2000

Sumário

Apresentação 5

Parte I – Teologia em diálogo com o tempo presente 11

A teologia na cultura pós-moderna 13
    Paulo Sérgio Lopes Gonçalves
O pluralismo religioso e a dimensão hermenêutica da identidade cristã .. 65
    Walter Ferreira Salles
Jesus Cristo e a necessária mudança de nossa perspectiva
antropológica 117
    Renold Blank
Jesus Cristo: Rosto humano de Deus e rosto divino
do ser humano 127
    Lisaneos Prates
O Princípio Trinitário das relações e o problema ambiental 185
    Maria Freire da Silva, ICM
Maria no debate teológico ecumênico 219
    Pedro K. Iwashita
Os anjos na Bíblia 243
    Gilvan Leite
Estudo sobre a expressão "$\dot{\epsilon}\nu\ \beta\rho\alpha\chi\acute{\iota}\ o\nu\iota\ \alpha\dot{\upsilon}\tauo\upsilon$" – O braço libertador
do Senhor segundo o *Magnificat* (Lc 1,51) 269
    Boris Augustín Nef Ulloa

Parte II – Teologia Aplicada 301

O desafio da teologia pública para a reflexão teológica na América
Latina 303
     Carlos Caldas
Amizade e solidariedade na ação social e pastoral 321
     Edson Donizete Toneti
Vinde, Senhor, Jesus! O maranathá na teologia
do mistério celebrado 361
     Valeriano dos Santos Costa
Onde estamos nós? Uma reflexão histórico-teológica sobre
os ministérios na Igreja 379
     Clotilde Prates Azevedo
Discrepância entre o ideal do matrimônio e a realidade 419
     Christiane Blank

Apresentação

O presente livro *Teologia em Diálogo – Os desafios da reflexão teológica na atualidade* está dividido em duas partes. A Parte I – *Teologia em diálogo com o tempo presente* consta de oito capítulos e a Parte II – *Teologia Aplicada* cinco. A obra reúne artigos de pesquisadores das áreas teológicas e das ciências da religião. São professores dos Programas de Pós-graduação em Teologia da Pontifícia Universidade Católica de São Paulo – Assunção (PUC-SP) e da Universidade Presbiteriana Mackenzie.

A motivação para publicar estes textos vem da contínua necessidade de oferecer uma contribuição para a discussão teológica. Os textos abordam temáticas diversificadas que são objetos constantes de estudo nos cursos de graduação e pós-graduação dessas ciências.

Mesmo versando sobre diversos assuntos, os textos aqui publicados permitem a estimuladora percepção dos esforços de colegas nas diversas áreas e, consequentemente, também a ampliada participação de vários estudos na construção da reflexão teológica. Nutre-se, desse modo, o sentimento de solidariedade, ao mesmo tempo em que se percebe a necessidade da interdisciplinaridade para fazer teologia.

Os estudos da Parte I – *Teologia em diálogo com o tempo presente* – referem-se às seguintes temáticas: teologia e cultura, hermenêutica, cristologia, trindade, mariologia e Bíblia. A Parte II – *Teologia Aplicada* – apresenta os estudos sobre teologia pública, amizade e solidariedade (a ação pastoral), liturgia, história da Igreja e matrimônio.

A Parte I – *Teologia em diálogo com o tempo presente* – inicia-se com o estudo desenvolvido por Paulo Sérgio Lopes Gonçalves. O autor analisa a teologia na cultura pós-moderna. Afirma que a teologia cristã é uma ciência da fé, e a fé não é isenta de historicidade e de capacidade de penetração em qualquer período histórico. O texto tem por objetivo explicitar a possibilidade de se elaborar um complexo teológico pós-moderno, cuja cientificidade está em inserir a fé na cultura pós-moderna. Para atingir este propósito o autor descreve um quadro teórico acerca do significado da Pós-Modernidade, daí a possibilidade de se elaborar um complexo teológico que tenha característica hermenêutica. A teologia pós-moderna, afirma o autor, é dialógica, sensível ao cotidiano dos seres humanos. A teologia está marcada pela compaixão, misericórdia, busca da unidade na pluralidade e pela abertura às mais diferentes formas da presença de Deus na história.

O segundo estudo, desenvolvido por Walter Ferreira Salles, é uma análise do pluralismo religioso diante da dimensão hermenêutica e da identidade cristã. O novo que se apresenta diante da prática teológica é um cenário globalizado. É neste cenário plural que se desenvolve a prática teológica levando a uma construção criativa da identidade religiosa cristã. A linguagem da Tradição cristã, afirma o autor, fornece uma espécie de gramática para que o cristão possa ler e interpretar o agir de Deus na existência humana e, a partir daí, tecer um outro texto ou discurso, bem como provocar uma nova ação. A partir do engajamento numa verdade religiosa particular, o cristão é chamado a ir ao encontro do outro em sua irredutível diferença, reconhecendo o direito de sua pretensão à verdade. O pluralismo religioso não é uma ameaça, mas uma rica possibilidade de poder interpretá-lo de forma criativa.

O terceiro e quarto estudos tratam da cristologia. Renold Blank propõe uma necessária mudança de nossa perspectiva antropológica. Sua pesquisa revela que é necessário mergulhar em dimensões além do raciocínio lógico para compreender a verdadeira essência do ser humano. O ser assim como Deus o imagina é aquele capaz de assumir a perspectiva daqueles que carregam as pedras. O texto seguinte, pesquisa de Lisaneos Prates, retrata Jesus como o rosto humano de Deus e o rosto divino do ser humano. O pesquisador apresenta uma reflexão teológica na fronteira entre antropologia e cristologia referenciadas à pessoa de Jesus Cristo, por ser ele o humano e o divino em total plenitude. O cristão é aquele que, ao seguir Jesus, faz de sua fé uma mediação histórico-existencial através do compromisso de transformação na história.

O quinto estudo de Maria Freire faz um relato sobre a relação entre o princípio trinitário e o problema ambiental. A relevância desta pesquisa é de fundamental importância para a atualidade. A autora afirma que é do pensar relacional que cada ramo do saber, filosofia, teologia, ciências humanas e sociais, psicologia, pode contribuir para defender a beleza do planeta e de toda a humanidade numa inter-relação de respeito e cuidado. O pensar a partir da teologia trinitária inclui a compreensão de que o vértice, o arquétipo da beleza se manifestam no rosto do Filho do homem crucificado na cruz, revelação do amor infinito de Deus, que em sua misericórdia pelas próprias criaturas retoma a beleza perdida.

O sexto estudo é do especialista em mariologia Pedro Iwashita. A pesquisa oferece uma reflexão sobre Maria no debate teológico ecumênico. O autor ao longo do texto apresenta um histórico dessa questão no cristianismo. É necessário aceitar o pluralismo teológico das igrejas. Pode haver aproximação entre elas, mas não será possível chegar à identidade. Para a possibilidade deste diálogo é necessário superar os preconceitos existentes de ambos os lados.

O sétimo e oitavo estudos que encerram a Parte I tratam de temáticas bíblicas. Gilvan Leite estuda os anjos na Bíblia, passando pela origem, pelos anjos no Antigo e Novo Testamento, querubins, serafins, arcanjos, anjos, poderes, tronos e dominações, Jesus e os seres demoníacos. A pesquisa constata que a angeologia bíblica coloca a humanidade diante de seres espirituais que agem a favor ou contra a natureza humana. A angeologia cristã apresenta as milícias celestes como colaboradores da missão da Igreja de anunciar ao mundo Jesus Cristo. O estudo seguinte, o oitavo, é de Boris Ulloa e apresenta a temática referente ao braço libertador do Senhor segundo o *Magnificat* (Lc 1,51). Esta dividido em três partes. Na primeira parte é apresentado o hino (Lc 1,46-55), oferecendo uma visão de conjunto da perícope, a segunda parte apresenta textos da Escritura, nos quais o substantivo Βραχί ων é utilizado com o sentido de força libertadora do Senhor que se manifesta em favor de seu povo. A terceira parte do capítulo analisa o uso do termo no Novo Testamento. O autor estuda o sentido da expressão pronunciada por Maria "fez proezas pelo seu braço".

A Parte II – *Teologia Aplicada* – inicia-se com o estudo de Carlos Caldas e auxilia na discussão sobre os desafios da teologia pública para a reflexão teológica na América Latina. Seu objetivo é apresentar a teologia pública como possibilidade de renovação teórica e de práxis pastoral da teologia latino-americana. A teologia produzida na América Latina deve refletir a partir dos dados da revelação bíblica, sobre a ação do povo de Deus no mundo, em imitar Cristo, na força do Espírito, para a glória do Pai, que se revela como amor.

O segundo estudo, desenvolvido por Edson Donizete Toneti, apresenta os desafios éticos emergentes em determinados contextos históricos que inegavelmente influenciam ou são influenciados pelas ações pastoral e social da Igreja. Neste emaranhado de relações, a amizade, instância relacional entre as pessoas, revela-se uma virtude política que desperta para a solidariedade enquanto dever e virtude propriamente transformadores do meio social. O autor afirma que a fé reluta constantemente contra um individualismo que contraria radicalmente sua prática, que é fundamentalmente comunitária e de serviço ao outro. E, ainda, uma ética da solidariedade pode encontrar na amizade entre os membros de uma determinada sociedade, assim como os participantes das comunidades eclesiais e demais instituições ou grupos, um sólido fundamento, uma vez que os laços de amizade propiciam um espaço de diálogo.

O terceiro estudo – *Vinde, Senhor, Jesus!* – retrata o maranathá (Ap 3,20) na teologia litúrgica. Seu autor, Valeriano dos Santos Costa, estuda a temática também no mistério pascal. O texto afirma que muitos mártires e confessores da fé morreram clamando maranathá. Assim, na atualidade, revisitando ao longo da história o percurso dos seguidores do Mestre, nasce o cristão abnegado e politicamente comprometido.

No quarto estudo a autora Clotilde Azevedo nos interpela *Onde estamos nós?* E assim apresenta uma reflexão sobre os ministérios na Igreja. O texto traça um panorama histórico-teológico sobre o desenvolvimento e a compreensão dos ministérios ao longo dos séculos, das comunidades primitivas ao grande evento do século XX, o Concílio Vaticano II (1962-1965).

O quinto e último estudo discorre sobre a *Discrepância entre o ideal do matrimônio e a realidade.* A teóloga Christiane Blank, leiga e casada, apresenta um estudo sobre o matrimônio que não se fixa nas deficiências, mas se torna teologia da esperança. A teologia aqui apresenta o matrimônio e o revela como aliança, e mostra aos casais que todo relacionamento se encontra em constante evolução e transformação. Ninguém e nada nascem pronto, as mudanças só acontecem através de processos. A autora sugere uma pastoral matrimonial que invista no desenvolvimento das potencialidades do próprio casal.

Ao encerrar a apresentação desta obra *Teologia em Diálogo* fazemos um convite: viajar na reflexão sobre nossa fé através destes ricos textos aqui publicados. Os textos foram extremamente bem elaborados, surgindo da pesquisa de todos os autores. O convite prossegue na reflexão sobre Deus a partir de nossa realidade, das inquietudes, perguntas e desafios da Teologia criativa que nasce nestes tempos velhos querendo ser uma contribuição para novos tempos neste início do século XXI.

PARTE I

Teologia em Diálogo com o Tempo Presente

A Teologia na Cultura Pós-Moderna

Paulo Sérgio Lopes Gonçalves[1]

Todo complexo teológico é imbuído do desafio de ser contemporâneo a sua época histórica, principalmente sendo eficaz na cultura que lhe é apresentada. A incapacidade de apresentar seu caráter contemporâneo a uma cultura torna a teologia uma ciência inócua e vazia de sentido. E isso porque a teologia cristã é uma ciência da fé, e a fé não é isenta de historicidade e de capacidade de penetração contemporânea em qualquer período histórico. Nesse sentido, o que efetivamente requer a afirmação do caráter contemporâneo da teologia?

A resposta à interrogação acima requer que a teologia se defronte com a cultura Pós-moderna. Justifica-se esta posição compreender que a cultura é a totalidade dos produtos humanos, concebidos em seus valores, costumes, hábitos. A Pós-Modernidade é o estado de espírito da atualidade que se apresenta como cultura dos seres humanos. Em outras palavras, a era atual é de presença de uma cultura pós-moderna presente nas relações sociais, nos processos e meios de comunicação, nas ins-

---

[1] Bacharel e licenciado em Filosofia, bacharel em Teologia pela PUC-Campinas, mestre em Teologia pela Pontifícia Faculdade de Teologia Nossa Senhora da Assunção de São Paulo (SP), doutor em Teologia pela Pontifícia Università Gregoriana de Roma (Itália). É docente pesquisador de Teologia e Diretor do Centro de Ciências Humanas e Sociais Aplicadas da PUC-Campinas (SP).

tituições sociais e na consolidação de um clima cultural marcado pela pluralidade, pela flexibilidade, pela capacidade de movimentação rápida e intensa comunicação.

Diante da cultura Pós-moderna e da necessidade de ser contemporânea, objetiva-se neste texto explicitar a possibilidade de se elaborar um complexo teológico pós-moderno, cuja cientificidade está em inserir a fé na cultura pós-moderna. Para atingir este objetivo, apresentou-se o quadro teórico, os conceitos fundamentais subjacentes à Pós-Modernidade, um conjunto de elementos denotativos dessa cultura e o modo de uma teologia pós-moderna.

Ao assumir um conceito de Pós-Modernidade e a necessidade de apresentar uma teologia pós-moderna, espera-se explicitar a possibilidade da teologia ser eficaz em seu caráter científico na atualidade e provocar um debate que deva ter continuidade e profundidade no âmbito da ciência teológica.

Clarividência de conceitos
A questão do quadro teórico

A compreensão do fenômeno social e cultural pós-moderno requer esclarecer que o conceito Pós-Modernidade é complexo e não possui, epistemologicamente, unanimidade entre os cientistas sociais. Essa ausência de consenso ocorre em função de que o termo aparenta uma superação total da Modernidade, uma nova era que emergiu porque eliminou a era anterior. Trata-se de um pensamento linear e evolucionário, denotativo de uma visão histórica construída por etapas distintas e separadas umas das outras. Assim sendo, surgiram os conceitos "Pós-Modernismo", "Sociedade Pós-Industrial", "Hipermodernidade", "Modernidade Avançada", cuja discussão teórica denota algumas questões fundamentais: a emergência da Pós-Modernidade é a superação total da Modernidade? Os elementos que foram trazidos à tona na história pela Modernidade estão suprimidos? O projeto da Modernidade que, a princípio, se mostrou com um caráter messiânico chegou a seu limite e não se realizou em sua totalidade?

Essas questões surgem em um contexto de perplexidade no mundo contemporâneo. Afinal, o século XX, denominado de "século breve", foi marcado por duas guerras mundiais, pela emergência de dois sistemas político-econômicos antagônicos, que construíram uma nova geopolítica mundial em quase todo esse século, especialmente em sua segunda metade, pelo surgimento de uma relação da ciência com o poder em suas diferentes dimensões, particularmente com a militar, deixando ao mundo a ameaça de extermínio em função do episódio da bomba atômica de Hiroshima, bem como se desenvolveu uma enorme gama de investimentos em armamentos nucleares. Ademais, foram realizadas várias guerrilhas e guerras civis, entre as quais se destacam as latino-americanas, a do Vietnã, as do Leste Europeu, acontecidas por ocasião da queda do muro de Berlim, e a guerra do golfo pérsico. Há de se recordar ainda dos diversos movimentos de contracultura ocorridos nesse século, cuja conotação de cunho existencialista e incisivamente cultural foi assaz relevante na história. Com isso, surgiram iniciativas de ordem econômica e política que propiciaram mudanças significativas na ordem mundial, além de investimentos artísticos que deram à cultura um novo rosto estético, uma nova ideia de beleza e de expressão, ampliando as maneiras de se conceber as expressões humanas.[2]

---

[2] HOBSBAWN, Eric. *A era dos extremos. O breve século XX: 1914-1991*. Companhia das Letras: São Paulo, 2000.

Além disso, constata-se maior presença da tecnologia no mundo do trabalho e da cultura, alterando significativamente as relações sociais. Neste sentido, não há como negar a acentuada influência da informática nos meios de comunicação social, propiciando uma fortíssima alteração de tempo e de espaço, de comportamento dos seres humanos e de seu modo de organizar-se em sociedade, de transações econômicas e de desenvolver as instituições sociais. Constata-se também alteração no uso e na concepção da linguagem. Atingiu-se a consciência de que pela linguagem tornar-se-ia possível atingir a verdade. No entanto, ao constatar o caráter plural da linguagem, sua íntima conexão com a cultura, acenou-se também para a necessária ruptura com modelos absolutos de verdade e com a construção de modelos que apontem para a verdade vista a partir das relações horizontais efetuadas historicamente. Por isso, a própria ciência já não pode mais ser vista em um caráter de exatidão, de certezas e isenção de erros e limites. Também a ciência está atualmente marcada por uma nova busca de sua identidade epistemológica e de sua função social.[3]

Não se pode esquecer das questões éticas. Chega-se a afirmar que o mundo está em profunda crise ética e que não há mais moral de sustentação das ações humanas. Foram perdidos os princípios fundamentais de regência dos comportamentos humanos. Não existe mais um *ethos pricipiorum* e normativo capaz de orientar cada uma das atitudes e das decisões dos seres humanos.[4]

---

[3] CASTELLS, Manuel. *A Era da Informação: Economia, Sociedade e Cultura (I). A Sociedade em Rede.* Paz e Terra: Rio de Janeiro, 2002.
[4] BOFF, Leonardo. *Ethos mundial. Um consenso mínimo entre os humanos.* Letraviva: Brasília (DF), 2000; KÜNG, Hans. *Uma ética global para a política e a economia mundiais.* Vozes: Petrópolis, 1999.

Diante desse quadro, muito há de se teorizar a respeito por meio dos diferentes instrumentos científicos, particularmente pelas ciências sociais, uma vez que cabe a esse saber científico analisar as relações sociais, as configurações sociais e os impactos sociais, políticos e antropológicos dos fenômenos que afetam os seres humanos situados historicamente. Neste sentido, constatam-se cinco formas de pensar o fenômeno acima exposto.

A primeira forma pertence a Jean François Lyotard, um dos pioneiros a sistematizar o significado de Pós-Modernidade.[5] Sua maneira de pensar o fenômeno pós-moderno tem como preocupação compreender o desenvolvimento do saber em um contexto cultural novo que afetou as regras das ciências, das artes e da literatura a partir do final do século XIX. Seu ponto de partida é então, no nível histórico, o niilismo anunciado por Friedrich Nietzsche, cuja conotação epistemológica e analítica foi de importância vital para o período contemporâneo. Sua preocupação fundamental é com a maneira da verdade ser apresentada e desenvolvida na ciência, nas narrações, bem como sua incidência na sociedade, sua nova linguagem, marcadamente parológica e não metafísica.

Aderindo ao conceito Pós-Modernidade, Michel Mafesoli ampara-se no mesmo niilismo de Jean François Lyotard, mas não estabelece sua análise única e exclusivamente sobre o saber no contexto das sociedades informatizadas. Sua meta principal é explicitar em sua análise sociológica da Pós-Modernidade o retorno do trágico, compreendido não mais nos horizontes epistemológicos da linearidade, do destino fixo e da exatidão, mas nos horizontes da vitalidade cíclica, do instante, do presenteísmo, da viscosidade social, das aparências que possuem fundos denotativos de que elas são muito mais do que aquilo que se mostram ser.[6]

---

[5] LYOTARD, Jean François. *La condition Postmoderne*. Les Editions de Minuit: Paris, 1979.
[6] MAFFESOLI, Michel. *O Instante Eterno. O retorno do trágico nas sociedades pós--modernas*. Zouk: São Paulo, 2003.

Além disso, esse sociólogo também reflete sobre a razão pós-moderna, conceituando-a como uma "razão sensível", imbuída de uma lógica própria, marcada pela atenção ao cotidiano vital, estabelecendo-se como um efetivo raciovitalismo.[7]

Outro autor que segue o conceito Pós-Modernidade, embora com uma epistemologia assaz original, é Zygmund Bauman. Seu grande mérito foi o de parafrasear a obra *O mal-estar da civilização* de Sigmund Freud, descrevendo o "O mal-estar da Pós-Modernidade".[8] Para concluir essa pesquisa, esse sociólogo analisou com profundidade a Modernidade, buscando compreendê-la em sua ambivalência.[9] Entende-se por ambivalência a possibilidade de conferir a um objeto investigado mais de uma categoria, na qualidade de uma desordem da linguagem, especificamente em sua função nomeadora e segregadora. Nesse sentido, o autor entende que a perspectiva ordenadora da Modernidade contém sua outra face, aquela da desordem, do caos. A ordem e o caos estão sempre conjugados e, nessa conjugação, constituem a Modernidade. O autor estuda o projeto da Modernidade, explicita a ordem como sua efetiva afirmação e aplica em estudos de casos, apontando a privatização e a contingência como elementos do transe contemporâneo da ambivalência. Essa Modernidade ambivalente é de "Modernidade líquida", porque o que ela tem dissolve-se e é sem solidez. Por isso, a Pós-Modernidade é a Modernidade compreendida em sua ambivalência e liquidez de projeto messiânico e autodestrutivo, está marcada por um mal-estar denotativo de perda e de reavaliação

---

[7] MAFFESSOLI, Michel. *A lógica da razão sensível.* Vozes: Petrópolis, 1996.

[8] BAUMAN, Zygmunt. *Postmodernity and its Discontents.* Polity Press: Cambridge, 1997.

[9] BAUMAN, Zygmunt. *Modernity and Ambivalence.* Polity Press: Cambridge, 1995.

de valores e de uma espécie de liberdade de procura do prazer que tolera uma segurança individual demasiado pequena.

Ao lado de todas essas reflexões sobre o significado da Pós--Modernidade, está Anthony Giddens, que acolheu alguns aspectos do referido termo e entende que a Pós-Modernidade é uma Modernidade avançada, marcada por um paradoxo: de um lado está sua autoafirmação e continuidade e, de outro lado, situam-se seus deslocamentos e suas descontinuidades. Utilizando-se do objetivo em compreender analiticamente a instituição da Modernidade, o pensador britânico realça o papel das ciências sociais, em especial da sociologia no estudo da sociedade moderna, debruçando sistematicamente no conceito sociedade e na categoria reflexividade da Modernidade. Por reflexividade da vida social moderna, o autor entende o exame e a reforma das práticas sociais à luz da informação renovada sobre elas, modificando substantivamente seu caráter. Neste sentido, a reflexividade da Modernidade possibilita compreender a ausência da linearidade histórica e científica, mas a presença do entrelaçamento da teoria e da prática, da positividade e da negatividade, da fragmentação e da totalidade. A partir disso, o autor entende que a Pós-Modernidade não é simplesmente o fim da Modernidade, o que se compreenderia também como fim da história. Ao contrário, a Pós-Modernidade vista à luz da reflexividade significa que não só a história continua viva e sem uma conotação teleológica, mas também a historicidade. Assim sendo, o passado é conhecido para ser superado, pois o futuro deve ser construído no presente. Trata-se de um futuro aberto, capaz de alongar o tempo-espaço tornado possível e necessário pelas condições propiciadas pela Modernidade. Por isso, é plausível atualmente interpretar esse fenômeno como globalização, porque em termos práticos denota o paradoxo de decadência e de afirmação da cultura ocidental. Esse paradoxo possui como polo preponderante o controle declinante do Ocidente sobre o resto do mundo enquanto disseminação global.[10]

A complexidade da Pós-Modernidade em sua qualidade de fenômeno histórico, social e cultural possibilitou que outros teóricos formulassem outros termos, trazendo à tona outros enfoques. Assim, Domenico De Masi, sociólogo italiano, levou a cabo o termo "Pós--Industrial" que havia sido formulado por Daniel Bell.[11] A partir do trabalho visto em seu desenvolvimento histórico, o autor entende que a Modernidade, particularmente com Francis Bacon, compreendia a necessidade de tornar a teoria efetivamente prática. Dessa intuição decorre a sociedade industrial, marcada pela emergência de fábricas com enorme concentração de trabalhadores – o que significa afirmar aqui o surgimento de um novo modo de produção –, pela preponderância da economia industrial na formação da renda nacional, pela aplicação da ciência na organização do trabalho, pela consolidação de um lugar apropriado para o trabalho, pela progressiva urbanização e escolarização das massas, pela maior mobilidade geográfica e social, pela busca de redução das desigualdades sociais, pela fé no progresso cuja consequência é o bem-estar crescente, pela substituição da família extensa pela família nuclear, pelo crescente consumo dos produtos industriais, pela difusão ideológica de que o homem deve conhecer e dominar a natureza, pela convivência conflitiva entre patrões e empregados nas fábricas, pelo reconhecimento nacional acerca dos diversos sistemas industriais e pela existência de uma rígida hierarquia entre os países

---

[10] GIDENS, Anthony. *The Consequences of Modernity*. Polity Press: Cambridge, 1990; ID., *Mundo em descontrole O que a globalização está fazendo de nós*. Record: Rio de Janeiro – São Paulo, 2005.
[11] BELL, Daniel. *The Coming of Post-industrial Society: A Venture in social Forecastin*. Orbis Books: New York, 1973.

com base no produto nacional bruto, na propriedade das matérias-primas e dos meios de produção. Constatando a realidade da sociedade industrial, o autor explicita os fenômenos da transição para a sociedade pós-industrial: convergência progressiva entre os países industriais, crescimentos das classes médias e difusão do consumo de massa e da sociedade de massa. Esses três fenômenos tiveram importância fundamental na consolidação do capitalismo presente nas empresas e na dinâmica das instituições para que o consumo do produto emergente das fábricas fosse mercantilizado. Ademais, a sociedade de massa tornou-se um elemento de extrema relevância, devido a sua capacidade de integrar os diferentes elementos que compõem uma sociedade, mas também devido a sua capacidade de demonstrar um efetivo pluralismo social. A partir disso, discorre-se sobre o que é denominado Sociedade Pós-Industrial. O trabalho nessa sociedade não é mais única e exclusivamente disciplinar, mas interdisciplinar, e o conflito de classes tão fortemente afirmado na sociedade industrial passou a ser visto à luz do supracitado pluralismo social. Isso significa afirmar que há uma sociedade sem classes, descentralizada, com preocupações ecológicas que buscam racionalizar o próprio processo de industrialização. Trata-se de uma sociedade que revolucionou as necessidades, cujo critério fundamental é autorrealização. Por isso, é chamada também de sociedade que produz o "Adão narcisista" preocupadíssimo com o tempo presente. É uma sociedade da "terceira onda" que constitui a "aldeia global", a "telecomunidade", articulando indivíduo e sociedade, produtor e consumidor na mesma pessoa, e instalará subsistemas que ultrapassam as categorias de tempo e espaço. O trabalho na Sociedade Pós-Industrial não está exatamente marcado pela clássica divisão social – intelectual e manual –, mas pelo entrelaçamento da teoria e da prática. Esse trabalho não é apenas fruto de descobertas, mas da invenção. Para inventar, torna-se necessário ter um espírito criativo, denotativo da articulação do *faber com o ludens*, pois o homem que trabalha também se diverte e tem lazer.[12]

Outro autor que busca superar a Pós-Modernidade é Gilles Lipovetsky, ao afirmar o conceito "Hipermodernidade". Para ele, a Pós-Modernidade aponta para uma mudança de direção e uma reorganização profunda das sociedades democráticas avançadas em seu funcionamento social e cultural. No entanto, o desdobramento do Pós-Moderno denota algo que já está velho e superado diante do triunfo da tecnologia – particularmente a biogenética –, da globalização neoliberal e dos direitos humanos. E isto porque a Pós-Modernidade ao afirmar-se como "Pós-" dirigia-se a um passado decretado morto, fazendo pensar em uma extinção sem determinar o futuro. Nesse sentido, a liberdade tratada parecia ser efetivamente nova no bojo dos enquadramentos sociais, políticos e ideológicos. Agora é o momento da afirmação da Hipermodernidade. Tudo é hiper à medida que expõe a Modernidade elevada à potência superlativa: Hipercapitalismo, hiperclasse, hipermercado, hipertexto. Dessa forma, o tempo é acelerado e redescoberto, trazendo à tona um novo sentido ao cotidiano e, portanto, consolidando o presente. É a era do "presenteísmo". E nesta era importa o caráter imediato das atitudes, a articulação entre eficiência e felicidade, sensualizar e estetizar em massa os prazeres, dar vitalidade à moda. Na Hipermodernidade a revisitação do passado e o realce à memória só têm sentido à medida que o homem se torna cada vez mais *consumericus*. O consumo torna-se cada vez mais forte à medida que a moda leva o ser humano a consumir. E consumir para consumar a própria moda. Assim, constroem-se identidades huma-

---

[12] De Masi, Domenico. "A Sociedade Pós-Industrial", in Id. (org.). *A Sociedade Pós--Industrial*. SENAC: São Paulo 1999, p. 13-99; Id. *O futuro do Trabalho. Fadiga e ócio na sociedade pós-industrial*. José Olympio – UNB: Rio de Janeiro – Brasília 1999; Id. *Criatividade e Grupos Criativos*. Sextante: Rio de Janeiro, 2002.

nas frívolas e efêmeras, cujas espiritualidades estão marcadas pelas diferenças culturais, sociais e políticas. Emerge assim a necessidade do hiper-reconhecimento que recusa o desdém, a prepotência e a arrogância, tendo em vista afirmar a diferença. A Hipermodernidade está definida à medida que se efetua a autocrítica dos saberes e das instituições moderna, bem como se revisita a memória, remobiliza as crenças tradicionais e se efetiva a hibridização individualista do passado e do presente.[13]

Terry Eagleton também não aceita a Pós-Modernidade senão como categoria que alude a um período histórico específico de transformações culturais. No entanto, Pós-Modernismo é a categoria utilizada para explicitar o fenômeno que corresponde às transformações sociais, culturais e políticas, sem abdicar das configurações históricas aludidas pela categoria Pós-Modernidade. Em uma perspectiva efetivamente crítica, o autor constata historicamente a emergência do Pós-Modernismo, afirma a crise teleológica da história, constata a crise da totalidade e emergência necessária da ambivalência, bem como reconhece o novo sujeito pós-moderno, bastante diferente do sujeito moderno cartesiano, porque está imbuído de corporeidade. Em sua crítica afirma ainda as ilusões do Pós-modernismo, suas falácias, especialmente suas promessas messiânicas, cuja possibilidade de realização é prática nula.[14]

Na descrição de todas essas teorias, há de se constatar que a Pós-Modernidade é uma categoria complexa e que exige efetivo cuidado científico ao descrevê-la. Apesar das diferenças de posições, de fontes teóricas, de sensibilidade acerca do cotidiano histórico e de hermenêuti-

---

[13] LIPOVESTKY, Gilles. "Tempo contra Tempo ou a Sociedade Hipermoderna", in LIPOVETSKY, Gilles. – CHARLES, Sebastian. *Os Tempos Hipermodernos*. Barcarolla: São Paulo, 2004, p. 51-103.

[14] EAGLETON, Terry. *The Illusions of Postmodernism*. Blackwell Publishers: Oxford, 1996.

ca científica, há de se constatar que todos os autores abarcam o mesmo fenômeno. Todos eles estão defrontando-se com as mudanças políticas, culturais, sociais e econômicas do mundo contemporâneo, cujo parâmetro histórico situa-se desde o final do século XIX – quando se inicia o século breve – até o presente momento – quando se está no início do novo milênio. Em todos eles, há de se constatar que a situação em todos os seus níveis exige sensibilidade ao pluralismo, à transversalidade, ao entrelaçamento e à flexibilidade. Somente assim será possível compreender sociologicamente o fenômeno pós-moderno, a fim de se redescobrir o caminho epistemológico da teologia em sua utilidade, eficácia e necessidade.

Pré-Modernidade e Modernidade

A compreensão conceitual acerca da Pós-Modernidade requer que se conceba o significado de Pré-Modernidade e de Modernidade, tomando o tempo como categoria fundamental de referência que possibilita a distinção entre as categorias em questão. Não se trata, porém, de entender o tempo em uma perspectiva exclusivamente cronológica, mas de compreendê-lo em seu sentido existencial denotativo de um modo de se entender a vida humana, em uma época histórica determinada.

Por Pré-Modernidade[15] compreende-se o processo marcado por uma concepção de tempo imbuída de duas dimensões: a cíclica e a linear. Na concepção cíclica, oriunda dos filósofos gregos antigos,

---

[15] LE GOFF, Jacques. *As raízes medievais da* Europa. Vozes: Petrópolis, 2007; LIMA VAZ, Henrique Carlos. *Escritos de Filosofia (I). Problemas de Fronteira.* Loyola: São Paulo, 1986.

a relação entre o homem e o cosmos é marcada pelo dinamismo de emanação e retorno, cuja consequência é a apresentação da natureza enquanto elemento determinado pelos deuses e que impera na vida humana. Nesse sentido, há identificação entre natura e razão no que se refere ao próprio homem. Por isso, a salvação do homem está em contemplar a ordem do cosmos e agir consoante a sua forma. Impera, então, uma comunidade natural, a efetiva *polis*, marcadamente uma comunidade natural que pertence à natureza do homem. A relação do homem com a natureza é cósmica e, por isso, a antropologia, a ética e a política são concebidas constantemente em uma perspectiva cósmica.

Na concepção linear de tempo, tem-se a influência da concepção bíblica de homem, cujo nexo com a revelação divina é singular e própria. Nesse sentido, o homem é visto em uma perspectiva histórico--salvífica, pela qual se reconhece a absoluta transcendência de Deus. Por isso, o cosmos e o ser humano constituem a criação de Deus, e a história não se esgota na cronologia do tempo, mas se estende em seu *kairós*. Resulta então que há o início – *alpha* – e o fim – *ômega* – estando no Cristo em ambos os pontos. Dessa forma, insere-se uma visão escatológica da história, iluminada pela soteriologia cristã. Decorrente dessa visão, é a necessidade de instaurar na história a sociedade política ordenada pelo Estado enquanto Instituição que assegura a ordem perfeita terrestre. No entanto, essa ordem é passageira, porque a ordem definitiva é a da Parusia, predicada pela Igreja, compreendida como sociedade perfeita, cuja função é garantir que o homem tenha seu espírito elevado, sendo virtuoso e obediente a Deus, visando obter seu bem-estar na eternidade. Com isso, a visão linear do tempo propicia que o homem viva do passado em que o evento salvífico aconteceu para sempre, do presente vivido como instante escatológico em que o juízo se realiza, e do futuro em que o homem experimenta a parusia.

A Pré-Modernidade compreendida a partir dessas duas visões de tempo é constituída das luzes cosmocêntrica e teocêntrica, não havendo espaço para o antropocentrismo, cujo *lócus* é alcançado na Modernidade. No entanto, a Pré-Modernidade não pode ser vista como sinônimo de atraso e de algo superado, porque etimologicamente moderno é sinônimo da expressão "há pouco" ou "recentemente", ou "cheguei agora". Seja no período antigo quanto no medieval, a expressão de *modo veni* sempre foi utilizada na perspectiva de algo novo que viria a ser ou viria à tona. Essa afirmação é comprovada por um grande conjunto de invenções técnicas, de costumes, de regras institucionais que fundamentam muitos aspectos da cultura moderna e pós-moderna.

A Modernidade indica algo novo em relação ao moderno da Pré-Modernidade, advindo em um tempo histórico determinado, cuja concepção filosófica relacionou a novidade a uma nova maneira de representar o tempo, não mais visto cíclica e linearmente, mas especialmente em sua estrutura histórica incisiva na constituição de uma civilização. Por isso, a Modernidade em sua concepção filosófica significa reestruturação modal na representação do tempo, enquanto passa a ser representado como uma sucessão de modos temporais privilegiados pela racionalidade que neles se efetua. Nesse conceito, o que se denomina Modernidade é profundamente moderno, no sentido de que se trata de uma nova consciência histórica, na qual o ser humano é efetivamente sujeito de sua própria história. E isto porque a história é o campo dos acontecimentos, cujos sujeitos são os seres humanos. Isso significa afirmar que a Modernidade "moderna" é antropocêntrica e imbuí-se da categoria história analisada à luz do homem moderno. Nessa Modernidade a ciência moderna, marcada pela hipótese, observação e verificação entra em vigência, fundamentando-se em uma filosofia positiva que primava pelo caráter messiânico dessa mesma ciência.[16]

Além da afirmação da primazia do sujeito humano, da nova concepção de história e de ciência, a Modernidade inaugurou um novo conceito de Estado. Trata-se de afirmar o Estado liberal, porque se reconheceu a autonomia humana em sua organização social, política e econômica, propiciando uma ideia moderna de democracia. Para se alcançar a democracia, o pensamento moderno formulou a ideia de um Estado intitulado "Leviatã", capaz de conter a natural miserabilidade e selvageria dos homens. Elaborou-se também a ideia de um governo civil isento do substrato religioso regulador, crítico em relação à monarquia absoluta e capaz de fundar uma política à luz da liberdade moderna. O governo civil é fruto da vontade e da determinação da maioria dos homens, possui uma fisionomia consensual e sustenta-se na maioria eleitora. Mas a efetiva democracia é efetuada por meio de um contrato social realizado quando cada indivíduo se entrega a si mesmo, com tudo o que possui, como um bem comum à direção da suprema vontade geral. Disso decorre uma corporação totalmente animada denominada povo, o único portador de soberania. No entanto, o que sustenta o povo em sua capacidade de governar uma *polis* é a educação, pela qual o ser humano mantém-se distante das influências deformativas de seu caráter e próximo de todos os elementos disponíveis ao amadurecimento.[17]

---

[16] LIMA VAZ, Henrique Carlos de. "Religião e Modernidade Filosófica", in BINGEMER, Maria Clara (org.). *O impacto da Modernidade sobre a religião*. Loyola: São Paulo, 1992, p. 83-107.

[17] DUSO, Giuseppe (org.). *O poder. História da Filosofia Política Moderna*. Vozes: Petrópolis, 2005.

O antropocentrismo moderno explicitou a autonomia da razão e, por consequência, anunciou a abolição da religião, assaz criticada pelos mestres da suspeita.[18] Dessa forma, a moral moderna fundamentada em uma metafísica dos costumes passou a substituir a religião, enquanto a razão substituiu a revelação. A autonomia do homem moderno, afirmado em sua condição histórica e racional, possibilitou a descentralização, a saída de si mesmo, para conhecer outros territórios e fundar novos mundos, tendo em vista expandir sua civilização. Dessa concepção de sujeito moderno, tem-se então a experiência de conquistas de outros territórios ocorridas de diferentes modos, pelos quais foram praticados o genocídio e o etnocídio, uma vez que o Outro enquanto diferente foi negado em seu corpo e em sua cultura.[19]

---

[18] Na verdade, a crítica da religião é fundamentalmente uma crítica da Modernidade. Assim, Ludwig Feuerbach demonstrou que a religião é um produto do próprio homem, uma invenção de sua mente, uma projeção antropológica. Por sua vez, Karl Marx apresentou a religião como um ópio do povo, que legitimava a luta de classes, fetichizando o processo do trabalho alienado. O efetivo sentido da religião estaria somente em sua capacidade de desmascarar a idolatria, de desestruturar o fetiche e de instaurar um reino de liberdade. Em outras palavras, a religião só tem sentido à medida que colabora com um processo revolucionário realizado a partir do proletariado, que por sua vez, na luta contra a burguesia, deverá instaurar uma ditadura que promova o surgimento da sociedade comunista, *lócus* histórico do então reino de liberdade. Por não bastar as críticas antropológica e sociológica, Sigmund Freud formulou a crítica psicanalítica, pela qual a religião é concebida como um elemento de repressão aos desejos humanos, oriundos da *psique* – o Profundo do homem –, um elemento da civilização que impede o homem de conhecer sua verdade psíquica. A crítica nietzscheneana, caracterizada como niilista, desconfia do caráter messiânico da Modernidade, adere à teoria do eterno retorno a partir da centralidade da vida. Por sua vez, a vida deve ser vista à luz da vontade de poder e da liberdade criativa, que imerge o ser humano no fatalismo lúcido e lúdico, levando a cabo o pensamento trágico. Dessa forma, a tragédia tornou-se um novo horizonte de vida, marcado por tensões oriundas do encontro dos contrários. Por isso, é importante a rebelião radical proveniente da tragédia que aflora o humanismo, fruto da recusa à injustiça e a todos os elementos que pervertem a vida humana.

[19] DUSSEL, Enrique. *O encobrimento do Outro. A origem do mito da Modernidade*. Vozes: Petrópolis, 1993; IANNI, Octavio. *O labirinto latino-americano*. Vozes: Petrópo-

Diante do exposto, a afirmação da Pré-Modernidade e da Modernidade é de fundamental importância para se compreender a Pós--Modernidade, uma vez que, conforme se observa, não se trata de afirmar substratos diferenciados e independentes uns dos outros, mas de entender que o pós-moderno se caracteriza também por reafirmar aspectos anteriores edificados culturalmente. Trata-se de compreender um estado de espírito que afirma simultaneamente a autonomia do sujeito humano e a necessidade da experiência religiosa, o Estado e as alternativas organizacionais, o uno e o múltiplo, o sedentarismo e o nomadismo, a pobreza e a riqueza, a necessidade de partilhar e o consumo desenfreado, a simplicidade e a ostentação. Esse estado de espírito é profundamente paradoxal e caracteriza o que se denomina de Pós-Modernidade, urgindo a necessidade de explicitar seus aspectos fundamentais.

Pós-Modernidade

A premissa fundamental que rege uma apresentação da Pós--Modernidade é a dialética entre história e cultura no período contemporâneo. Dessa forma, não se afirma a Pós-Modernidade única e exclusivamente como um momento histórico ou como uma forma cultural, mas como período histórico em que se constrói uma determinada

---

lis, 1993; TOURAINE, Alain. *Palavra e sangue. Política e sociedade na América Latina.* Trajetória Cultural: São Paulo, 1989. Por exemplo, na América Latina, houve uma conquista violenta marcada pelo genocídio e etnocídio de indígenas e de negros que foram trazidos da África para o trabalho escravo, bem como de enorme exploração de matérias-primas que foram exportadas abruptamente para a Europa. Já nos Estados Unidos da América, a conquista foi marcada por um processo ameno em termos de genocídio e etnocídio, mas acima de tudo pela integração das diferentes partes que gradativamente foram ocupando aquele espaço.

cultura. A análise, então, deve responder às questões relativas às relações sociais e suas implicações culturais no que se refere ao modo de o ser humano comportar-se tanto individual quanto socialmente. Nesse sentido, constatam-se o fenômeno do ateísmo, o novo surgimento de três religiões mitológicas, uma nova moral, novas relações sociais e políticas.

A compreensão do ateísmo requer fazer a passagem de um tipo de ateísmo para outro.[20] Dessa forma, tem-se o ateísmo de assimilação, tido também como um ente absoluto na mentalidade cartesiana, mas identificado com o mundo na compreensão de Spinoza. O deísmo spinoziano afirma a compreensão de Deus como a natureza, pois Ele é a causa imanente do mundo e é o mundo como Deus que se realiza nele. Assim, Deus e o homem são reciprocamente imanentes, pois o amor entre ambos faz com que o homem participe da substância divina, exatamente no amor. Então, Deus é oferecido pela razão natural, é o engenheiro do Universo e interage com esse mesmo Universo. Aliás, na mentalidade hegeliana, Deus somente é Deus se há o mundo, pois não existe Deus sem existir o mundo.

Desse ateísmo de assimilação passa-se ao ateísmo de substituição. Trata-se de eliminar efetivamente a religião, de negar a existência de Deus, de fazer a passagem da teologia à antropologia. O ateísmo passa a ser a religião da humanidade e Deus não passa de projeção humana. Por isso, esse ateísmo produz uma moral muito forte, fundamentada na razão e, segundo Immanuel Kant, a consciência moral postula os imperativos religiosos. Em sua compreensão funcionalista e societária, Émile Durkheim afirma que Deus é substituído pela sociedade, a qual assume

---

[20] MORRA, Gianfranco. *Il quarto uomo. Postmodernità o crisi della modernità?* Armando Editore: Roma, 1992, p. 31-54; ESTRADA, Juan Antonio. *Imagens de Deus. A filosofia ante a linguagem religiosa.* Paulinas: São Paulo, 2007.

uma condição suprema e da qual emergem todos os valores superiores aos interesses individuais.

Apesar do entusiasmo do ateísmo de substituição e de todo o seu fervor, ele dá lugar ao ateísmo dissolutivo. Trata-se de um ateísmo que afirma o esvaziamento da religião, qualificando-a como algo de escolha frágil e privada. Não se nega mais a Deus, mas ao problema de Deus e de sua aceitação institucional. Deus é assim visto como algo que pertence a cada ser humano e, por isso, é um ateísmo da frieza, da fraqueza, do ecumenismo, da tolerância e da indiferença. Até mesmo a linguagem não é totalmente ateia e tampouco totalmente religiosa, mas uma linguagem de entrelaçamento da religião com a secularização. A sociedade não sente mais a necessidade nem de negar e nem de afirmar a realidade de Deus. Com isso, os arquétipos religiosos sofrem alterações socioculturais, denotativas de relativismo, acerca da importância da religião na visão de mundo e de ser humano.

A despeito da indiferença, não se pode negar que a religião na pós-modernidade é uma realidade, presente tanto em sua forma institucional quanto na vida de cada indivíduo. A morte de Deus anunciada por Friderich Nietzsche não significou um ataque ontológico a Deus ou à religião ocidental, mas uma acentuada crítica à religião fundamentada na metafísica, acentuadamente conceitual, imbuída de valores morais denotativos da inibição da liberdade humana.[21] Na religião pós-moderna, as instituições religiosas não podem mais se pretender absolutas, porque todas estão inseridas em um clima de pluralidade religiosa denotativa de possibilidade de diversas práticas da relação com Deus e do desenvolvimento de cultos propriamente religiosos. Exige-se de cada religião alteridade

---

[21] HEIDEGGER, Martin. *Caminhos de Floresta*. Fundação Calouste Gulbenkian: Lisboa, 1998, p. 241-306.

para dialogar com as outras religiões, para conjugar ações denotativas de efetiva convivência. E no próprio ocidente não há apenas o predomínio da grande religião hegemônica, o Cristianismo, mas também há a presença de religiões orientais que, de algum modo, contribuem na busca de Deus.[22]

Há de se ressaltar também o caráter mitológico da religião pós-moderna. Há um retorno a três deuses da mitologia: Dionísio, Narciso e Orfeu.[23] Ao retornar ao primeiro, a religião pós-moderna torna-se efetivamente festiva, propensa a retirar a historicidade de sua prática, realizando ritos religiosos desvinculados da vida real dos seres humanos. Uma religião dionisíaca não articula práxis e festa, desenvolve o espírito sem história, envolve-se com a magia e com o imediatismo, impulsiona a oração somente com uma de suas dimensões: a do orar. Distancia-se da ação, da práxis histórica ao não se comprometer com projetos de transformação social. Ao retornar a Narciso, a divindade que exprime o solipsismo e o egocentrismo do ser humano, a religião pós-moderna constitui-se como uma religião de autocentramento, de negação da alteridade, uma vez que enxerga a beleza somente em si mesma. A luz de Orfeu implica em prática religiosa de encantamento, da sedução musical e poética e, por consequência, de transladação pela vida e pela morte. Nessa religião não se constata o necessário cuidado para com a responsabilidade e a devida atenção à história. Visa-se uma finalidade sem que se faça a adequada análise de conjuntura e se visualize efetivamente o horizonte real de possibilidades. Esses três deuses se apresentam tanto nas religiões institucionalizadas quanto nas práticas religiosas individuais e possuem hegemonia em relação às práticas religiosas de

---

[22] VATTIMO, Gianni. *Depois da Cristandade. Por um Cristianismo não religioso.* Record: Rio de Janeiro – São Paulo, 2004.

[23] MORRA, Gianfranco. *Il quarto uomo*, op. cit., p. 111-131; GONZÁLEZ FAUS, José Ignácio. *Desafio da Pós-modernidade.* Paulinas: São Paulo, 1996, p. 38-50.

cunho social e com incidência ética de maior intensidade. Desses deuses emergem espiritualidades isentas de historicidade e de novos horizontes éticos, constituídas de egocentrismo, de fragmentação, de busca da felicidade individual.

Além de viver o ateísmo dissolutivo, o homem pós-moderno vive uma nova forma de comunicar-se. O primado da oralidade, assaz conservado na era pré-moderna, e o primado da escrita, tipicamente moderna, agora dão espaço à telemática e à informática. Com isso, tem-se uma nova concepção de tempo e espaço, não mais marcados única e exclusivamente pela cronologia e pelo território, mas pela vitalidade oportuna. Dessa forma, uma informação que poderia exigir dias para alcançar o destinatário tem a necessidade apenas de alguns minutos ou segundos. Em poucos segundos, o ser humano pode passar de um território a outro virtualmente, não sendo mais necessário locomover-se fisicamente. O mundo da telemática e da informática é um mundo virtual de altíssima construção de informações, tornando possível uma vastidão de informações denotativas da emergência de várias verdades acerca de um mesmo fato ou acontecimento. Constitui-se dessa forma uma nova civilização, a aldeia global, marcada por um conjunto de informações passíveis ao paradoxo do confronto e da solidariedade.[24] É nesse espaço das descrições informações que muitos confrontos acontecem e muitas manifestações de solidariedade se efetuam.[25]

---

[24] MORRA, Gianfranco. *Il quarto uomo. Postmodernità o crisi della modernità?* Armando Editore: Roma, 1992, p. 55-76; IANNI, Octavio. *Teorias da globalização.* Civilização Brasileira: Rio de Janeiro, 2002, p. 119-141.

[25] Por exemplo, na guerra do Iraque em 2003, as informações proferidas pelas redes de televisão iraquiana e norte-americana eram contraditórias e conflitivas. As redes afirmavam a vitória de seu respectivo país. Por outro lado, eram essas informações também provocativas da solidariedade de tantas pessoas que, por meio da informática, manifestaram afirmações consoantes à necessidade de se cessar a guerra e se instaurar a paz.

Na pós-modernidade, a história vista à luz do tempo cíclico e do tempo linear já não possui mais consistência. Instaurou-se um novo tempo marcado pela atemporalidade ou nova temporalidade que, a despeito de reconhecer a tradicional divisão do tempo em passado, presente e futuro, entende que o tempo é presente. Nesse sentido, há um paradoxo a ser constatado: de um lado, há quem afirme que o ser humano é destituído do passado e do futuro e que seu presente é o que o dignifica. De um lado, o ser humano isenta-se de historicidade, perde o nexo com sua condição de projeto histórico. Realiza-se assim o presenteísmo a-histórico, sem passado e sem horizonte de futuro. De outro lado, pode-se retomar a argumentação agostiniana de que o presente é tão relevante e significativo que se pode afirmar o "presente do passado", o "presente do presente" e o "presente do futuro", "tudo é presente". Dessa forma, o presenteísmo é imbuído de uma história marcada pelas ações humanas, mas também, segundo a perspectiva do pensador de Hipona dos séculos IV e V, pela ação benevolente de Deus, porque não há qualquer bem que o ser humano efetue que não tenha o auxílio de Deus. No entanto, na versão pós--moderna, o importante é realçar que o presenteísmo, o instante, quando vivido intensamente, é eterno. E essa vivência não é pureza do sujeito, mas fruto do arquétipo coletivo sempre emergente. Com isso, o presenteísmo não é uma recusa ao passado, mas retomada do próprio passado, impulsionando a partir do presente um futuro novo. Por isso, o presenteísmo abarca a globalidade e intensifica o cotidiano vital, o qual está marcado pelos paradoxos e pelas contradições. Dessa forma, constata-se um apogeu do trágico, da beleza do feio, a emergência do apofatismo clássico como forma nova de afirmação da própria vida humana. Torna-se possível afirmar o caráter eterno do instante, do momento, do presente que se presentifica com história.[26]

---

[26] MAFFESOLI, Michel. *O ritmo da vida. Variações sobre o imaginário pós-moderno*. Record: Rio de Janeiro – São Paulo, 2007; ID. *O instante eterno*, op. cit., p. 17-44.

Desse presenteísmo denotativo da visibilidade do "instante eterno", emerge uma nova moral ou uma pós-moral.[27] A moral pré-moderna era marcada pelo casuísmo que distinguia claramente o certo do errado, o bem do mal, enquanto que a moral moderna exalta a autonomia do sujeito e da razão em seu processo de incidência no agir moral, no comportamento humano. A moral pós-moderna não absolutiza a supracitada distinção e nem mesmo assume a racionalidade moderna que fundamenta as ações comportamentais do ser humano. Ela efetua uma "*mescolanza*" dos polos contrários, demonstrando uma ruptura com a moral dogmática, com a axiologia fechada, com um mundo previamente fixado e construído. No entanto, essa ruptura não significa escapar do paradoxo e, portanto, descartar a disciplina e os valores tradicionais. Ao contrário, a pós-moral explicita a possibilidade de conciliar indivíduo e sociedade, de diminuir o altruísmo e superar o individualismo exacerbado e fundamentado na ideologia da moda. Dessa forma, a pós-moral manifesta a efetividade do relativismo sem que se penetre na decadência do laxismo, mas se busque uma maneira em que o *laissé faire* não seja a conotação de ações irresponsáveis e descomprometidas com o verdadeiro bem-estar social e humano.

A nova moral pós-moderna trouxe à tona uma nova ação de corporeidade. O dualismo separatista da pré-modernidade pregou a superioridade da alma sobre o corpo, responsabilizando este último pelos males cometidos pelos seres humanos. Por isso, não faltaram ideias, formas de repressão e menosprezo pelo corpo. As guerras, por exemplo, serviram como meios para que a alma fosse libertada do corpo, esse *lócus pecaminosus*. A modernidade, por sua vez, afirmou o corpo quando visibili-

---

[27] LIPOVETSKY, Gilles. *A sociedade pós-moralista. O crepúsculo do dever e a ética indolor dos novos tempos democráticos*. Manole: Barueri (SP), 2005.

zou o sujeito em seu caráter empírico, em sua individualidade e em sua historicidade. E é pela arte renascentista que se efetuou a maior valorização do corpo, especialmente quando se explicitou a nudez humana denotativa dos desejos humanos. Isso serviu para que a psicanálise não desarticulasse a *psiché* do *corpus* a fim de se afirmar o *humanum*. Nesse sentido, o corpo manifesta os desejos psíquicos, as profundidades do ser humano, possibilitando um melhor autoconhecimento e percepção acerca das indagações e dos horizontes passíveis de abertura na vida humana. A perspectiva da subjetividade e da individualidade modernas permitiu que o corpo fosse visto como propriedade de cada ser humano, cuja linguagem é capaz de demonstrar os desejos da profundidade humana. Dessa forma, o corpo manifesta o que se pensa, o que se sente e o que se decide. E isto porque, embora a distinção entre corpo e alma seja plausível e louvável, não se pode separá-los da vida humana. Por isso, a linguagem corporal é manifestação do *humanum*, cuja compreensão é isenta de modalidades categoriais do dualismo separatista que impedia visualizar o ser humano em sua integridade. Compreendendo que a linguagem corporal é expressão do desejo, torna-se possível afirmar o corpo como *lócus* da arte, efetividade da estética, cuja ontologia é hermenêutica e, por isso, passível de interpretação acerca dos horizontes profundos da própria existência humana em questão.[28] Nesse sentido, que hermenêutica se faz quando se tatua o corpo, quando se coloca o brinco ou ainda se efetua uma forma de penteado exótica e atrativa? Ou ainda quando se formam determinados grupos, cujas pessoas exprimem sua identidade coletiva na expressão corporal – por exemplo, tatuagens comuns, uso dos mesmos brincos?

---

[28] MAFFESOLI, Michel. *O tempo das tribos. O declínio do individualismo nas sociedades de massa*. Forense Universitária: Rio de Janeiro – São Paulo, 2006, p. 35-102.

Na ótica hermenêutica, a estética pós-moderna traz consigo um retorno às formas primitivas que identificavam o sujeito individual à luz da identidade coletiva. Trata-se de um retorno ao tempo das tribos, cuja identidade coletiva era assaz fundamental para a própria sobrevivência. E esse retorno pode ser interpretado também como um protesto contracultural à cultura moderna da linearidade, da disciplina, do progresso positivo que eleva o ser humano à condição de senhor absoluto da natureza e, por consequência, com plenos direitos de explorá-la a modo próprio. Essa contracultura consolida-se processualmente como cultura, pois há um consenso social acerca da existência plausível das novas tribos, imbuídas de espaços territoriais e espaços internalizados no próprio sujeito humano. Nesse sentido, os indivíduos das tribos possuem elementos comuns de identidade, estabelecem relações de irmandade, realizam ações de companheirismo. As novas tribos possuem uma nova forma de comunicação: a comunicação em rede de internet.[29] A finalidade do novo meio de comunicação é a conexão, a manutenção da identidade pela via virtual, de modo que os membros da respectiva tribo estabeleçam pactos e se efetivem como parceiros uns dos outros. A forma paradoxal de comunicação é a internet presente em algumas de suas configurações, tais como orkut e msn. Esses dois instrumentos são exemplos claros de que as praças ou os jardins pré-modernos foram corporificados virtualmente. As pessoas encontram-se na internet, estabelecendo relações virtuais, cujo produto da comunicação é marcado pelo relativismo da própria verdade que está em jogo. Por exemplo, o que garante que uma pessoa que se conectou a uma comunidade de orkut tenha se identificado verdadeiramente? Ou o que garante que uma

---

[29] CASTELLS, Manuel. *A Era da Informação: Economia, Sociedade e Cultura (I). A Sociedade em Rede*. Paz e Terra: Rio de Janeiro, 2002, p. 523-564; MAFFESOLI, Michel. *O tempo das tribos*, op. cit., p. 126-239.

fotografia estampada *on line* seja realmente da pessoa portadora? No entanto, é virtualmente que estão estabelecidos os novos pontos de encontro nos quais a felicidade do próprio encontro também é realizada. Até mesmo as relações sexuais estão liberadas nas praças virtuais. Existem canais para os mais diversos tipos de relacionamento, desde amizade até casamento, além das relações sexuais que rompem definitivamente com a moral tradicional. Nas comunidades virtuais, o relacionamento pode ser realizado entre indivíduos conhecidos e entre desconhecidos. O que há de comum nesses relacionamentos é que se busca a empatia, a conjunção de interesses e o próprio fato de que estão envolvidos sujeitos humanos que assumem identidades e horizontes virtuais.

Os novos pontos de encontro que denotam conexão podem ser vistos também nos novos pontos físicos. As praças da pré-modernidade foram substituídas também por outros lugares de encontro, como, por exemplo, postos de combustíveis que se transformaram em "Free Shoppings".[30] Seus produtos de venda não se reduzem aos tipos de combustíveis, mas se estendem para outros tipos de produtos. Esses novos pontos territoriais de encontro são também lugares para se comer e beber juntos. No arquétipo tradicional da casa, comer e beber são necessidades de sobrevivência, mas são também motivos de convivência. Por isso, sentar-se à mesa significava muito mais que um hábito que visasse a sobrevivência, mas significava um ato de convivência. A mesa era o lugar da partilha da comida, da bebida, dos contos e dos horizontes da vida. Os novos pontos territoriais de encontro para comer e beber não são mais as casas de cada família, mas os bares, os restaurantes e, especialmente, os estabelecimentos de *fast food*, como, por exemplo, McDonalds. Nesse

---

[30] LIPOVETSKY, Gilles. *O império do efêmero. A moda e seu destino nas sociedades modernas.* Companhia das Letras: São Paulo, 2006, p. 159-204.

sentido, comer e beber juntos se tornaram hábitos rápidos e a partilha da vida tornou-se superficial. A casa já não é mais o *lócus* por excelência para o acolhimento propício à partilha, mas são os novos pontos territoriais de encontro para comer e beber. Com isso, as relações afetivas também mudaram de perspectiva, passando de uma lógica mais duradoura e permanente para uma lógica da momentaneidade, do presenteísmo, do "ficar". A função do namoro na cultura pré-moderna era a de propiciar um processo para discernimento para uma relação institucionalizada, a saber, o casamento. Na cultura atual, predomina o "ficar", o "estar junto", sem que seja necessário horizonte matrimonial e, por consequência, o estabelecimento de um relacionamento estável, conforme os termos pré-modernos.

Outra característica importante da cultura pós-moderna é o consumo para consumar a atualidade do mercado, da moda e da própria modernização. Dessa forma, o consumo tornou-se um elemento crucial para que o supérfluo realize seu império, superando a real necessidade dos seres humanos. Nesse sentido, verifica-se por exemplo que, em meio às favelas, podem ser encontrados sofisticados aparelhos de comunicação e utensílios domésticos. Assim sendo, a carência de alimentação e moradia não é problema tanto quanto a carência de aparelhos que estão nas vitrines das lojas para serem consumidos. Verifica-se também que, nos supermercados, os produtos necessários à sobrevivência são encontrados nas últimas prateleiras, pois nas primeiras estão os que são supérfluos e não prioritários à vida humana. E esses produtos estão encerrados em embalagens que possuem *design* de profunda atração, de alto teor de publicidade e propaganda, e com a capacidade de despertar o desejo de comprar e de consumir. Além disso, o consumo possibilita explicitar a extravagância e a ostentação, pelas quais se alcança o poder de ser a pessoa mais bem vestida, a proprietária do carro mais bonito e mais custoso, da casa maior e mais bem arquitetada. O consumo possibilitou a criação de outras necessidades, cujos valores estão hierarquicamente acima dos valores relacionados à sobrevivência real dos seres humanos. O valor do consumo atinge um nível de sacralidade secular na medida em que consumir se torna uma necessidade tão sagrada quanto a de cumprir os preceitos religiosos na cultura pré-moderna.[31]

A cultura pós-moderna traz à tona também uma nova configuração política, pela qual os valores modernos do Estado nacionalista, da afirmação da democracia mediante o governo civil e o contrato social nos termos liberais e do Estado social-comunista estão relativamente superados. Tem-se a possibilidade também de se efetivar organizações regionais denotativas de políticas continentais e mundiais. Dessa forma, o fenômeno da globalização é o processo em que os acontecimentos não possuem significados restritos ao território e ao espaço político locais, mas estão imbuídos de abrangência que traz à tona novas noções de espaço e tempo. Pela globalização, o local possui possibilidade de incidência no universal, o singular relaciona-se ao plural e o uno não pode ser visto sem o múltiplo e vice-versa. Por isso, em qualquer governo nacional a política de relações de externas é tão importante quanto a política de relações internas, bem como a inserção de um país em organizações supramencionadas. Com isso, cria-se uma cultura política globalizada, exigindo relações dos países e capacidade de forjar e conjugar políticas regionais, continentais e mundiais.[32]

---

[31] LIPOVETSKY, Gilles. *A felicidade paradoxal. Ensaio sobre a sociedade de hiperconsumo*. Companhia das Letras: São Paulo, 2006; MORRA, Gianfranco. *Il quarto uomo. Postmodernità o crisi della modernità?* Armando Editore: Roma, 1992, p. 93-110.

[32] DUPAS, Gilberto. *Atores e poderes na nova ordem global. Assismetrias, instabilidades e imperativos de legitimação*. Unesp Editora: São Paulo, 2005; MÉSZÁROS, István. *O século XXI: socialismo ou barbárie?* Boitempo Editorial: São Paulo, 2003; TOURAINE, Alain. *Um novo paradigma. Para compreender o mundo de hoje*. Vozes: Petrópolis, 2006.

A dimensão social da cultura pós-moderna[33] está marcada também por uma globalização que produz a centralização do mercado econômico e financeiro, cuja consequência fundamental é a exclusão social, presente no desemprego, na falta de moradia e na ausência de terras para trabalhadores rurais. Isso provoca alternativas de sobrevivência, principalmente as oriundas do mercado informal, marcado por tantas irregularidades legais e pela clandestinidade social. Além disso, em busca da sobrevivência, tem-se a prostituição feminina e masculina, de maiores e menores de idade, a individual e aquela organizada em rede. Com isso, a rua tornou-se a nova casa dessas pessoas que estão no mercado da prostituição, além de ser o próprio *lócus* de trabalho. Tal organização produz benefícios a quem comanda a rede e está inserido no mercado do tráfico de diversos produtos. Aliás, tal tráfico está profundamente relacionado ao crime organizado, cujas dimensões são profundas e ainda não totalmente atingíveis na política e no direito. O crime organizado ganha dimensões não apenas no âmbito de quem é socialmente o sujeito direto do crime, mas também no âmbito de quem deveria zelar pela efetividade da justiça social. Seu espírito também se apresenta nas instituições jurídicas, políticas e de segurança pública, corrompendo-as e fazendo-as participar, por meio de atitudes pessoais e propriamente institucionais, do mercado do crime organizado. Dessa forma, enquanto cultura social, o espírito do crime é uma realidade inegável, que corrompe pessoas e instituições e proporciona a inversão de valores, em detrimento da própria crise das instituições que deveriam efetivar a justiça. Por exemplo, organizações criminosas podem – e muitas vezes o fazem – proteger

---

[33] CASTELLS, Manuel. *A Era da Informação: Economia, Sociedade e Cultura (III). Fim de Milênio.* Paz e Terra: Rio de Janeiro, 2000; HOBSBAWN, Eric. *Globalização, Democracia e Terrorismo.* Companhia das Letras: São Paulo, 2007.

grupos e pessoas de agressões, em bairros e cidades que deveriam ter a proteção dos órgãos públicos de segurança. Essas organizações ganham legitimidade à medida que praticam o crime em territórios demarcados e sobre pessoas determinadas, mas não agridem determinada camada da população. Os órgãos públicos de segurança e as instituições jurídicas e políticas têm, muitas vezes, seu poder de ação enfraquecido, suas leis vulneráveis e suas decisões meramente paliativas. Dessa forma, vulnerabilidade institucional e força informal entram em cena e realizam o drama pós-moderno.

Diante de todo o exposto, a pergunta que se levanta para atingir o objetivo proposto neste texto é a seguinte: como elaborar a ciência teológica neste contexto, considerando que a teologia deve refletir seu objeto de investigação à luz de uma metodologia denotativa de seu caráter contemporâneo?

Para responder a pergunta acima, torna-se necessário que se defina a teologia e a insira no contexto pós-moderno, de tal modo que seja efetivamente um complexo teológico contemporâneo de seu período histórico.

A teologia na cultura pós-moderna
O clima do pensamento pós-moderno

A teologia é definida como ciência da fé e, por consequência, é estudo organizado, metódico e sistematizado sobre Deus, visto como seu objeto ôntico, apoiado na filosofia, em sua condição de ciência ontológica.[34] Essa definição de teologia coloca-a no conjunto das ciências, cuja

---

[34] HEIDEGEER, Martin. "Fenomenología y teología", in *Hitos*. Alianza: Madrid, 1970, p. 49-73.

divisão é tripartida: as ciências empíricas, lógico-formais e humanas.[35] A teologia encontra-se no âmbito das ciências humanas, embora deva dialogar com todas as ciências para tratar adequadamente seus temas.

A compreensão da teologia como ciência requer que se compreenda a denominada ciência pós-moderna,[36] cuja identidade não é mais aquela das ciências modernas que estavam marcadas pela pretensão de certeza absoluta e pelo consequente caráter messiânico que lhe trazia a responsabilidade de resolver todos os problemas humanos. A metodologia científica moderna possibilitava que a hipótese fosse lançada, observada e verificada, de modo que os resultados fossem vistos como terminados e inquestionáveis. No entanto, a própria modernidade encarregou-se de superar essa visão messiânica da ciência moderna, à medida que trouxe à tona a abertura de possibilidades e, como consequência, a flexibilidade e a nomadologia.[37] Nesse sentido, a ciência pós-moderna caracteriza-se pelo pressuposto, oriundo da física quântica, de que tudo está em movimento e de que há um entrelaçamento dos seres vivos e dos seres não vivos.[38]

Ao admitir esse movimento do todo, passível de mutabilidade e de inter-relação, a ciência pós-moderna se debruça sobre o próprio contexto da cultura pós-moderna e se modifica em relação à ciência moderna.

---

[35] BOFF, Clodovis. *Teoria do método teológico*. Vozes: Petrópolis, 1998, p. 60-109.

[36] SANTOS, Boaventura de Souza. *Introdução a uma ciência pós-moderna*. Graal: São Paulo, 2003.

[37] OLIVEIRA, Manfredo Araújo de. "Pós-modernidade: abordagem filosófica", in GONÇALVES, Paulo Sérgio Lopes – TRASFERETTI, José (orgs.). *Teologia na Pós-modernidade: abordagens epistemológica, sistemática e teórico-prática*. Paulinas: São Paulo, 2003, p. 21-52.

[38] CAPRA, Fritjof. *As conexões ocultas. Ciência para uma vida sustentável*. Cultrix: São Paulo, 2002, p. 13-17; LOHREY, Andrew. "Simetria: A Teoria do Tudo", in DI BIASE, Francisco – AMOROSO, Richard (orgs.). *A revolução da consciência. Novas descobertas sobre a mente no século XXI*. Vozes: Petrópolis, 2004, p. 75-100.

Abre-se uma nova cosmovisão, configurada na articulação entre o singular e o plural, o uno e o múltiplo, o fragmento e o todo. Nessa abertura, a ciência pós-moderna prima pela flexibilidade, buscando superar o dogmatismo e o absolutismo hermético. Além disso, a ciência pós-moderna é marcada também pelo pensamento nômade, sensível à realidade cotidiana e à compreensão da diferença. Dessa forma, busca-se superar a uniformidade de visão, a argumentação de conceitos prévios que se aplicam aos diversos contextos e a força que possibilita a vitória. Assume-se o caminho da abertura de possibilidades, por meio do diálogo epistemológico que prima pela alteridade e constata a fraqueza do próprio pensamento. É o pensamento débil[39] que possibilita a abertura à história, aos fenômenos, aos acontecimentos do cotidiano às vulnerabilidades da vida humana. Assim sendo, a ciência pós-moderna se abre à perspectiva hermenêutica, não mais se colocando de forma absoluta e messiânica, em seus pressupostos e probabilidades, mas se explicitando como que sapiente da escuta da palavra diferente, cujo conteúdo contribui à emergência da verdade.

Rumo à inserção da teologia na cultura pós-moderna

A compreensão científica da teologia no contexto das ciências pós-modernas conduz à afirmação de que a teologia há de se desenvolver também em uma perspectiva científica pós-moderna. Por isso, se toda ciência deve compreender a realidade e visar sua modificação, a teologia deverá também compreender tal realidade, inserir-se nela e dar sua contribuição na perspectiva de cumprir seu cômpito científico que incide na vida humana.

---

[39] VATTIMO, Gianni. *Avventure della differenza*. Garzanti: Milano, 1979; ID. *O fim da Modernidade. Niilismo e hermenêutica na cultura pós-moderna*. Martins Fontes: São Paulo, 2002, p. 14.

A elaboração de um complexo teológico no contexto de uma cultura pós-moderna não requer o abandono dos elementos básicos da metodológica: o *auditus fidei* e o *intellectus fidei*.[40] E isso porque toda teologia que se pretende séria e inserida na cultura a que pertence deve firmar-se em escutar a fé pela Escritura e pela Tradição, mantendo uma inteligência capaz de *aggiornare* – ser luz – a realidade em que se apresenta. O *auditus fidei* é a coleta dos dados da Escritura e da Tradição eclesial e teológica que testemunham a revelação, elemento central na teologia. Mas esses dados não são e nem podem ser pensados sem a devida racionalidade da fé, cujo desenvolvimento ocorre com o auxílio da filosofia e de outras ciências que servem como mediação para a produção teológica. Nesse sentido, *auditus fidei* e *intellectus fidei* são elementos distintos, mas constantemente articulados um com outro, e devem metodicamente ser contemporâneos de uma época histórica. Essa articulação não se efetua efetivamente sem sua inserção no contexto cultural pós-moderno, em função da necessidade de ser o complexo teológico imbuído de um caráter contemporâneo.[41]

A inserção da teologia na cultura pós-moderna, considerando seu caráter científico, traz à tona a necessidade da hermenêutica, assaz presente na argumentação da ciência pós-moderna em seu todo. A hermenêutica oriunda da filosofia incidiu na teologia contemporânea, trazendo à tona a categoria história, a historicidade da tradição, o caráter existencial do ser humano e, principalmente, a possibilidade de compreensão e interpretação da linguagem. Ao trazer esses elementos para a teologia, a hermenêutica proporcionou ao complexo teológico um caráter hermenêutico, possibilitando uma teologia hermenêutica preo-

---

[40] LIBÂNIO, João Batista, MURAD, Afonso. *Introdução à Teologia: perfil, enfoques, tarefas*. Loyola: São Paulo, 1996, p. 93-97.
[41] BOFF, Clodovis. *Teoria do método teológico*, op. cit., p. 61-83.

cupada com a linguagem teológica e com a doutrina teológica. Além disso, passou-se a desenvolver uma hermenêutica teológica, capaz de incidir na leitura da Escritura e da Tradição eclesial, especialmente no que se refere aos dogmas.[42] Dessa forma, o próprio Magistério Eclesiástico Católico consolidou o método histórico-crítico,[43] oriundo do próprio protestantismo em termos de metodologia da leitura da Bíblia, e legitimou outras leituras metodológicas, como a feminista e a libertadora.[44]

A hermenêutica aplicada à Escritura e à Tradição superou a mentalidade da *adequatio*, pela qual tanto a Bíblia quanto as verdades dogmáticas e morais do cristianismo eram adequadas ao interesse institucional de cada época histórica. Dessa forma, apresentou-se a possibilidade de superar uma visão teológica de método descendente, cujo ponto de partida era um pressuposto metafísico que deveria ser aplicado a toda e qualquer realidade bíblica e tradicional. E isso porque a hermenêutica se desenvolve considerando o contexto histórico, a historicidade, a experiência e os horizontes possibilidades presentes em um evento bíblico ou da tradição. Dessa forma, o texto, o símbolo ou a ação são situados historicamente e sua atualização requer sempre abertura de um novo horizonte para se compreender o horizonte advindo do que foi analisado. É isso o que foi denominado de fusão de horizontes, pela qual emerge a verdade sempre aberta às novas possibilidades. Dessa forma, superam-se o fundamentalismo e o espiritualismo bíblicos, tão prejudiciais à compreensão da verdade da revelação presente na Escritura e

---

[42] DE LUBAC, Henri. *L'Ecriture dans la Tradition*. Aubier: Paris, 1966; SEGUNDO, Juan Luis. *O dogma que liberta*. Paulinas: São Paulo, 1992.

[43] PIO XII, "Carta Encíclica *Divino Afflante Spiritu*", in *AAS* 35 (1943), p. 193-248.

[44] PONTIFÍCIA COMISSÃO BÍBLICA. "La lecture de la Bible dans l'Eglise", in *Biblica* 74 (1993), p. 451-528.

sua inerrância intrínseca ao texto bíblico, em sua condição de texto da revelação.[45]

A aplicação da hermenêutica à tradição cristã é também importante para superar o fundamentalismo e o absolutismo dogmático. Pela hermenêutica constata-se que a tradição cristã tem origem na própria revelação direta de Cristo a seus apóstolos e tem sua continuidade no movimento de transmissão da verdade revelada,[46] realizado ao longo da história do cristianismo, por meio de um processo de inculturação, a partir do encontro do cristianismo com outras culturas, em especial, a cultura helênica.[47] Constata-se também que a tradição não é sinônimo de algo velho e atrasado, mas está relacionada à vivacidade da revelação cristã em todas as épocas históricas. Trata-se de afirmar a vivacidade da tradição que, a partir de sua originalidade, se transforma em tradições, mantendo viva a *regula fidei* e todas as raízes que tornam veraz a revelação cristã.[48] Nesse sentido, os dogmas cristãos não são estáticos e não devem ser transpostos de sua época histórica a qualquer outra, sem a devida operação hermenêutica. Os dogmas carregam consigo o conteúdo da revelação cristã e são formulados sob uma linguagem, própria de uma época, marcada por características filológicas próprias e por contexto histórico específico, no qual autores determinados são sujeitos de sua

---

[45] GEFFRÉ, Claude. *Como fazer Teologia hoje. Hermenêutica teológica*. Paulinas: São Paulo, 1989.

[46] LATOURELLE, René. *Teologia da revelação*. Paulinas: São Paulo, 1973, p. 367-413; CONCÍLIO VATICANO II, "Constituição dogmática *Dei Verbum*", in *AAS* 58 (1966), p. 817-836.

[47] GONÇALVES, Paulo Sérgio Lopes. "Análise da cultura helênica na reflexão teológica, em busca de novos paradigmas que superem os limites e impasses legados a ela num contexto pós-moderno. Enfoque da teologia dogmática", in *Revista de Cultura Teológica* 12 (2004), p. 29-48.

[48] CONGAR, Yves. *La Tradition e la vie de l'Eglise*. Librairie Arhtéme Fayard: Paris, 1963.

formulação. A atualização dos dogmas é uma necessidade, cuja eficácia está no aperfeiçoamento de sua própria forma. Por isso, nenhum dogma é isento de possibilidade de atualização que denote a superação do fundamentalismo e do dogmatismo. A hermenêutica aplicada aos dogmas realiza-se à medida que se busca compreender seu contexto histórico de formulação, o sentido de sua letra e de seu espírito para aquela época, de se verificar o modo como foram recepcionados historicamente e sua atualização, enquanto palavra dogmática significativa para a era atual.[49]

A hermenêutica possibilita que a teologia se insira no clima científico pós-moderno e trate diversos temas à luz do diálogo compreendido como um processo de comunicação, em que se escuta, se fala e se busca, entre os sujeitos dialogantes, o consenso da própria verdade.[50] Nesse sentido, ao ser inserida na teologia, a hermenêutica possibilitou que fossem desenvolvidos temas relevantes e vistos como tabus durante todo o período da teologia apologética moderna, tais como o ecumenismo, diálogo inter-religioso, a relação entre fé e ciência e o diálogo do cristianismo com o ateísmo. Dessa forma, a teologia cristã desenvolveu a alteridade referente à diversidade das igrejas cristãs, às outras religiões, ao pensamento científico e ao pensamento isento de fé religiosa. Foram então produzidas as teologias da história, existencial, da palavra e transcendental. Essa alteridade foi desenvolvida também no âmbito social, contando inclusive com

---

[49] GEFFRÉ, Claude. *Crer e interpretar. A virada hermenêutica da teologia.* Vozes: Petrópolis, 2004; GONÇALVES, Paulo Sérgio Lopes. "A consciência histórico-hermenêutica na teologia contemporânea. Aproximação entre Gadamer e Schillebeeckx", in *Religião e Cultura* 14 (2008), p. 97-117.

[50] GADAMER, Hans Georg. *Verdade e método (I). Traços fundamentais de uma hermenêutica filosófica.* Vozes – São Francisco: Petrópolis – Bragança Paulista, 2003, p. 566-631; ID. *Verdade e método (II). Complementos e índices.* Vozes – São Francisco: Petrópolis – Bragança Paulista, 2002, p. 145-159.

a incursão do marxismo e da teoria crítica social, cujo uso mediador possibilitou a compreensão da realidade histórico-social em suas contradições econômicas e políticas. Surgiram então as teologias da práxis, em suas vertentes política e libertadora, com incidência em contextos bem determinados.[51]

Somente pela hermenêutica é que a teologia conseguirá refletir cientificamente a cultura pós-moderna em suas características fundamentais. Justifica-se essa posição o fato de que a hermenêutica não descarta o pensamento débil que indica a necessidade de se vislumbrar os fenômenos do cotidiano histórico e seus caracteres paradoxais. Dessa forma, pela hermenêutica teológica, torna-se possível tratar ainda aqueles temas já desenvolvidos na história contemporânea da teologia, mas também os que emergem da cultura pós-moderna. Por isso, a racionalidade teológica de cunho pós-moderno deverá primar pela sensibilidade cotidiana, pela ruptura com os preconceitos e com a lógica de exclusão, pela elevação da alteridade, pelo desenvolvimento da estética, pela formalização do essencial sentido de comunidade. Então, como efetivar uma teologia pós-moderna?

A teologia pós-moderna

O caráter contemporâneo da teologia produzida em contexto cultural pós-moderno exige a compreensão dessa cultura, conforme exposto acima, mas também a afirmação da efetiva articulação da filosofia com a teologia, acrescentando o uso de outras mediações científicas, especialmente

---

[51] GONÇALVES, Paulo Sérgio Lopes. "A teologia do Concílio Vaticano II e suas consequências na emergência da Teologia da Libertação", in GONÇALVES, Paulo Sérgio Lopes – BOMBONATTO, Vera Ivanise (orgs.) *Concílio Vaticano II. Análise e prospectivas*. Paulinas: São Paulo, 2004, p. 69-94.

as ciências humanas, a física e a biologia. Mas no que tange à cultura pós-moderna há de se pressupor que a relação com a filosofia não pode ser realizada nos termos anteriores à hermenêutica contemporânea, uma vez que uma nova ontologia, marcadamente hermenêutica, foi formulada e se radicou com real eficácia. Dessa forma, não apenas se pode afirmar uma teologia que analisa a pós-modernidade, mas uma efetiva teologia pós-moderna. Isso significa que a teologia poderá fazer suas afirmações, conforme seus elementos metodológicos tradicionais, e, partindo dos conceitos consolidados em sua própria história, tecê-los à cultura pós-moderna. A teologia poderá – e é esta posição que aqui se defende – penetrar a cultura e, a partir dela, elaborar uma nova forma da verdade revelada. Uma verdadeira teologia pós-moderna deverá articular seu fundamento – a fé – com o pensamento débil, pelo qual se apreende o cotidiano vital.

Na apreensão do cotidiano vital,[52] a teologia pós-moderna deverá compreender o novo dinamismo das relações humanas, com seus novos pontos de encontro e seus espaços virtuais. Não se trata de emitir juízo axiológico condenatório, mas de compreender o significado dessas novas formas de relacionamento, principalmente o significado da inteligência emocional e o compromisso que o amor humano, em todas as suas dimensões, gera aos seres humanos. Assim sendo, amparada em seu fundamento, a teologia pós-moderna deverá desenvolver o caráter amoroso dos relacionamentos, afirmando a primazia de sua dimensão agápica. Com isso, apresenta-se a possibilidade de superar os relacionamentos descartáveis, passageiros, descomprometidos e indiferentes à própria alteridade que um verdadeiro relacionamento requer.

---

[52] LIBÂNIO, João Batista. "Desafios da Pós-modernidade à Teologia Fundamental", in GONÇALVES, Paulo Sérgio Lopes – TRASFERETTI, José (orgs.). *Teologia na Pós-modernidade. Abordagens epistemológica, sistemática e teórico-prática.* Paulinas: São Paulo, 2003, p. 162-171.

Sua tarefa exige também penetrar no tema dos espaços virtuais e a consequente formação de tribos pós-modernas. Não se trata também de condenar tais espaços e nem de aproveitá-los na perspectiva da concorrência e da propaganda sistêmica. Trata-se de compreender que tais espaços são espaços de comunicação e que a comunicação, na perspectiva teológica, está relacionada à própria revelação cristã. De fato, em seu Filho Jesus Cristo, Deus se autocomunicou a si mesmo aos seres humanos, exigindo-lhes uma resposta de fé. Ao responder à iniciativa comunicativa de Deus, o ser humano recepciona o apelo e passa a efetivar o diálogo. Dialogar é realizar a luz sapiencial ou elaborar uma saber iluminador. O diálogo produz luz, enuncia novas possibilidades horizontais e propicia a emergência de nova sabedoria. Dessa forma, ao revelar-se aos seres humanos, por meio de Jesus Cristo, Deus iniciou um diálogo com a humanidade, marcado pelo amor gratuito e desejoso da aceitação humana em dialogar e amar. Outra premissa importante para a teologia é a afirmação da antropologia teológica de que o ser humano é pessoa, imagem e semelhança de Deus.[53] Teologicamente, o termo pessoa denota o próprio Deus como substância constituída de pessoas que se inter-relacionam e se interpenetram umas com as outras. Dessa forma, em Deus não há solidão, mas relação pericorética de comunhão. Aplicado ao ser humano, pessoa denota que nenhum ser humano deve viver na solidão, mas sua essência é marcada pela comunhão com outros seres humanos. A partir dessa premissa, de que o ser humano é pessoa, cuja condição lhe possibilita sempre estar em relação com os outros,

---

[53] GONÇALVES, P. S. L., "O ser humano como imagem e semelhança de Deus: a antropologia teológica", in GONÇALVES, P. S. L. – TRASFERETTI, José. *Teologia na Pós-modernidade. Abordagens epistemológica, sistemática e teórico-prática*. Paulinas: São Paulo, 2003, p. 251-299.

a teologia pós-moderna deverá interpretar os espaços virtuais para os relacionamentos, colocando-os em um nível preponderantemente instrumental e a afirmação dos relacionamentos pessoais como preponderantemente fundamentais. O relacionamento entre os seres humanos deve ser marcado pela gratuidade, pelo respeito às diferenças, pela tolerância e pela abertura à interpelação do outro, em sua qualidade de outro. Com isso, a teologia reflete o sentido da amizade, do companheirismo e da solidariedade.

Ao visualizar o cotidiano, a teologia pós-moderna deverá ater-se ao que se denomina "pequenas coisas" ou "acontecimentos insignificantes". Trata-se de eventos que alcançam pouco *status* social, mas que estão imbuídos de significação existencial e cultural. Assim sendo, é fundamental sua atenção aos gestos que medeiam os relacionamentos, as atitudes de perseverança, de compaixão e de solidariedade. A partir dessa atenção deverá emergir uma teologia do cuidado,[54] cuja prioridade é proporcionar que a compreensão de cuidar ou tomar *cura* seja zelar, escutar, dispensar ternura, emitir palavra significativa ao outro. Uma teologia do cuidado possui intrinsecamente uma lógica da sensibilidade, que implica em sentir o outro como diferente e interpelador à relação. Essa sensibilidade apura a doença, o clamor, as ações predatórias, o apelo e as necessidades emergentes. Dessa sensibilidade emerge o desejo e a decisão em cuidar visando a produção da vida. É uma teologia de racionalidade vital, fundada na fé em um Deus que cuida dos seres humanos, por meio da sensibilidade ao clamor e à aflição, da compaixão com os sofredores deste mundo, tornando-se também um sofredor, um abandonado, um crucificado. Em seu autodespojamento e autodespren-

---

[54] BOFF, Leonardo. *Saber cuidar. Ética do humano – compaixão pela Terra*. Vozes: Petrópolis, 1999.

dimento, Deus se mostra como um Deus fiel, misericordioso e amoroso para com todos os seres humanos.[55]

Desenvolve-se também a imagem de um Deus que se revela como amigo dos seres humanos em todos os momentos da vida. Afirmar teologicamente a amizade de Deus não significa retirá-lo da história, mas vislumbrá-lo na história na realidade concreta dos seres humanos. E ao se manifestar como Deus amigo, sua amizade é realizada na alegria do encontro e na compaixão pelo sofrimento e pela dor. Desenvolve-se assim uma amizade solidária e compassiva, em clara conotação de que o Deus cristão sente a alegria dos seres humanos e também suas dores. No evento da cruz e da ressurreição estão explicitadas a compaixão e a solidariedade na alegria de Deus para com os seres humanos.[56]

Ao afirmar a amizade de Deus com os seres humanos realizada na história, a teologia supera a religião pós-moderna em seus três níveis descritos acima: a religião dionisíaca, a religião narcisista e a religião orfeuniana. Dessa forma, supera-se uma religião festiva, desvencilhada da práxis histórica, cujos ritos são fechados em si mesmos e nada exprimem de historicidade da própria revelação divina. Essa superação ocorre porque essa religião não apresenta a festa articulada com a práxis, de modo a ser simultaneamente fruto da práxis e geradora da práxis. Ao superar essa religião, a teologia apresenta a efetiva articulação entre práxis e festa, explicitando que uma depende da outra para ser eficaz. Dessa articulação, emerge teologicamente o sacramento em profunda articulação com o mistério, compreendido como elemento escondido de

---

[55] METZ, Johann Baptist. "Proposta de programa universal do Cristianismo na idade da globalização", in GIBELLINI, Rosino (org.). *Perspectivas teológicas para o século XXI*. Santuário: Aparecida (SP), 2005, p. 353-364.

[56] GUITIÉRREZ, Gustavo. "Situação e tarefas da teologia da libertação", in GIBELLINI, Rosino (org.). *Perspectivas*, op. cit., p. 85-100.

Deus que se revela aos seres humanos em sua vida concreta e real.[57] Em qualquer confissão cristã, o sacramento emergente dessa articulação surge como elemento significativo que dá sentido à própria profissão de fé, cuja configuração simbólica representa um significante que denota um significado pleno de sentido divino para a vida humana. Assim sendo, a teologia explicita que o símbolo dá o que pensar, porque possui força, está imbuído de sentido e incide na profundidade da vida humana.

A teologia pós-moderna que se confronta com a religião narcisista tem a tarefa de superar uma configuração ritual e institucional, em que o representante passa a ser o representado. E isto porque na religião narcisista não há alteridade, sensibilidade para as diferenças e, por consequência, solidariedade e compaixão. Nessa religião, apregoam-se o individualismo, o egocentrismo e o solipsismo, uma vez que a beleza alterativa é inexistente e a incapacidade para se escutar o outro é evidente. Por isso, a teologia cristã possui a tarefa de romper com o narcisismo religioso, de trazer à tona a centralidade da fé, Jesus Cristo, Deus feito ser humano, por um movimento kenótico, de auto-humilhação, de efetivo abaixamento e de doação de si mesmo à humanidade. Nesse sentido, a teologia deverá apontar para um Deus totalmente Outro, cuja presença só é possível quando se realiza alteridade nos seres humanos, uma vez que é a humanidade o caminho verdadeiro para se encontrar a divindade. A superação do narcisismo religioso possibilita compreender a religião em sua forma institucional e como fenômeno religioso, como elemento denotativo de desinteresse, de desprendimento e despojamento. Trata-se de apontar para uma religião que gera a solidariedade dos seres humanos, a sensibilidade

---

[57] TABORDA, Francisco. *Sacramentos, práxis e festa. Para uma teologia latino-americana dos sacramentos*. Vozes: Petrópolis, 1987.

que produz compaixão e misericórdia e a decisão que denota a parcialidade em favor dos oprimidos e pobres deste mundo.[58]

Ao confrontar-se com a perspectiva orfeuniana da religião, a teologia assume a tarefa de superar o encantamento religioso desvinculado da história que predica a primazia de uma vida além da morte. Nesse confronto, a teologia deve recuperar a verdadeira forma de encantamento e enfrentamento da morte, de modo consoante à historicidade humana. Dessa forma, a teologia deverá desmascarar toda linguagem que apontar para o fatalismo da morte, para o conformismo do sofrimento, para uma ligeireza da cruz, e não apontar sua verdade essencial para a passividade histórica das pessoas e dos grupos sociais diversos, para um processo cada vez mais profundo de alienação e desinteresse pela historicidade da vida. Ao desmascarar tal linguagem, a teologia deverá construir uma nova linguagem capaz de recuperar a veracidade da revelação cristã em sua potencialidade de atração dos discípulos de Jesus. Nesse sentido, a verdade a ser afirmada pelo cristianismo deverá encantar as pessoas que escutam seu anúncio, a fim de que haja uma vida fundada na veracidade do amor, considerada a virtude maior de todas as virtudes. Aqui, a linguagem musical e poética deverá soar e apontar um horizonte profético que possibilita imaginar uma vida nova para toda a humanidade, marcada pelo amor em todas as suas dimensões. Deverá soar uma linguagem que aponte um horizonte imanente que esteja imbuído de transcendência, a qual deve conter também um direcionamento à própria imanência histórica. Além disso, a teologia deverá recuperar a escatologia do dualismo antropológico, que separou a alma do corpo, e da teologia dos novíssimos, que operacionalizou um reducionismo da própria escatologia cristã. Recuperar a escatologia significa compreender Cristo como

---

[58] HAUGHT, John. *O que é Deus*. Paulinas: São Paulo, 2006.

eschaton presente na história e no movimento de toda a criação, em evidente configuração de que *creatio nova* emerge da *creatio continua*, que por sua vez está relacionada à *creatio originalis*. Dessa forma, têm-se uma escatologia histórica e uma história escatológica, e a esperança de que a criação não será destruída, mas se torna plenamente nova à medida que é potencializada pelo próprio *novum* de Deus.[59]

A teologia elaborada no contexto da cultura pós-moderna haverá de assumir uma conotação social e política, especialmente por não poder omitir-se diante da realidade de criminalidade, de corrupção política, de ausência de ética e de mundialização da pobreza. Seu posicionamento se fundamenta na própria fé cristã e bíblica, e tradicionalmente aponta para uma teologia social e política cristã que denuncia toda situação que denigre a vida humana, que deturpa a essência da política e possibilita a construção de sociedades marcadas pela injustiça, pela desigualdade e pela morte prematura. Essa teologia funda-se em uma fé que afirma a intervenção histórica de um Deus da vida, cuja revelação não se deu a partir do *lócus* do poder, do dinheiro e da força. Ao contrário, sua revelação se efetuou mediante a opção pelo *lócus* dos pobres,[60] encarnando-se no estábulo deste mundo e, dessa forma, denunciando a situação de opulência, de ostentação e de geração de pobreza e de contradições sociais, econômicas e políticas.[61]

A afirmação de uma teologia social e política não é novidade na história recente da teologia. Já se afirmava uma teologia política que

---

[59] MOLTMANN, Jürgen. *A vinda de Deus. Escatologia cristã.* Unisinos: São Leopoldo (RS), 2003.

[60] GONÇALVES, Paulo Sérgio Lopes. *Liberationis Mysterium. O projeto sistemático da teologia da libertação. Um estudo teológico na perspectiva da regula fidei.* PUG: Roma, 1997, p. 102-114; SOBRINO, Jon. *Fora dos pobres não há salvação. Pequenos ensaios utópicos-proféticos.* Paulinas: São Paulo, 2008.

[61] GUTIÉRREZ, G. *O Deus da vida.* Loyola: São Paulo, 1990.

colocava não como um tema da teologia, mas sim como perspectiva de uma nova teologia fundamental em que se afirmava o sujeito mediante a compreensão da teologia como memória, narração e solidariedade. Enquanto memória, a fé, presente na teologia de forma inteligente, recorda a vida, a paixão, a morte e ressurreição de Jesus Cristo, no interior de um contexto de práxis de efetivação do Reino de Deus na história. Na condição de narração, a fé teológica se transforma em um sinal eficaz do Reino de Deus e, por consequência, na transmissão da esperança acerca da possibilidade de realização plena desse Reino. E, no horizonte da solidariedade, realiza-se um conjunto de ações políticas, fundamentadas por uma mística política que produz compaixão para com os sofredores deste mundo. Afirmou-se também uma teologia comprometida socialmente, formulada em diversos contextos históricos marcados pela necessidade de se superar estruturas sociais que não possuem lugar para os pobres dormirem e nem espaço para a produção da vida em abundância.[62]

A despeito dessas formulações, urge no contexto da cultura pós-moderna uma teologia social e política, capaz de se defrontar com os paradoxos dessa cultura, elaborando um discurso capaz de combater a idolatria compreendida como o processo em que devotos cultuam ídolos que não falam, nem escutam, nem enxergam e nem se movem por poder próprio, a não ser pelo poder de seus devotos.[63] Dessa forma, pode-se visualizar a idolatria presente em determinados pro-

---

[62] METZ, Johann Baptist. *Sul concetto della nuova teologia politica (1967-1997).* Queriniana: Brescia, 1998; ID. *Glaube in Geschichte und Gesellschaft. Studien zu einer Praktischen Fundamentaltheologie*, Mathias Grünelwald: Mainz, 1977; ARENS, Edmund. "Novos desenvolvimentos da teologia política. A força crítica do discurso público sobre Deus", in GIBELLINI, Rosino. *Perspectivas*, op. cit., p. 67-84.
[63] ASSMANN, Hugo – HINKELAMMERT, Franz. *A idolatria do mercado. Ensaio sobre economia e teologia.* Vozes: Petrópolis, 1989.

gramas da telemática, principalmente alguns temas de telenovelas, ou ainda em determinados personagens, tais como jogadores de futebol, atores e cantores. Durante o processo idolátrico, esvaziam-se a consciência política e a possibilidade de um autêntico processo de conscientização. A maior característica da idolatria pós-moderna é desenvolver os paradoxos que possibilitam a emergência das contradições sociais e políticas e das incoerências morais e éticas. Nesse sentido, deve-se entender a corrupção dos poderes executivo, legislativo e judiciário, cuja clareza factual é acompanhada da impunidade e da indiferença, bem como o mimetismo sacrifical em que os pobres também assumem a moda do consumo e se mantêm ou se alargam em sua situação de pobreza.

A formulação de uma teologia cristã social e política que combata o processo idolátrico pós-moderno implica que a teologia saiba dialogar diretamente com as ciências que lhe servirão de mediação na compreensão da realidade em questão, sustentada por uma consistente filosofia social e política. Dessa forma, a teologia deverá buscar compreender o nexo interno e as implicações externas do processo idolátrico, por meio da utilização das ciências humanas e das ciências sociais aplicadas, visando obter os necessários subsídios à compreensão da realidade idolátrica. Pode-se exemplificar este imperativo em algumas interrogações: o que possibilita o crime organizado, incluindo a participação de órgãos públicos que deveriam defender os interesses da população? O que gera a corrupção social, jurídica e política? O que faz com que haja ausência de ética na condução do poder? Teria o poder força efetivamente sedutora, capaz de superar a ética do interesse comunitário?

Diante do exposto, uma teologia social e política haverá de recuperar a perspectiva bíblica da aliança entre Deus e seu povo, pela qual se visualiza o sentido da terra prometida (Êx 3,8) e o sentido do novo céu e da nova terra (Ap 21). Essa perspectiva deverá ser a luz que ilumina a formulação desse complexo teológico, cuja meta deverá ser a de incidir nas questões sociais e políticas denotativas do processo idolátrico. Trata-se de uma perspectiva que denuncia a idolatria enquanto processo oriundo do devoto e que possibilita mobilidade a quem não a tem, e afirma um Deus vivo, presente no meio de seu povo, realizando a aliança, cuja realização plena se dá no evento Jesus Cristo, visto em sua vida, morte e ressurreição. Aqui, dever-se-á apontar para uma divindade que não exige sacrifícios cruentos vazios de sentido, mas para um Deus que possibilita a vida por meio da compaixão, da misericórdia e das ações libertadoras. O sacrifício oferecido por Jesus Cristo a seu Pai Deus não é expressão de masoquismo e nem de sadismo por parte de Deus, mas de vida doada e entregue gratuita e unicamente por amor. Dessa forma, surgirá uma teologia social e política da vida que desemboca em uma ética que supere o interesse próprio e o egoísmo sistêmico, apontando para o interesse comunitário,[64] que gera uma cultura universal da solidariedade e da compaixão.[65]

A afirmação de uma teologia social e a política da vida abarcam também a vida planetária e cósmica. A vida humana não é mais compreendida isoladamente de outras vidas, mas é vista em relação com outras vidas e com os seres não vivos também. Dessa forma, emerge uma consciência ecológica na teologia que defende a vida em sua complexidade, pela qual se infere que todos os seres estão entrelaçados uns com os outros e que há interdependência e complementaridade entre eles. Com

---

[64] DUSSEL, Enrique. *Ética comunitária. Liberta o pobre.* Vozes: Petrópolis, 1986.

[65] MOLTMANN, Jürgen. *Der gekreuzigte Gott. Das Kreuz Christi als Grund und Kritik christlicher Theologie.* Kaiser: München, 1972; ID. "A passagem do ano 2000. Progresso e abismo", in GIBELLINI, Rosino. *Perspectivas*, op. cit., p. 25-43; SOBRINO, Jon. *Jesus, o libertador (I). A história de Jesus de Nazaré.* Vozes: Petrópolis, 1994, p. 103-284.

isso, surge uma teologia ecológica[66] que não se reduz à reflexão teológica sobre o ambiente, mas também possui o alcance da sociedade, com a mente humana e com a integralidade cósmico-espiritual. Essa teologia constata a crise que ameaça a ecologia planetária e cósmica, mas também aponta para a afirmação da vida em todas as suas dimensões, desenvolvendo uma teologia da criação que, formulada em profundo diálogo com as ciências humanas, ciências sociais aplicadas, com a física e com a biologia, que vislumbra o horizonte da comunhão de todos os seres vivos e não vivos, fundamentando-se na teologia trinitária, que afirma o caráter pericorético das pessoas divinas ao constituírem a substancialidade divina. Constata-se que a criação é abençoada e santificada em função de se caracterizar pela comunhão acima descrita. Dessa maneira, a teologia afirmará a comunhão dos seres e a comunhão do ser humano consigo mesmo, afirmando em ambas comunhões a presença de Deus como um Deus comunhão.[67]

Enfim, uma teologia propriamente pós-moderna deverá ser permeada por uma nova espiritualidade que a torne uma teologia espiritual. Trata-se de compreender a espiritualidade como um modo de o ser humano viver historicamente segundo o Espírito de Deus. Por isso, o parâmetro da vida humana é o próprio Espírito, compreendido como o amor de Deus presente no coração humano e como o amor que existe entre o Pai e o Filho no interior da própria Trindade. Dessa forma, a espiritualidade de uma teologia pós-moderna tem como fonte o próprio Deus, presente na ação de seu Espírito, mediado pelo Filho

---

[66] GONÇALVES, Paulo Sérgio Lopes. "A sustentabilidade à luz da hermenêutica teológica da ecologia", in SOTER (org.). *21º Congresso Anual da Sociedade de Teologia e Ciências da Religião – SOTER*. Paulinas: São Paulo, 2008, p. 86-108.

[67] GONÇALVES, Paulo Sérgio Lopes. *Da possibilidade de morte à afirmação da vida. A teologia ecológica de Jürgen Moltmann*. Unisinos: São Leopoldo (RS), 2006.

Jesus Cristo. Essa fonte é o amor que, por ser amor, sai de si mesmo, penetra a criação toda, reside no ser humano para que este viva no amor, com amor e por amor. E o amor propicia a vida presente em todas as criaturas e na relação ecológica de todos os seres. O Espírito inspira e sopra a vida constantemente na história, efetivando a emergência da nova criação. Não será uma espiritualidade desvinculada da história, fundamentada em uma antropologia de dualismo separatista e que cuida apenas da alma, mas uma espiritualidade permeada por uma pneumatologia que não prescinde da história e que prima pela vida em abundância.[68]

Conclusão

Objetivou-se neste texto apontar a possibilidade de se elaborar uma teologia pós-moderna, capaz de compreender a Pós-Modernidade, utilizando-se da mediação das ciências humanas e da hermenêutica aplicada à formulação do complexo teológico. Para atingir esse objetivo, descreveu-se um quadro teórico acerca do significado da Pós--Modernidade, com fundamentação em alguns de seus principais teóricos, para em seguida descrever os elementos principais da cultura pós-moderna, partindo do conceito de Modernidade e de sua passagem para o conceito de Pós-Modernidade. A partir da análise das ciências humanas, apontou para uma teologia elaborada em contexto pós-moderno e com características próprias pós-modernas. De todo o exposto, torna-se

---

[68] CONGAR, Yves. *Je crois en l'Esprit Saint*. Cerf: Paris, 1995; MOLTMANN, Jürgen. *Der Geist des Lebens. Eine ganzheitliche Pneumatologie*. Kaiser Verlag: München, 1991; WELKER, Michael. *Gottesx Geist,. Theologie des Heiligen Geistes*. Neukirchener Verlag: Neukirchen – Vluyn, 1992.

possível inferir alguns elementos de cunho conclusivo: o caráter paradoxal da Pós-Modernidade e seu poder de penetração na cultura das pessoas, a necessidade de se elaborar um complexo teológico que tenha característica hermenêutica, dado que essa perspectiva supera o substrato metafísico que impede a produção de uma teologia que seja contemporânea da cultura pós-moderna, e as dimensões desta teologia pós-moderna marcada por uma profunda incidência na cultura em questão.

A Pós-Modernidade está imbuída de um caráter paradoxal na medida em que nela se encontra a dialética de continuidade e de ruptura com a Modernidade. Essa continuidade está na afirmação do ser humano como sujeito histórico e na autonomia da razão, da ciência e do Estado. No entanto, a ruptura está selada à medida que não se refuta totalmente a religião, mas a coloca como um dos eixos de articulação das relações sociais e não como único e exclusivo conforme se concebia na pré-modernidade. Além disso, a ruptura está constatada na emergência da flexibilidade e da nomadologia nas afirmações científicas, no surgimento de uma nova concepção de tempo e espaço que traz à tona a comunicação virtual, na consolidação do presenteísmo nas relações sociais, no desenvolvimento de articulações de cunho mosaico presentes na estética cultural e nas concepções de mundo e de ser humano. Por isso, a Pós--Modernidade não é superação total da Modernidade, nem tampouco um retorno à Pré-Modernidade isenta da Modernidade, mas um fenômeno que conjuga elementos que resultam no paradoxo denotativo da necessidade de se recuperar a axiologia que aponta para um ser humano cada vez mais humano.

Esta concepção de Pós-Modernidade requer a perspectiva contemporânea de hermenêutica, que possibilita melhor compreensão e interpretação, rompendo com uma metafísica rígida e inflexível e com uma concepção positivista de ciência oriunda do horizonte da

Modernidade. A hermenêutica possibilita visualizar o ser humano em sua historicidade, em seu dinamismo existencial, em sua dialética de horizontalidade e verticalidade, caracterizando-se com um ser imanente e transcendente, e em sua complexa e viva tradição que traz à tona seu horizonte ontológico de linguagem, enquanto canal efetivo de comunicação do próprio ser do humano no mundo. A aplicação da hermenêutica na cultura pós-moderna possibilita a superação de concepções estáticas e absolutistas que impedem o desenvolvimento e a efetividade do diálogo. Ademais, a hermenêutica proporciona a fusão de horizontes de um autor e um leitor de uma obra, de um sujeito de uma época histórica com o sujeito de outra época, evitando o dogmatismo e apresentando a verdade a partir de um horizonte de abertura ao *novum*.

Ao conceber a hermenêutica em sua relevância e pertinência à compreensão e interpretação da Pós-Modernidade, infere-se que a eficácia da teologia na cultura pós-moderna requer a apreensão da hermenêutica. Dessa forma, ainda que se possa conceber o desenvolvimento de uma teologia hermenêutica na era contemporânea, o que se requer na elaboração de uma teologia pós-moderna é uma hermenêutica teológica. Isso significa que a teologia, não abdicando da hermenêutica, desenvolver-se-á sempre no processo de compreensão e interpretação do evento da revelação – elemento central em seu caráter científico –, visualizando o contexto, a filologia e a pertinência atual de seus textos fontais e acontecimentos cruciais que denotem a atualidade da presença de Deus na história humana. Por isso, esta teologia haverá de ser uma teologia do cuidado com a vida, da amizade, de cunho sociopolítico e imbuída de uma espiritualidade, cujo horizonte é de um Espírito que impulsiona historicamente o ser humano a ser comprometido com uma vida de comunhão com Deus em todas as suas dimensões.

Enfim, uma teologia pós-moderna é dialógica, sensível ao cotidiano dos seres humanos, capaz de superar o dogmatismo e de implementar um constante processo de busca do *novum*. Dessa forma, esta teologia será marcada pela compaixão, pela misericórdia, pela busca da unidade na pluralidade e pela abertura às mais diferentes formas da presença de Deus na história, em clarividência de que esta forma é contemporânea à cultura pós-moderna.

O PLURALISMO RELIGIOSO E A DIMENSÃO HERMENÊUTICA DA IDENTIDADE CRISTÃ

Walter Ferreira Salles[1]

O problema que se anuncia a partir do entrelaçamento entre identidade cristã e pluralismo religioso[2] como um desafio à prática teológica é um problema multifacetado. Além disso, o novo que se preconiza na prática teológica frente ao pluralismo religioso e à identidade cristã não é algo inaudito ou nunca antes praticado, uma vez que a própria história do pensamento teológico no Ocidente denuncia essa falsa pretensão. A novidade do empreendimento hermenêutico da teologia é provocada pelo cenário no qual se desenrola esse trabalho teológico, um cenário marcado por um mundo globalizado, no qual as diferenças surgem ao mesmo tempo como riqueza e ameaça às identidades culturais e igualmente como um constrangimento às identidades religiosas. É este cenário que convida a prática teológica a retirar de sua tradição a novidade de seu discurso para ajudar o cristão a construir de forma criativa sua identidade religiosa.

---

[1] Professor na Pontifícia Universidade Católica de Campinas, SP.

[2] O presente capítulo reúne reflexões oriundas do projeto de pesquisa realizado na PUC-Campinas sob o título *"A hermenêutica teológica do pluralismo religioso em Claude Geffré"*, no biênio 2006-2007.

Diante desse novo desafio, a Teologia cristã é chamada a tomar por interlocutores privilegiados as ciências humanas e as culturas não ocidentais, na medida em que não é mais possível ao teólogo falar sobre as diversas experiências religiosas sem considerar os diversos resultados das pesquisas realizadas pelas ciências humanas e sem ter em conta a riqueza das tradições não cristãs. Entretanto, o estudo teológico do fenômeno religioso e consequentemente da identidade religiosa deve não só tomar distância de uma postura dogmática, mas igualmente deve ascender a um conceito de saber e verdade que se afaste da pretensa hegemonia da razão instrumental técnico-científica que durante séculos se apresentou como único modelo de ciência e saber capaz de interpretar a realidade.

Em nosso contexto, já faz algum tempo, o modo brasileiro de viver e falar da experiência religiosa aponta para uma prática que, no mínimo, extrapola as fronteiras bem definidas e defendidas pelas diversas instituições religiosas. Uma violação territorial traduzida de forma magistral por Guimarães Rosa em seu romance *Grande Sertão: Veredas*:

> Muita religião, seu moço! Eu cá, não perco ocasião de religião. Aproveito de todas. Bebo água de todo rio... Uma só, para mim é pouca, talvez não me chegue (...) Tudo me inquieta, me suspende. Qualquer sombrinha me refresca.[3]

Esse modo de vivenciar a pluralidade de experiências religiosas pode configurar-se em um ambiente favorável ao diálogo entre as distintas tradições religiosas, mas ao mesmo tempo levanta uma série de questões teológicas, dentre as quais a construção da identidade cristã diante do pluralismo religioso contemporâneo.

---

[3] GUIMARÃES ROSA, João. *Grande Sertão: Veredas*, p. 15.

Nessa tentativa de releitura teológica do problema que se anuncia, o teólogo francês Claude Geffré será tomado como referencial teórico. Não se trata de perpassar toda a obra teológica de Geffré, mas apenas salientar algumas perspectivas consideradas relevantes, a partir fundamentalmente da noção da teologia como discurso interpretativo, ideia estruturada desde a hermenêutica textual tal como a desenvolve o filósofo francês Paul Ricoeur (1913-2005). Para Geffré, o trabalho teológico é essencialmente hermenêutica da Palavra de Deus, realizada a partir da experiência histórica do ser humano. E, hoje, essa experiência histórica não se restringe ao ateísmo e à indiferença religiosa, mas abrange também o desafiante revigoramento das tradições religiosas não cristãs, podendo o pluralismo religioso ser apresentado com toda a justeza como um novo paradigma teológico que confirma a dimensão hermenêutica da teologia.

Na perspectiva teológica de Claude Geffré, o Cristianismo encontra-se *"sob o risco da interpretação"*[4] diante do outro não cristão e não ocidental que igualmente fala da experiência com o Transcendente, não nega a dimensão transcendental do ser humano e ainda traz consigo uma experiência mística. Por isso, Claude Geffré coloca como objetivo de seu conhecido ensaio de hermenêutica teológica fazer com que se compreenda que *"a fé só é fiel a seu impulso e ao que lhe é dado crer se levar a uma interpretação criativa do cristianismo"*.[5] Fundamentado nessa hipótese, o presente texto deseja mostrar que estar sob o risco da interpretação não comporta, ao menos inicialmente, a dimensão negativa da

---

[4] Tomo emprestado aqui o título original de uma conhecida obra de GEFFRÉ, Claude: *Le christianisme au risque de l'interprétation*, Paris, Les Éditions du Cerf, 1983, a qual possui a seguinte tradução portuguesa: *Como fazer teologia hoje. Hermenêutica teológica*, São Paulo, Paulinas, 1989.

[5] GEFFRÉ, Claude. *Como fazer teologia hoje*, p. 6.

ameaça diante do outro diferente de mim, mas acima de tudo significa a rica possibilidade de uma releitura teológica dos fundamentos da fé cristã que consequentemente ajude a uma interpretação da identidade que dessa fé emana. Mais do que risco no sentido negativo, o pluralismo que caracteriza nossas experiências religiosas é a possibilidade de uma nova percepção da identidade cristã entendida como uma identidade em contínua construção e que tem na releitura dos textos fundadores um de seus principais alicerces.

A etimologia do termo usado como primeiro dos subtítulos utilizados nesse ensaio afirma que as palavras utilizadas neste momento devem preceder o que de definitivo será dito posteriormente. Entretanto, por uma questão de coerência com a reflexão que será desenvolvida após esse preâmbulo, o que se segue não é definitivo e nem último, e sim um texto aberto à interpretação e ao olhar crítico de quem o lê. A trama da composição do presente texto,[6] o qual envolve identidade e pluralismo no contexto cristão, passará pela urdidura da compreensão da diversidade religiosa como novas possibilidades para a teologia. A textura seguinte será orientada ou movida pela tentativa de compreender o discurso teológico como interpretação da linguagem da fé (cristã), notadamente dos chamados textos fundadores e da Tradição.

---

[6] Texto e tecido são palavras que possuem a mesma raiz na língua latina. Um tecido é composto pelo entrelaçamento entre os fios da urdidura e os da trama. A urdidura é o conjunto de fios disposto no tear paralelamente a seu comprimento, por entre os quais passam no sentido transversal os fios da trama. É a partir desta metáfora do texto que falamos da textura de um texto.

Pluralismo religioso:
novas possibilidades para a teologia cristã

O pluralismo como um desafio[7]

O pluralismo é um desafio para a vida em geral e a tentativa de superá-lo ao longo da história muitas vezes envolveu (e ainda envolve) a violência como forma de repressão à diversidade. Entretanto, diferentemente do que possam dar a entender, os diversos conflitos que caracterizam o cenário mundial, deixando muitos aterrorizados, não se restringem ao contexto religioso, pois a dificuldade para aceitar o outro, o diferente, é um problema tanto religioso quanto econômico, político, étnico, cultural. Em parte, porque determinada abordagem racional da realidade favorece a semelhança e a uniformidade e desencoraja a diferença, busca-se impor uma uniformidade ao pluralismo por não conceber a existência de uma unidade plural.

Todavia, talvez não seja nenhum exagero ou absurdo histórico afirmar que a realidade plural torna-se mais problemática quando absolutos ligados às religiões entram em conflito, resistindo a qualquer forma de subordinação ou redução. Isto porque alguns grupos consideram que sua identidade religiosa é o principal motivador da opressão e da submissão que padecem ou também porque algumas religiões se veem como a única verdadeira e chamada a se expandir mediante o progressivo extermínio do diferente. E ao falar de religião ou tradição religiosa, é preciso lembrar que a experiência religiosa está sempre inserida em um contexto cultural do qual recebe diversas influências. Nesse sentido, isolar

---

[7] Parte do que é dito nesse item está baseado em AMALADOSS, Michel. *Promover harmonia*, p. 15-47.

determinada religião do contexto cultural do qual a mesma se originou pouco benefício trará à construção de uma identidade religiosa aberta ao diálogo e capaz de promover a paz entre os povos. Por isso, as diversas tradições religiosas devem estar conscientes do contexto no qual vivem e pelo qual são influenciadas, ou seja, saber que não são observadoras passivas da situação conflituosa; muito pelo contrário, por vezes legitimam conflitos econômicos, políticos e sociais que consideram justos.

Essa situação conflituosa por sua vez é acirrada pela defesa da própria identidade que se enraíza em uma forma de fechamento naquilo que se considera como sendo a verdade absoluta e, consequentemente, fundamento da própria identidade religiosa ameaçada pelo suposto ataque violento dos outros. Essa apropriação absoluta da verdade religiosa conduz muitos a se sentirem como donos da verdade comunicada, por exemplo, por suas escrituras, e com frequência interpretadas literalmente, sem nenhum espaço para a interpretação dos textos tidos como sagrados. Esta postura diante da tradição religiosa acaba por gerar conflitos religiosos que são mantidos por meio da memória, ritmadas por anos e séculos de história, em um movimento que conduz diversos fiéis a um relacionamento exclusivo com Deus ou o Absoluto, ou a Realidade última. Exclusividade que tende a demonizar o outro como inimigo a ser conquistado, eliminado, destruído.

Hoje, a questão teológica do pluralismo religioso está ligada à consciência de formarmos uma civilização planetária. Neste novo mundo, beneficiários e vítimas da Civilização Industrial e Pós-industrial buscam a maneira de continuar a tornar possível a vida humana sobre a terra, e neste contexto, formado por uma consciência planetária, as religiões são desafiadas em sua responsabilidade comum frente ao destino histórico do ser humano. Consequentemente são chamadas a dialogar para melhor servir às grandes causas da humanidade que solicitam generosidade, boa vontade, solidariedade e responsabilidade. Trata-se de escutar as grandes tradições religiosas que nos ajudam a melhor decifrar as exigências do humano autêntico, a fim de contrabalançar o efeito perverso de uma cultura fundamentada no consumismo, na obsessão pelo lucro, no hedonismo, ou seja, no reducionismo biológico e material que em última análise vem a ser a negação da dimensão religiosa e transcendental do ser humano.

Todavia, a especificidade do encontro entre as tradições religiosas deve igualmente apontar para uma outra direção, ou seja, para a antropologia religiosa e a história das religiões:

> Para além de sua infinita diversidade, é permitido dizer que toda religião autêntica é caracterizada por um certo descentramento de si em benefício de uma Realidade última, apreendida ou não por meio das representações de um Deus pessoal.[8]

Realidade última que pode ser entendida como o Deus pessoal da Tradição bíblica, o Absoluto transcendente do hinduísmo, a força escondida do universo (Brahman) ou o vazio no Budismo. O critério fundamental apontado por Claude Geffré está, pois, no descentramento de si que a busca pela Realidade última provoca e evoca nos ritos, nos cultos, nas liturgias e nos comportamentos éticos, Realidade que a fé cristã, movida pela ação do Espírito Santo, é levada a confessar como sendo Deus nosso Pai e do Senhor Jesus Cristo (1Cor 2,3), ou seja, o Deus Trino.

A percepção da inserção da identidade religiosa no contexto do mundo globalizado conduz, do ponto de vista teológico, a uma constatação inicial: se, a partir dos meados do século XX, o ateísmo foi o

---

[8] GEFFRÉ, Claude. *De Babel à Pentecôte*, p. 19.

horizonte desde o qual a teologia reinterpretava as grandes verdades da fé cristã, hoje a pluralidade das tradições religiosas surge como um desafio mais amedrontador para a fé cristã do que o foi (ou é) o ateísmo e o indiferentismo religioso.[9] Isto porque o pluralismo que caracteriza o mundo de hoje convida a teologia cristã a dialogar com o diferente e, nessa diferença, a estabelecer um diálogo com o outro não ocidental, que não necessariamente nega a abertura do ser humano a uma realidade transcendente, pessoal ou não; muito pelo contrário, é portador de uma experiência religiosa que fundamenta sua identidade cultural e dá sentido a sua existência.

A crise da identidade cristã diante do pluralismo religioso

A princípio, talvez seja um paradoxo falar de crise da identidade cristã em um momento em que presenciamos o revigoramento das práticas religiosas e o sucesso de certas igrejas evangélicas. Entretanto, é preciso distinguir o contexto marcado pelo pluralismo das grandes religiões históricas da conjuntura que caracteriza o pluralismo dos novos movimentos religiosos.

Um traço dominante desses novos movimentos associados ao fenômeno da globalização é percebido no chamado sincretismo que tende a reunir em uma mesma experiência tradições religiosas do Ocidente e do Oriente, a parapsicologia, as técnicas bioenergéticas e macrobióticas. Trata-se de uma colcha de retalhos de crenças religiosas, uma textura relacionada ao descrédito das ideologias e utopias que frequentemente promovem experiências coletivas ou individuais vividas à margem

---

[9] Idem. *O lugar das religiões no plano da salvação*, p. 112. Idem, *De Babel à Pentecôte*, p. 59.

das grandes instituições. Em meio a um mar de incertezas, procura-se construir um porto seguro com os fragmentos religiosos tidos como os mais aptos para enfrentar a insegurança provocada por um mundo globalizado.

Em outras palavras, busca-se em meio aos fragmentos uma unidade primordial entre o ser humano, Deus e o cosmos. Na vivência dos novos adeptos dessas experiências religiosas a pluralidade externa frequentemente se faz acompanhar de uma pluralidade interna marcada pelo paradoxo de uma crença sem pertença e de uma pertença sem crença, coincidindo com a perda de credibilidade das instituições oficiais. Não é raro ver pessoas que confessam a fé cristã e ao mesmo tempo recusam fazer parte de uma Igreja ou de uma comunidade particular daqueles que professam a mesma fé. Outras pessoas são capazes de participar de ritos e cultos de determinado seguimento religioso enquanto negam, na teoria e na prática, consciente ou não, doutrinas e dogmas fundamentais da prática religiosa da qual participam.

Esse pluralismo externo e interno se associa, pois, à indiferença religiosa e ao ateísmo que marcaram a perspectiva teológica e a vivência cristã no século XX e, consequentemente, questiona a identidade cristã que se vê fragmentada, pulverizada, configurando-se em um grande desafio para o trabalho teológico no contexto cristão. Neste sentido, hoje presenciamos um desencanto com relação às verdades fundamentais do Cristianismo, em parte porque a religião cristã se vale de uma lógica que provavelmente não é mais acessível à maioria das pessoas, lógica que produz um discurso que pretende estar seguro de si mesmo e uma promessa que parece não poder ser mantida. Tudo indica que o Cristianismo oficial ou mais difuso não consegue responder aos anseios por uma espécie de reencantamento do mundo, no qual a experiência religiosa faça novamente sentido. É cada vez mais difícil, mesmo para muitos fiéis cristãos, aceitar a tese de que o Cristianismo seja a única religião verdadeira, e para diversos católicos não é fácil assumir a ideia de que a Igreja a qual pertencem seja a legítima Igreja de Cristo, fundada sobre Pedro, do qual os papas são seus sucessores diretos.

Atualmente, dentre os fatores muitas vezes apontados como responsáveis pelo abalo da credibilidade da religião cristã, sem dúvida, merece destaque a existência de um pluralismo religioso praticamente intransponível. Entretanto, o tema do pluralismo religioso como questão teológica já vem de longa data. Segundo Rosino Gibellini, Heinz Robert Schlette, realizou-se uma das primeiras tentativas para apresentar de forma sistemática uma teologia das religiões, em seu ensaio "As religiões como tema da teologia" (1963). Hoje, apesar da ancianidade desse tema, a atualidade da reflexão teológica em torno das religiões diz respeito não mais à possibilidade da salvação daqueles que professam uma fé que não seja a cristã, mas sim ao significado antropológico e ao valor salvífico dessas experiências religiosas.[10] Como sabemos, estamos distantes, e muito, do contexto que possibilitou afirmar que "fora da Igreja não há salvação", declaração facilmente estendida a toda forma de expressão da fé cristã. Em suma, hoje se admite a priori o valor salvífico das chamadas religiões não cristãs.

Nesse novo em que se anuncia a melhor compreensão da riqueza, tradições religiosas não cristãs possibilitam igualmente uma consciência mais profunda da particularidade histórica do Cristianismo, a qual coincide com uma espécie de recuo da Civilização Ocidental a partir do policentrismo cultural que caracteriza o mundo contemporâneo. Esta é uma experiência histórica de enormes proporções para a reflexão teológica que pergunta pelo significado da pluralidade das religiões no plano salvífico de Deus revelado em Jesus Cristo. Em suas reflexões, Claude

---

[10] GIBELLINI, Rosino. *A teologia do século XX*, p. 508.

Geffré deixa-se guiar por duas convicções fundamentais. Primeira, é possível despir o Cristianismo de seu caráter absoluto sem cair no relativismo ou na indiferença no que diz respeito à ação salvífica levada à plenitude em Jesus Cristo. Segunda, é igualmente viável promover um engajamento absoluto face à verdade da mensagem cristã sem cair no imperialismo religioso ou no exclusivismo com relação às outras tradições religiosas. Como desdobramento dessas duas convicções, é possível afirmar que a História da Salvação não se reduz à história do Judaísmo e do Cristianismo, uma vez que a ação salvífica de Deus é coextensiva à história de toda a humanidade.

Essa parece ser a advertência que se encontra na narrativa sobre a Torre de Babel (Gn 11). Naquilo que é narrado, o condenado por Deus é a unidade linguística que teria a ambição de substituir o Deus único por uma humanidade monolítica.[11] E mais, a dispersão das línguas não surge como uma punição em resposta ao orgulho humano, sendo a pluralidade cultural e nela a linguística uma realidade desejada por Deus (Gn 10,1-32). Ora, se esta pluralidade é querida por Deus, não o seria também a pluralidade das tradições religiosas? Uma resposta afirmativa a esta questão nos convida a pensar a História da Salvação como sendo anterior à história da revelação judaico-cristã, ou seja, a pluralidade das línguas e das culturas é necessária para traduzir a riqueza multiforme do Mistério de Deus. É nesta linha de raciocínio que podemos ler a efusão do Espírito Santo em Pentecostes e assim, iluminados por ambas as narrativas – Babel e Pentecostes –, tentar aprofundar as implicações do mistério do pluralismo religioso. Assim, uma teologia do pluralismo religioso ou uma teologia inter-religiosa tem como desafio tomar a sério a alteridade das outras tradições religiosas em sua diferença irredutível.

---

[11] GEFFRÉ, Claude. *De Babel à Pentecôte*, p. 62.

Para tanto, deve *"afrontar o risco de colocar teologicamente a questão do porquê da pluralidade dos caminhos de Deus"*.[12]

No que diz respeito ao Concílio Vaticano II, o documento "Nostra Aetate" abriu uma nova perspectiva para o diálogo com as outras tradições religiosas ao afirmar que *"A Igreja católica nada rejeita do que há de verdadeiro e santo nestas religiões"* (n. 2). A partir daí, surgiu um grande esforço por parte de diversos teólogos para superar uma teologia das religiões que nada mais seria que um prolongamento de uma teologia da "salvação dos infiéis". Nesta superação, busca-se um pensar teológico que considere o valor positivo da historicidade das tradições religiosas no que diz respeito a sua relação com o Absoluto, ou seja, trata-se de perceber o significado da pluralidade no desígnio salvífico de Deus. Todavia, o Concílio não elabora propriamente uma teologia do pluralismo religioso, não reflete sobre o testemunho positivo que as diversas religiões podem ter do Absoluto e se abstêm de afirmar que a pluralidade das tradições religiosas é um verdadeiro caminho de salvação. Esta é, no entanto, a tarefa de uma teologia de orientação hermenêutica: a partir da nova experiência eclesial, interpretar a visão cristã do plano da salvação de Deus.

Para tanto, essa teologia tem de considerar tanto a particularidade histórica da experiência cristã como a da cultura subjacente a sua reflexão, ou seja, o Cristianismo não pode pretender possuir o monopólio da verdade religiosa sobre Deus e das relações com Ele, desde o horizonte da Cultura ocidental. Nas outras religiões existem experiências religiosas autênticas, não tematizadas pelo Cristianismo, o que implica *"falar da revelação diferenciada no sentido em que a plenitude da Revelação em Jesus Cristo não exclui outras palavras de Deus das quais outras*

---

[12] Idem. *Para uma nova teologia das religiões*, p. 324.

tradições religiosas podem ser portadoras".[13] Do ponto de vista cristão, essa não exclusão consiste em um dos grandes desafios para o trabalho teológico no século XXI. Trata-se de repensar a unidade e a singularidade do Cristianismo face à pluralidade das tradições religiosas, o que significa ultrapassar ao mesmo tempo o exclusivismo eclesiocêntrico e o inclusivismo cristocêntrico, posturas que há muito tempo ritmam a reflexão teológica. Todavia, sem cair na perspectiva de um teocentrismo radical que em última instância acabaria por tornar relativa a mediação de Cristo no plano da salvação. Assim, se o pressuposto de qualquer diálogo exige o respeito pelo outro em sua diferença, esse próprio reconhecimento exige também a fidelidade a si mesmo, à própria identidade cultural e, no interior dessa, à própria identidade religiosa.

Além disso, é necessário buscar uma base comum sobre a qual aqueles que dialogam estejam de acordo: buscar uma unidade na diversidade que nos constitui. Esta busca torna-se mais desafiadora quando se tem em conta as tradições religiosas oriundas de um contexto cultural estranho ao Ocidente, o que exige um exercício teológico fundamentado em uma hermenêutica da diferença, a partir da qual é possível afirmar que

> contra os perigos de um mundo unidimensional sob o signo da modernidade técnica, as tradições religiosas podem ter um papel de suma importância para estabelecer e desenvolver a riqueza diversificada das culturas.[14]

Entretanto, o diálogo entre as diversas tradições religiosas não deve possuir apenas um objetivo prático, ou seja, uma contribuição mais efetiva para com a busca pela paz mundial e a salvaguarda do humano autêntico.

---

[13] Idem. *O lugar das religiões no plano da salvação*, p. 123.
[14] Idem. *De Babel à Pentecôte*, p. 25.

Isto porque esse diálogo e essa abertura ao outro são uma exigência do próprio pensamento, uma vez que o encontro com o outro nos provoca a aceitar as consequências de nossa historicidade e a tornar relativo nossos esquemas mentais. E no contexto religioso, esse "outro" não pode simplesmente ser definido como "não cristão". Israel, por exemplo, é um irredutível que não permite ser simplesmente integrado à Igreja histórica, uma vez que, do ponto de vista eclesial, o Cristianismo não substitui a autêntica riqueza das outras tradições religiosas ou pluralismo religioso de princípio que leva Claude Geffré afirmar que

> A responsabilidade da teologia cristã no contexto do pluralismo religioso e cultural consiste em promover um cristianismo ao mesmo tempo mundial e policêntrico que seja lugar de uma mútua e criativa fecundação entre as fontes próprias de uma certa tradição cristã e as riquezas antropológicas e espirituais das culturas não ocidentais.[15]

Considerando o que foi dito até o momento, é possível sintetizar algumas dificuldades que se apresentam a uma Teologia cristã que se situa em um espaço inter-religioso que exige o diálogo entre as diferentes tradições religiosas e que coloca uma série de interrogações ao trabalho teológico em sua tentativa de fundamentar a identidade cristã.

Consequências para o trabalho teológico

Primeiramente, é preciso compreender que a verdade não pode mais ser pensada em oposição ao erro ou à falsidade, mas talvez como verdade-manifestação que aponta para uma verdade absoluta que permanece

---

[15] Idem. Ibidem, p. 39.

velada e que, para a fé cristã, coincide com o próprio mistério de Deus, manifestação acessível – jamais de forma definitiva – somente desde um contínuo processo de interpretação. Essa compreensão interpretativa da verdade (como veremos a seguir) convida-nos a tomar distância tanto da concepção metafísica (típica da teologia dogmática) quanto da concepção pressuposta pelo historicismo. Ambas posturas são herdeiras da problemática racionalista, da ideia de correspondência direta entre sujeito e objeto, na qual se supõe uma relação imediata com a origem: seja com uma plenitude do ser (metafísica), seja com um fato histórico passado (historicismo). Assim, o conhecimento metafísico da verdade desconhece a historicidade de toda verdade, mesmo a revelada, anulando toda descontinuidade, diferença e pluralidade, ao passo que o historicismo tem, por exemplo, a pretensão de que a verdade do Cristianismo esteja contida de forma bruta em um texto – a Bíblia –, podendo ser recuperada a partir da aplicação de métodos científicos. Entretanto, para além da perspectiva do historicismo e da metafísica, está uma postura que ignora

> toda história que não viva de uma origem e que não seja dita do seio da história e como interpretação dessa história (...) A verdadeira tradição cristã é sempre interpretação criativa que procede da confrontação viva entre o discurso passado da primeira comunidade cristã e o discurso presente da Igreja informado por sua prática concreta.[16]

Em seguida, é preciso distinguir a universalidade da mediação de Cristo da pretensão universal do Cristianismo como religião histórica. A unidade de Jesus Cristo, Palavra definitiva do Pai, não impede outras manifestações de Deus na história. A identificação cristã de Deus em

---

[16] Idem. *Como fazer teologia hoje*, p. 76-77.

Jesus Cristo não anula outras experiências religiosas que identificam de outra maneira a Realidade última do universo. Em seu sentido teológico profundo, a Encarnação como plenitude dos tempos nos diz que Cristo é o Criador do tempo, sendo este criado para que o Criador possa manifestar-se nele. A plenitude dos tempos significa que o tempo realizou sua finalidade em Cristo, faltando "apenas" que aquilo que se realizou nele também se realize em cada ser humano, criatura de Deus, dentro ou fora do Cristianismo histórico.

Um terceiro aspecto relevante é que cada vez mais o trabalho teológico é levado a considerar o outro não ocidental que não é nem judeu e nem grego. Da superação do dualismo judeu-grego passamos à tentativa de superação do dualismo Ocidente-Oriente, a partir de um encontro criativo entre os valores do Ocidente cristão e os valores próprios de culturas não ocidentais e não cristãs. Valores que, por exemplo, nos levam a pensar a salvação para além da noção de pecado e que questionam culturas ocidentais por não abrirem espaço à dimensão transcendental do ser humano.

É importante destacar também um pressuposto fundamental para que se possa elaborar uma teologia da diferença no contexto do pluralismo religioso: o reconhecimento da alteridade do outro possibilita uma melhor compreensão de minha própria identidade. A fidelidade a minha identidade e à verdade que a fundamenta não deve gerar um sentimento de superioridade, na medida em que essa verdade, que provoca um engajamento absoluto de minha parte, não é necessariamente exclusiva ou mesmo inclusiva com relação à verdade alheia. A verdade cristã é sempre relativa, no sentido de relacional, devido à particularidade de sua origem histórica.

Outro aspecto importante aponta para a experiência da própria alteridade de Deus. Neste sentido, é possível afirmar ser inerente ao próprio Cristianismo testemunhar o que lhe falta, pois o Cristo ressuscitado liberta Jesus de um particularismo histórico que o teria tornado propriedade de um grupo particular. Isto faz com que as outras tradições religiosas não sejam vias paralelas de salvação, podendo tais tradições atualizarem a mediação de Cristo e igualmente interpretarem de forma enriquecedora o mistério de Deus e a relação religiosa do ser humano com o divino (o sagrado). Tudo isso faz da identidade cristã uma realidade em devir que supõe o respeito pelo outro em sua irredutível diferença.

Outro desafio que se coloca à Teologia cristã no contexto do pluralismo religioso diz respeito ao fato de ser indevido nomear Deus somente nos limites da existência humana: a fragilidade, o pecado, o sofrimento, a morte. Em outras palavras, ou melhor, nas palavras de Dietrich Bonhoeffer, *"Deus não é um tapa-buraco e deve ser reconhecido não nos limites de nossas possibilidades, mas no centro de nossas vidas".*[17] Talvez as consequências que Bonhoeffer tire dessa sua visão da divindade divirjam do que tem sido afirmado até agora. Seja como for, é certo que essas palavras não querem negar a possibilidade de reconhecer Deus em situações profundamente desumanas, e sim advertir para o perigo de se buscar Deus somente nos limites de nossa existência ou querer ter Deus somente por segurança, afinal isso já seria decretar sua morte em nossas vidas. Deus não é um tapa-buraco e tampouco deve ser fixado em um paraíso espiritual, sendo necessário reconhecer sua presença no todo de nossa existência, de nossa história, para continuar a buscá-lo. Deus é sempre maior que nossos desejos e nossas fraquezas, como também está para além de nossos conceitos e nossas verdades, por mais fundamentadas que estejam do ponto de vista científico e doutrinal.

---

[17] BONHOEFFER, Dietrich. *Résistênce et soumission,* p. 321.

Por fim, é preciso dizer que a árdua tarefa de buscar uma fundamentação teológica para a identidade cristã encontra sua plausibilidade em uma prática teológica de orientação hermenêutica, ou seja, uma teologia que se entenda, sobretudo, como hermenêutica narrativa. Ou, ainda, uma teologia que seja um discurso sobre uma linguagem que diz humanamente Deus de forma simbólica e textual, portanto uma teologia igualmente de orientação antropológica.

Essa afirmação nos coloca diante de um vasto horizonte de possibilidades para dar continuidade à reflexão em torno do entrelaçamento entre identidade cristã e pluralismo religioso. Porém, a continuidade dessa reflexão teológica se restringirá, em parte por motivos pessoais, à forma textual de falar humanamente de Deus. Essa opção se fundamenta na convicção de que a identidade cristã em sua raiz ou em sua origem está ligada a uma série de textos chamados bíblicos e tidos como sagrados. Além disso, é impossível conceber um ato de fé – no sentido cristão do termo – que não possua ao menos implicitamente uma relação interpretativa com esse conjunto de textos. No que concerne à identidade cristã, a relação com os textos bíblicos está marcada pela confissão de fé que aponta para o cumprimento pleno das Escrituras na pessoa de Jesus Cristo (Lc 4,16-21), mesmo que haja certa descontinuidade entre um e outro testamentos bíblicos. E tanto o Antigo como o Novo Testamento estruturam uma visão de mundo e um horizonte existencial no qual se inserem o desafio e a possibilidade da construção de uma identidade pessoal e coletiva. Todavia, por mais que se valorize o texto na construção de uma identidade, não devemos esquecer que a identidade cristã não se encontra somente no livro, pois está igualmente em uma Tradição que se caracteriza por um itinerário contínuo de conversão no qual minha identidade cristã pode ser recebida e construída de forma interpretativa. Isto porque a fé cristã, a partir da qual se constrói a identidade pessoal, precede o fiel, na vida e no dizer de tantos outros que fizeram dessa fé o eixo central da própria existência humana.

A teologia como hermenêutica do texto

Contribuições de uma hermenêutica filosófica

O debate em torno da interpretação de um texto é uma questão antiga, tendo sido objeto de uma longa querela e de numerosos debates, sendo que a história desse problema recai sobre a atualidade de uma aproximação teológica do pluralismo religioso. Todavia, não é possível e nem cabível, neste momento, entrar nos pormenores dessa história, mas apenas delinear, brevemente, alguns detalhes.[18]

Na semântica grega já se sabia que *"dizer algo de alguma coisa já é dizer outra coisa, é interpretar"*.[19] Segundo muitos estudiosos, a palavra hermenêutica, do grego "hermeneia" (interpretação), está relacionada a Hermes, o mensageiro dos deuses, responsável pela comunicação desses com os seres humanos, o que confere inicialmente uma dimensão sagrada ao termo hermenêutica. Além disso, a ideia de Hermes como mensageiro nos remete a três possíveis significações do termo hermenêutica, a saber: dizer, explicar e traduzir. Dizer aponta para o poder da palavra, explicar significa que se diz algo de alguma coisa e traduzir nos remete ao esforço para tornar compreensivo aquilo que é estranho, o que supõe a capacidade de interpretar e colocar o tradutor como mediador entre duas realidades distintas. No caso de Hermes, entre o mundo divino e o mundo humano.

Mas se a lógica grega privilegiava a univocidade do discurso racional, a hermenêutica moderna enfatiza a pluralidade dos sentidos, bem como o desenvolvimento histórico e o conflito das interpretações.

---

[18] Para mais informações ver RICOEUR, Paul. *Du texte à l'action,* p. 39-118.
[19] Idem. *O conflito das interpretações,* p. 8.

Segundo esta visão moderna, toda atividade hermenêutica traz consigo uma parcialidade, consciente ou não, pois a realidade é sempre vista desde uma perspectiva, desde um misto de possibilidades e impedimentos. No contexto do pluralismo religioso, uma grande tentação na construção de uma identidade cristã está, pois, em querer possuir todo o saber, toda a compreensão da realidade, a partir de uma única perspectiva. Hoje, uma consequência imediata para a Teologia cristã consiste na necessidade de o teólogo tomar consciência de seu próprio lugar e do lugar de outros pesquisadores, na certeza de que mesmo juntas todas as formas de saber jamais esgotam a compreensão da realidade. Isto, sem dúvida, vale para essa realidade marcada pela presença do Sagrado, seja lá qual for o nome que a ele se dê: Javé, Deus, Alá, Vazio, Energia cósmica, Realidade última etc.

A reflexão em torno da hermenêutica contemporânea é sem dúvida devedora do pensamento de Friedrich Schleiermacher (1768-1834) e Wilhem Dilthey (1833-1912), uma vez que a reflexão em torno da tarefa hermenêutica somente pode ser levada avante a partir desses dois pensadores, ambos considerados como fundadores da hermenêutica moderna, sem, contudo, esquecer os limites presentes em suas reflexões.[20] Por isso, se da aporia em Schleiermacher surgem as reflexões de Dilthey, as lacunas deixadas por este pensador nos conduzem a Martin Heidegger (1889-1976) e a Hans Georg Gadamer (1900-2002). Essa maneira de entender a trajetória do debate em torno da tarefa hermenêutica nos aproxima do desenvolvimento de uma teoria que podemos denominar de identidade narrativa, ou seja, uma identidade pessoal no contexto de uma teoria narrativa, tal como a formula Paul Ricoeur, e que promove uma reorientação da hermenêutica a partir da seguinte noção de texto:

---

[20] Idem. *Du texte à l'action*, p. 88-100.

O texto é (...) muito mais que um caso particular de comunicação inter-humana: é o paradigma do distanciamento na comunicação. Por esta razão, revela um caráter fundamental da própria historicidade da experiência humana, a saber, que ela é uma comunicação na e pela distância.[21]

Este tipo de comunicação supõe que o texto possa preservar o discurso de sua destruição ao longo do tempo. Contudo, não é esta, porém, a única função da escrita, uma vez que ela promove igualmente a autonomia do texto como algo que lhe é constitutivo. É graças à escrita que o mundo do texto faz explodir o mundo do autor, já que na escrita temos a superação de seu horizonte intencional e finito. Desta maneira, o trabalho hermenêutico se afasta da alternativa que durante muito tempo marcou seu exercício: ou compreender um autor ou entender a estrutura de um texto. Este distanciamento nos aproxima da ideia de que interpretar é trazer à linguagem o tipo de ser-no-mundo que se desvela diante do texto. Em outras palavras,

a escrita torna o texto autônomo relativamente à intenção do autor. O que o texto significa não coincide mais com aquilo que o autor quis dizer. Significação verbal, vale dizer, textual, e significação mental, ou seja, psicológica, são doravante destinos diferentes (...). O texto deve poder, tanto do ponto de vista sociológico quanto do ponto de vista psicológico, descontextualizar-se de maneira a deixar-se recontextualizar numa nova situação: é o que justamente faz o ato de ler.[22]

Esta maneira de entender o papel da escrita provoca uma nítida ruptura com a hermenêutica romântica, que fazia da interpretação o ato de

---

[21] Idem. *Interpretação e ideologias*, p. 44. Idem. *Du texte à l'action*, p. 101-118.
[22] Idem. *Interpretação e ideologias,* p. 53.

compreender um autor e às vezes melhor do que ele mesmo se compreendeu. A escrita também liberta o discurso da contingência do diálogo eu-tu, na medida em que o fixa em uma obra (dimensão objetiva), e a reorientação da hermenêutica supõe a noção de texto e sua apropriação por parte do leitor (dimensão subjetiva). De fato, uma proposição de mundo é aquilo que deve ser interpretado em um texto, um mundo que podemos habitar e a partir do qual podemos compreender a nós mesmos. Entretanto, sem que a questão da compreensão de si seja colocada como questão introdutória e muito menos como centro de gravidade, como ocorre na hermenêutica romântica. Afinal, o centro de gravidade da questão hermenêutica está em última análise no mundo do texto desdobrado, aberto, diante do leitor, intérprete do texto, que nesse desdobramento provoca um descentramento daquele que vem à leitura.

Posto desta maneira, o "mundo do texto" é o objeto propriamente dito da hermenêutica, sendo sua tarefa primeira deixar aflorar este mundo que o texto desvela diante do "leitor-intérprete" como uma proposição de mundo que, ao entrar em contato com a realidade, a refaz, seja a confirmando, seja a reconfigurando.[23] Esta proposição de mundo efetuada pelo texto nos coloca diante do problema da apropriação do texto por parte do leitor ou da aplicação do texto ao contexto do intérprete, o que possibilita a compreensão de si mesmo diante do texto. Não se trata de querer impor ao texto nossa capacidade finita de compreender, mas de se expor ao texto, deixar-se formar pela proposição de mundo que nos é feita, o que é possível chamar de metamorfose do ego: *"só encontro-me como leitor, perdendo-me"*.[24] Neste sentido, compreensão significa desapropriação e apropriação de si, e isto supõe uma distância crítica de si mesmo.

---

[23] Idem. *Du texte à l'action,* p. 18.
[24] Idem. *Interpretação e ideologias,* p. 58.

Por isso, a interpretação de um texto é apropriação de uma proposição de modo de ser, entendida como objetivação típica das obras da cultura. Além disso, significa a superação da distância cultural e possui o caráter de atualização, ou seja, a efetivação de possibilidades semânticas descobertas na leitura. Enfim, a operação objetiva da interpretação significa tomar um caminho que foi aberto, isto é, colocar-se em marcha na direção do oriente do texto, o que faz do ato de interpretar um risco, uma vez que significa expor-se por meio da leitura interpretativa, a fim de habitar o mundo que se desdobra diante dele, texto e leitor. Em outras palavras, interpretar é *"decifrar a vida no espelho do texto"*.[25] Não se trata, pois, de encontrar uma intenção perdida, a do autor, e sim, como foi dito acima, de se expor ao mundo que se desvela face ao leitor. Neste sentido, a consciência expõe-se ao mundo que o texto cria, o que possibilita uma nova compreensão de si mesmo. Por isso,

> a hermenêutica convida a fazer da subjetividade a última, e não a primeira categoria de uma teoria da compreensão. A subjetividade deve ser perdida como origem, caso ela deva ser reencontrada numa função mais modesta que a de origem radical.[26]

Essa descentralização nos afasta de qualquer atitude subjetivista, uma vez que a compreensão de si acontece por meio da compreensão diante de algo, no caso o mundo do texto. É neste sentido que temos também o abandono do "eu", dono de si mesmo, para pensar no "si", discípulo do texto. E o que torna possível a leitura de um texto é justamente seu não fechamento sobre si mesmo ou, ainda, sua abertura a outras possibilidades. Em outras palavras, a compreensão não é um fim

---

[25] Idem. *Conflito das interpretações,* p. 322.
[26] Idem. *Du texte à l'action,* p. 53.

em si mesmo, afinal no processo de interpretação não cessamos de interpretar um texto por meio de outros textos, ou seja, ler e interpretar é colocar em marcha um novo discurso a partir do discurso lido. Por isso, a interpretação de um texto chega a termo na interpretação de si mesmo, do leitor que doravante se compreende melhor, se compreende diferentemente ou começa a se compreender.

A insistência de Claude Geffré em seus escritos sobre a pertinência da hermenêutica textual desenvolvida por Paul Ricoeur encontra sua razão de ser na melhor inteligibilidade que esse trabalho hermenêutico proporciona às relações entre exegese e teologia, sobretudo ao colocar em questão uma pretensa transparência do sujeito a si mesmo e na medida em que se tem uma compreensão de si mesmo mediatizada por signos, símbolos e textos: *"compreender-se é compreender-se diante do texto e receber dele as condições de um outro si diferente do eu que vem à leitura"*.[27] É possível, pois, destacar pelo menos três contribuições imediatas dessa hermenêutica ligada à noção de "mundo do texto" com relação à maneira de ler os textos fundadores da identidade cristã.

Em primeiro lugar, ajuda-nos a ultrapassar uma concepção de Revelação identificada com a inspiração concebida como ditado do autor divino: o que está escrito na Bíblia seria uma tradução literal das "palavras" de Deus. É preciso superar essa visão para considerar as formas de discurso que compõem os textos bíblicos e que do ponto de vista teológico são reveladores de certo mundo, o mundo bíblico, diante do qual o leitor tem a possibilidade de ver se desvelar um "novo ser" com relação a sua existência ordinária, ruptura movida pela vontade de fazer existir um mundo novo.

Em seguida, possibilita um equilíbrio entre palavra e escritura ao levar em conta a situação hermenêutica da primeira comunidade cristã,

---

[27] Idem. Ibidem, p.56.

tomando distância assim da obsessão por uma palavra original que seja a "voz" do fundador ausente. Nas origens do Cristianismo não há a "voz" de Jesus Cristo, mas textos que já são em si mesmos interpretações de sua mensagem, acolhida na fé pela ação do Espírito Santo.

Por fim, a hermenêutica do texto de Paul Ricoeur nos convida a manter o equilíbrio entre uma leitura crítica da Escritura e uma aproximação hermenêutica, a valorizar a dimensão poética das grandes narrativas bíblicas. Assim, uma teologia do Novo Testamento não deve ater-se à descrição exata dos gestos e das palavras de Jesus, mas narrar a história de Jesus de forma poética, como uma história exemplar que diz respeito aos homens e às mulheres de todos os tempos.

O discurso teológico e a hermenêutica do texto

Se o paradigma do texto nos coloca diante de uma reorientação da hermenêutica, esta mesma ideia de texto não nos deixa esquecer que um dos grandes desafios da hermenêutica consiste em interpretações da realidade. Afinal, a fala e a escrita são uma forma de interpretação, e não somente a partir do logos, da razão, mas também do mito e do símbolo, o que exige descobrir um sentido oculto para além do manifesto. Isto vale de modo especial para a linguagem religiosa, pois quando se diz que a linguagem indica um modo de ser, isto se aplica também a essa forma de linguagem.

O discurso religioso em geral e a linguagem bíblica em particular devem ser encarados como linguagem simbólica ou metafórica. Além disso, a linguagem religiosa diferentemente da científica (no sentido empírico-formal) não apresenta sua proposição de mundo em forma de dado mensurável, mas sim como uma possibilidade de ser, de existir, a partir do movimento da fé religiosa. Neste sentido, o intérprete dos textos religiosos não deve limitar-se a descobrir o que está escrito; sua tarefa primeira está em olhar para onde o texto aponta, interpretar e compreender a Palavra de Deus que consiste em seguir a direção para qual seu sentido indica ou orienta, na certeza de que o ato de crer é indissociável do ato de interpretar, isto é, crer é interpretar.

Para o Cristianismo, a palavra de Deus é mediatizada por textos e por uma Escritura que já são em si mesmos uma interpretação da realidade na qual se desenvolve a existência humana, o que faz da hermenêutica dos textos bíblicos um trabalho de reinterpretação. E como nos lembra a história, o problema hermenêutico foi colocado inicialmente no contexto de uma disciplina que visa compreender um texto: a exegese; a hermenêutica era uma palavra que se aplicava à literatura bíblica, à interpretação da Sagrada Escritura. E se o texto desvela diante do leitor uma proposição de mundo, é possível dizer que os textos bíblicos são o paradigma desta abertura, constituindo-se em testemunhos de um mundo que incessantemente faz apelo à fé e à interpretação. Assim,

> se a exegese suscitou um problema hermenêutico, quer dizer, um problema de interpretação, é porque toda leitura de texto, por mais ligada que ela esteja ao quid, ao "aquilo em vista de que" ele foi escrito, sempre é feita no interior de uma comunidade, de uma tradição ou de uma corrente de pensamento vivo, que desenvolvem pressupostos e exigências.[28]

No Cristianismo, o problema em torno da interpretação da Escritura é uma questão antiga. Em que consistem, então, a raiz e a atualidade do problema hermenêutico no Cristianismo? Do ponto de vista do evento Cristo,

---

[28] Idem. *O conflito das interpretações*, p. 7.

digamos que antes mesmo de Jesus de Nazaré ser interpretado, ele próprio é o intérprete das escrituras anteriores, da escritura judaica. Em outras palavras, Jesus Cristo é exegeta e exegese da Escritura, problema que ocupou as primeiras gerações cristãs a partir da relação entre os dois Testamentos (ou entre as duas Alianças). Assim, a pregação cristã primitiva escolheu ser hermenêutica, desde a perspectiva da releitura da escritura judaica, a fim de manifestar o evento Cristo como realização de um sentido anterior, como plenitude de um processo histórico, iniciado com Abraão.

Nessa perspectiva, a hermenêutica cristã convida a todos aqueles que se engajam na fé cristã a decifrar o movimento da própria existência à luz da vida, morte e ressurreição de Jesus Cristo, ou seja, a realizar uma exegese da existência humana a partir do evento Cristo, colocando o cristão como um permanente ouvinte da palavra de Deus (Mt 17,5). E se inicialmente o kerygma cristão era anúncio de uma pessoa, Jesus de Nazaré como o Cristo ressuscitado, com o passar do tempo esse anúncio veio a ser dito em forma de relatos, em forma de textos, transformando a exegese da existência humana na *decifração da vida no espelho do texto*. Por isso,

> podemos ainda falar de interpretação, de um lado, porque o mistério contido no livro explicita-se em nossa experiência e aí verifica sua atualidade, do outro, porque compreendemos a nós mesmos no espelho da palavra.[29]

Além disso, se tomarmos emprestado a ideia de "fusão de horizontes", oriunda de Gadamer e desenvolvida por Ricoeur, podemos afirmar que a hermenêutica cristã promove a fusão do horizonte da vida do cristão com o horizonte da vida de Jesus Cristo que surge como aquele que é capaz de gerar uma nova vida na vida de cada cristão. A partir desse

---

[29] Idem. Ibidem, p. 323.

movimento de fusão e geração possibilitado pela fé cristã, Jesus Cristo surge como o oriente desde o qual o cristão orienta sua existência. Aqui, unem-se sob o mesmo horizonte hermenêutica e antropologia, uma vez que no relacionamento com Jesus Cristo é o próprio ser do fiel que está em questão, constituindo-se em passagem obrigatória para a construção de uma identidade cristã.

Como nos mostram os estudos exegéticos, no relato temos a primeira forma de confissão de fé textual da comunidade cristã primitiva que encerra em si mesma uma primeira camada de interpretação. Mas se no relato o anúncio passa a sua forma textual, é preciso lembrar que o anúncio não textual da pessoa de Jesus Cristo já é igualmente uma interpretação do evento Cristo. Isto faz dos cristãos de hoje ouvintes que escutam (leem) testemunhas, o que equivale dizer que a ligação entre hermenêutica (exegese) e discurso teológico já está presente no texto antes mesmo desta ligação ser função interpretativa aplicada ao texto. Para tanto, é necessário tomar o texto como uma narrativa com função interpretativa e o discurso teológico como interpretação de uma realidade, de um evento.

Assim, para a Tradição cristã, a construção da identidade religiosa passa pela interpretação da Escritura, o que permite afirmar que para crer é preciso compreender o texto. O trabalho hermenêutico não consiste, pois, em compreender um autor melhor do que ele mesmo se compreende, como queria Dilthey (expressão que remonta a Schleiermacher), mas em se submeter àquilo que o texto pretende dizer. Eis aí o risco da interpretação, e desde esse arriscar-se perante o texto é possível apresentar o enunciado do círculo hermenêutico da seguinte forma: *"para compreender é preciso crer, para crer, é preciso compreender"*.[30]

---

[30] Idem. Ibidem, p. 326.

A partir da contribuição da hermenêutica filosófica à hermenêutica da linguagem religiosa, é necessário agora explicitar algumas consequências que essa reflexão traz para o exercício da teologia face ao desafio que representa o pluralismo religioso para a construção da identidade cristã. Inicialmente, é preciso considerar que a ideia da teologia como hermenêutica teológica é sustentada pela convicção de que não existe discurso teológico sobre a experiência religiosa que não seja já uma tentativa de interpretá-la. Além disso, a hermenêutica denuncia a ilusória pretensão de um saber desinteressado, na medida em que todo processo interpretativo supõe um sistema referencial que organiza uma determinada escala de valores, a partir da qual nos debruçamos sobre uma determinada realidade. Este deslocamento do ser humano em relação a toda falsa subjetividade central constitui-se em um evento de verdade fundamental de nosso tempo.[31]

O caráter hermenêutico da teologia está intimamente relacionado a sua dimensão antropológica, uma vez que somente podemos compreender textos históricos, como é o caso dos textos religiosos, se tivermos em conta as questões que movem a própria existência humana, visto que qualquer afirmação sobre Deus somente é possível a partir da interpretação da linguagem da fé por meio da qual se diz as diversas formas da relação com Ele na história. Por exemplo, a afirmação de que Deus é criador está entranhada de questões sobre a origem e o destino do ser humano, que indaga sobre sua condição de criatura ou sobre sua finitude, ou ainda sobre o problema do mal no mundo.

No contexto da experiência religiosa cristã, a conversação/diálogo entre o sujeito interpretante e o texto supõe uma condição prévia: o ato de fé, vale dizer, um prejulgamento favorável com relação ao texto recebido da tradição, assumindo-o como palavra de Deus, e que é realizado sempre

---

[31] GEFFRÉ, Claude. *Como fazer teologia hoje*, p. 35.

a partir do chamado círculo hermenêutico: a inter-relação entre a riqueza dos questionamentos que surgem da realidade e a dimensão fecunda da tradição, relação capaz de produzir uma nova interpretação da Escritura. No círculo hermenêutico, temos a busca por um equilíbrio entre a experiência pessoal e a tradição ou, ainda, a valorização da pessoa dentro de um processo de relação interpessoal. Trata-se da apropriação e reapropriação da tradição por parte do indivíduo, ou seja, a capacidade de enraizar as manifestações particulares da fé em uma determinada tradição que é capaz de fornecer elementos para a construção e reformulação da fé pessoal.

É por isso que a valorização da dimensão antropológica na teologia encontra-se em íntima relação com a reviravolta linguística que se processa na linguagem teológica. Isto porque o discurso teológico sobre Deus a partir do ser humano tende a ser igualmente uma reflexão sobre a linguagem que fala humanamente de Deus. Não existe nenhuma forma de saber sobre a realidade que subsista fora da linguagem, e toda linguagem é sempre uma interpretação. Neste sentido, é possível afirmar que uma teologia com orientação hermenêutica tornou-se paulatinamente o destino da razão teológica, sendo que hoje esta nova orientação na teologia significa tomar distância da metafísica clássica e das filosofias do sujeito para considerar o ser humano a partir da dimensão linguística que o constitui. O percurso histórico da teologia no Ocidente nos mostra que a atitude hermenêutica é coextensiva aos primórdios da teologia cristã. Porém, na medida em que se toma distância (no século XX) de uma ontologia clássica e de uma filosofia do sujeito ou da consciência e considera-se o ser humano em sua dimensão linguística, é possível falar de uma "virada" na prática teológica. Assim, temos a razão teológica como razão hermenêutica:

> compreender a teologia como hermenêutica é tomar a sério a historicidade de toda verdade, inclusive da verdade revelada, e tomar a sério também a historicidade do homem como sujeito interpretante

(...). A teologia é sempre atividade hermenêutica, pelo menos no sentido em que ela é interpretação da significação atual do acontecimento Jesus Cristo a partir das diversas linguagens de fé suscitadas por ele, sem que nenhuma delas possa ser absolutizada, nem mesmo a do Novo Testamento.[32]

Nessa linha de raciocínio, vale lembrar que é justamente a presença da dimensão hermenêutica em toda esfera do saber que possibilita estabelecer um diálogo entre a teologia e as outras formas de saber no âmbito acadêmico. Todavia, há de se considerar que a ciência hermenêutica é diferente da noção de ciência aristotélica que possibilitou a reivindicação da suposta neutralidade e objetividade na pesquisa científica, algo que marcou profundamente a história da Cultura Ocidental. E a diferença está justamente em que hoje cada vez mais se acentua o caráter interpretativo de todo conhecimento humano, ou seja, não existe acesso imediato à realidade, pois todo acesso à realidade é feito por meio da linguagem que já é necessariamente uma interpretação, a qual não se configura como uma espécie de criação do nada. A interpretação é uma retomada, é uma apropriação daquilo que dizem os textos de nossa predileção e as pessoas que se nos apresentam como testemunhos referenciais.

Colocar a interpretação como apropriação criativa de uma determinada tradição é considerar conscientemente ou não o risco que está presente em todo ato interpretativo: o da deformação, o da distorção e o do próprio erro. Todavia, por causa do medo ou por falta de audácia, renunciar à interpretação criativa da identidade cristã, nada mais fazendo que viver e transmitir um passado morto, é uma infidelidade ao movimento da fé que conduz o fiel a crer em Deus.[33] E dizer que interpretar

---

[32] Idem. Ibidem, p. 18.
[33] Idem. Ibidem, p. 5-6.

não consiste somente no risco da deformação, da distorção, do erro, mas também em se arriscar em uma nova existência, em uma nova maneira de ser, possibilitada pela interpretação do texto, da linguagem religiosa e da tradição, é ressaltar a função ontofânica da linguagem: a manifestação do ser por meio da linguagem, a qual, antes de ser palavra dirigida ao outro, é manifestação do ser. Assim,

> é porque já sou capaz de discernir a manifestação do ser em toda linguagem, particularmente na linguagem poética, que sou capaz de acolher a Palavra de Deus como manifestação "inaudita" do ser. A hermenêutica cristã terá por tarefa justamente procurar o sentido das palavras-chave da linguagem da revelação em função da palavra Deus.[34]

E no que diz respeito à palavra de Deus textualizada, vimos que seu sentido não deve ser procurado atrás do texto na consciência do autor, na reconstrução do contexto no qual o texto foi tecido ou na primeira recepção do texto, mas na possibilidade da fusão de horizontes que a apropriação interpretativa do texto nos propicia: o horizonte do texto e o novo horizonte de compreensão. E se o sentido não está antes e nem por baixo, mas diante do texto, então *"ler não é decifrar um sentido antecedente, mas produzir um sentido, deixando-se governar pela cadeia de significações"*.[35] E na leitura de um texto, como ato interpretativo, aquilo do que nos apropriamos é na verdade uma proposição de mundo que está desdobrada, desvelada, diante do texto. Por isso, como vimos, compreender passa a ser entendido como se compreender diante do mundo do texto, cuja apropriação provoca no-

---

[34] Idem. Ibidem, p. 46.
[35] Idem. Ibidem, p. 37.

vas produções de sentido na ordem da linguagem e na ordem da práxis, apontando para uma nova possibilidade de existência, de fazer existir um mundo novo.

Assim, a tradição não se configura apenas e nem sobretudo como uma transmissão de valores e conceitos válidos de uma vez por todas, mas principalmente como produção de sentido. Nesta perspectiva, o Cristianismo é tradição na medida em que vive de uma origem primeira que é dada, mas também é tradição porque essa origem somente pode ser redita historicamente a partir de uma apropriação criativa da mesma, apropriação que é, acima de tudo, interpretação da tradição em um novo contexto cultural, ou seja, interpretação criativa da linguagem da fé e consequentemente da identidade cristã. Nesse processo interpretativo que caracteriza o trabalho teológico, a intelecção da fé difere da razão especulativa que se move por meio do esquema sujeito-objeto. A intelecção da fé e, portanto, da própria identidade religiosa implica no ato hermenêutico que se distingue de um simples ato de conhecimento e se identifica com um modo de ser no qual a compreensão do passado é indissociável da compreensão de si mesmo, sem, contudo, cair em uma espécie de psicologismo ou em uma mera hermenêutica existencial. Compreender é considerado menos como ação da subjetividade e muito mais como inserção em um processo de transmissão.

Nesta linha de raciocínio, é possível ver os textos bíblicos como revelação de Deus na medida em que desdobram diante do leitor a possibilidade de um ser novo, e não porque foram escritos sob o ditado de Deus. E não há revelação sem conversão e nem sem um novo comportamento ético, o que vem a ser uma resposta contundente à crítica de que a hermenêutica teológica nada mais seria que uma hermenêutica da palavra, preocupada somente em propor uma nova interpretação teórica do Cristianismo, deixando de lado a prática histórica dos fiéis e da Igreja; a teologia tomaria a hermenêutica somente como método de leitura de texto, a hermenêutica no trabalho teológico seria expressão do pensamento metafísico e de técnica de leitura.

A compreensão da teologia como hermenêutica narrativa a partir do paradigma do "mundo do texto" proporciona a superação de um conceito opaco de revelação, geralmente oriunda da dogmática eclesial e da imposição magisterial que interpreta para si mesma e para outros a inteligência da fé sem abrir espaço para outras possíveis formas de interpretação. E igualmente possibilita transpor um conceito de razão como mestra de si mesma e transparente a si mesma, pois, na medida em que Deus se torna evento da palavra humana, Ele somente pode ser reconhecido no movimento de interpretação desta palavra.

Essa opacidade da Revelação vem a ser uma postura oposta ao discurso narrativo que encontramos no Pentateuco, nos Evangelhos sinóticos e no livro dos Atos dos Apóstolos, os quais voltam o olhar do leitor para o que é narrado, e não para o narrador e seu suposto inspirador. O que é dado a refletir, a pensar, não é um segundo narrador, mas um segundo ator, alguém que atua naquilo que é narrado, e, consequentemente, um segundo objeto da narrativa é dado a pensar. Por isso, falar de revelação a partir de eventos e acontecimentos históricos significa qualificá-los em sua transcendência para com o curso ordinário da história, sem esquecer, contudo, que falar de transcendência é dizer as marcas (traços) de Deus na história. Estes traços de Deus na história são anteriores à palavra da narração, por meio da qual um narrador oferece uma narrativa a uma comunidade. E, neste caso, recontar, narrar, é uma maneira de celebrar a existência, a vida, em sua relação com Deus.

Por isso, a hermenêutica do discurso religioso não deve partir de enunciados teológicos concebidos a partir de conceitos emanados de um mero pensamento especulativo: Deus existe, é onisciente, é onipotente, é todo-poderoso... Uma hermenêutica da revelação e consequentemente dos discursos religiosos deve voltar-se prioritariamente para as expressões que manifestam a maneira como uma determinada comunidade de fé traduz para si mesma e para os outros suas formas mais originais de relação com Deus.[36] No que concerne ao texto bíblico, a proposição de mundo que se chama novo mundo, Nova Aliança, Reino de Deus, novos céus e novas terras..., é o mundo do texto bíblico desvelado diante do leitor. O objeto da teologia como hermenêutica narrativa é este mundo que o texto desdobra, desvela diante de si, e que podemos habitar, como leitores e intérpretes. O que deve ser compreendido em um texto não é seu autor, nem sua intenção e nem somente a estrutura do texto, mas o mundo que está fora dele como sua referência. Por isso, a compreensão de si diante do texto implica na renúncia à autoconstituição da consciência a partir de uma temporalidade puramente imanente. Em outras palavras, nossa existência é moldada pelos eventos que nos atingem, e isto faz com que dependamos de certos eventos fundadores, aquilo que somos depende dos testemunhos históricos que acontecem por meio dos eventos que nos atingem profundamente.

Nesta perspectiva, a noção de Mistério aparece como uma ideia-chave ao apresentar uma dupla face no conceito de revelação: o Deus que se mostra é ao mesmo tempo aquele que se esconde, Deus está mais aquém do que qualquer passado e mais além do que qualquer futuro. Essa noção Mistério significa também que a revelação não pode constituir-se em um corpo de verdades do qual uma instituição pudesse tomar-se por única proprietária. Afastar, pois, um conceito opaco de revelação implica igualmente em desconstruir toda forma autoritária de ser dona da verdade, o que nos coloca em sentido oposto à ideia moderna (téc-

---

[36] RICOEUR, Paul. *Herméneutique de l'idée de Révélation*, p. 30.

nico-científica) de mistério, ou seja, àquilo que a razão humana ainda não conseguiu perscrutar, como se tratasse de uma questão de tempo e performance tecnológica.

A apropriação do texto é igualmente a possibilidade de um novo discurso. E todo discurso é em si mesmo um ato provisório, relativo, que não se confunde com um saber constituído, acabado, imutável, mas linguagem interpretativa, sempre relativa à perspectiva que a produziu. E esta interpretação é possível graças à alteridade do texto, à distância que possibilita novos sentidos desde nosso presente de leitor. Todavia, no caso concreto do trabalho teológico, *"o teólogo recebe o texto de uma comunidade, a Igreja. E é porque esta comunidade está em continuidade com a comunidade primitiva, que produziu esse texto, que ele não pode fazê-lo dizer qualquer coisa"*.[37]

Mas respeitar essa autonomia do texto não deve ser confundido com uma atitude dogmática que apresenta as verdades da fé de maneira autoritária, tendo por garantia unicamente o magistério da Igreja. Para esta maneira de olhar a realidade, o ponto de partida para a teologia seria o ensinamento atual do magistério, sendo a Escritura apresentada como prova daquilo que já estava preestabelecido pelo magistério, isto é, uma atitude que busca nas Escrituras e na tradição a legitimação de uma decisão já tomada. Por isso, é igualmente tarefa da hermenêutica discernir a experiência histórica que fundamenta as formulações teológicas que se transformam em definições dogmáticas.[38]

Nesse sentido, a teologia como hermenêutica narrativa toma a sério a historicidade da verdade, bem como a historicidade do intérprete da mensagem cristã que busca atualizá-la para sua realidade, o que faz da

---

[37] GEFFRÉ, Claude. *Como fazer teologia hoje*, p. 23.
[38] Idem. *Crer e interpretar*, p. 50.

teologia um fenômeno de reescritura a partir de escrituras anteriores. Neste processo temos a compreensão do passado e a atualização criativa direcionada para o futuro, perpassando a compreensão de si no presente. Desse modo, a postura hermenêutica no trabalho teológico torna-se diferente da chamada postura positiva que privilegia a pesquisa histórica dos dados da fé e se distingue da teologia especulativa que enfatiza a explicação radical dos dados da fé. A teologia como hermenêutica promove a releitura dos objetos textuais procurando decifrá-los para hoje e, a partir desta nova leitura, proporciona uma nova escritura. A hermenêutica teológica é interpretação da palavra de Deus e das experiências históricas, o que faz da teologia um discurso necessariamente plural; este pluralismo na teologia e mesmo na confissão de fé não é uma exigência dos tempos modernos, mas sim da identidade hermenêutica da fé cristã e do discurso teológico que a interpreta.

O empreendimento hermenêutico da teologia não significa, contudo, o fim do dogma como pretendem algumas pessoas, mas sim o fato de se tomar como ponto de partida o engajamento na leitura criativa dos textos da tradição, em sintonia com a apreensão da realidade que, por sua vez, gera novos conceitos. No empreendimento hermenêutico não se renuncia a toda verdade, mas se considera sempre a posse relativa da verdade no plano humano, a qual aponta para uma verdade inacessível inerente ao mistério de Deus. Assim sendo, é possível dizer que se o erro do historicismo foi identificar a verdade do Cristianismo com a reconstrução dos fatos históricos, o erro do racionalismo teológico foi a ruptura entre os enunciados dogmáticos e os fundamentos escriturísticos e históricos. Como foi dito acima e vale a pena relembrar, a concepção metafísica da verdade e a concepção de verdade do historicismo são herdeiras de uma mesma problemática de fundo: a ideia de correspondência, de adequação entre sujeito e objeto, a partir de uma relação imediata na origem identificada com a plenitude do ser ou com um fato histórico.[39] Por isso, não é igualmente inútil tornar a dizer que todo relato histórico é dito no seio da história e como interpretação dessa mesma história.

O trabalho hermenêutico na teologia significa, pois, o esforço constante para tornar cada vez mais audível e inteligível a linguagem da fé religiosa, de modo a contribuir com a interpretação da identidade cristã em um contexto marcado pelo pluralismo religioso. Daí que

> a linguagem teológica pode ser especulativa, mas nem por isso deixa de ser linguagem de engajamento, linguagem autoimplicativa. Ela depende do testemunho, uma vez que não se refere a verdades verificáveis e que o sujeito crente está totalmente implicado em seu ato de enunciação. Assim, a verdade invocada pelo teólogo é uma verdade celebrada, confessada.[40]

A linguagem teológica supõe uma verdade que é fundamentalmente histórica, recebida por via testemunhal, e o testemunho no exercício da teologia supõe sempre distância e interpretação. Portanto, não há acesso imediato à verdade, uma vez que a verdade dos enunciados da fé somente é atingida pela linguagem teológica em uma perspectiva histórica, a verdade cristã para a linguagem teológica é sempre um "devir" entregue ao risco da história e da liberdade criativa do crente, sob a moção do Espírito (Jo 14,26).

Em suma, desde a contribuição da hermenêutica do texto, é possível dizer que a Bíblia como objeto escritural imediato da teologia não é um evento histórico bruto. Na verdade, a Escritura é um ato de interpretação, e a distância que nos separa dos textos bíblicos é a possibilidade

---

[39] Idem. Ibidem, p. 75.
[40] Idem. Ibidem, p. 82.

de a teologia configurar-se como um ato de reinterpretação da existência humana por meio da linguagem religiosa. E, neste empreendimento hermenêutico, a teologia encontra nos textos da Escritura, na tradição teológica e no conteúdo de nossa experiência histórica, hoje, critérios fundamentais para avaliar a pertinência da atual interpretação da linguagem e da identidade cristã.

A única mediação de Cristo e o pluralismo religioso

O percurso feito até o momento na busca pela melhor compreensão da construção da identidade cristã frente ao pluralismo religioso nos coloca agora diante da questão em torno da única mediação de Cristo: de que maneira o discurso teológico, entendido como discurso interpretativo, pode ajudar a superar determinada forma de absolutismo religioso, que vê o Cristianismo como a religião verdadeira, e a tomar distância de certo tipo de relativismo que preconiza um teocentrismo radical que coloca a salvação fora da mediação de Cristo? Como conciliar a vontade universal de Deus (2Tm 2,4-6) e a fé cristã que afirma não haver salvação fora de Jesus Cristo? Como pensar teologicamente o pluralismo religioso sem colocar em questão o caráter único da mediação de Cristo e tampouco tornar relativa a revelação cristã como revelação completa e definitiva?

A difícil tarefa de uma teologia que pretende contribuir com a construção da identidade cristã diante do pluralismo religioso consiste em pensar a multiplicidade dos caminhos que nos conduzem a Deus, ou seja, as religiões, que, apesar de seus limites, são objetivações da vontade universal de salvação de Deus narrada constantemente na história. Entretanto, esta postura difere daquela adotada por alguns teólogos que, sob o pretexto de que somente Deus salva, minimiza a ação salvífica de

Jesus Cristo, ação que seria normativa para os cristãos, mas não via única de salvação para todos. Consequentemente, todas as religiões – inclusive o Cristianismo – gravitam em torno do sol, que é o mistério de Deus ou da Realidade última. Claude Geffré toma distância dessa postura e se coloca na linha do inclusivismo, ou seja, todas as religiões estão de certa forma incluídas no mistério de Cristo, visto como universal concreto. Nesse sentido, a busca por um fundamento teológico para o pluralismo religioso, recomendado pela Igreja, deve considerar a ideia de que a encarnação do Verbo é o sacramento de uma ação salvífica mais vasta que coincide com a história religiosa da humanidade.[41] Essa busca traz como desafio a fundamentação teológica do escândalo da encarnação que se configura como originalidade do Cristianismo (Cl 2,9), ou seja, *"a identificação de Deus como realidade transcendente a partir da humanidade concreta de Jesus de Nazaré"*.[42]

Todavia, essa identificação não deve tornar absoluta a manifestação histórica de Deus, nem mesmo o evento Jesus de Nazaré, e tampouco qualquer forma de Cristianismo histórico. Este caráter não absoluto não elimina o fato de que Deus se manifesta na particularidade contingente de Jesus de Nazaré e de que a humanidade de Jesus dá acesso a Deus como absoluto para aqueles que creem nele. Entretanto, embora se recusando a separar um do outro, Geffré assume a ideia de que há mais no Verbo do que na humanidade de Jesus de Nazaré, ou seja, a encarnação de Cristo é ícone de uma ação salvífica mais vasta e, consequentemente, *"nenhuma religião histórica, nem mesmo a do Cristianismo histórico através dos séculos, pode definir a essência do Cristianismo como religião da revelação última sobre Deus"*.[43] Afinal, Jesus Cristo cumpriu

---

[41] Idem. *Para uma nova teologia das religiões*, p. 328.
[42] Idem. *Crer e interpretar*, p. 164.
[43] Idem. Ibidem, p. 166.

todos os valores das outras religiões, mas não de uma forma totalitária, ou seja, é preciso respeitar o que há de irredutível nas tradições religiosas ditas não cristãs.

É preciso, pois, conciliar um cristocentrismo constitutivo com um pluralismo inclusivista, ou seja, tomar a sério os valores positivos presentes nas outras tradições religiosas. Nesse sentido, a hermenêutica teológica é cada vez mais chamada a não apresentar a universalidade da religião cristã como sinônimo da universalidade do mistério de Cristo. Em outras palavras, nenhuma forma de cristianismo histórico pode pretender encarnar a essência do evento Cristo como religião da revelação final do Mistério de Deus (Jo 16,13). Além disso, como lembra Geffré, *"a identificação cristã de Deus não exclui outras experiências religiosas que identificam diversamente a realidade última do universo"*.[44]

Todavia, essa não parece ser a perspectiva do documento *Dominus Iesus*, que no afã de eliminar qualquer traço de relativismo se submete demasiadamente a uma lógica de absolutização e tende a colocar no mesmo patamar a universalidade de Cristo e a universalidade da Igreja (ou do Cristianismo). Contudo, é preciso insistir sobre esse aspecto, uma teologia do pluralismo religioso (crítica e de orientação hermenêutica) deve precaver-se de identificar a universalidade de Cristo, o Verbo encarnado, com a universalidade do Cristianismo como religião histórica. O desafio colocado à fé cristã na construção de sua própria identidade está em valorizar cada vez mais a pluralidade das tradições religiosas em sua diferença irredutível, sem, todavia, renunciar à única mediação de Cristo, fundamento da identidade cristã, como afirma Paulo em sua carta aos coríntios:

---

[44] Idem. *O lugar das religiões no plano da salvação*, p. 124.

Segundo a graça que Deus me deu, como bom arquiteto lancei o fundamento, um outro constrói. Mas tome cada um cuidado com sua maneira de construir. Quanto ao fundamento, ninguém poderá lançar outro que não seja o já colocado: Jesus Cristo.[45]

Essa fundamentação cristológica, hoje, deve ser acompanhada de uma perspectiva que valorize aquilo de positivo nas tradições religiosas da humanidade sob a perspectiva de um pluralismo querido e permitido por Deus: *"se muitos homens e mulheres são salvos em Jesus Cristo, não é apesar de sua pertença a esta ou aquela tradição religiosa, mas nelas e através delas"*.[46] Para tanto, é preciso ver valores crísticos nas outras religiões, considerando, na ordem do conhecimento, os textos sagrados, as revelações e as profecias como uma pedagogia no caminho da descoberta de Deus. Na ordem do culto, os ritos e as práticas ascéticas podem ser um aprendizado da relação religiosa autêntica (verdadeira) do ser humano com Deus. Por fim, na ordem ética, o esquecimento de si, a justiça, a compaixão, a hospitalidade e a fraternidade nos dizem que *"toda forma religiosa – que inclui o descentramento da pessoa humana em relação a um maior que ela mesma – possui a misteriosa relação com o mistério pascal"*.[47]

Entretanto, apresentar um pluralismo (religioso e cultural) como alternativa ao inclusivismo é um equívoco e uma inutilidade, uma vez que o irredutível de cada tradição religiosa não é um implícito cristão. É na verdade um irredutível diferente na relação misteriosa com Cristo, e não na relação com as riquezas dos cristianismos históricos:

---

[45] 1Cor 3,10-11.
[46] GEFFRÉ, Claude. *Crer e interpretar*, p. 158.
[47] Idem. Ibidem, p. 161.

Cristo é o cumprimento de todos os valores salutares espalhados nas diversas religiões, mas eu não diria que o Cristianismo é o cumprimento de todas as virtualidades disseminadas nas outras tradições religiosas.[48]

O caráter absoluto do evento Cristo como manifestação histórica do Absoluto de Deus não pode ser confundido com a pretensão do caráter absoluto do Cristianismo como religião histórica: o Cristianismo como depositário da verdade é a religião verdadeira, em oposição a todo o resto tido como erro ou falsidade. Nessa linha de raciocínio, a verdade cristã englobaria, supostamente, todos os valores da humanidade fora do Cristianismo. Essa tendência ao absoluto é explicada, em parte, pela relação entre o Cristianismo e a Civilização ocidental, dominante e hegemônica durante séculos, e nessa relação muitas vezes a unidade da fé foi confundida com uniformidade. Entretanto, o Cristianismo não detém o monopólio da ação salvadora de Deus e tampouco a Igreja católica tem o monopólio dos sinais do Reino de Deus. Um grande desafio se impõe, pois, ao Cristianismo: aceitar ou pensar que a fé cristã, ao levar a sério a pluralidade cultural e ao reconhecer a necessária encarnação do evento Cristo, de sua mensagem, pode gerar figuras históricas distintas do Cristianismo. Daí que Teologia cristã deve dialogar com as culturas não ocidentais e com as grandes religiões não cristãs, tendo por pressuposto que o cristianismo ocidental não é mais o modelo histórico dominante da vida cristã e o ateísmo não é a única alternativa ao Cristianismo, temos hoje o pluralismo religioso.

Como entender, pois, o papel mediador de Cristo no pluralismo religioso que caracteriza nossa cultura? Inicialmente, é importante observar

---

[48] Idem. Ibidem, p. 167.

que essa abertura diante do outro, do diferente, não é uma imposição do mundo globalizado no qual vivemos, mas uma dinâmica inerente à própria fé cristã.[49]

A unicidade de Cristo não exclui outras manifestações de Deus através da história, mesmo que a vontade salvífica universal de Deus tenha encontrado sua plenitude no mistério da morte e ressurreição de Cristo, único mediador entre Deus e a humanidade. Jesus Cristo não é, do ponto de vista cristão, um mediador entre outros, mas o acontecimento único e definitivo da entrada de Deus na história. Todavia, como afirma o Concílio Vaticano II: *"O projeto salvífico de Deus é realizado igualmente pelos atos religiosos pelos quais, de diversas maneiras, os homens buscam a Deus"* (*Ad Gentes*, n. 3). Contudo, não são todos os elementos constitutivos das diversas religiões que favorecem a abertura ao Absoluto e à prática da justiça, no sentido que nos foi revelado em Jesus Cristo. O critério de discernimento fundamental aponta, como vimos, para toda forma religiosa que favorece o descentramento do ser humano em direção a algo maior do que ele mesmo e igualmente em direção ao outro humano. Muitas pessoas, pela prática da justiça, podem fazer parte do corpo místico de Cristo, para usar a linguagem paulina do Novo Testamento, sem passar necessariamente pela mediação institucional da Igreja. À luz do Reino de Deus, as diversas tradições religiosas entram em diálogo e podem enriquecer-se mutuamente.

Entretanto, as exigências do diálogo inter-religioso não nos deve conduzir ao sacrifício da unicidade do mistério de Cristo: o único mediador entre Deus e a humanidade. O que não significa transformar os valores das diversas tradições religiosas em valores implicitamente cristãos. *"O cristianismo histórico não pode ter a pretensão de integrar*

---

[49] MOINGT, Joseph. *Dieu qui vient à l'homme,* p. 93-130.

e substituir as riquezas autênticas das outras tradições religiosas."[50] Os valores autênticos de cada tradição religiosa são recapitulados em Cristo, sem, contudo, desaparecerem completamente no encontro com a religião cristã. Assim, a singularidade do Cristianismo entre as religiões do mundo não é uma unicidade de exclusão, tampouco uma unicidade de inclusão, mas sim uma unicidade relacional. Neste diálogo inter-religioso, na era da globalização, a teologia cristã é chamada a ultrapassar o confronto com o Mundo ocidental – Atenas e Jerusalém – para considerar o outro não ocidental, nem judeu e nem grego.[51] O diálogo inter-religioso, que exige o encontro entre as culturas, necessita de um processo de inculturação mútuo que, hoje, supere o dualismo Ocidente-Oriente. E neste diálogo não existe um Cristianismo quimicamente puro que pudesse encarnar-se sucessivamente em diversas culturas, ou seja, como se, agora, depois de dois milênios de Cristianismo, nós ocidentais devêssemos adotar vestes orientais.

Além disso, tomar a construção da identidade cristã diante do pluralismo religioso como horizonte da teologia no século XXI exige a discussão em torno do conceito de verdade subjacente à teologia cristã. Em outras palavras, é preciso levar avante uma nova reinterpretação das verdades de fé à luz das verdades contidas nas outras tradições religiosas. Neste sentido, o diálogo com as outras tradições religiosas, sobretudo com as do Oriente, permite, como já foi dito, refletir sobre o conceito de salvação para além da concepção de remissão dos pecados. Ou ainda possibilita superar uma representação demasiadamente antropomórfica de um "eu" criado e de um "Tu" divino, na medida em que às religiões do Oriente repugna designar o absoluto como uma

---

[50] GEFFRÉ, Claude. *O lugar das religiões no plano da salvação*, p. 133. Idem, *De Babel à Pentecôte*, p. 299-317.

[51] Idem. *O lugar das religiões no plano da salvação*, p. 133.

transcendência pessoal.[52] Um terceiro aspecto a considerar nesse encontro entre Ocidente e Oriente é o de uma revelação diferenciada que transborda os limites da história de Israel e da Igreja, e que coincide com a história espiritual da humanidade, na linha do que falavam os Padres da Igreja, ao afirmarem a presença universal do Logos vindo iluminar o homem nesse mundo desde o início da humanidade, sendo Jesus Cristo a revelação decisiva e definitiva sobre Deus. Entretanto, não se pode pretender que o Cristianismo – em sua particularidade histórica – possua o monopólio da verdade religiosa sobre Deus e sobre as relações com ele. Há nas outras religiões experiências religiosas autênticas que não foram e provavelmente não serão tematizadas, e consequentemente não serão colocadas em prática, pelo Cristianismo histórico que deve reconhecer e respeitar as outras tradições em sua irredutível diferença, ao invés de querer "ver" nessas tradições valores implicitamente cristãos. Isto porque

> a plenitude da Palavra de Deus em Jesus Cristo está para além da letra do Novo Testamento. Ela coincide com o evento Jesus Cristo. Trata-se de uma plenitude qualitativa e não quantitativa.[53]

Essa plenitude da Revelação em Jesus Cristo é de ordem escatológica. Jesus de Nazaré, como manifestação concreta do Logos universal, realiza a identidade entre o absolutamente concreto e o absolutamente universal. A humanidade de Jesus é, pois, o ícone – elemento concreto – por meio do qual os crentes têm acesso a Deus como Absoluto. E para o cristão, Jesus é aquele em quem Deus se identifica, mas essa identificação lhe remete a um Deus totalmente Outro, que transcende (escapa) a qualquer tipo de identificação.

---

[52] Idem. *Para uma nova teologia das religiões*, p. 336.
[53] Idem. *De Babel à Pentecôte*, p. 67.

A manifestação singular de Deus em Jesus Cristo não exclui outras manifestações de Deus ao longo da história das religiões e das culturas. O Cristianismo, longe de ser uma totalidade fechada, define-se em termos de relação, diálogo e até mesmo de ausência, sendo a consciência dessa ausência condição de uma relação com o outro, o diferente, o estrangeiro.[54] Todavia, o Cristianismo traz em si mesmo uma tensão, pois ao se expressar como religião não absoluta testemunha a revelação final de Deus em Jesus Cristo, manifestação absoluta e definitiva de Deus para toda a humanidade. E é justamente diante dessa tensão que Claude Geffré manifesta uma de suas inquietações:

> Pessoalmente, não vejo com clareza como ultrapassar completamente um certo inclusivismo, ou seja, uma teologia da plenitude (segundo o vocabulário acolhido na teologia católica desde o Vaticano II), a saber, plenitude em Jesus Cristo de todas as sementes de verdade, de bondade e de santidade contidas na experiência religiosa da humanidade. Todavia, esforço-me para reinterpretar essa noção de plenitude.[55]

Nessa nova interpretação, é fundamental não confundir a particularidade do Cristianismo como religião histórica e particularidade histórica de Cristo como mediador absoluto entre Deus e a humanidade. Testemunhar essa presença do Absoluto na particularidade histórica é o permanente escândalo e paradoxo da fé cristã, paradoxo que não pode ser tido como irracionalidade e irrealidade. A situação de exceção do Cristianismo com relação às outras religiões consiste no testemunho de uma mediação histórica, que coincide com a manifestação do Absoluto, que é o próprio Deus. E a história da humanidade testemunha não somente a busca tateante do mistério da Realidade última, mas também da pluralidade de dons de Deus em

---

[54] Idem. Ibidem, p. 77.
[55] Idem. Ibidem, p. 83.

busca do homem. Por isso, Geffré propõe reinterpretar a identidade de Jesus de Nazaré, confessado como o Cristo, mistério central da fé cristã, a partir do paradigma do pluralismo religioso. O que se configura em um grande desafio para a teologia cristã: reinterpretar a unidade de Cristo como Verbo encarnado e a unidade do Cristianismo como religião histórica.

A identidade cristã deve ser, pois, uma unicidade relativa, no sentido de relação com uma alteridade irredutível: a outra tradição religiosa. Além disso, a experiência cristã é sempre a experiência de uma origem ausente: a alteridade de Deus, pois Deus se faz presença na passagem pela história, por nossa vida, mas sem poder ser dominada, totalmente apreendida e definida. Assim, a identidade cristã é sempre um devir que implica em um deslocamento com relação ao humano que já tem em si mesmo sua própria consistência e, portanto, comporta o respeito pelo outro, diferente, irredutível a qualquer categoria ou conceito.

Enfim, o pluralismo religioso nos convida a considerar a verdade religiosa no interior do Cristianismo como uma verdade plural e, portanto, relativa (no sentido de não absoluta e não totalitária) às outras tradições religiosas. Isto porque a verdade religiosa no Cristianismo deve ser entendida na ordem do testemunho, na perspectiva escatológica, no apelo ao diálogo e à conversão. E, no Cristianismo, a verdade testemunhada é sempre uma pessoa: Jesus Cristo. A verdade bíblica, na qual a cristã se fundamenta, é, por sua vez, da ordem da manifestação que aponta para uma plenitude que ainda permanece escondida e está para além da história. A verdade cristã está, pois, aberta a um devir inédito (Jo 16,3), fazendo parte de sua essência o diálogo, a partilha: *"Como evento da Palavra de Deus em Jesus Cristo, a Revelação é definitiva e insuperável. Mas, como conteúdo de verdade, é necessariamente histórica e limitada"*.[56]

---

[56] Idem. Ibidem, p. 130.

Nesse final de percurso pelos labirintos do pluralismo religioso que caracteriza nosso mundo, é preciso ressaltar que toda reconstrução interpretativa do passado na busca da construção de uma identidade pessoal é na verdade uma reconstrução condicionada pela história presente. O caminho trilhado com a ajuda da reflexão teológica de Claude Geffré nos leva a concluir que a construção da identidade cristã encontra sua plausibilidade na possibilidade de decifrar a vida no espelho das palavras contidas nos textos da Tradição.

No Cristianismo, essa decifração interpretativa contínua da vida encontra seu princípio e fundamento naquele que a fé cristã confessa como a Palavra eterna de Deus: Jesus Cristo. Ele, por meio dos mistérios de sua vida, é quem inicia o cristão no movimento que principia e fundamenta a experiência humana de Deus, na qual os sentimentos humanos são conformados a Jesus Cristo, são transfigurados no horizonte de sua vida e de sua história (Gl 4,19). Por isso, para aqueles que acolhem a revelação de Deus em Jesus Cristo, a construção da própria identidade transforma-se em processo de "cristificação", graças à ação do Espírito que sempre renova e santifica o fiel em sua relação com o Cristo ressuscitado, e o faz passar da ancianidade do "homem velho" à novidade de Jesus Cristo (Ef 4,17-24). Uma passagem possibilitada pela fusão de horizontes, o horizonte da existência humana com o horizonte da vida de Jesus.

Para a fé cristã, a vida de Jesus de Nazaré revela o valor da condição humana como o lugar e a maneira de se encontrar Deus e de se encontrar nele. Esse é um dado antropológico fundamental para o discurso teológico que discorre sobre a construção da identidade cristã: nossa condição humana (finita) e a história são lugares da manifestação de Deus. Neste sentido, o discurso teológico renova a identidade cristã na medida em que a interpreta, ajudando o cristão a nomear Deus em sua própria existência e procurando iluminar narrativamente sua relação com Aquele que é a Palavra eterna de Deus, mesmo ciente da impossibilidade de as palavras esgotarem narrativamente a experiência religiosa.

Essa impossibilidade não impede, contudo, que o empreendimento hermenêutico da teologia na construção da identidade cristã consista em fazer a Palavra de Deus falar para nosso contexto, postura diametralmente oposta àquela que procura chegar à plenitude dessa Palavra por meio da escuta literal da Escritura. Para a perspectiva hermenêutica, não respeitar a historicidade da verdade religiosa é perder de vista o perigo de uma reconstrução totalizante do mundo e do ser humano, a partir da linguagem simbólica oriunda da tradição. Afinal, é a releitura atual da Escritura que, desde as questões colocadas pelas novas condições históricas da humanidade, permite realizar a interpretação da fé religiosa, da tradição e dos dogmas que ambas produzem.

Nesse sentido, desde a perspectiva da hermenêutica da tradição religiosa, a teologia cristã se constitui como prática interpretativa de um texto e também conceituação da prática suscitada por este texto que nos remete a uma Alteridade que faz malograr toda tentativa de objetivação total do texto: Deus continua a se dizer no espelho das palavras da Escritura e dos demais textos da tradição para o mundo de hoje, o que exige um contínuo processo de interpretação. Afinal, o cristão encontra Deus em sua vida, em sua história, para continuar a buscá-lo.

Construir a identidade cristã a partir dessa releitura dos textos da Tradição exige o distanciamento da perspectiva que vê a relação entre Deus e o ser humano como uma dimensão isolada da vida humana ou como uma vivência interior em oposição a atitudes exteriores. Um dos problemas subjacentes a essa concepção é a ausência de uma unidade antropológica, a qual levada ao extremo acaba por transformar a busca pela construção da identidade cristã em um estado sublime, ao qual somente alguns privilegiados têm acesso, ou em uma vaidade alienante que a limite, que vem a ser uma piedosa banalidade. Por isso, é de suma importância ter a fé cristã e a identidade que dela emana como uma relação que diz respeito à vida humana em sua unidade e em sua transcendência.

No contexto cristão, essa identidade religiosa está ligada a uma determinada tradição que fornece a linguagem por meio da qual o fiel diz sua experiência com Deus e a compreensão de si mesmo e do mundo de forma sensata, a partir da escrita, de ritos e símbolos, como textualidade da vida aberta à interpretação. A linguagem materna da Tradição cristã fornece uma espécie de gramática para que o cristão possa ler e interpretar o agir de Deus na existência humana e, a partir daí, tecer um outro texto ou discurso, bem como provocar uma nova ação. O que pressupõe o otimismo antropológico segundo o qual o mundo, a história e a existência humana são lugares de onde o cristão pode acolher a presença não visível, mas dizível de Deus, na certeza de que Deus marca com sua presença a vida de cada pessoa, independentemente de sua confissão religiosa.

Assim, a partir do engajamento em uma verdade religiosa particular, o cristão é chamado a ir ao encontro do outro em sua irredutível diferença, reconhecendo o direito de sua pretensão à verdade. Para tanto, deve considerar o pluralismo das tradições religiosas não como uma ameaça a sua identidade pessoal, mas sim como a rica possibilidade de poder interpretá-la de forma criativa, a fim de que a mesma faça sentido para si mesma e para os outros.

Referências bibliográficas

AMALADOSS, Michel. *Promover harmonia. Vivendo em um mundo pluralista*. São Leopoldo, Editora Unisinos, 2006.

BONHOEFFER, Dietrich. *Résistênce et soumission. Lettres et notes de captivité*. Genève, Labor et Fides, 1996.

GEFFRÉ, Claude. *Como fazer teologia hoje. Hermenêutica teológica*. São Paulo, Paulinas, 1989.

_____. "La crise de la raison métaphysique et les déplacements actuels de la théologie dogmatique." In: KAPLAN, F. & VIELLARD–

BARRON, J. L. (eds.). *Introduction à la philosophie de la religion.* Paris, Les Éditions Du Cerf, 1989, p. 465-483.

_____. "O lugar das religiões no plano da salvação." In: TEIXEIRA, Faustino (org.). *O diálogo inter-religioso como afirmação da vida.* São Paulo, Paulinas, 1997, p. 111-137.

_____. "O Deus uno do Islã e o monoteísmo trinitário." In: *Concilium,* 289 (2001): 91-99.

_____. *Crer e interpretar. A virada hermenêutica da teologia.* Petrópolis, Vozes, 2004.

_____. "Para uma nova teologia das religiões." In: GIBELLINI, Rosino. *Perspectivas teológicas para o século XXI.* Aparecida-SP, Editora Santuário, 2005, p. 319-336.

_____. "A crise da identidade cristã na era do pluralismo religioso." In: *Concilium,* 311 (2005): 13-28.

_____. *De Babel à Pentecôte. Essais de théologie interreligieuse.* Paris, Les Éditions Du Cerf, 2006.

GIBELLINI, Rosino. *A teologia do século XX.* São Paulo, Loyola, 1998.

GUIMARÃES ROSA, João. *Grande Sertão: Veredas.* Rio de Janeiro, José Olympio, 1967.

MOINGT, Joseph. *Dieu que vient à l'homme. Du deuil au dévoilement de Dieu.* Paris, Les Éditions du Cerf, 2002.

RICOEUR, Paul. Herméneutique de l'idée de Révélation. In: *La Révélation.* Bruxelles: Publications des Facultés Universitaires Saint-Louis, 1977, p. 15-54.

_____. *O conflito das interpretações: ensaios de hermenêutica.* Rio de Janeiro, Imago Editora, 1978.

_____. *Du texte a l'action. Essais d'herméneutique.* Paris, Éditions du Seuil, 1986.

_____. *Interpretação e ideologias.* Rio de Janeiro, Editora Francisco Alves, 1988.

TILLICH, Paul. *Religion biblique et ontologie.* Paris, PUF, 1970.

Jesus Cristo e a Necessária Mudança de nossa Perspectiva Antropológica

Renold Blank[1]

Redescobrir a revelação como base para a reflexão antropológica

Durante séculos, na teologia cristã, refletiu-se sobre a questão antropológica primordialmente a partir de um fundamento meramente pagão: A Filosofia de Aristóteles.

O ser humano foi visto e compreendido com base na definição daquele pensador, como *"animal rationale"*, isto é, como ser que pensa, que tem autoconsciência, que possui a capacidade de raciocínio lógico e assim por diante.

Durante séculos, além disso, a antropologia cristã compreendeu o ser humano na linha do pensamento de Agostino como *ser decaído*, pervertido pelo pecado e incapacitado por causa de sua própria culpa, de ser plenamente aquilo que deveria ser: *imagem e semelhança de Deus.*

---

[1] Doutor em Teologia e em Filosofia, é Professor Titular da Pontifícia Faculdade de Teologia Nossa Senhora Assunção, de São Paulo, e Professor de vários outros institutos de Teologia.

O referencial era assim: ou aquele do ser racional conforme os enfoques da filosofia grega pagã; ou aquele de um ser fracassado e incapaz de se levantar por sua própria força. As duas concepções, em geral, careciam muito da perspectiva esperançosa que tanto marca a revelação divina sobre Jesus Cristo. E mesmo quando a ligação com a encarnação se estabeleceu, era primordialmente a partir de um enfoque negativo e, por sua vez, influenciado muitas vezes pelos modelos pessimistas da filosofia gnóstica.

O resultado deu aquilo que deu.

A indagação filosófica sobre o homem girava em torno de ele ser um ser racional. Sua capacidade de conhecer foi tomada como ponto de referência e objeto de reflexões, que por sua vez eram centradas na dimensão racional.

A teologia, por sua vez, lembrando que sua tarefa é "refletir sobre Deus", também falava do homem em cima da mesma base racional, acentuando porém, além disso, as perspectivas negativas do ser humano como pecador, como enfraquecido pelo pecado e necessitado de ser salvo e recuperado pela graça de Deus.

Com uma tal visão, porém, a reflexão antropológica negligenciou cada vez mais aquele ponto de referência que, na realidade, deveria ser início e chave de toda reflexão cristã sobre o ser humano: *Jesus Cristo e a maneira como Ele se manifestou.*

Este esquecimento da verdadeira referência-chave de toda reflexão antropológica chegou a um tal grau que, hoje, certos representantes da religião reagem até com indignação, caso determinados teólogos tenham a ousadia de relacionar a pessoa de Jesus Cristo com a questão antropológica.

Mas é exatamente isso que se deve fazer. Se quisermos falar do homem, é indispensável falarmos do Deus que se fez homem.

Isso significa que a teologia tem a obrigação de recuperar de maneira explícita seu próprio ponto de partida, assim como o foi formulado de maneira magistral e absolutamente clara pela Igreja.

Esta, nos dois Concílios de Niceia e de Calcedônia, formulou aquela verdade, que até hoje permanece pedra angular e chave de toda a fé cristã:

Jesus Cristo é verdadeiro homem e verdadeiro Deus!

Diante da crise institucional da religião cristã e diante das mil e umas indagações que se formulam a seu endereço dentro de um mundo de crescente pluralismo religioso, mas também diante de um sacramentalismo neoconservador, é este fato fundamental que a religião cristã de novo deve tomar a sério:

Na pessoa de Jesus, encontramos o Deus verdadeiro que se tornou ser humano verdadeiro.

Toda a história da teologia da Revelação nos familiarizou com o fato de que, na pessoa de Jesus, Deus nos informou de maneira clara e plena sobre "como ele é" (Hb 1,2-3).

Esta verdade, apesar de em nada ser concretizada em suas consequências, não está sendo questionada por nenhuma teologia cristã séria.

A religião cristã toma – ou pelo menos deveria tomar – Jesus Cristo como referência-chave para saber como Deus é, porque na pessoa de Jesus Cristo, encontramos o Deus encarnado em pessoa humana. Em nosso livro sobre "Deus na História", refletimos de maneira ampla sobre as consequências desse fato.[2]

Em Jesus Cristo, porém, não só encontramos a última e definitiva resposta a nossa indagação sobre como Deus é (cf. Hb 1,2-3). A pessoa de Jesus nos informa também e de maneira plena sobre a questão, sobre como o ser humano é. Isso, porque podemos supor

---

[2] BLANK, Renold J. *Deus na história.* São Paulo, Paulinas, 2005.

que em Jesus encontramos também este ser humano em sua mais clara realização.

A consequência desse fato é que da mesma maneira como se deve tomar a sério com todas as suas consequências o enfoque do dogma sobre Jesus, sendo verdadeiro Deus, é necessário também tomar a sério o outro lado do dogma:

Jesus, além de ser verdadeiro Deus, também é verdadeiro homem.

Se quisermos saber como o homem, nos olhos de Deus, foi concebido, temos de olhar de novo para a pessoa de Jesus. Sendo ele realmente aquele verdadeiro homem, em cujo ser Deus se encarnou, é óbvio que essa encarnação humana de Deus corresponda em plenitude também àquilo que o próprio Deus imagina uma pessoa humana ser.

Esta verdade foi negligenciada durante séculos, por causa daqueles outros referenciais antropológicos que no início deste capítulo foram mencionados.

Em vez de continuar limitando-se a eles, o discurso sobre o homem, da mesma maneira como o discurso sobre Deus, deve voltar a sua verdadeira base.

A partir dela, temos também um novo ponto de partida para a reflexão antropológica. Ela não se baseia mais numa concepção do ser humano, assim como esta aparece como resultado de raciocínios filosóficos. Ela, bem pelo contrário, sustenta-se num fato da Revelação. Em Jesus Cristo, o próprio Deus revela o que o ser humano é, porque ele mesmo se tornou ser humano.

E sendo ele Deus, sendo que este Deus criou o ser humano a sua imagem e semelhança, podemos supor que, quando ele mesmo se torna ser humano, não o fará de forma rudimentar e fragmentária, mas também em plenitude.

Em Jesus, não só encontramos a revelação plena sobre a questão, sobre como Deus é.

Encontramos também a revelação plena sobre a questão, sobre como o homem é.

Esta revelação, porém, da mesma maneira como a revelação sobre como Deus é, não se realiza através da transmissão de conceitos teóricos.

Nós a encontramos por meio de um acontecimento histórico, cujos elementos podemos analisar.

Nessa análise, encontramos uma pessoa humana, da qual acreditamos ela ser o Filho de Deus, Jesus de Nazaré, o Cristo.

Este Cristo, porém, "renuncia exigir as qualidades divinas, às quais tem pleno direito, para viver nossa história...".[3]

Aquilo que constatamos nesse fato não é só a revelação sobre como Deus é.

Ao mesmo tempo, é a revelação sobre como o homem, conforme os planos de Deus, deveria ser, porque este Filho de Deus também é homem.

Em seu agir aparece o homem, assim como Deus o imaginou: Imagem e semelhança de Deus.

Caso queiramos, então, encontrar uma definição sobre quem o ser humano é, devemos começar aqui.

Em vez de definir em primeiro lugar que o homem é um ser, capaz de raciocínio lógico, é necessário cavar muito mais profundo.

Precisa-se mergulhar em dimensões além do raciocínio lógico para realmente compreender a verdadeira essência do ser humano. Essas dimensões, porém, não se encontram através de reflexões racionais, mas através de ouvir e olhar para aquilo que o Logos em sua manifestação humana expressou.

---

[3] SEGUNDO, Juan Luiz. *Que mundo? Que homem? Que Deus.* São Paulo, Paulinas, 1995, p. 507.

Visto que este Logos se tornou carne conforme a expressão do autor do 4º Evangelho (cf. Jo 1), é ouvindo e olhando para esta encarnação que se descobre a resposta a nossa indagação pela essência daquilo que o homem é. Em Jesus, encontramos o homem modelo, o protótipo do homem assim como Deus o imaginou, o novo Adão, para falar na linguagem de Paulo.

Tudo isso, na teologia cristã, sempre se soube. Mas pouco se fez para tirar as consequências desse saber.

Outros temas aparentemente mais importantes e mais "teológicos" ocuparam a atenção dos teólogos.

Talvez seja hoje a ocasião para descer daquelas grandes e impressionantes construções teológicas àquele nível, ao qual o próprio Deus desceu: ao humano. Talvez agora, numa época que se veem as grandes construções teológicas com suspeita, seja de novo ocasião para redescobrir o humano, olhando através de um novo olhar para Deus em sua forma humana.

A Kenosis de Deus implica também a Kenosis do homem

Realizando um tal olhar, encontramos em primeiro lugar aquele fato geralmente conhecido como a "Kenosis" de Deus.

Mas esta "Kenosis", esta renúncia de Deus a todos os seus atributos de poder, também nos conduz a uma descoberta importante sobre o homem.

Isso porque ela, além de ser a Kenosis do Deus uno e trino, além de ser a inimaginável autoaniquilação de um ser supremo, também é a Kenosis do homem – e este aspecto antropológico pouco foi pensado na teologia.

Em Jesus, verdadeiro homem, também este homem se revela como ser kenótico. Revela-se como ser, capaz de realizar algo, que nenhum animal é capaz:

Renunciar de livre e espontânea vontade a todos os atributos de poder e de dominação.

Servir, não por causa de um adestramento aplicado, mas por vontade própria.

Perdoar de maneira ilimitada.

Amar até os seus inimigos.

Aceitar qualquer um sem restrição nenhuma.

Assim é o ser humano conforme Deus o imagina.

Um ser, capaz de renunciar aos impulsos de dominação.

Um ser capaz de substituir os mecanismos de vingança e agressividade, pela fraternidade, pela solidariedade e pelo amor.

Assim Deus imagina o homem ser.

À medida que esse homem realiza tais atitudes, ele se torna semelhante a Jesus de Nazaré, e à medida que se torna semelhante a este, aproxima-se de seu ser imagem e semelhança de Deus. Tal semelhança, porém, implica também a mudança da perspectiva, a partir da qual se contempla a história, o homem e o mundo.

Assumir a perspectiva de Deus

Uma história de milênios nos acostumou a pensar tudo, o ser humano, o mundo e a história, a partir da perspectiva do vencedor.

Todas as nossas aulas de história tratam daquilo que os grandes imperadores, reis e generais conseguiram. Ninguém, porém, fala dos problemas daqueles a cujos custos esses generais realizaram suas conquistas. Quem estão sendo celebrados nos Jogos Olímpicos são os ganhadores; dos perdedores ninguém sequer quer lembrar. E até nos torneios de futebol e nas competições dos alunos de nosso sistema escolar, os integrantes desse sistema, desde as primeiras classes de sua escolaridade, aprendem que o único que conta é ganhar.

Dos perdedores nem se fala, e se já, no máximo com desprezo e raiva.

Que tal mentalidade, depois, está sendo promovida com todos os meios de propaganda pelo sistema econômico, pelas organizações militares e pelos partidos políticos, e que se tornou de tal maneira evidente que nem mais o percebemos.

Foi preciso o poema de um poeta decididamente ateu para que os cristãos se lembrassem do fato de que existe outra perspectiva. E mesmo lendo o texto daquele poeta, praticamente ninguém se conscientizou de que a perspectiva aqui apresentada é também a perspectiva daquele Deus que os cristãos veneram.

Sendo tal conscientização, além disso, muito desagradável, a maioria deles optou por esquecer o mais rápido possível tal pensamento subversivo e voltar a venerar também seu Deus a partir dos parâmetros da glória, do poder e da onipotência dele. Que aquele Deus, quando em Jesus Cristo se manifestava da maneira mais clara, mais plena e mais ampla à humanidade, em nada tinha optado em revelar tais características, e os cristãos preferiam esquecer.

E seus guias políticos, econômicos e até muitos religiosos se apressaram em lembrar que de fato são em primeiro lugar as características do poder e da onipotência as mais adequadas para venerar o Criador do cosmo e o Senhor de todos nós.

A história da Revelação nos informa de fato que Deus é todo-poderoso, onipotente, criador do cosmo e muito mais. E de que ele realmente é tudo isso não há a mínima dúvida.

Tudo, porém, na história de Jesus Cristo, indica que este Deus não está muito interessado em ser venerado a partir de tais características do poder.

Caso fosse, com certeza se teria mostrado assim. Fato histórico, porém, é que optou por se revelar como ser humilde, servidor e amigo dos pequenos.

Se apesar disso predomina tanto na história da religião cristã a preocupação com a devida honra do Senhor onipotente, tal fato deve ter outra razão. Ele fica evidente quando perguntamos como e de que maneira algum dos Senhores deste mundo poderia ainda justificar seu poder e sua própria glória, caso o criador eterno e absoluto de tudo, Deus, o Onipotente e Todo-Poderoso, de repente ficasse conhecido como aquele que em nada se interessa por tal poder.

Como os poderosos de todos os sistemas políticos, econômicos e religiosos poderiam justificar o exercício de seu poder e a grandiosidade de suas cerimônias, se seu Deus, entretanto, pode ser encontrado entre os moradores da rua das grandes cidades, nas favelas dos pobres e na sujeira daqueles que os sistemas tinham excluído?

Conscientizar sobre tal fato pode tornar-se muito desagradável, enquanto que as cerimônias suntuosas em louvor ao Cristo Rei, imperador do Universo, já na época do Imperador Bizantino-Romano, possibilitavam esquecer a miséria dos escravos que, com suor e dores musculares, tinham elevado os palanques para esses louvores.

Com isso, porém, estamos de volta ao poeta já mencionado e a sua mudança de perspectiva, na qual podemos reconhecer a perspectiva que o próprio Deus em Jesus Cristo assumiu.

Penso que ele, em sua época, teria muito gostado de um dos textos que o poeta mencionado escreveu e do qual vale a pena citar pelo menos um pequeno trecho:

"Quem construiu a cidade de Teben e seus sete portais?
Nos livros se citam os nomes de reis.
Será que eram os reis que carregavam as pedras?
E Babilon, por muitas ocasiões destruída,
quem a reconstruiu cada vez?

Em que casas da cidade dourada de Lima
residiam os pedreiros?
(...)
A grande Roma é cheia de arcos de triunfo.
Quem os construiu?
Filipe da Espanha chorava, quando sua frota afundava.
Além dele não chorava ninguém?[4]

A volta a nossas raízes em Jesus Cristo nos lembra a dura verdade, que nossa perspectiva antropológica deve ser mudada.

O ser humano, assim como Deus o imagina, é aquele capaz de assumir a perspectiva daqueles que carregam as pedras.

O ser humano, assim como Deus o imagina, é um ser capaz de solidarizar-se com esses, numa opção de solidariedade incondicional. É a solidariedade com aqueles debaixo, o tomar a posição dos vencidos, a opção pelos perdedores que aproximam o homem daquele modelo antropológico que Deus demonstrou à humanidade em Jesus Cristo. Encontramos assim a resposta a nossa indagação pelo homem; não recorrendo ao raciocínio filosófico, mas abrindo os olhos e analisando aquilo que Deus nos demonstra em Jesus Cristo. O homem modelo é assim como Jesus é, porque Jesus também é o modelo do homem.

---

[4] Tradução cf.: BRECHT, Berthold. *Ausgewählte Gedichte*, Frankfurt. M., Ed. Suhrkamp, 1964, p. 49 (tradução: BRECHT, Berthold. *Indagações de um trabalhador que lê*).

Jesus Cristo:
Rosto Humano de Deus
e Rosto Divino do Ser Humano

Lisaneos Prates[1]

A Igreja afirma que Jesus Cristo é a expressão divina mais original da identidade de Deus na mediação do mistério da encarnação por ser ele a plenitude da Revelação de Deus. E esta afirmação, de que Jesus Cristo é a plenitude da Divindade na mesma e única mediação da encarnação do mistério, faz-nos pensar sobre a beleza do divino que transparece através de sua plena e total autocomunicação. Esta presença autocomunicativa da pessoa de Jesus Cristo traduz no formato histórico-existencial a plenitude divina ao colocar definitivamente o mistério de Deus ao alcance do ser humano. Vale dizer: Jesus Cristo é o rosto humano de Deus. Logicamente que isto somente se torna possível e factível por ele ser verdadeiro Deus e, sendo assim, sua encarnação é revelação de sua divindade na mediação de sua humanidade. Esta perspectiva foi sendo revelada de forma crescente e evolutiva no transcurso teológico elaborado no Novo Testamento, na extensão da condição humana à condição divina de Jesus Cristo. Esta herança neotestamentária, poste-

---

[1] Doutor em Teologia pela Pontifícia Universidade Gregoriana, Roma. Professor na graduação e pós-graduação da Pontifícia Faculdade de Teologia Nossa Senhora da Assunção, SP.

riormente, foi elaborada pela Tradição da Igreja nos primeiros concílios ecumênicos.

Com a mesma fundura e intensidade, a Igreja também assevera que Jesus Cristo é a expressão humana mais autêntica e original da identidade humana do ser humano na mediação do mistério da encarnação, por ser ele a plenitude da Revelação de Deus. A beleza da identidade humana transparece de forma translúcida na mediação de sua Divindade encarnada no existencial-histórico de sua pessoa. A encarnação como concretização histórico-existencial do compromisso de Deus com a realidade humana abre em definitivo o acesso do ser humano ao mistério divino: Jesus Cristo é o rosto divino do ser humano. Esta possibilidade e factibilidade realizada acontece por ser Jesus Cristo verdadeiro homem, de forma que sua encarnação é revelação de sua plenitude humana na mediação divina de sua pessoa. A afirmação de sua humanidade feita pela teologia neotestamentária é resultante de um longo caminho que culminou com a identificação do Jesus de Nazaré da Galileia Crucificado em Jerusalém, com o Cristo Ressuscitado e vencedor do pecado e da morte. Assim, o Crucificado é o Ressuscitado e vice-versa, o Ressuscitado é o Crucificado. A Tradição da Igreja elaborou esta herança neotestamentária nos primeiros concílios ecumênicos como conteúdo de fé, afirmando que Jesus Cristo é verdadeiramente Deus e verdadeiramente homem.

Este conteúdo de fé foi retomado belamente por Aparecida na seguinte asseveração: "Nossa fé proclama que 'Jesus Cristo é o rosto humano de Deus e o rosto divino do homem'" (A, 392; também n. 107). Nesta afirmação de Aparecida, encontra-se a raiz mais funda que provocou nossa reflexão a qual queremos desenvolver nos seguintes pontos. Primeiramente, colocando em destaque a implicante relação entre antropologia e cristologia na mediação do mistério da encarnação histórico--existencial da pessoa de Jesus Cristo. Num segundo momento, desenvolveremos a temática em torno da pessoa de Jesus Cristo como o rosto humano de Deus. E, num momento terceiro, apresentaremos sua pessoa como sendo o rosto divino do ser humano numa profunda identificação com os pobres-excluídos.

A implicativa relação entre antropologia e cristologia[2]

A forma como o Novo Testamento apresenta a pessoa de Jesus Cristo é resultante de uma elaboração histórico-teológica que compreende as duas etapas daquilo que consiste a própria história de cada pessoa como

---

[2] Falando da excelência da antropologia como *locus theologicus*, Karl Rahner afirma: "Se o homem, em razão de sua transcendência, é o ser voltado perene e excentricamente para Deus e, consequentemente (aqui entendendo cristológico e antropológico formalmente como dois aspectos da mesma realidade), ele é a possível alteridade de Deus, segue-se que o lugar universal de toda a teologia é a antropologia. Semelhante tese não contradiz ao teocentrismo da teologia, segundo o qual Deus é o objeto formal de toda a teologia da revelação, visto que toda a teologia, inclusive a doutrina sobre Deus, nada pode afirmar sem com isso dizer igualmente algo sobre o homem e vice-versa", cf. RAHNER, Karl. "Reflexões fundamentais sobre a antropologia e a protologia no conjunto da teologia", in: *Mysterium salutis*, vol. II/2. Petrópolis: Vozes, 1971, p. 7. "O cristocentrismo da antropologia se manifesta já na criação do homem, mas aparece especialmente na nova criação: tanto uma como a outra tem lugar por Cristo, em Cristo e para Cristo. Estas fórmulas paulinas tem sido interpretadas, desde a época patrística, com ajuda das diversas categorias de causalidade. O fenômeno humano recebe desta forma sua inteligibilidade plena à luz do Verbo que o produz, do Verbo em cuja perfeição participa, do Verbo para cuja união vai caminhando. Por conseguinte, é impossível construir uma antropologia completa sem ter em conta a dimensão cristológica do homem. Precisamente no mistério de Cristo é onde encontramos reunidas as duas características da teologia que, segundo uma frase muitas vezes repetida, não é somente uma doutrina sobre Deus para o homem, mas, sobretudo, uma doutrina sobre o homem à luz de Deus", cf. FLICK, Maurizio – ALSZEGHY, Zoltan. *Antropología Teológica*. Salamanca: Sígueme, 1985, p. 21. O teólogo italiano Nicola Ciola aponta para a centralidade do ser humano como "lugar teológico", ao dizer: "quer-se afirmar, antes de tudo, a centralidade do homem como 'lugar teológico', não autônomo, mas de igual dignidade diante dos demais *loci theologici*, como a revelação, a fé etc.", cf. NICOLA, Ciola. *Introdução à cristologia*. São Paulo: Loyola, 1992, p. 101.

sujeito singular inserido no todo da humanidade como coletivo. A primeira etapa que nos referimos pode ser denominada histórico-existencial, a qual corresponde ao início da existência-histórica da pessoa com seu nascimento na família, sua inserção sócio-comunitária-cultural, finalizando com a morte como passagem para a outra dimensão da vida. Este processo existencial-histórico também pode ser compreendido a partir das seguintes etapas: primeira idade, segunda idade, terceira idade, culminando com o trânsito da morte. A segunda etapa da trajetória humana é sequente à primeira, cujo ponto nodal é a experiência da morte que pode ser entendida como a chave hermenêutica por excelência para se compreender o mistério da vida e da existência-histórica. Com isto, queremos asseverar que o humano de Jesus Cristo é a expressão significativa por excelência da humanidade em seu sentido mais pleno. É em sua humanidade plenamente divina e em sua divindade plenamente humana que o ser humano encontra o caminho de humanização-divinizadora e de divinização-humanizadora.

A afirmação da divindade de Jesus Cristo deve estar ao alcance do ser humano como possibilidade de sua divinização. De outro lado, tudo aquilo que se deve dizer sobre a humanidade de Jesus Cristo deve emergir de uma realidade humana possibilitada de ser alcançada nas mediações históricas pelo ser humano. Esta perspectiva foi desenvolvida de forma profunda pelo teólogo espanhol José Ignacio González Faus, o qual oferece um entrelaçamento analógico entre realidade antropológica típica do ser humano e realidade antropológica específica da pessoa de Jesus Cristo. Em primeiro lugar indicamos sua afirmação antropológico-divina sobre a realidade humana:

> O homem é um ser que não é idêntico a si mesmo, senão que se transcende a si mesmo contínua e ilimitadamente. A verdade do homem está sempre para além de sua realidade concreta. O homem é um existente cujo ser é o que faz de si mesmo: seu ser homem lhe é dado

como exterior a ele, como tarefa, como projeto de si. É certo que o homem não é pura liberdade, porque tem uma natureza que condiciona e limita tal liberdade. No entanto, esta mesma natureza deve ser assumida na própria história de si mesmo, integrando-a naquilo que faz de si mesmo, em seu próprio projeto, e, de certo modo, superando-a.

Em segundo lugar apontamos sua asseveração antropológico-divina característica da pessoa de Jesus Cristo:

> Se Cristo é realmente um homem, não pode deixar de viver sua existência desta maneira. E, então, cabe perguntar se todos os seus títulos e sua mesma divindade não devem ser vistos desta forma, ou seja, como um âmbito maior de possibilidade de seu ser, bem entendido que não se trata de possibilidade metafísica, mas existencial histórica, e que este âmbito é positivamente infinito (e não simplesmente indefinido no sentido em que o existencialismo chama de infinita a liberdade humana). A divindade de Jesus não é "algo" que se lhe dá em um momento concreto e que antes não a tinha (isso seria adopcionismo), mas tampouco é algo totalmente inerte e que absorva ou paralise o caráter histórico de seu ser homem; senão que se o homem é a possibilidade de si mesmo, Deus feito homem é Deus feito possibilidade de um homem: de Jesus de Nazaré. Jesus possui sua divindade como a possibilidade de seu ser que Ele deve realizar e que nós não possuímos (ou pelo menos não possuímos da mesma maneira e do mesmo sentido que Ele). É Filho de Deus, mas, "segundo a carne", isto é, na forma de ter-que-chegar-a-ser Filho de Deus. Se o sentido é distinto do nosso (Ele por natureza e plenitude e nós por graça e participação), o caráter de tarefa é o mesmo.

Depois deste paralelismo análogo entre o antropológico-divino próprio do ser humano e o antropológico-divino *sui generis* de Jesus Cristo, nosso autor faz o seguinte apontamento:

Teríamos, assim, uma explicação da divindade de Jesus que salvaguarda totalmente e, mais que outras, sua humanidade, pois, no mais singular desta humanidade é onde radicaria sua divindade, enquanto ser homem é precisamente a vocação a sê-lo. Evitaríamos aquele Jesus deduzido *a priori* a partir da ideia filosófica de Deus e camuflado de docetismo. E aquela imagem que tende a colocar no Jesus terreno tudo o do Ressuscitado, anulando a seriedade de sua vida.[3]

O propósito desta nossa reflexão é buscar a fronteira existente entre cristologia e antropologia. Para tal, partimos do postulado de que toda afirmação cristológica, a saber, toda afirmação referenciada à pessoa de Jesus Cristo na via da fé cristã, tem uma implicação antropológica. Como também é verossímil asseverar que toda afirmação no âmbito da antropologia teológica traz implícita em si mesma os pressupostos da reflexão cristã sobre Jesus Cristo. Com isto pensamos que existe um nexo inarredável ente cristologia e antropologia e vice-versa, entre antropologia e cristologia. Ao longo da história do pensar teológico não se nota uma evidente articulação entre antropologia e cristologia. Ainda que se considerasse que Jesus Cristo era o protótipo humano por ser ele a forma humana ideal, quando se elaborava a antropologia como reflexão sobre o ser humano, não se levava em conta que determinadas afirmações antropológicas são devedoras daquilo que se afirma sobre a humanidade de Jesus Cristo na elaboração da cristologia. Sobre a relação entre antropologia e cristologia, Karl Rahner afirma:

No Homem-Deus Jesus Cristo se encontra e se patenteou, portanto, na própria história, o fundamento e a norma daquilo que o homem é. Por conseguinte, o homem realmente existente foi

---

[3] Cf. González Faus, José Ignacio. *La Humanidad Nueva. Ensayo de Cristología*. Santander: Sal Terrae, 1984, p. 210s.

efetivamente criado, porque Deus (como amor) quis expressar-se a si mesmo no Logos para dentro do vazio da criaturidade e porque esta autoexpressão no Logos significa exatamente sua humanidade, de sorte que a possibilidade da criação do homem é um momento da possibilidade da livre autoexpressão do Logos, na qual (como fato) toda a humanidade é considerada e querida como meio ambiente dessa expressão. Somente em Cristo, portanto, o homem é confirmado em absoluto e com isso lhe é permitido em absoluto aceitar seu ser, com tudo o que ele inclui, porque, se o aceita incondicionalmente tal qual é, aceita o próprio Deus. Por isso, é em Cristo que a natureza humana também foi conduzida definitivamente a sua salvação absoluta, e nisso se realiza em si mesma e é desvendada ao homem, naturalmente como mistério, por depender radicalmente do mistério absoluto de Deus. Mas como este mistério se desvenda em Cristo como mistério de intimidade e amor absoluto, tornou-se aceitável em sua infinitude também aquele mistério que somos nós mesmos. Da parte de Deus e do homem, portanto, a cristologia aparece como a repetição mais radical e supereminente da antropologia teológica. [E conclui, dizendo: Sendo] a cristologia a repetição radical e supereminente da antropologia, após a Encarnação, a antropologia sempre se há de considerar como cristologia deficiente e a cristologia como fim e fundamento da antropologia, porque em Jesus se revelou historicamente e se encontra de modo inexcedível o que e quem é o homem.[4]

É a radical afirmação do cristianismo sobre o mistério da encarnação que torna determinante para a fé cristã e sua prática na forma de compromisso com a transformação da história através desta vinculação

---

[4] Cf. RAHNER, Karl. *Reflexões Fundamentais. Op. cit.*, p. 16s.

irrenunciável entre o divino-humano e/ou entre o humano-divino.[5] Na encarnação o humano alcança a plenitude máxima de sua qualificação divino-humana e, por sua vez, o divino comunica sua identidade mais plena como expressão propriamente autocomunicativa. Para tal, a encarnação do Verbo não deve ser concebida de forma abstrata ou metafísica, mas num formato histórico-existencial de acordo com a dinâmica da ação reveladora do mistério trinitário.

Uma vez que na encarnação o Logos cria a realidade humana à medida que a assume, e a assume à medida que ele se externa, também aqui vigora, e da forma mais radical e especificamente singular, o axioma que vale para toda relação de Deus com a criatura, ou seja, crescem na mesma medida e não em medida inversa a proximidade e a distância, a dependência e a autonomia da criatura. Razão pela qual Cristo é o homem em sua máxima radicalidade, e sua humanidade é a mais autônoma e a mais livre, não apesar mas porque é a humanidade que foi estabelecida ao ser assumida, foi estabelecida como a autoexpressão de Deus. Sendo assim, a humanidade de Cristo não é mera "aparência" de Deus, aparência vazia e vaporosa, sem nenhum peso próprio e independente do que aparece.

---

[5] "O quarto evangelho expressa com nitidez a ideia dominante: 'e o Verbo se fez carne (sarx) e habitou entre nós' (Jo 1,14). 'Carne' designa na Escritura ao homem desde o ponto de vista de sua pobreza, caducidade, debilidade e trivialidade. O que se quer dizer, pois, é que a palavra de Deus se introduziu totalmente em nosso ser de homem até o fundo de sua normal trivialidade, sua inutilidade, seu fracasso e seu vazio. E não se diz simplesmente que 'Deus se fez homem', mas que 'se fez este homem Jesus de Nazaré'. Esta limitação a este homem uno e único implica, ao mesmo tempo, um juízo sobre todos os demais, nos quais a palavra não se fez carne. A proposição sobre a encarnação no quarto evangelho significa, pois, num certo sentido, uma desmitologização e dessacralização do homem e uma relativização do que normalmente os homens consideram grande, significativo e distinguido. Assim, o enunciado sobre a encarnação do Verbo representa uma verdade crítica, da qual não se pode derivar nenhuma teologia triunfalista da encarnação", cf. KASPER, Walter. *Jesús, el Cristo*. Salamanca: Sígueme, 1986, p. 242.

Pelo fato de o próprio Deus ex-sistir e pôr-se para fora, essa sua existência finita adquire seu próprio valor, seu próprio vigor e sua própria realidade da maneira mais radical, inclusive se distinguindo do próprio Deus.[6]

A significância da encarnação do Verbo – *incarnationis Verbum* – é afirmada pela Igreja como sendo encarnação do Mistério, isto é, *incarnationis mysterium*.[7] Vale dizer, em última instância, a encarnação é um conteúdo que traz consigo a implicância de uma atitude de fé por parte do sujeito que queira dar-se conta do mesmo. No entanto, a atitude de fé é e será sempre uma postura humana, já que é o ser humano o sujeito ou agente da fé, e não Deus. Ele é o sujeito que confere ou comunica a fé para o ser humano, mas parece que não seria correto dizer que Deus tenha fé. Mais bem, seria correto afirmar que a fé é a mediação por excelência para se aceder ao mistério de Deus. A fé, destarte, é por definição antropológica um dado humano propriamente dito possibilitado pela gratuidade de Deus, o qual criou o ser humano com a possibilidade de crer em seu mistério na mediação da fé.[8] A ra-

---

[6] Cf. RAHNER, Karl. *Curso fundamental da fé*. São Paulo: Paulinas, 1989, p. 270.

[7] "O nascimento de Jesus em Belém não é um fato que se possa relegar para o passado. Diante dele, com efeito, está a história humana inteira: nosso tempo atual e o futuro do mundo são iluminados por sua presença. Ele é "o Vivente" (Ap 1,18), "Aquele que é, que era e que há de vir" (Ap 1,4). Diante dele, deve dobrar-se todo joelho no céu, na terra e nos abismos, e toda língua há de proclamar que ele é o Senhor (cf. Fl 2,10-11). Cada homem, ao encontrar Cristo, descobre o mistério de sua própria vida. Jesus é a realidade nova que supera tudo quanto a humanidade pudesse esperar, e tal permanecerá para sempre ao longo das épocas sucessivas da história. Deste modo, a encarnação do Filho de Deus e a salvação que realizou com sua morte e ressurreição são o verdadeiro critério para avaliar a realidade temporal e qualquer projeto que procure tornar a vida do homem cada vez mais humana", cf. João Paulo II, *Bula Pontifícia Incarnationis Mysterium*, n. 1.

[8] Cf. PRATES, Lisaneos. "Fé e Revelação: Uma aproximação teológica", in: XAVIER, Donizete José – SILVA, Maria Freire da. *Pensar a fé teologicamente*. São Paulo: Paulinas, 2007, p. 79-114.

dical afirmação da encarnação do Verbo na teologia neotestamentária e na Tradição da Igreja teve como decorrência dar ao cristianismo uma identidade própria na pluralidade das experiências religiosas configuradas ao longo da história.[9]

Jesus Cristo: Rosto humano de Deus

A afirmação da humanidade de Jesus Cristo é determinante para uma compreensão e interpretação, a mais adequada possível, da significância e do valor da condição humana comum a todos os mortais. Sendo Jesus Cristo o rosto humano de Deus, sua condição humana é a expressão mais excelente e, portanto, plena do humano em sua verdadeira e real originalidade. Ou, dito de outra maneira, tudo aquilo que pode ser afirmado sobre o rosto humano de Jesus representa a original tipologia antropológica que o ser humano deverá buscar ao longo de sua peregrinação histórica. A afirmação da identidade e radicalidade humana de Jesus Cristo foi preconizada de forma altamente substancial por Aparecida no atual contexto desafiante da cultura pós-moderna marcada pelo relativismo conforme o horizonte hermenêutico para se compreender a realidade proposta pelo Papa Bento XVI. Eis o que assevera Aparecida:

> "Se não conhecemos a Deus em Cristo e com Cristo, toda a realidade se torna um enigma indecifrável; não há caminho e, não havendo caminho, não há vida nem verdade". No clima cultural re-

---

[9] Para uma visão ampliada desta perspectiva, cf. "O mistério da Encarnação: Deus-Pai abraça, fraternalmente, a humanidade", in: PRATES, Lisaneos. In: IDEM. *Fraternidade Libertadora. Uma leitura histórico-teológica das Campanhas da Fraternidade da Igreja no Brasil*. São Paulo: Paulinas, 2007, p. 130-142.

lativista que nos circunda se faz sempre mais importante e urgente enraizar e fazer amadurecer em todo o corpo eclesial a certeza de que *Cristo, o Deus de rosto humano,* é nosso verdadeiro e único salvador (A, 22).

Sendo assim, do ponto de vista da formalização de seus conteúdos, a antropologia cristã ou a concepção cristã do ser humano vem determinada pela cristologia. Disso decorre um nexo ineludível entre a elaboração da cristologia como reflexão sobre Jesus Cristo e a elaboração da antropologia como reflexão sobre o ser humano.[10]

A implicância inarredável entre o ser humano e a humanidade de Jesus Cristo jamais deverá ser esquivada ou minimizada, mas levada até as últimas consequências daquilo que significa a pertença radical existente entre a humanidade e o humano de Jesus Cristo. Com isso, podemos asseverar que nada deve ser dito sobre a humanidade de Jesus Cristo que não esteja identificado com o ser humano em sua radicalidade antropológica. E o inverso decorrente também deve ser afirmado, vale dizer, nada que se diga sobre o ser humano é perceptível à revelia da

---

[10] "De fato, um dos significados do evento cristológico está em sua referência ao dado antropológico, como sendo sua dimensão fundamental inscrita no mistério da Encarnação. A Palavra de Deus, tornando-se carne (Jo 1,14), assume todas as dimensões do humano, exceto o pecado; temos em Cristo a mais perfeita revelação do homem. O homem está envolvido no evento da revelação, pois a Palavra de Deus dirige-se principalmente a ele e lhe revela, em profundidade, seu mistério. O motivo da correlação entre cristologia e antropologia é que a Revelação de Deus em sentido pleno implica também uma revelação do homem a si mesmo. Deus não revelou apenas quem é Cristo, mas também quem é Cristo para o homem que escuta e acolhe na fé. Isso não significa que a Palavra que o homem encontra seja apenas explicitação do discurso do homem, sob pena de cair no antropologismo, mas que a Palavra, embora sempre transcendente, torna-se de algum modo imanente ao homem e pressupõe nele 'a capacidade de dar uma resposta a Deus, abrindo-se a Ele. Eis por que a cristologia exige uma antropologia'", cf. NICOLA, Ciola. *Op. cit.*, p. 99s.

radical humanidade de Jesus Cristo.[11] Se existe uma realidade histórico-
-existencial e antropológica típica do ser humano que o faz destoar da
humanidade de Jesus Cristo é a pecaminosidade humana em seus mais
diversos desdobramentos.

O homem não está aberto somente ao mundo ou à cultura. Está
aberto ao Infinito que ele entrevê na experiência do amor, da felicidade, da esperança, do sentir, do querer e conhecer que anseiam por
eternidade e totalidade. O homem não quer só isso e aquilo: ele quer
tudo. Ele não quer só conhecer a Deus. Deseja ardentemente pos-
suí-lo, gozá-lo e ser por Ele possuído. O homem é capaz do Infinito.
Jesus realizou de forma absoluta e cabal esta capacidade humana, a
tal ponto de poder identificar-se com o Infinito. A Encarnação significa a realização exaustiva e total de uma possibilidade que Deus
colocou pela criação dentro da existência humana. Nós outros, irmãos de Jesus, temos recebido de Deus e dele o mesmo desafio:
de nos abrirmos mais e mais a tudo e a todos, para podermos ser,
à semelhança de Cristo, repletos da comunicação divina e humana.
Em nossa alienação e pecado, realizamos de modo deficiente aquela
relação que Jesus de Nazaré concretizou de forma exaustiva e absoluta na vida terrestre e pneumática. A Encarnação, portanto, encerra

---

[11] José María Mardones fala da humanidade como hierofania por excelência da presença de Deus no coração da história, na mediação da humanização histórica de Jesus
Cristo, já que ele "aporta uma novidade religiosa: no homem se manifesta o ponto
álgido da presença de Deus no mundo. Se Jesus é o Filho de Deus encarnado e através
desta fórmula confessamos que Deus assume Nele o mundo e a história, Jesus Cristo
nos revela uma revolução na concepção do sagrado: recorda-nos permanentemente
que no próximo se dá a presença invisível do Deus totalmente outro. A partir deste
momento a via de acesso ao Mistério é o ser humano. E o culto a Deus se realizará
fundamentalmente pela via profana da relação compassiva e misericordiosa de serviço e entrega ao próximo em necessidade", cf. MARDONES, José María. "Jesuscristo en
la perspectiva social del tercer milênio", in: Aa.Vv. *Encarnación redentora*. Salamanca: Secretariado Trinitario, 1999, p. 121.

uma mensagem concernente não só a Jesus Cristo, mas também à natureza e ao destino de cada homem. Por ela, viemos a saber quem de fato somos e a que estamos destinados, quem é Deus que em Jesus Cristo nos vem ao encontro, com uma face semelhante a nossa para – respeitando nossa alteridade – assumir-nos e repletar de sua divina realidade.[12]

Uma leitura cuidadosa do Segundo Testamento nos permitirá afirmar que a causa do espanto fascinante que desperta a pessoa de Jesus Cristo é seu modo plenamente humano de agir através de seus gestos e palavras que concorrem para a humanização das pessoas. Isto significa dizer que ao aproximar-se das pessoas Jesus Cristo lhes impressionava pela qualidade humana comunicada na mediação de sua pessoa. É este *plus* qualitativamente humano característico de sua pessoa que atraía e deixava as pessoas impressionadas. Neste sentido alguns textos neotestamentários sobre o modo humano de Jesus atuar relacionado com sua condição messiânica são assaz ilustrativos. Por exemplo, Jo 4,29: "Vinde ver *um homem* que me disse tudo o que fiz. Não seria ele *o Cristo?*". Este *homem* que deixou a samaritana fascinada é indicado como sendo, possivelmente, o *Cristo*. De sua condição humana abre-se o horizonte de sua condição messiânica. Sua condição divina é manifestada na mediação de sua plenitude humana que revela sua messianidade. Em Jo 9,1-41, ao longo do relato da cura de um cego de nascença, aparecem as seguintes referências antropológicas sobre Jesus Cristo: no v. 11 aparece a expressão "O *homem* chamado Jesus"; no v. 16: "Esse *homem* não vem de Deus"; "Como pode um *homem pecador* realizar tais sinais?"; no v. 24: "Sabemos que *esse homem é pecador*"; e no v. 33: "Se *esse*

---

[12] Cf. Boff, Leonardo. *Jesus Cristo Libertador. Ensaio de Cristologia Crítica para o nosso Tempo.* Petrópolis: Vozes, 1988, p. 150s.

homem não viesse de Deus, nada poderia fazer". [Aqui no v. 33 o termo "homem" encontra-se implícito no texto e, por isso, várias traduções o coloca de forma explícita. A Bíblia do Peregrino é uma das poucas traduções que não evidencia o termo em sua tradução.] Nesta sequência de versículos também é significativo o conteúdo sobre a condição humana de Jesus Cristo endereçada para afirmar sua divindade como o homem que veio de Deus. Na linguagem teológica mateana o poder divino de Deus foi conferido aos homens na mediação humana de Jesus Cristo que tem o poder de perdoar pecados e curar o paralítico (Mt 9,1-8). No v. 8, afirma: "Vendo o ocorrido, as multidões ficaram com medo e glorificavam a Deus, *que deu tal poder aos homens"*.

Assim, escamotear a humanidade de Jesus Cristo em detrimento da afirmação de sua divindade é um pressuposto gravemente falso. Seja para uma boa reflexão cristológica, seja para uma reflexão no âmbito da antropologia teológica que queira contribuir para uma concepção da radicalidade humana de Jesus Cristo ou do ser humano como tal. Sendo assim, do ponto de vista da cristologia, nada que seja desumano pode ser afirmado sobre a humanidade de Jesus. E do ponto de vista da antropologia teológica, nada que minimize a humanidade de sua pessoa deve ser asseverado sobre ele.[13]

---

[13] "O homem é um ser situado no tempo e no espaço, e não pode viver fora dessa situação. O homem é sempre particularizado e individualizado; sua situação é mesmo constitutiva de sua identidade, de tal forma que o homem em geral não existe, existe apenas tal homem, tal indivíduo concreto, vivendo em tal situação dada, em tal cultura e em tal época histórica. Ao assumir a humanidade na encarnação, o Verbo de Deus assume, necessariamente, essa condição antropológica. Ele encarna-se como um homem determinado, que vive em determinada situação histórica. Na encarnação, o Verbo de Deus particulariza-se humanamente em Jesus, assumindo completamente a condição humana e, portanto, assumindo também aquela situação na qual vive o homem Jesus. Na encarnação de Jesus algo passa-se diferentemente. Aí o Verbo de Deus assume a situação humana integralmente. Aquilo que Deus conhecia a partir do exterior, por ter visto ou por ter participado enquanto Deus, agora ele passa a conhecer

Na história da piedade cristã com frequência se sublimou e divinizou tanto a figura de Jesus que, para a consciência eclesiástica corrente, apareceu como um Deus que passeava pela terra, oculto por detrás do adorno de uma figura humana, cuja divindade "resplandece" uma e outra vez, enquanto se ocultam detalhes pertencentes à "banalidade" humana. Fundamentalmente apenas se poderá dizer que a doutrina da verdadeira humanidade de Jesus e seu significado salvífico tenha penetrado profundamente na consciência corrente dos cristãos. No fundo se encontra aqui, com frequência, uma concepção de Jesus Cristo sumamente mitológica e docetista.[14]

O postulado de que Jesus Cristo é o rosto humano de Deus é radicalmente arrojado em seu conteúdo e em sua formalização e de modo algum deve ser minimizado. E, de outro lado, também não deve ser maximizado.[15] Pensamos que tal postulado é uma forma de se reafirmar

---

a partir de dentro. Ele não apenas vê a situação, mas vive-a enquanto homem, com todo o peso que essa situação pode ter sobre a vida de um ser humano", cf. MANZATTO, Antonio. *Teologia e literatura. Reflexão teológica a partir da antropologia contida nos romances de Jorge Amado*. São Paulo: Loyola, 1994, p. 237ss.

[14] Cf. KASPER, Walter. *Jesús, el Cristo*. Op. cit., p. 245.

[15] Leonardo Boff já formulara algo semelhante de forma profunda e com toda a beleza ao asseverar: "Humano assim só pode ser Deus mesmo! Jesus, o Homem que é Deus. O que seja o homem em sua radicalidade e verdadeira humanidade nós os cristãos o aprendemos meditando a vida humana de Jesus Cristo. Não é, portanto, da análise abstrata do que seja Deus e homem que nós entendemos que é Jesus Homem-Deus. Mas foi con-vivendo, vendo, imitando e decifrando Jesus que viemos a conhecer a Deus e ao homem. O Deus que em e por Jesus se re-vela é humano. E o homem que em e por Jesus emerge é divino. Foi num homem que a Igreja primitiva descobriu a Deus. E foi em Deus que viemos a saber quem é de fato e para que está destinado o homem. Por isso olhando para Jesus Cristo podemos com razão dizer: o mistério do homem evoca o mistério de Deus; a vivência do mistério de Deus evoca o mistério do homem. Não podemos falar do homem sem ter de falar de Deus e não podemos falar de Deus sem ter de falar do homem. Quanto mais homem se apresenta Jesus, tanto mais se manifesta aí Deus. Quanto Deus é Jesus tanto mais se revela aí o homem. Tão profunda é a unidade de Deus e do homem em Jesus que a humanidade deve poder ser encontrada em sua divindade e a divindade em sua humanidade", cf. BOFF, Leonardo. *Jesus Cristo Libertador*. Op. cit., p. 132s.

o significado mistérico-sacramental da originalidade e verdade sobre a encarnação do Verbo. Queremos desenvolver esta primeira temática derivada do tema que nos ocupamos na mediação daquilo que se pode pensar sobre a magnitude de tão insondável mistério – *incarnationis mysterium* – e, ao mesmo tempo, com a devida paixão que referido conteúdo da fé da Igreja desperta nos seguidores de Jesus Cristo. Para tal seguiremos os seguintes pontos indicados na sequência de nossa meditação.

O significado do termo "figura" aplicado a Jesus Cristo

Primeiramente devemos esclarecer que o vocábulo "figura" aplicado à pessoa de Jesus Cristo tem um significado profundamente cristológico e também antropológico.[16] Ou seja, comunica de forma inédita sua realidade humana figurada no mistério de sua humanização. Como também aponta de forma originalmente comunicativa os contornos da figura humana ou antropológica que deve ser recuperada nele. Seu rosto humano como transparência do mistério de Deus quer indicar que sua humanidade é a mediação mais excelente que visibiliza o invisível do próprio Deus. A humanidade de Jesus Cristo figurada em sua realidade pessoal e singular tem um caráter eminentemente histórico-existencial. Sendo assim, o termo figura evoca e invoca uma realidade humana palpável despojada de

---

[16] "O grego *typos* e o latim *figura* são usados pelos teólogos para designar os simbolismos mais originais que se encontram na linguagem bíblica: as prefigurações. Os livros santos empregam para a mesma finalidade outros termos que exprimem ideias conexas: *antitypos* (réplica do *typos*), *hypodeigma* (exemplo e, daí, imagem anunciadora, reprodução antecipada), *paradeigma* (exemplo), *parabole* (símbolo), *skia* (sombra), *mimema* (imitação). Pelo sentido geral, todos esses termos se aparentam com imagem (*eikon*), modelo (*typos*: 1Tm 1,7), mas encerram no mais das vezes uma nuança particular que os aproxima de tipo/figura", cf. GRELOT, Pierre. "Figura", in LÉON-DUFOUR, Xavier. *Vocabulário de Teologia Bíblica*. Petrópolis: Vozes, 2002, p. 354.

qualquer tipo de compreensão meramente abstrata ou conceitual. É esta humanidade concreta de Jesus Cristo – vale reafirmar histórico-existencial – que possibilita a elaboração de uma compreensão conceitual, doutrinária ou dogmática de sua pessoa. Tudo aquilo que seja possível de ser afirmado sobre Jesus Cristo emerge de sua real e radical humanidade que marca e determina sua condição pessoal. O humano de Jesus Cristo é pessoal e sua pessoa só pode ser concebida vinculada de forma intrínseca e extrínseca a sua condição humana. Falando dessa realidade existencial-histórica, que é expressão da singularidade pessoal-humana de Jesus Cristo, Karl Rahner insiste na importância do sentido bíblico de *sarx* aplicado a sua natureza humana e/ou ao corpo e afirma:

> Em muitos lugares da Escritura se fala da *sarx* de Cristo (Jo 1,14; 6,51; Rm 8,3; Ef 2,14; Cl 1,22; 1Tm 3,16; Hb 5,7; 1Pd 3,18; 4,1; 1Jo 4,2; 2Jo 7). Nós nos acostumamos a pensar que, em tais casos, *sarx* refere-se ou bem à natureza humana ou bem ao corpo de Cristo. Isto é exato, mas não esgota, evidentemente, o sentido da Escritura. Ao pensar na natureza humana e no corpo humano de Cristo, nós nos imaginamos quase sempre, involuntariamente, só algo do que *sarx* significa: o que pertence à essência necessária, sempre existente, da realidade assim denominada. Porém, *sarx* significa o homem ou sua corporeidade em um sentido preciso, enquanto possui uma peculiaridade totalmente determinada, realizada historicamente em uma história de salvação e condenação. A carne é o débil, o caduco, o consagrado à morte, a dimensão da aparição e evidência do pecado. É a realidade essencial do homem enquanto desde o princípio, mas em uma história livre (na proto-história) se fez precisamente carne. Uma teologia "adequada" não pode renunciar a exigir como fundamento uma teologia rigorosa daquilo que "carne" significa. A partir daqui se veria também mais claramente que Cristo, para ser nosso redentor, não só tinha de ser "essencialmente igual" a nós, senão ter nossa mesma ascendência (Hb 2,11),

ser nosso irmão segundo a carne. E Cristo só podia possuir a carne que seria redimida e na qual devíamos ser redimidos se, "nascido de mulher", compartisse conosco não só a essência, senão também a origem. Aqui se vê também que uma teoria soteriológica meramente jurídico-formal da satisfação não esgota a verdade bíblica da redenção. Pois, segundo essa teoria, o Logos podia ter nos redimido não só na carne, originariamente uma e marcada historicamente pela história pecadora, senão em qualquer outra forma.[17]

O uso da palavra "figura" como terminologia neotestamentária carrega consigo um sentido cristológico-antropológico e é típico da teologia paulina. Neste contexto paulino, um dos termos utilizados é *typos*, i.e., figura, o qual tem um acento histórico-salvífico radicado na pessoa de Jesus Cristo como sendo ele a expressão em plenitude do humano impresso no primeiro Adão. Como *antitypos*, i.e., figura provisório, o primeiro Adão aparece representando uma etapa iniciática da humanidade conforme o Primeiro Testamento. Na antropologia veterotestamentária, a forma de se conceber o ser humano está vinculada à figura adâmica como a criatura plasmada à imagem, *eikón* do Criador. Referenciada a Adão, a humanidade é identificada agora na antropologia paulina dentro de um processo de decadência humana, que significa descaracterização ou perda da identidade humana propriamente dita. É que a figura humana em Adão foi sendo desqualificada como mediação comunicadora da presença mesma de Deus.[18]

---

[17] Cf. RAHNER, Karl. "Problemas atuais de cristología", in: *Escritos de Teología*, Tomo I. Madrid: Taurus Ediciones, 1967, p. 216s.

[18] O paralelismo paulino Adão/Cristo foi utilizado por Maurizio Flick e Zoltan Alszeghy como horizonte hermenêutico de sua teologia no âmbito da antropologia teológica. Nesta perspectiva estes autores afirmam: "A atenção que prestamos à história da salvação, característica de nossa exposição (cf. n. 6), inspira a divisão geral da obra. Em efeito, a revelação explica a condição humana contando-nos uma história, que

Jesus Cristo é a figura, *typos*, que em definitivo assume a condição humana para devolver à humanidade sua originalidade perdida. Mediante a transgressão ou decadência adâmica, o qual não é a figura definitiva, e sim provisória, surge a figura definitiva que deveria vir e da qual Adão era no passado uma representação figurativa (Rm 5,14; 1Cor 15,21). Aqui encontramos uma profunda relação entre o significado de "figura" e o de imagem, *eikón*, a qual é recuperada na originalidade humana de Jesus Cristo, o qual é afirmado como a imagem do Deus invisível. Portanto, o ponto de partida na pessoa de Jesus Cristo que revela a identidade da imagem humana recuperada em definitivo é sua humanidade.[19]

---

começa com a criação de Adão e termina com o triunfo escatológico do Cordeiro apocalíptico. Nesta história Paulo distingue duas fases: a primeira, onde o homem existe sob o signo de Adão, e a segunda, cujo centro é Cristo, o último Adão (1Cor 15,45-49; Rm 5,12-21). Seguindo esta direção, também nós vemos na polarização em torno às figuras de Adão e de Cristo não somente duas etapas de um devir, mas dois estratos da mesma realidade humana. Começamos, pois, descrevendo os elementos fundamentais desta realidade que se refere à condição de criatura, à condição específica do homem, que é imagem de Deus, e ao desequilíbrio característico que afeta à pessoa humana a causa do pecado. A esta parte colocamos como título 'O homem sob o signo de Adão'. A segunda parte colocamos como epígrafe 'O homem sob o signo de Cristo', onde consideraremos a comunhão com Deus, restituída depois do pecado, mediante a inserção no segundo Adão, Cristo Jesus", cf. FLICK, Maurizio – ALSZEGHY, Zoltan. *Antropología Teológica*. Op. cit., p. 24s. Ver também SCHELKLE, Karl Hermann. *Teologia do Novo Testamento*. Vol. II. São Paulo: Loyola, 1978, p. 103-106.

[19] "A concepção do homem como imagem de Deus é desenvolvida teologicamente nos escritos paulinos. Acima de tudo e com mais precisão, imagem de Deus é Cristo, o novo Adão e chefe de uma nova estirpe de homens (2Cor 4,4; Cl 1,15). Os homens realizam a plenitude da imagem de Deus em si próprios, 'reproduzindo neles a imagem do Filho' a que são predestinados (Rm 8,29). O cristão é transformado na mesma imagem do Senhor (Cl 3,18) mediante sua participação na imagem do Filho; o homem novo, imagem de Cristo, que ele assume, repete-o na imagem de seu criador, alusão a Gn 1,26s. (Cl 3,15). Essa imagem de glória não deve estar somente (2Cor 3,18) nos atributos de graça e virtude, mas no fim, na ressurreição, que transforma a forma física do homem na imagem da glória de Cristo. Assim como antes, o homem trazia a imagem do homem terrestre, Adão, assim, no final, o homem traz a imagem do homem celeste, Cristo (1Cor 15,49)", cf. McKENZIE, John L. *Dicionário Bíblico*. São Paulo: Paulus, 1984, p. 436s.

No pensamento paulino a humanidade criada à imagem do Criador deveria cumprir o papel de ser reflexo humano da glória divina: "o homem não deve cobrir a cabeça, porque é a imagem e a glória de Deus" (1Cor 11,7). Neste texto é interessante notar que a "imagem" plasmada pelo Criador no humano criado deve comunicar sua "glória", *doxa*. A deformação da imagem de Deus em Adão significa, em consequência, a obnubilação também da glória de Deus. Sendo assim, é na mediação da originalidade da imagem de Deus recuperada na humanidade de Jesus Cristo que se recupera o brilho ou a transparência da glória mesma de Deus. Ou seja, sua glória resplandece na face de Jesus Cristo (2Cor 4,4.6). Dito de outra forma, podemos asseverar que na mediação da humanidade de Jesus Cristo resplandece a glória de Deus, a qual reflexa na originalidade de sua figura humana. Ou ainda, é a humanidade de Jesus Cristo que revela a divindade e não sua divindade que revela sua humanidade. A afirmação de sua humanidade traz consigo implicado o caminho de divinização que o ser humano deverá percorrer.[20]

Outro texto que nos ajuda nesta nossa busca de afirmar de forma radical a plenitude humana da pessoa de Jesus Cristo como exigência para se respeitar e sempre reafirmar a dignidade de cada pessoa humana, é Cl 1,15: *"Ele é a imagem do Deus invisível, o primogênito de*

---

[20] "A divinização do justo consiste na participação do ser divino do Filho, em cuja humanidade gloriosa 'habita toda a plenitude da divindade corporalmente' (Cl 2,9). Na verdade e, como não se cansa de repetir a literatura patrística, 'o Filho se humanou para que o homem fosse divinizado'. Ou, expresso em palavras do Vaticano II, 'o Filho de Deus andou pelos caminhos da verdadeira encarnação para fazer os homens partícipes da natureza divina' (AG 3,2). E, dado que o Filho, enquanto pessoa, é pura relação com o Pai e com o Espírito, no e pelo Filho, comungamos no ser do Pai e do Espírito, que se relacionam conosco, assumindo-nos como filhos no Filho (Rm 8,14-17). Assim, pois, a categoria divinização, cristãmente entendida, termina desembocando na categoria filiação, que constitui seu cabal deciframento", cf. RUIZ DE LA PEÑA, Juan Luis. *O dom de Deus. Antropología Teológica*. Petrópolis: Vozes, 1997, p. 350.

toda criatura". Esta afirmação paulina coloca em evidência que a invisibilidade de Deus se visibiliza na humanidade de Jesus Cristo. Vale dizer, o invisível de Deus se torna visível na mediação de sua imagem plenamente humanizada, a qual devolve a originalidade da imagem humana descaracterizada em Adão. A primeira afirmação do texto: "Ele é a imagem do Deus invisível", tem um alcance protológico, isto é, Jesus Cristo é a gênese primeira da imagem original através da qual foram criadas todas as coisas e, por isso, ele é o primeiro de toda criatura num horizonte escatológico. Aqui aparece o sentido propriamente antropológico da ressurreição na mediação da qual o Ressuscitado é expressão novíssima da plenitude humana definitiva. Sendo assim, o humano é uma realidade antropológica transversalmente perpassada pela plenitude dada de forma incoativa já no início da criação de Deus – perspectiva protológica – e, mesmo sendo ameaçada pela frustração na mediação adâmica, é plenificada na humanidade de Jesus Cristo numa perspectiva escatológica.[21] Este belíssimo horizonte dinamizado pela esperança numa humanidade que é recuperada num formato definitivo em Jesus Cristo, a figura humana definitivamente plena que revigora e plenifica a humanidade em sua condição criatural. Esta perspectiva crística, que vai da protologia à escatologia, pode também ser compreendida à luz de Rm

---

[21] "A doutrina paulina da imagem desenvolve-se segundo esta ordem de ideias: Cristo, imagem de Deus; o homem, imagem de Cristo; o homem, imagem de Deus. A imagem não pode ser mera transcrição do original; tem de ser uma participação real do imaginado, porque só assim será verdadeira imagem, reprodução fidedigna, facsimilar; será, pois, imagem de Deus, o que é na forma de Deus. A partir desse momento se faz executivo o destino fixado ao homem pelo gesto criador de Deus: 'façamos o homem a nossa imagem'. À luz do acontecimento-Cristo, este texto veterotestamentário, mais que uma afirmação sobre a origem, contém uma afirmação sobre o fim e deve ser entendido teleológica ou escatologicamente, e não só protologicamente", cf. RUIZ DE LA PEÑA, Juan Luis. *Imagen de Dios. Antropología teológica fundamental*. Santander: Sal Terrae, 1988, p. 80s.

8,29: *"os que de antemão [Deus] conheceu, esses também predestinou a serem conformes à imagem de seu Filho, a fim de ser ele o primogênito entre muitos irmãos".*

A fé em Cristo corresponde à dimensão da fé professada em seu mistério crístico, vale dizer, messiânico, cuja plenitude definitiva foi alcançada com sua ressurreição. A reflexão cristológica articula-se nesta dimensão significativa referenciada ao Cristo da fé, ao Cristo Ressuscitado, já que a ressurreição passou a ser a chave hermenêutica para se compreender e interpretar aquilo que foi dito e feito pelo Jesus histórico. A fé em Cristo é o reconhecimento de sua divindade que foi sendo revelada processual e historicamente em sua humanidade concretizada em Jesus de Nazaré da Galileia, o filho de José, o carpinteiro, e de Maria.[22] O Cristo da fé é o Filho de Deus, a segunda pessoa do mistério

---

[22] "O fato de que Jesus de Nazaré foi um homem verdadeiro é para o Novo Testamento algo que se pressupõe com toda a naturalidade. Assim se fala de que nasceu de uma mãe humana, que cresceu, teve fome, sede, cansaço, alegria, tristeza, amor, ira, fadiga, dores, viu-se abandonado por Deus e, por fim, morreu. A realidade da existência corporal de Jesus é, pois, no Novo Testamento um fato inquestionável e, por isso, não discutido (com exceção de alguns escritos tardios), pressuposto sem mais. Mas os escritos neotestamentários se interessam pouco pelos detalhes de sua existência humana; sobre o exterior e a figura de Jesus ou sobre sua 'vida anímica' apenas se menciona algo. Ao Novo Testamento nem lhe interessa a desnuda realidade da vida de Jesus nem os detalhes concretos de suas situações, mas o significado deste verdadeiro homem. Todo o interesse é centralizado em dizer que nele e por ele Deus falou e atuou de uma maneira escatológico-definitiva e, portanto, historicamente insuperável. Deus estava nele para reconciliar o mundo consigo (2Cor 5,18). Por isso, também, a salvação escatológica de cada homem se decide neste homem concreto, Jesus de Nazaré. 'Quem me confessa diante dos homens, a ele o confessará também o filho do homem diante dos anjos de Deus; mas quem me nega diante dos homens, ele será negado diante dos anjos de Deus' (Lc 12,8; cf. Mc 8,38). Esta concretização do acontecimento e a decisão salvífica justifica o escândalo do cristão. 'E ditoso quem não se escandalize de mim' (Mt 11,6). O querigma pascal incorpora este tema com a sentença fundamental desta identidade: o Ressuscitado é o Crucificado e o Crucificado é o Ressuscitado. Desse modo, mantém-se a importância salvífica do homem concreto Jesus de Nazaré também para a situação pós-pascal, cf. KASPER, Walter. *Jesús, el Cristo.* Op. cit., p. 241s.

trinitário, o qual sendo ressuscitado pelo Deus Pai passou a ser conteúdo de fé para seus primeiros seguidores. O Cristo da fé é o Ressuscitado, o qual como conteúdo objetivo de fé possibilitou uma reflexão cristológica referenciada a seu mistério.

A fé em Cristo é o postulado que conduz a seus primeiros seguidores, de forma retroativa, a fazer da fé do Jesus histórico um compromisso de transformação no mundo e na história de tudo aquilo que não coaduna com o projeto do Reino de Deus. A fé do Jesus histórico assimilada como compromisso libertador pela comunidade implica numa constante busca de identificação com a humanidade de Jesus Cristo, visto agora na mediação da fé como humano-divino e divino-humano. Sobre esta questão é importante o que afirma Walter Kasper:

> A unidade de Deus e homem em Jesus Cristo pertence às proposições cristológicas fundamentais da Escritura. É característico do Jesus terreno que fala e atua como uno que está em lugar de Deus. Ele é o reino de Deus, o amor de Deus em pessoa que se comunica. Mas Deus atua através de seu amor não prescindindo ou se saltando por cima do homem. A chegada do reino de Deus expressa sua fidelidade criadora e de aliança para com o homem. Por isso vem de maneira humano-histórica; não desconecta a liberdade do homem, mas a incorpora. Porque Deus chega a ser senhor onde é reconhecido como senhor na obediência da fé do homem. De modo que Jesus em pessoa é ao mesmo tempo o volver-se de Deus ao homem e a resposta deste. Por sua obediência é procedência radical de Deus e radical dedicação a ele. É totalmente existência na receptividade, que não é nada antes, fora ou junto a esta autocomunicação do amor de Deus aceitada na obediência. Ele vive a autocomunicação de Deus de uma maneira pessoal. O que realizou na existência terrena de Jesus manifestou-se inequivocamente pela páscoa e agora se concretiza expressamente na

profissão de fé. As profissões de fé do cristianismo primitivo são também em sua estrutura formal sentenças de identidade: "Jesus é o Cristo", "Jesus é o *kyrios*", "Jesus é o Filho de Deus". À primeira vista se pode ter a impressão de que o sujeito dessas sentenças fora a pessoa do homem Jesus de Nazaré, enquanto que, por exemplo, o título de filho de Deus seria um mero predicado. No entanto, os enunciados de profissão de fé devem também ser lidos no sentido inverso. Por Jesus se interpreta o que e quem é o filho de Deus. A razão real desta mutação radica no conteúdo da mensagem pascal. Este diz que o Crucificado vive agora total e unicamente da força da fidelidade criadora de Deus na glória deste. A identidade entre o Crucificado e o Ressuscitado não se funda, pois, no substrato constante da natureza humana, mas somente na fidelidade criadora de Deus.[23]

Desta implicância humano-divina e vice-versa, decorre toda a fundamentação antropológica da fé na mediação da reflexão cristológica. O significado do termo pessoa, utilizado por Aparecida para dizer "que a fé de Jesus e a fé em Cristo"[24] não se iniciam em sua gênese primeira

---

[23] Cf. Kasper, Walter. *Jesús, el Cristo*. Op. cit., p. 282.

[24] A questão da fé de Jesus e da fé em Cristo foi exposta de forma bela e profunda por Jacques Guillet, de quem tomamos a seguinte afirmação: "Falar da fé de Jesus Cristo é expor-se a uma dupla incompreensão e a notório descaso. Incompreensão imediata daqueles para os quais a pergunta não faz sentido: como querer que Jesus tenha tido fé? Do momento em que ele é Deus, tudo sabe, tudo vê, sem precisar apelar ao que quer que seja, fora de si mesmo... Ora, a fé consiste justamente em apoiar-se em um outro, em admitir o que não vemos; não se cogita, portanto, que Jesus Cristo possa ter tido fé. É a reação, o raciocínio de inúmeros cristãos, provavelmente da grande maioria dos católicos. Não negam, porém, que Jesus seja homem: do fundo do coração, recordam seus sofrimentos, celebram sua morte. Mas se conflito existe, se somos obrigados a escolher em Jesus entre o homem e Deus, é de Deus, necessariamente, a prioridade. Deixará de ser, então, natural que Deus, por vezes, possa absorver inteiramente o homem? O inverossímil seria que o homem pudesse, inversamente, impedir Deus de ser Deus. E isso se produziria se – caso

com uma decisão ético-moral e/ou com uma grande ideia, aponta para a mediação radicalmente humana da semântica conceitual e conteudística que hospeda tal termo. O vocábulo "pessoa" utilizado para se compreender e interpretar o mistério de Jesus Cristo tem como reivindicação primeira de seu significado um conteúdo propriamente humano – nível antropológico. Em decorrência disso, a antropologia num primeiro momento estaria umbilicalmente vinculada à jesusologia, isto é, à identidade histórico-existencial de Jesus e de sua fé em Deus. Somente num momento segundo é que o significado de "pessoa" ganha um sentido cristológico, portanto, traduzindo a dimensão divina e integrante de Jesus Cristo.

Precisamente ao não ser Jesus outro que o Logos, é também pessoa humana no Logos e pelo Logos. Dito de outra maneira: a pessoa do Logos é a pessoa humana. Partindo de nosso conceito concreto e relacional de pessoa, podemos dar um passo para além destas proposições formais. Podemos dizer não somente que à humanidade de Jesus não lhe falta nada, porque é pessoa humana pela pessoa do Logos. Também temos de dizer o seguinte: o indefinido e

---

impossível – Jesus tivesse podido ter fé. Outros cristãos – menos numerosos, talvez, porém mais preocupados em refletir sobre sua própria crença, em compreendê-la na cultura de seu tempo e traduzi-la na linguagem de seus contemporâneos – replicarão diante de tal argumento que a questão não se impõe, por já estar resolvida. Se Jesus é um homem autêntico, é impossível que não tenha tido fé. E se acaso não for um homem autêntico, deixa de ter qualquer interesse para nós. O incomparável preço do cristianismo é Deus ter-se feito homem. É sua humanidade que a todo custo temos de salvar, que de nós depende salvar. Ele próprio encarregar-se-á de defender sua divindade. Afirmemos, pois, de início, que Jesus viveu na fé, procuremos reconhecer, através dos evangelhos, as manifestações e a natureza dessa fé", cf. GUILLET, Jacques. *Jesus Cristo e sua fé*. São Paulo: Loyola, 1992, p. 7. A mesma temática foi ultimamente retomada por Jon Sobrino no contexto da elaboração de sua vasta reflexão cristológica. Cf. SOBRINO, Jon. "A fé de Jesus", in: *Jesus, o libertador. A história de Jesus de Nazaré*. Petrópolis: Vozes, 1994, p. 230-238.

aberto em si mesmo, que pertence à pessoa humana, é determinado de modo definitivo pela unidade pessoal com o Logos, de maneira que em Jesus a personalidade humana chega a sua plenitude de forma única e intransferível graças à unidade pessoal com o Logos.[25]

Quando se utiliza na teologia e na tradição dogmática da Igreja o conceito de "pessoa", seu sentido a priori é antropológico, seja no âmbito das proposições dogmáticas sobre Jesus Cristo, seja no âmbito do dogma trinitário. Em ambos os casos a utilização do termo "pessoa" somente ganha um significado teológico a posteriori. A rigor o vocábulo "pessoa" é eminentemente antropológico e, por isso, ao ser utilizado para se compreender o mistério de Deus na cristologia e na teologia trinitária, não deixa de carregar em seu bojo um conteúdo expressamente antropomórfico. Deve-se, destarte, asseverar que "pessoa" é um conceito tomado da realidade humana como tal e aplicado para se compreender a realidade divina.[26] No jargão da teologia e do dogma trinitário somente é possível utilizá-lo de forma analógica ao referir-se a Deus Pai e ao Espírito Santo. Sendo assim, a afirmação de que o Deus Pai é uma "pessoa" somente é possível na mediação de uma reflexão catafática sobre aquilo que é possível de ser dito de forma afirmativa sobre o mistério de

---

[25] Cf. Kasper, Walter. *Jesús, el Cristo*. Op. cit., p. 306s.

[26] Cf. García Rubio, Alfonso. *O novo paradigma civilizatório e o conceito cristão de pessoa*. In REB 56 (1996), p. 275-307; Pikaza, Xabier. *Dios como espíritu y persona. Razón humana y Misterio Trintario*. Salamanca: Secretariado Trinitario, 1989. "A palavra pessoa (em grego: *prósopon*) tem sua origem no teatro. É a máscara trágica ou cômica que o ator usa e que serve para identificar a personagem. Neste sentido, a 'pessoa' designa a identidade do sujeito que atua. Mateos-Schöckel traduziu a fórmula de Jesus: 'Sou eu mesmo', por 'Sou eu, em pessoa', porque aí Jesus quer designar sua própria identidade pessoal, mesmo depois de sua morte", cf. Rovira Belloso, Josep María. "Pesoas Divinas. História do termo 'pessoa': sua aplicação à Santíssima Trindade", in: Pikaza, Xabier – Silanes, Nereo. *Dicionário Teológico: O Deus cristão*. São Paulo: Paulus, 1998, p. 699-708.

Deus. Pois, de outro lado, na via da teologia apofática, Deus é mais do que "pessoa" – antropologicamente falando –, Deus é inefável, insondável, indizível, numa expressão: Deus é mistério santo.[27]

O mesmo deve ser dito – *mutatis mutandis* – no que concerne ao uso do conceito de "pessoa" em referência ao Espírito Santo. Também neste caso tal uso só deve ser feito num sentido análogo, pois, ao Espírito Santo não é possível aplicar o conteúdo antropológico que comporta o conceito de "pessoa". Desta maneira, quando falamos que o Espírito Santo é uma "pessoa" no sentido substantivado que comporta o termo, imediatamente, levando em conta o rigor da linguagem teológica, devemos juntar ao termo "pessoa" a qualificação adjetiva "divina", tendo como resultado desta operação a expressão "pessoa divina". Em consequência, seja o Deus Pai, seja o Espírito Santo, não são pessoas humanas, mas o Deus Pai é uma "pessoa divina" e o Espírito Santo é uma outra "pessoa divina".

Retomamos o sentido do uso do termo "pessoa" na reflexão cristológico-antropológica, a qual é o acento e o foco de nossa meditação. A afirmação de que Jesus Cristo é uma pessoa vai carregar a simultaneidade significativa de pessoa-humana, histórico-existencial, o qual nos remete à singularidade pessoal e irrepetível e o sentido de pessoa-divina na dimensão de seu mistério messiânico. Aqui o termo pessoa tem uma significância dual, ambivalente, dialética na diferenciação inseparável de sua condição humana e de sua condição divina. Mas também pessoa tem um alcance significativo que sintetiza a diferença da natureza humana e da natureza divina unidas de forma inconfundível e inseparável numa única pessoa.[28]

---

[27] Cf. PASTOR, Félix Alexandre. *A lógica do inefável*. São Paulo: Loyola, 1989. Especialmente p. 9-67 e 145-186.

[28] Tal definição foi formulada da seguinte forma pelo Concílio de Calcedônia: "Unigênito reconhecido em duas naturezas, sem confusão, sem mudança, sem divisão, sem separação, não sendo de modo algum anulada a diferença das naturezas por causa de sua união, mas, pelo contrário, salvaguardando a propriedade de cada uma das natu-

Nesta nossa reflexão que quer colocar-se na fronteira entre a antropologia e a cristologia, pensamos que foi a humanidade de Jesus que revelou sua divindade como sendo Ele o Cristo da fé, e não sua divindade que revelou sua humanidade. O primeiro que se infere do Novo Testamento sobre Jesus Cristo é propriamente sua humanidade e, posteriormente, sua divindade. Para a antropologia teológica este é um fator determinante que fundamenta a urgência de se valorizar o ser humano a partir de sua condição humana propriamente dita. Tal condição humana somente pode ser valorizada de forma absoluta e radical na medida em que a mesma esteja referenciada à humanidade de Jesus Cristo, já que esta é a medida exata e o critério definitivo que traduz a plenitude da condição humana. Este horizonte foi proposto de forma decisiva pelo Concílio Vaticano II, ao dizer:

> Na realidade, o mistério do homem só no mistério do Verbo encarnado se esclarece verdadeiramente. Adão, o primeiro homem, era efetivamente figura do futuro, isto é, de Cristo Senhor. Cristo, novo Adão, na própria revelação do mistério do Pai e de seu amor, revela o homem a si mesmo e descobre-lhe sua vocação sublime. Não é por isso de admirar que as verdades acima ditas tenham nele sua fonte e nele atinjam a plenitude. "Imagem de Deus invisível" (Cl 1,15), Ele é o homem perfeito, que restitui aos filhos de Adão semelhança divina, deformada desde o primeiro pecado. Já que, nele, a natureza humana foi assumida, e não destruída, por isso mesmo também em nós foi ela elevada a sublime dignidade. Porque, pela encarnação, Ele, o Filho de Deus, uniu-se de certo modo a cada homem. Trabalhou com mãos humanas, pensou com um inteligência

---

rezas e concorrendo numa só pessoa e numa só hipóstase; não dividido ou separado em duas pessoas, mas um único e o mesmo Filho, unigênito, Deus Verbo, o Senhor Jesus Cristo" (DS 302).

humana, agiu com uma vontade humana, amou com um coração humano. Nascido da Virgem Maria, tornou-se verdadeiramente um de nós, semelhante a nós em tudo, exceto no pecado (GS, 22).

É a humanidade de Jesus Cristo que dá consistência ao conteúdo doutrinário que pode ser afirmado sobre ele na mediação das afirmações dogmáticas de ordem cristológica, como também no âmbito da cristologia, disciplina que quer balbuciar uma palavra sobre o humano mistério do Verbo encarnado e que ressuscitou.[29] A elaboração cristológico-dogmática sobre Jesus Cristo, destarte, é ato segundo e deve cumprir o papel epistemológico e hermenêutico, tendo em vista qualificar a fé cristológica para que seja melhor acreditável e compreensível seu humano mistério divino e seu divino mistério humano.

Aparecida retomou este filão epistemológico-hermenêutico típico da tradição da teologia e do dogma católico de forma qualitativamente significativa, ao reafirmar:

> **Primeira afirmação:** "Não resistiria aos embates do tempo uma fé católica reduzida a uma bagagem, a um elenco de algumas normas e de proibições, a práticas de devoção fragmentadas, a adesões seletivas e parciais das verdades da fé, a uma participação ocasional em alguns sacramentos, à repetição de princípios doutrinários, a moralismos brandos ou crispados que não convertem a vida dos batizados. Nossa maior ameaça 'é o medíocre pragmatismo da vida cotidiana da Igreja, no qual, aparentemente, tudo procede com normalidade, mas na verdade a fé vai desgastando-se e degenerando em mesquinhez'".

---

[29] Para o teólogo espanhol José Ignacio González Faus, elaborar uma reflexão cristológica implica atrevimento e audácia por aquilo que significa tal empreitada reflexiva. Assim ele diz em forma de "CONFITEOR... 'Por minha grandíssima culpa'. Pelo desaforo e a audácia de intentar escrever uma Cristologia", cf. GONZÁLEZ FAUS, José Ignacio. *La Humanidad Nueva*. Op. cit., p. 9.

Esta primeira afirmação simplesmente joga por terra uma fé do tipo formalista divorciada ou desquitada da história e da realidade vital-existencial. É a típica "fé católica" que foi predominando ao longo da história da Igreja calcada no modelo de cristandade medieval instaurado no catolicismo ocidental a partir do século IV. Esta tipologia de fé bitolada, superficial, não passaria de um verniz que se coloca na fachada da vida das pessoas. Ou, dito de forma metafórica, tal fé postiça seria como o peso de uma "bagagem", mala ou balaio que as pessoas têm de carregar como um contrapeso. É uma modalidade de fé dominada por "normas" e "proibições", vale dizer, por um tipo de legalismo doutrinário fossilizado por sua própria esterilidade. Pensemos aqui em tantas normas e proibições do tipo "isso pode" e "aquilo não pode" que são dadas como orientações para a vida de nosso povo em nossas comunidades. Com isto, a fé vai sendo assimilada como fuga na mediação das "práticas de devoção fragmentadas" e mesmo da fragmentação dos conteúdos da fé da Igreja. E, por último, é um estilo de fé marcado por uma participação esporádica na vida eclesial, por um conteúdo meramente doutrinário e abstrato e por normativas moralistas ineficazes para a vida dos batizados. A predominância deste modelo de fé tem como consequência o desgaste e a degeneração de seus conteúdos.

Segunda afirmação: "A todos nos toca recomeçar a partir de Cristo, reconhecendo que 'não se começa a ser cristão por uma decisão ética ou uma grande ideia, mas pelo encontro com um acontecimento, com uma Pessoa, que dá um novo horizonte à vida e, com isso, uma orientação decisiva'".[30]

---

[30] A, 12. Também o número 243 insiste no mesmo conteúdo quando fala que o discípulo surgiu na história como um novo sujeito emergente de fé na mediação do encontro com a Pessoa de Jesus Cristo.

Esta segunda afirmação tem como proposição recuperar a identidade da fé cristológica, vale dizer, ser cristão é "ter fé em Cristo" assumida como "compromisso que se espelha na fé de Jesus" em sua expressividade histórico-existencial. Aqui o conceito de "pessoa" referenciado a Jesus Cristo tem uma significância fundamentalmente antropológica, isto é, o referencial de iniciação da fé cristã é sua condição humana propriamente dita.

Esta condição humana de Jesus Cristo somente é perceptível em meio à realidade complexa num sentido amplo que implica levar em conta a realidade vista como criatura de Deus e concretizada nas mediações históricas. De tal maneira que "falsificam o conceito de realidade com a amputação da realidade fundante, e por isso decisiva, que é Deus. Quem exclui Deus de seu horizonte falsifica o conceito de 'realidade'". Se é acertado afirmar que a realidade somente pode ser adequadamente compreendida e interpretada à luz da presença de Deus na mesma, a expressão transparente de tal presença de Deus se dá na mediação da humanização do Verbo encarnado na própria realidade histórico-existencial. "Só Deus conhece a Deus, só seu Filho, que é Deus de Deus, Deus verdadeiro, o conhece. E ele, 'que está no seio do Pai, o revelou' (Jo 1,18). Daí a importância única e insubstituível de Cristo para nós, para a humanidade. Se não conhecemos Deus em Cristo e com Cristo, toda a realidade se converte em um enigma indecifrável. Deus é a realidade fundante, não um Deus só pensado ou hipotético, mas *o Deus de rosto humano; é o Deus conosco, o Deus do amor até à cruz*".[31]

Uma boa leitura do conteúdo daquilo que é afirmado neste texto mostra um transcurso que vai de uma concepção de Deus – via teológica

---

[31] A afirmação está tomada do "Discurso do Papa Bento XVI na sessão inaugural da V Conferência Geral do Episcopado da América Latina e do Caribe", cf. *Palavras do Papa Bento XVI no Brasil*. São Paulo: Paulinas, 2007, p. 109s.

– a uma concepção da pessoa de Jesus Cristo – via cristológica –, a uma concepção cristã do ser humano – via antropológica – como uma tríade hermenêutica para se compreender e interpretar a realidade em sua complexidade. A condição humana de Jesus Cristo figurada no mistério de sua pessoa é que, em última instância, decifra a complexidade do real e do próprio mistério antropológico da humanidade, já que somente através de sua humanidade existencial-histórica se pode asseverar que Deus é o fundador da realidade. É, pois, a humanidade de Jesus Cristo que dá sentido à realidade num significado amplo e num horizonte antropológico.[32]

O ser humano "des-figurado" no rosto dos pobres

Queremos utilizar o termo desfigurado como indicação do processo histórico-existencial de desfiguração da figura antropológica dada na provisória mediação adâmica, plenificada definitivamente na condição humana de Jesus Cristo e humanamente deformada ou descaracterizada

---

[32] "Não é, portanto, da análise abstrata do que seja Deus e do que seja homem que nós entendemos quem é Jesus Homem-Deus. Mas foi convivendo, vendo, seguindo seus passos e decifrando Jesus que viemos a conhecer Deus e o homem. O Deus que em Jesus se revela é humano. O homem que em Jesus se revela é divino. Nisso reside a singularidade da experiência cristã de Deus e do homem. Homem e Deus estão tão intimamente implicados que não podemos mais falar do homem sem ter de falar de Deus e não podemos mais falar de Deus sem ter de falar também do homem. Resumindo podemos dizer: quanto mais homem era Jesus, mais Deus se revelava nele. Quanto mais Deus se relacionava com Jesus, mais se humanizava nele. Quanto mais Jesus estava em Deus, mais Deus estava em Jesus. Quanto mais o homem-Jesus estava em Deus, mais se divinizava. Quanto mais Deus estava em Jesus, mais se humanizava. Ora, o homem-Jesus estava de tal forma em Deus que se identificou com ele (cf. Jo 10,30). Deus estava de tal forma no homem-Jesus que se identificou com ele. Deus se fez homem para que o homem se fizesse Deus", cf. BOFF, Leonardo. "Cristologia a partir do Nazareno", in: VIGIL, José María (org.). *Descer da Cruz os Pobres: Cristologia da Libertação*. São Paulo: Paulinas, 2007, p. 33, 35s.

na expressão do rosto dos pobres, os quais são historicamente as maiores vítimas do processo de exclusão à revelia da pessoa de Jesus Cristo. Do ponto de vista antropológico, os pobres-excluídos representam a condição humana destituída da possibilidade de se humanizar na mediação da humanidade de Jesus Cristo. Com isto, encontramos um nexo intrínseco e extrínseco entre cristologia e antropologia. Neste sentido, a condição humana de Jesus Cristo está umbilicalmente vinculada à condição desfigurada dos pobres-excluídos da história como possibilidade de que eles reencontrem o caminho da reconfiguração e transfiguração nele.

> Na encarnação, mistério, paixão e morte de Jesus, a vinda de Deus no rosto dos excluídos se torna visível. Jesus é Deus em carne humana. É Deus na carne e na história dos pobres. Deus que se fez próximo e companheiro dos marginalizados e oprimidos de toda sorte. Aqueles que eram excluídos da vida social e religiosa foram os prediletos de Jesus, destinatários do anúncio do Reino, escolhidos como sujeitos da construção do novo povo de Deus, caminho privilegiado da revelação de Deus a todos. Na parceria de Jesus com os pobres se descobre a vontade divina da salvação para todos.[33]

Na cristologia antropológica de Aparecida, encontramos a fundamentação teológica da opção preferencial pelos pobres na expressão de seu rosto desfigurado e, portanto, desumanizado em sua dignidade. A afirmação de Aparecida é contundente:

> No rosto de Jesus Cristo, morto e ressuscitado, maltratado por nossos pecados e glorificado pelo Pai, nesse rosto doente e glorioso, com o olhar da fé podemos ver o rosto humilhado de tantos ho-

---

[33] Cf. FELLER, Vitor Galdino. *A revelação de Deus a partir dos excluídos*. São Paulo: Paulus, 1995, p. 55.

mens e mulheres de nossos povos e, ao mesmo tempo, sua vocação à liberdade dos filhos de Deus, à plena realização de sua dignidade pessoal e à fraternidade entre todos (cf. A, 32).

Na beleza da letra e do espírito deste texto encontramos a identificação do rosto de Jesus Cristo sofredor com o rosto desfigurado dos pobres-excluídos. E, vice-versa, no rosto dos pobres-excluídos encontramos as feições de Jesus Cristo sofredor. Sua condição humana desfigurada, assumida e assimilada na mediação do rosto desfigurado dos mais vulneráveis significa uma radical solidariedade em seu processo quenótico de humanização.[34]

A solidariedade quenótica de Jesus Cristo como dinâmica de encontro com os desfigurados da história faz com que "o encontramos de modo especial nos pobres, aflitos e enfermos (cf. Mt 25,37-40), que exigem nosso compromisso e nos dão testemunho de fé, paciência no sofrimento e constante luta para continuar vivendo" (A, 257). Na sequência deste texto há uma explícita vinculação entre Jesus Cristo desfigurado – cristologia e, a vida humana desfigurada na pessoa dos pobres, antropologia. Eis o conteúdo do texto a que nos referimos:

> O encontro com Jesus Cristo através dos pobres é uma dimensão constitutiva de nossa fé em Jesus Cristo. Da contemplação do rosto sofredor de Cristo neles e do encontro com Ele nos aflitos e marginalizados, cuja imensa dignidade Ele mesmo nos revela, surge nossa opção por eles. A mesma união de Jesus Cristo é a que nos faz amigos dos pobres e solidários com seu caminho (A, 257).

---

[34] "Na história do amor trinitário, Jesus de Nazaré, homem como nós e Deus conosco, morto e ressuscitado, é-nos dado como Caminho, Verdade e Vida. No encontro de fé com o inaudito realismo de sua Encarnação, podemos ouvir, ver com nossos olhos, contemplar e tocar com nossas mãos a Palavra de vida (cf. 1Jo 1,1). Essa prova definitiva de amor tem o caráter de um esvaziamento radical (*kénosis*), porque Cristo 'se humilhou a si mesmo fazendo-se obediente até à morte e morte de cruz' (Fl 2,8)", A, 242.

O trânsito fluente que vai da cristologia à antropologia na mediação da opção preferencial pelos pobres é um conteúdo que foi sendo explicitado no eixo Medellín-Puebla-Santo Domingo, como sendo um decisivo e eficaz caminho trilhado pela Igreja latino-americana.

> Quem lê os documentos dessas conferências gerais do episcopado latino-americano em sintonia de fé com o evangelho de Jesus Cristo, vê neles a primazia dos pobres na missão de Jesus e da Igreja. O que o Cardeal Lercaro chamou de "o Mistério de Cristo e da Igreja nos pobres" ou "a eminente dignidade dos pobres no Reino de Deus e na Igreja". O ponto luminoso que João XXIII apresentou ao dizer que, "nos povos subdesenvolvidos, a Igreja de todos há de ser, particularmente, Igreja dos pobres". Algo sem que a "Tradição eclesial" deixaria de ser a Tradição da Igreja de Jesus Cristo.[35]

O Papa Bento XVI reafirma tal horizonte teológico-pastoral de maneira decisiva ao vincular a opção preferencial pelos pobres à fé cristológica, quando diz: "a opção preferencial pelos pobres está implícita na fé cristológica naquele Deus que se fez pobre por nós, para enriquecer-nos com sua pobreza (cf. 2Cor 8,9)".[36]

Indubitavelmente que a cristologização e o cristocentrismo de Bento XVI na forma de conceber a opção preferencial pelos pobres deu pé para que Aparecida o reafirmasse com a devida fundamentação e consistência bíblico-teológico-pastoral. Um dos parágrafos mais excelentes de Aparecida dirá:

---

[35] Cf. CABESTRERO, Teófilo. "Primazia dos pobres na missão de Jesus e da Igreja. Influências do Concílio Vaticano II no magistério episcopal de Medellín, Puebla e Santo Domingo", in: VIGIL, José María (Org.). *Descer da Cruz os Pobres*. Op. cit., p. 56s.
[36] Cf. "Discurso do Papa Bento XVI na sessão inaugural da V Conferência Geral do Episcopado da América Latina e do Caribe", in: *Palavras do Papa Bento XVI no Brasil*. Op. cit., p. 111.

Nossa fé proclama que "Jesus Cristo é o rosto humano de Deus e o rosto divino do homem". Por isso, "a opção preferencial pelos pobres está implícita na fé cristológica naquele Deus que se fez pobre por nós, para nos enriquecer com sua pobreza". Essa opção nasce de nossa fé em Jesus Cristo, o Deus feito homem, que se fez nosso irmão (cf. Hb 2,11-12). Opção, no entanto, não exclusiva, nem excludente (A, 392).

Vale dizer, no bojo da fé cristológica está implicada a condição humana de Jesus Cristo, por ser ele o rosto humano de Deus. Ou seja, a cristologia é a antropologia por excelência e, por sua vez, a antropologia passa a ser inseparável da cristologia. Ou, dito de outra forma: a forma humana desfigurada na qual se encontram os excluídos é inseparável de sua condição humana desfigurada assimilada na quénosis de Jesus Cristo. Este processo quenótico expressa a solidariedade unitiva de Jesus Cristo que, em seu descenso humanizador, se une aos desfigurados da história em um gesto inédito de irmandade para com os pobres. Ele é o Deus feito homem, o Irmão Maior que assume o rosto desfigurado dos irmãos menores numa total e plena atitude de sororidade.[37]

O Irmão Maior humanizado na mediação do rosto desfigurado dos pobres é o critério de verificação da ação e da vida dos discípulos e missionários que formam uma Igreja que quer ser discípula e missionária num constante processo de conversão pastoral. Nesta linha teológica, Aparecida vincula a eclesialidade e a eclesiologia discipular-missionária à cristologia e à antropologia na mediação do

---

[37] Cf. PRATES, Lisaneos. *Fraternidade libertadora*. Op. cit. Para uma visão amplamente do horizonte de uma cristologia radicada na condição de Jesus Cristo como Irmão Maior dos irmãos menores num sentido propriamente fraternal, ver especialmente as p. 129-247.

rosto desfigurado dos pobres. Indicamos, a seguir, o texto que aponta para tal proposição:

> Se essa opção está implícita na fé cristológica, os cristãos como discípulos missionários, são chamados a contemplar, nos rostos sofredores de nossos irmãos, o rosto de Cristo que nos chama a servi-lo neles: "Os rostos sofredores dos pobres são rostos sofredores de Cristo". Eles desafiam o núcleo do trabalho da Igreja, da pastoral e de nossas atitudes cristãs. "Tudo o que tenha relação com Cristo tem relação com os pobres, e tudo o que está relacionado com os pobres clama por Jesus Cristo": "Tudo quanto vocês fizerem a um destes meus irmãos menores, o fizeram a mim" (Mt 25,40) (A, 393).

O postulado é que a profissão de fé na pessoa de Jesus Cristo leva consigo de forma implícita a sensibilidade em relação à desumanização expressa no rosto desfigurado dos pobres, pois "os rostos sofredores dos pobres são rostos sofredores de Cristo". Logicamente que isto somente é possível porque a pessoa humana de Jesus Cristo se identificou com o rosto desfigurado dos pobres na mediação da experiência de fé que teve de Deus. Este compromisso de identificação com o rosto desumanizado dos pobres que Jesus Cristo assumiu através da fé em Deus é o conteúdo experiencial que deve motivar seus discípulos-missionários a um processo de amadurecimento referenciado à fé de Jesus Cristo. Destarte, a Igreja discípula-missionária não somente deve ter fé em Jesus Cristo, mas trilhar um caminho de fé tendo como paradigma a fé de Jesus Cristo.

A fé pessoal-eclesial em Jesus Cristo é o pressuposto para a contínua solidariedade da Igreja para com os pobres desfigurados. Assim, a fé deverá ser expressa através de opções e gestos que visibilizem o compromisso da Igreja no processo de transformação da história, tendo os excluídos como sujeitos de tal mudança dos rumos da história (A, 394).[38] O texto que indicamos a seguir oferece um ensinamento profundamente mistagógico que deve alimentar a fé em Jesus Cristo no processo de amadurecimento da fé de Jesus Cristo:

> Só a proximidade que nos faz amigos nos permite apreciar profundamente os valores dos pobres de hoje, seus legítimos desejos e seu modo próprio de viver a fé. A opção pelos pobres deve conduzir-nos à amizade com os pobres. Dia a dia os pobres se fazem sujeitos da evangelização e da promoção humana integral: educam seus filhos na fé, vivem constante solidariedade entre parentes e vizinhos, procuram constantemente a Deus e dão vida ao peregrinar da Igreja. À luz do Evangelho reconhecemos sua imensa dignidade e seu valor sagrado aos olhos de Cristo, pobre como eles e excluído como eles. A partir dessa experiência cristã, compartilharemos com eles a defesa de seus direitos (A, 398).

Neste belíssimo texto, indica-se que o rosto da Igreja deve estar voltado para um relacionamento de proximidade e amizade na mediação do rosto desfigurado dos pobres. É a perspectiva da *ecclesia mater* que, através de gestos samaritanos, expressa suas entranhas misericordiosas e abraça aos pobres, reconhecendo-os sujeitos de novos rumos para o futuro da história. Com esta sensibilidade maternal, a Igreja reconhece a imensa dignidade

---

[38] É nesta perspectiva que "o Santo Padre nos recorda que a Igreja está convocada a ser 'advogada da justiça e defensora dos pobres' diante das 'intoleráveis desigualdades sociais e econômicas' que clamam ao céu. 'Se não há esperança para os pobres, não haverá para ninguém, nem sequer para os chamados ricos'. Comprometamo-nos a trabalhar para que nossa Igreja Latino-americana e Caribenha continue sendo, com maior afinco, companheira de caminho de nossos irmãos mais pobres, inclusive até o martírio. Que seja preferencial implica que deva atravessar todas as nossas estruturas e prioridades pastorais. A Igreja latino-americana é chamada a ser sacramento de amor, solidariedade e justiça entre nossos povos" (A, 395.396).

negada no rosto desfigurado dos pobres e adota uma postura que advoga pela defesa de seus direitos. Os olhos de Jesus Cristo sempre fixos no rosto desfigurado dos pobres a ponto de identificar-se sendo pobre-excluído com eles é o critério evangélico que rege e fundamenta os gestos samaritanos e misericordiosos da Igreja discípula-missionária-samaritana.

A "con-figuração" a Jesus Cristo como caminho libertador

Neste item de nossa reflexão, queremos vincular o conteúdo da temática em torno da (*configuratio Christi*) configuração a Cristo ao caminho libertador feito pelo pobre-excluído como busca de superação de seu rosto desfigurado. Tomando como primeira referência reflexiva, o movimento quenótico descendente é, antes de tudo, Jesus Cristo que primeiramente se configura ao rosto desfigurado dos pobres num gesto de absoluto amor-gratuito. É o amor-gratuito radicado na humanização de Jesus Cristo como processo de descensão quenótica a primeira via que possibilita que o pobre-excluído desfigurado em seu rosto possa configurar-se a ele. Este movimento secundário de ascendência do pobre-excluído acontece em consequência do movimento cristológico primário na ordem da quénosis de Jesus Cristo. Vale a pena destacar a interpretação de José Comblin sobre o conhecido texto paulino de Fl 2,6-11 sobre a quénosis de Jesus Cristo:

> O que precisamos destacar é a mensagem de São Paulo na Epístola aos Filipenses, escrita pelo menos vinte anos antes do mais antigo evangelho. "Ele tinha a condição divina, e não considerou o ser igual a Deus como algo a que se apegar ciosamente. Mas esvaziou-se a si mesmo, assumiu a condição de servo, tornando-se semelhante aos homens. E achando em figura de homem, humilhou-se e foi obediente até a morte, a morte de cruz" (Fl 2,6-11). Segundo

São Paulo, o que marcou a vida de Jesus foi sua distância em relação ao poder, sua semelhança com os outros seres humanos e sua condição humilde que culmina na morte de cruz. Esse texto (de Fl 2,6-8) oferece a regra de interpretação principal dos evangelhos. O que chamava a atenção de Paulo era que Jesus fosse tão semelhante aos outros seres humanos e que não tivesse manifestado um poder divino. Ora, a tradição popular quis justamente mostrar que Jesus manifestou um poder divino.[39]

Este movimento primeiro do divino, que visita e habita o humano – esta aliança divino-humana, selada na pessoa do Verbo encarnado –, é que nos possibilita reeditar nesta meditação a implicante relação entre cristologia e antropologia.

A descensão quenótica de Jesus Cristo tem como ponto de descida sua condição divina que se movimenta na direção da condição humana, num gesto de total e absoluta solidariedade. Assumir a humanidade naquilo que ela tem de humano propriamente dito é o primeiro testamento do descendimento de Jesus Cristo. Neste primeiro estágio da quénosis, fica claro que o divino e o humano podem comungar plenamente num formato inconfundível e inseparável. Não existe oposição entre divino e humano, pois o divino em Jesus Cristo não significa um privilégio fechado em si mesmo à revelia do humano, mas algo dinâmico, que vai ao encontro e visita o humano. Este movimento quenótico significa, portanto, a humanização da divindade de Jesus Cristo na mediação humana de sua encarnação. A partir daqui o ser humano, desde sua humanidade, pode comungar da divindade de Jesus Cristo, configurando-se a sua divindade humanizada. A configuração a Jesus Cristo neste primeiro nível implica em

---

[39] Cf. COMBLIN, José. *A vida. Em busca da liberdade.* São Paulo: Paulus, 2007, p. 120s.

fazer um caminho humanizador que liberte o humano de toda condição escravizante.

Mas o descenso quenótico de configuração à condição humana ultrapassa o limite do humano propriamente dito e, num processo de esvaziamento, alcança a condição humana escravizada. O divino se humaniza e se escraviza assumindo tal configuração para possibilitar que a condição humana dominada pelo jugo da escravidão se configure a ele na trilha do caminho libertador. Ora, se a condição de pobreza-exclusão é a negação da condição humana para a qual o ser humano foi criado, tendo em vista alcançar sua plenitude num processo de franca humanização, a humanização de Jesus Cristo é o apelo a que o pobre-excluído se configure a ele. Para tal, o próprio Jesus Cristo divino assume a condição desumana de escravo não para afirmá-la, mas, ao contrário, para negá-la, possibilitando a configuração a ele dos que são vítimas das estruturas escravocratas.

As estruturas escravocratas desfiguram o ser humano ao reduzi-lo ao peso ignominioso da cruz e da morte humilhante. A cruz que desfigura e a morte que humilha não são casualidades históricas, mas consequências de causas históricas que empurram os pobres-excluídos para o abismo infernal das situações desumanas que desfiguram sua dignidade humana. De tal maneira, que por esta realidade desfiguradora da dignidade humana passa a divindade humanizada de Jesus Cristo. Ele assumiu o caminho da morte e morte de cruz, demonstrando ter chegado até ao ponto máximo de configuração à realidade humana despojada de sua dignidade expressa no rosto desfigurado dos pobres-excluídos. No entanto, com tal gesto de radical solidariedade, o divino humanizado em Jesus Cristo instaurou definitivamente na história humana a definitiva possibilidade de que os pobres-excluídos pudessem configurar-se a ele. A configuração a Jesus Cristo passa a ser sinônimo de libertação em Jesus Cristo como expressão da glória de Deus Pai.

Jesus Cristo: Rosto divino do ser humano

A humanização do Verbo de Deus na assunção e assimilação da condição humana expressa o destino definitivo do ser humano, o qual foi criado para divinizar-se. No rosto de Jesus Cristo transparece o rosto divino do ser humano, ou seja, a plenitude humana transfigurada nele num formato definitivo. A transfiguração deve ser entendida como um processo de humanização na mediação da divindade de Jesus Cristo. Sendo assim, se a transfiguração tem um caráter crístico propriamente dito, também tem um conteúdo eminentemente antropológico, vale dizer, a transfiguração de Jesus Cristo traz consigo a transfiguração do ser humano. Este caminho transfigurador deve promover, especialmente, a transfiguração do rosto dos pobres-excluídos, os quais devem ser transfigurados nele. O rosto dos pobres-excluídos é a expressão mais desumana e, destarte, mais desfigurada. Para eles a transfiguração é um dom do Deus Pai por antonomásia, comunicado na mediação do rosto transfigurado do Filho-Irmão. A transfiguração de Jesus Cristo é, por assim dizer, a possibilidade irreversível da transfiguração do rosto dos pobres-excluídos.

A "trans-figura-ação" de Jesus Cristo e a "trans-figura-ação" dos pobres-excluídos

Vamos utilizar o termo transfiguração levando em conta seu caráter profundamente dinâmico, já que hospeda em sua semântica a possibilidade do câmbio, da mudança ou transformação da "figura" na mediação do dinamismo da ação. No âmbito da reflexão teológica o termo transfiguração e seu significado se aplicam primeiramente à pessoa de Jesus Cristo, conforme o relato noticiado pelos Evangelhos (cf. Mc 9,2-8; Mt

17,1-8; Lc 9,28-36). A transfiguração é uma afirmação de cunho cristológico em seu significado primeiro, no entanto, deste significado deriva outro sentido numa dimensão antropológica. A transfiguração é uma afirmação cristológica que abarca a pessoa de Jesus Cristo em sua dimensão divino-humana e, por isso, tem uma abrangência antropológica.

> A transfiguração é a afirmação de que o Filho do Homem, também em sua existência terrena, é o Filho do Homem glorioso, reconhecido em sua glória após sua paixão e ressurreição. Segundo o anúncio da paixão, a transfiguração é uma revelação da verdade que a paixão é seguida pela glória. A plenitude do significado da atestação que Jesus é o Filho de Deus enviado do Pai se percebe nos episódios progressivos de sua vida terrena. O conteúdo tremendo e misterioso dessa revelação é tão maravilhoso que pode ser descrito somente com termos do êxtase e das visões. A teologia da transfiguração é totalmente uma com a de Fl 2,6-11, na qual Paulo perscruta o significado do aniquilamento de si mesmo operado por Jesus, o significado do fato que Deus tomou sobre si a condição humana.[40]

Nele o ser humano é convocado a participar de sua transfiguração, sendo também ele transfigurado, sobretudo, no limite das situações que desfiguram sua dignidade humana. Do ponto de vista antropológico, é na mediação da realidade desfigurada dos pobres-excluídos onde o ser humano se encontra mais descaracterizado ou despojado de sua dignidade. Em sua transfiguração, Jesus Cristo se vincula a essa realidade desumanizada inaugurando para os pobres-excluídos seu horizonte de transfiguração. A transfiguração, destarte, antes de ser um conceito abstrato, é uma experiência humano-divina de Jesus Cristo que, por um

---

[40] Cf. MACKENZIE, John L. *Dicionário.* Op. cit., p. 945.

lado, realiza em definitivo a transfiguração dos pobres-excluídos e, de outro lado, abre uma perspectiva qualitativamente escatológica na linha da esperança.

A transfiguração pode ser entendida na mediação especificamente humana de Jesus Cristo, isto é, em sua pessoa o humano aparece figurado de forma original e definitiva. Ele é a figura humana por excelência, sendo o ponto de atração que convida o ser humano a se vincular a ele num franco caminho de plenificação humana. Toda situação histórico-existencial na qual o ser humano se encontra desfigurado foi assunta-assimilada pela humanidade transparente e translúcida comunicada pela pessoa de Jesus Cristo. Sendo assim, a transfiguração não é um conteúdo que se enquadra na expressão linguística típica dos relatos mitológicos do mundo grego. Seu conteúdo histórico-existencial que afeta profundamente a humanidade de Jesus Cristo traz consigo o apelo a que toda situação dominada pela desfiguração do ser humano seja transformada na mediação de sua força transfiguradora.[41]

A transfiguração acontece no transcurso, que vai desde a humanidade desfigurada na pessoa dos pobres-excluídos, aos quais deve ser devolvido o direito de viverem humanamente de forma digna, já que como pessoas humanas para tal foram criados. Como também o caminho transfigurador vai desde o humano recuperado na pessoa dos pobres-excluídos na direção de sua divinização referenciada à transfiguração em

---

[41] "Feitos pelo batismo partícipes do mistério de ressurreição prefigurado pela Transfiguração, os cristãos são chamados desde este mundo a ser transfigurados cada vez mais pela ação do Senhor (2Cor 3,18), enquanto aguardam sê-lo totalmente com seu corpo quando da parusia (Fl 3,21). Em sua participação terrestre nos sofrimentos de Cristo, todo autêntico encontro com o Senhor Jesus desempenha até certo ponto, para amparar sua fé, a mesma função que a Transfiguração desempenhou para amparar a fé dos discípulos", cf. SURGY, Paul de. "Transfiguração", in: LÉON-DUFOUR, Xavier. *Vocabulário de Teologia Bíblica*. Petrópolis: Vozes, 2002, p. 1041.

Jesus Cristo. Neste sentido, transfigurar significa fazer o trânsito que vai da desumanização à humanização e da humanização à divinização, cuja plenitude aparece de forma inconfundível em Jesus Cristo transfigurado.

A "re-con-figuração" em Jesus Cristo como humanização-divinizadora

Provavelmente, o uso da categoria "re-con-figuração" para falar da união do humano à humanidade de Jesus Cristo tenha um alcance mais propriamente antropológico. Logicamente que o primeiro movimento é o da configuração do divino na mediação do humano, que acontece no mistério do Verbo encarnado, o qual possibilita que o ser humano possa reconfigurar-se nele. A reconfiguração é o processo antropológico de se recuperar a identidade histórico-existencial da originalidade da figura humana perdida na mediação da decadência adâmica. E, por isso, o re-cuperar tal identidade-original perdida somente é possível na mediação humano-divina de Jesus Cristo encarnado.

A reconfiguração em Jesus Cristo é, portanto, humanizadora, pois concorre para a recuperação do desígnio prévio humanizador confe-rido pelo Criador ao ser humano em sua gênese criatural primária.[42] Neste caso, reconfigurar-se a Jesus Cristo não é algo estranho ou im-próprio ao ser humano. O Criador de todas as coisas já lhe havia con-ferido em sua gênese criatural primária a intransigente possibilidade

---

[42] A expressão conceitual "gênese criatural primária" pode ser entendida como cor-respondente à condição "supralapsária" do ser humano, isto é, não condicionado pelo lapso do pecado original-originante. De outro lado, também falamos de "gênese cria-tural secundária" que indica para a condição "infralapsária" do ser humano, a saber, subjugado ao lapso do pecado original-originante, cf. PRATES, Lisaneos. Fraternidade Libertadora. Op. cit., p. 426-446.

humanizadora. Por isso, nem a decadência adâmica em seu processo desestabilizador da condição humana foi capaz de transigir a humanização-divinizadora designada como endereço definitivo dado ao ser humano pelo Criador.

Neste belíssimo horizonte cristológico-antropológico quanto mais o ser humano se humaniza em Jesus Cristo mais ele comunga da vida divina. Nele se supera definitivamente o abismo ou o fosso aberto pela decadência adâmica entre o humano e o divino. A própria missão salvífico-libertador de Jesus Cristo assume um caráter radicalmente histórico, criando nas mediações histórico-existenciais as devidas condições para a humanização do ser humano. Neste âmbito, sua divina-humanidade comunica aos pobres-excluídos o evangelho humanizador, com o qual lhes convida a viver a vida humanizada num irreversível caminho de divinização.

> Em seu Evangelho, Jesus se identifica com estes excluídos, isto é, com os excluídos da sociedade. Há muitos modos de Jesus se fazer presente no meio de seu povo. A Eucaristia (Mc 14,22-25; Jo 6,51-58), a Palavra (Jo 1,14), a assembleia reunida (Mt 18,20), a autoridade da Igreja (Mt 10,40) o trabalho missionário (Mt 28,20), a vida em seu Espírito (Jo 14,15-17.23-26), a cruz de cada dia (Mt 10,37-39)... são lugares evangélicos para o encontro com o Senhor Jesus. Mas Jesus não pôs o reconhecimento de nenhum desses lugares como critério para o ingresso no céu, para o encontro com o Reino definitivo. Ele não disse "Vinde, benditos de meu Pai..." (Mt 25,34) aos que o tivessem comungado na Eucaristia, aos proclamadores e ouvintes de sua palavra, aos obedientes à hierarquia de sua Igreja, aos que se tivessem reunido em seu nome etc. Mas disse "Vinde benditos..." aos que socorreram as necessidades dos excluídos. Há, pois, um só critério pelo qual serão medidas nossas condições para entrar no gozo da comunhão eterna: o amor aos irmãos mais pobres, aos excluídos dos bens da vida. Tudo o mais

em nossa fé cristã (Palavra e Sacramentos, Igreja e hierarquia, fé e moral etc.) encontra seu sentido exatamente na prática concreta do amor aos irmãos carentes.[43]

Os pobres-excluídos passam a ser sujeitos de novos rumos instaurados no processo histórico na mediação da humanidade-divina de Jesus Cristo, agora, oferecida a eles como apelo de reconfiguração-libertadora.

A "re-con-figuração" em Jesus Cristo como divinização-humanizadora

Neste item queremos afirmar a relação de pertinência mútua entre divinização e humanização. Evidentemente que o fundamento paradigmático da implicação mútua entre divino e humano é a pessoa mesma de Jesus Cristo. É propriamente na mediação de sua pessoa que os cristãos aprenderam a lição de que a divinização passa pelas mediações humanas. Se do ponto de vista cristológico a fé cristã afirma e reafirma que Jesus Cristo não é um anjo humanizado, mas Deus mesmo que assumiu a condição humana em tudo menos no pecado. Do ponto de vista antropológico também deve ser afirmada a radicalidade do humano típico de cada criatura humana vocacionada ao caminho divinizador. Vale dizer, a criatura humana chamada a percorrer o caminho de divinização-humanizadora não é um anjo, como também não se iguala a Deus, mas é uma pessoa concreta situada no âmbito histórico-existencial. Esta condição humanamente original se encontra no Salmo 8, o qual afirma:

---

[43] Cf. FELLER, Vitor Galdino. *A Revelação*. Op. cit., p. 15s.

"O que é o homem para que dele te lembres, o filho de Adão para que dele te ocupes? Tu o fizeste pouco menos do que um deus, de glória e de honra o coroaste". Assim o explica Alonso Schökel – "'O que é o homem?' É essa grande pergunta que se ergue sobre o horizonte plano da terra, essa curva que se volta sobre si perguntando. O homem é o ser que se conhece e não se conhece. É a pergunta, e aquele que pergunta. O homem é um ser terrestre, um senhor vassalo, capaz de contemplar uma obra de Deus e de dominar outras. O homem: qualquer homem, em sua condição presente, sem limitação. Está mais perto das divindades que dos animais; é definido por subtração: 'pouco menos'. Curiosamente, a rebeldes contrapõe uma criança como exemplo de humanidade".[44]

No amplo palco da criação de Deus, dentre todas as criaturas criadas pelo Criador, o ser humano é a única criada para divinizar-se, pois, este é seu destino primeiro e último. A divinização é o endereço que o ser humano recebeu como destino prévio dado por Deus e, este percurso, é feito desde dentro de sua realidade antropológica. A divinização em nada diminui aquilo que é o ser humano em sua identidade humana mais profunda, senão que divinizar significa mais bem qualificar aquilo que a criatura tem de humano. Sendo assim, quanto mais divino mais humano, pois a divinização conduz à plenitude humana. Aqui o critério é cristológico, já que a pessoa mais humana conhecida ao longo da história também comunicou a plenitude divina na mediação de sua plenitude humana. A divinização-humanizadora tem como protótipo a divindade plena revelada na humanidade plena de Jesus Cristo.[45]

---

[44] Cf. ALONSO SCHÖKEL, Luís. *Bíblia do Peregrino*. São Paulo: Paulus, 2002, p. 1157.
[45] "A cristologia contemporânea iniciou um caminho fecundo quando advertiu que a humanidade de Jesus Cristo é absolutamente plena e perfeita como humanidade precisamente por ser a humanidade de Deus e quando advertiu simultaneamente que

O teólogo espanhol Juan Luis Ruiz de la Peña apresenta a seguinte pauta do processo antropológico de uma verdadeira divinização-humanizadora:

> Diante dos diversos ensaios seculares de adjudicar ao ser humano a qualidade do divino, a fé cristã sustenta que efetivamente a promessa da serpente é verdadeira, se não na ordem dos meios, na do fim: o homem, imagem de Deus, foi criado para ser como Deus. Mas a compreensão cristã da divinização humana distingue-se das versões homônimas alternativas, ao menos nestes três pontos: a) Tal divinização é dom divino, não autopromoção humana, como pensam os antropocentrismos prometeicos, desde os gregos até Bloch. O homem pode endeusar-se ou idolizar-se, mas não se divinizar. b) A divinização não consiste numa perda por absorção do humano no divino, como pensam as místicas panteístas. c) A divinização não penetra numa metamorfose alienante do próprio ser num ser estranho, como pensam Feuerbach e os restantes mestres da suspeita. Se alguma alienação há neste acontecimento, retornou da parte de Deus, não da parte do homem. Com efeito, foi aquele e não este quem tomou sobre a carga da alienação, esvaziando-se de seu ser próprio (Fl 2,6-11) e assumindo o ser alheio (Jo 1,14) para, assim, tornar possível o que a patrística interpretou como intercâmbio salvífico (Deus se humanou para que o homem seja divinizado).[46]

Seguindo o horizonte de nossa reflexão já não se pode mais compreender o caminho divinizador à revelia de tudo aquilo que é propriamente humano e que a pessoa carrega consigo. Afinal é exatamente a condição

---

a humanidade de Cristo é humanidade de Deus precisamente por ser absolutamente plena e perfeita como humanidade. A confissão da divindade de Jesus nunca pode realizar-se à custa de diminuir a plenitude de seu ser homem e a realidade de sua história", cf., BINGEMER, Maria Clara L. *Jesus Cristo: servo de Deus e messias glorioso*. São Paulo: Paulinas-Siquem, 2008, p. 145.

[46] Cf. RUIZ DE LA PEÑA, Juan Luis. *O dom de Deus*. Op. cit., p. 348s.

humana aberta à divinização que confere à criatura humana um *plus* qualitativo, diferenciando-a das outras criaturas. Nada daquilo que é humano na pessoa deve ser desvalorizado, desprezado, depreciado, diminuído, mas sempre elevado à categoria máxima de acordo com o máximo que é a dignidade de cada pessoa em sua singularidade que não se repete. Aparecida reafirmou de forma belamente profunda e significativa este sentido da presença de Deus na estrutura ontoantropológica da criatura humana através da ação da caridade de Jesus Cristo, ao asseverar:

> Seu mandato de caridade alcança todas as dimensões da existência, todas as pessoas, todos os ambientes da convivência e todos os povos. Nada do humano pode parecer-lhe estranho. A Igreja sabe, por revelação de Deus e pela experiência humana da fé, que Jesus Cristo é a resposta total, superabundante e satisfatória às perguntas humanas sobre a verdade, o sentido da vida e da realidade, a felicidade, a justiça e a beleza. São inquietações que estão arraigadas no coração de toda pessoa e que pulsam no mais humano da cultura dos povos. Por isso, todo sinal autêntico de verdade, bem e beleza na aventura humana vem de Deus e clama por Deus (A, 380).

A reconfiguração da criatura humana a Jesus Cristo no percurso da divinização-humanizadora parte do pressuposto de que sua divindade se uniu de forma inconfundível e inseparável a sua humanidade – perspectiva cristológica. Guardando as devidas proporções, antropologicamente, na criatura humana a divinização leva consigo a humanização sem que haja uma oposição entre ambas. Em Jesus Cristo a relação entre divino e humano se dá na forma e na expressão perfeita e indefectível, já que nele o pecado não é um obstáculo para vínculo tão perfeito em sua absoluta e total plenitude. Em câmbio na criatura humana é o pecado que constantemente obstaculiza a relação entre a divinização como destino prévio e o humano como depositário de contradições e ambiguidades por conta da pecaminosidade desumanizadora.[47]

A degradação da dignidade humana é a consequência pecaminosa mais nefasta que distancia e impede que o humano seja mediação divinizadora. Tal degradação não é uma casualidade, mas resultante de causalidades estruturais impostas no processo histórico-existencial que determinam o destino a posteriori do ser humano. Anteriormente, afirmamos que a divinização é o destino apriorístico dado pelo Criador ao ser humano. No entanto, tal destino prévio não é uma predestinação cega ou fatalista, mágica ou a-histórica, mas passa decididamente pela condição de cada criatura humana situada na história como sujeito sociopessoal – esta é sua dimensão a posteriori.

Na linha apriorística da divinização-humanizadora querida por Deus para cada pessoa que vem a este mundo circunscreve-se seu deliberado desígnio de haver criado o ser humano para comungar de sua vida divina. Damo-nos conta, destarte, de que divinizar é comungar da vida de Deus, é transitar livremente no mesmo espaço e tempo pertencentes a ele sem a "vergonha" de sua presença amável. Com a mesma importância devemos afirmar a mediação humana no processo de divinização – linha a posteriori, na qual o ser humano, situado no espaço-temporal

---

[47] "Quando o homem olha para dentro do próprio coração, descobre-se inclinado também para o mal e imerso em muitos males, que não podem provir de seu Criador, que é bom. Muitas vezes, recusando reconhecer Deus como seu princípio, perturbou também a devida orientação para o fim último e, ao mesmo tempo, toda a sua ordenação quer para si mesmo, quer para os demais homens e para toda a criação. O homem encontra-se, pois, dividido em si mesmo. E assim toda a vida humana, quer singular quer coletiva, apresenta-se como uma luta dramática entre o bem e o mal, entre luz e trevas. Mais: o homem descobre-se incapaz de repelir por si mesmo as arremetidas do inimigo: cada um sente-se como que preso com cadeias. Mas o Senhor em pessoa veio para libertar e fortalecer o homem, renovando-o interiormente e lançando fora o príncipe deste mundo (cf. Jo 12,31) que o mantinha na servidão do pecado. Porque o pecado diminui o homem, impedindo-o de atingir sua plena realização" (GS, 13).

da história como sujeito de decisões e opções, tem a responsabilidade de criar condições humanas para que cada pessoa possa desabrochar na busca de seu endereço divinizador-humanizante.

A condição humana mais degradada nas mediações histórico-existenciais e, portanto, mais defraudada aparece demonstrada na pessoa dos pobres-excluídos. Evidentemente que tal situação histórica não faz parte do apriorístico da divinização previamente designada pelo Deus Pai para todo ser humano situado na história. Desta maneira, tal responsabilidade histórica não deve e não pode ser atribuída e/ou hipotecada a Deus, mas dita responsabilidade recai sobre o ser humano que é o sujeito construtor da história e responsável pelos rumos da mesma. Levando em conta a dinâmica da Revelação-histórico-salvífica-libertadora, Deus salva e liberta na história através de suas mediações, e não de forma arbitrária ou por decreto tirânico.[48]

A afirmação de que Deus e/ou Jesus Cristo seja o senhor da história pode trazer em seu invólucro um equívoco profundo, para não dizer, mas, dizendo, um conteúdo perigosamente falso quanto ao que isto significa para a fé cristã. Quero asseverar: se referida assertiva faz recair

---

[48] "A situação presente é profundamente ambígua: *omnis homo Adam, omnis homo Christus*: todo homem é adão, todo homem é Cristo, diz Agostinho, numa fórmula inimitável. Apesar disto a fé nos assegura de que nossa solidariedade com o novo Adão Jesus Cristo é muito mais profunda do que aquela com o velho Adão pecador. A fé cristã, portanto, não se apresenta como mera fenomenologia da existência ambígua sob o signo de Adão e sob o signo de Cristo. É também fenomenologia do *homo redemptus et liberatus*, do homem que pode recuperar efetivamente sua identidade diante de Deus. Sem isso não teria nenhum sentido a Cristologia na qual se elabora o discurso jovial sobre a irrupção do *novissimus Adam* (1Cor 15,45) em Jesus Cristo ressuscitado. A recuperação da identidade religiosa do homem (justiça e justificação) não se faz por um toque de mágica. Implica um processo doloroso de libertação. Este processo não se entende apenas como preparação para a graça; é ela mesma se fazendo seu caminho na história dos homens", cf. Boff, Leonardo. *A graça libertadora no mundo*. Petrópolis: Vozes, 1976, p. 182.

sobre Deus ou Jesus Cristo, por serem senhores da história, tudo aquilo que acontece de bom ou mau no evoluir do processo histórico, tal afirmação é totalmente falsa ao chocar contra os princípios fundamentais da tradição da fé da Igreja. Se a referida afirmação concebe a história somente a partir do bem e, assim, Deus e/ou Jesus Cristo seriam responsáveis pelo decurso histórico, também é falsa, já que o processo histórico se encontra perpassado pelo mal. E uma terceira possibilidade: se dita assertiva indica que a história, apesar do mal, tem a Deus e/ou Jesus Cristo como senhores, isto nos levaria a um beco sem saída por supor que o mal dependa de Deus ou de Jesus Cristo, o qual seria outra aberração para a fé cristã.

Podemos deduzir que as três afirmações nos levam a uma aporia insolúvel por não serem plausíveis no que concerne à concepção histórica da Revelação de Deus por um lado. De outro lado, a fé como a mediação mais excelente para se aceder à Revelação é radicalmente histórico-existencial e teoantropológica. Daqui podemos inferir que não se pode isentar ao ser humano pela desumanização da história hipotecando a Deus e/ou a Jesus Cristo tal responsabilidade. Isto seria predestinação cega ou fatalismo predeterminado dos destinos do processo histórico. Com isto se minimizaria todo o compromisso do ser humano como sujeito responsável pelos desígnios da história e seu comprometimento em humanizá-la. E, se uma história desumana implica no ser humano em processo de des-divinização como movimento a posteriori, faz-se necessário humanizá-la para que o desígnio apriorístico de divinização-humanizadora possa fluir de forma translúcida e diáfana como constante embelezamento da criatura humana.

Sabendo que a reflexão teológica deve ter sempre um endereço pastoral, já que a teologia é um serviço à fé de nossas comunidades, queremos asseverar que nossa reflexão visa ter uma implicante e importante incidência pastoral. O primeiro aspecto a ser considerado é o fato mesmo de Jesus Cristo ser o centro da fé cristã e que, portanto, toda a vida cristã está centrada e gira em torno de sua pessoa. A qualidade da vida cristã experienciada em nossas comunidades dependerá de como se entende a pessoa de Jesus Cristo em sua dimensão divino-humana e humano-divina. Aqui a tendência mais acentuada é fazer da divindade de Jesus Cristo uma caricatura que absorve, dilui, escamoteia e esvazia sua plenitude humana ou sua condição de verdadeiro homem conforme afirma a fé da Igreja. A divindade de Jesus Cristo perde sua profundidade real na identificação de sua pessoa como o Senhor Jesus de barba grande, olhos azuis, vestido com um roupão e com a maior metragem de estatura possível, sempre descendo das nuvens para ser tábua de salvação frente às necessidades humanas. É uma divindade sem "carne" e sem "corpo", isto é, fantasmagórica e sem um coeficiente pessoal e histórico-existencial.

Em detrimento desta compreensão fantasmagórica de Jesus Cristo, sua humanidade cai num vazio total sem importância, já que tudo se resolve por meio de sua condição divina numa perspectiva mítica e ilusória. Tudo o que é histórico, existencial e humano em Jesus Cristo é barganhado por uma concepção mitológica, legendária e mágica de sua divindade. Teologicamente se dá um dualismo ou dicotomia insuperável entre divindade e humanidade, sem que se preserve a dualidade e a tensão típica da dimensão divina e da dimensão humana que caracteriza sua pessoa. Este falso acento ou tendência tem influenciado sobejamente o formato da experiência de fé em Jesus Cristo em nossas comunidades, e isto é assaz e delicadamente preocupante por forjar uma personalidade cristã em processo de infantilização da fé. De tal maneira que as pessoas são capazes de se sensibilizarem com o sofrimento histórico que recaiu sobre a pessoa de Jesus Cristo até a ignominiosa morte na cruz e não se sensibilizarem frente ao sofrimento e a cruz que continua pesando sobre a vida de tantos pobres-excluídos no atual contexto social.

Ao longo de nossa contribuição reflexiva tivemos a intenção de desenvolver uma reflexão teológica na fronteira entre antropologia e cristologia referenciada à pessoa de Jesus Cristo por ser ele o humano e o divino em sua total plenitude. Com tal queremos afirmar que o cristão deve ser tão humano a exemplo de Jesus Cristo, fazendo de sua fé nele uma mediação histórico-existencial através do compromisso de transformação na história e no mundo das situações que desumanizam e inviabilizam a divinização do ser humano. De outro lado, a fé cristã deverá ser a mediação através da qual o cristão comungue de tal modo da vida divina de Jesus Cristo que, seguindo sua maneira de atuar e ser, concorra para a divinização das pessoas criando condições mais qualificadas de humanização.

Referências bibliográficas

Alonso Schökel, Luís. *Bíblia do Peregrino*. São Paulo: Paulus, 2002.

Bingemer, Maria Clara L. *Jesus Cristo: servo de Deus e messias glorioso*. São Paulo: Paulinas-Siquem, 2008.

Boff, Leonardo. *A graça libertadora no mundo*. Petrópolis: Vozes, 1976.

_____. *Jesus Cristo Libertador*. Ensaio de Cristologia Crítica para o nosso tempo. Petrópolis: Vozes, 1988.

_____. "Cristologia a partir do Nazareno", in: Vigil, José María (org.). *Descer da Cruz os Pobres:* Cristologia da Libertação. São Paulo: Paulinas, 2007.

Cabestrero, Teófilo. "Primazia dos pobres na missão de Jesus e da Igreja. Influências do Concílio Vaticano II no magistério episcopal de Medellín, Puebla e Santo Domingo", in: Vigil, José María (org.). *Descer da Cruz os Pobres:* Cristologia da Libertação. São Paulo: Paulinas, 2007.

Comblin, José. *A vida. Em busca da liberdade*. São Paulo: Paulus, 2007.

GRELOT, Pierre. "Figura", in LÉON-DUFOUR, Xavier. *Vocabulário de Teologia Bíblica*. Petrópolis: Vozes, 2002.

JOÃO PAULO II. *Bula pontifícia Incarnationis mysterium*. São Paulo: Paulinas, 1998.

GONZALEZ FAUS, José Ignacio. *La Humanidad Nueva. Ensayo de Cristología*. Santander: Sal Terrae, 1984.

FELLER, Vitor Galdino. *A revelação de Deus a partir dos excluídos*. São Paulo: Paulus, 1995.

FLICK, Maurizio – ALSZEGHY, Zoltan. *Antropología Teológica*. Salamanca: Sígueme, 1985.

GARCIA RUBIO, Alfonso. "O novo paradigma civilizatório e o conceito cristão de pessoa", in *REB* 56 (1996), p. 275-307.

GUILLET, Jacques. *Jesus Cristo e sua fé*. São Paulo: Loyola, 1992.

KASPER, Walter. *Jesús, el Cristo*. Salamanca: Sígueme, 1986.

MARDONES, José María. "Jesuscristo en la perspectiva social del tercer milênio", in: AA.VV. *Encarnación redentora*. Salamanca: Secretariado Trinitario, 1999.

MANZATTO, Antonio. *Teologia e literatura. Reflexão teológica a partir da antropologia contida nos romances de Jorge Amado*. São Paulo: Loyola, 1994.

NICOLA, Ciola. *Introdução à cristologia*. São Paulo: Loyola, 1992.

McKENZIE, John L. *Dicionário Bíblico*. São Paulo: Paulus, 1984.

PASTOR, Félix Alexandre. *A lógica do inefável*. São Paulo: Loyola, 1989.

PRATES, Lisaneos. "Fé e Revelação: Uma aproximação teológica", in: XAVIER, Donizete José – SILVA, Maria Freire da. *Pensar a fé teologicamente*. São Paulo: Paulinas, 2007.

PRATES, Lisaneos. *Fraternidade Libertadora. Uma leitura histórico-teológica das Campanhas da Fraternidade da Igreja no Brasil*. São Paulo: Paulinas, 2007.

Pikaza, Xabier. *Dios como espírito y persona*. Razón humana y Misterio Trintario. Salamanca: Secretariado Trinitario, 1989.

Ruiz De La Peña, Juan Luis. *O dom de Deus. Antropologia Teológica*. Petrópolis: Vozes, 1997.

_____. *Imagen de Dios. Antropología teológica fundamental*. Santander: Sal Terrae, 1988.

Rahner, Karl. "Reflexões Fundamentais sobre a antropologia e a protologia no conjunto da teologia", in: *Mysterium salutis*, vol. II/2. Petrópolis: Vozes, 1971.

_____. *Curso Fundamental da Fé*. São Paulo: Paulinas, 1989.

_____. "Problemas atuais de cristología", in: *Escritos de Teología*, Tomo I. Madrid: Taurus Ediciones, 1967.

Rovira Belloso, Josep María. "Pessoas Divinas. História do termo 'pessoa': sua aplicação à Santíssima Trindade", in: Pikaza, Xabier – Silanes, Nereo. *Dicionário Teológico*: O Deus cristão. São Paulo: Paulus, 1998.

Schelkle, Karl Hermann. *Teologia do Novo Testamento*, Vol. II. São Paulo: Loyola, 1978.

Sobrino, Jon. "A fé de Jesus", in: *Jesus, o libertador. A história de Jesus de Nazaré*. Petrópolis: Vozes, 1994.

Surgy, Paul de. "Transfiguração", in: Léon-Dufour, Xavier. *Vocabulário de Teologia Bíblica*. Petrópolis: Vozes, 2002.

Palavras do Papa Bento XVI no Brasil. São Paulo: Paulinas, 2007.

O Princípio Trinitário das Relações e o Problema Ambiental

Maria Freire da Silva – ICM[1]

Quando escrevemos ou falamos de qualquer assunto, nós o fazemos tendo um ponto de partida que direta ou indiretamente em sua base passou por uma experiência ou qualquer testemunho, ou ainda pelo objetivo humano em buscar o sentido e a explicação da existência das coisas.

Desde os tempos mais antigos o ser humano interpreta sua relação com a divindade e com a criação de forma interligada. A tradição da Igreja sempre viu vestígios da Trindade Santa na obra da criação. As explicações modernas e pós-modernas explicam a criação sem se referir a Deus. O que significa que se a criação explica-se por si mesma sem nenhum princípio extrínseco, não há porque se preocupar com a existência de Deus.

Conscientes de que esta realidade perpassa toda a reflexão atual, abrindo espaço cada vez maior para uma compreensão que exclui a necessidade da existência de Deus, faz-se necessário refletir a verdade e o sentido da criação em perspectiva ecológica à luz das relações trinitárias

---

[1] Doutora em Teologia pela Pontifícia Universidade Gregoriana, Roma. Professora na Pontifícia Faculdade de Teologia Nossa Senhora da Assunção, SP.

de Deus.[2] É uma realidade complexa em estudar essa questão, já que é um tema interdisciplinar abordado desde sua complexidade em consonância com os problemas atuais. No cenário mundial, o que mais vem chamando a atenção da sociedade são as notícias acerca do aquecimento global, fenômeno este causado pela liberação dos gases dióxido de carbono, metano e óxido nitroso, que formam uma espécie de cobertor em torno do planeta, impedindo assim a radiação solar, que refletira automaticamente na superfície em forma de calor, sendo assim chamado efeito estufa, ou seja, dióxido de carbono jogado na natureza. De acordo com os cientistas isso é o maior causador das últimas catástrofes que vêm assustando o mundo.

Genebaldo Freire diz:

> Que quando a ecologia se tornou o centro mundial das atenções, mais precisamente, a temática ambiental, relacionada à crise dos anos 70 agravada nos anos 80, um dos erros foi aprofundar os estudos sobre a flora e a fauna, sem considerar as complexas e essenciais relações entre os seres humanos e deste com o ambiente.[3]

Afirma ainda que as mudanças globais são resultados das relações políticas, sociais, econômicas e religiosas da humanidade com a terra. Isso inclui entre outras: a) o aquecimento global e as alterações climáticas; os impactos sobre o ambiente e a sociedade, causa do aquecimento; b) redução da produtividade biológica e da biodiversidade entre tantas outros elementos.[4]

---

[2] Vv.Aa. *Semanas de Estúdios trinitários*. Secretariado de Salamanca, 2003, p. 11.
[3] Dias, F. G. *Pegada Ecológica e sustentabilidade humana*. Ed. Gaia, São Paulo, 2006, p. 54-55.
[4] Idem, p. 57-58.

Estudiosos atuais analisam a história dos próximos cinquenta anos, a partir de conhecimentos da história e da ciência. Revela a forma sobre a evolução das relações entre as nações, as perturbações demográficas, os movimentos da população, as mutações do trabalho, novas formas de mercado, mudanças climáticas etc.[5] Do ponto de vista de J. Attali, no momento atual estamos decidindo o que o mundo será em 2050, preparando o que ele será em 2100. Nossa forma de agir determinará se as futuras gerações viverão num mundo habitável ou se terão de lidar com um inferno. Para deixar-lhes um planeta habitável digno, é necessário pensar o futuro, compreender sua origem e como agir sobre ele.[6]

Acredita-se nessa possibilidade, já que "a história obedece a leis que permitem projetar e orientar certos cenários, a partir de dados atuais".[7] Fala-se de hiperconflito, hiperimpério e por último de hiperdemocracia, como ondas do futuro: hiperdemocracia isso seria a contenção da mundialização sem recusa, circunscrição do mercado e a planetarização da democracia, fim do domínio de um império sobre o mundo abrindo a possibilidade de um novo infinito de liberdade, responsabilidade, dignidade, superação, respeito pelo outro. Isso é denominado de hiperdemocracia. Isso favoreceria às futuras gerações um meio ambiente protegido, regido pela sabedoria de novos modos de relações e interações.[8]

Nessa visão de mundo:

> a hiperdemocracia desenvolverá um bem comum, que criará a inteligência coletiva... o essencial da dimensão intelectual do bem comum será constituído por uma inteligência universal.[9]

---

[5] ATTALI, Jacques. *Uma breve história do futuro*. Ed. Novo Século, São Paulo, 2008.
[6] Idem, p. 15.
[7] Idem, p. 15.
[8] Idem, p. 16.
[9] Idem, p. 214-215.

O que entenderíamos por hiperdemocracia, inteligência coletiva dentro do interesse desse artigo? Sem dúvida isso nos introduz a pensar e agir em conexão universal, em contexto globalizado, a colocarmos a ética como questão central, tendo presente a sustentabilidade e gestão ambiental. Aqui se faz necessário entender o que significa desenvolvimento sustentável. Do ponto de vista de Genebaldo Freire, o conceito de desenvolvimento sustentável tem a ver com:

> – Visão ampla dos desdobramentos ambientais, sociais e econômicos dos atuais padrões de crescimento.
> – Perspectiva de longo prazo relativa aos interesses e direitos das gerações atuais e futuras.
> – Ações inclusivas que consideram a necessidade de as pessoas estarem envolvidas nas decisões que afetam suas vidas, como condição básica da cidadania.[10]

Corpos de saber e obras de arte universais, transcendendo os saberes e as obras de todos aqueles que deles participarão serão possibilitados por inúmeras redes de cooperativas, o que no futuro poder-se-ia falar de uma hiperinteligência.[11] O Brasil aparece nesse quadro com possibilidade de ser "núcleo" da América Latina, já que é favorecido por sua capacidade florestal e tantos outros recursos, desde que consiga implantar uma estrutura sólida.[12]

Diante desse contexto, podemos perguntar-nos: o que é a teologia da Trindade, o que Deus tem com relação a tudo isso? Qual é a relevância de um pensar teologicamente os problemas do meio ambiente?

---

[10] ALMEIDA. F. *Os Desafios da Sustentabilidade*: uma ruptura urgente. Ed. Elsevier, São Paulo, 2007. p. 241.
[11] Idem, p. 216.
[12] Idem, p. 223.

Inicialmente se faz mister compreender a criação para além do campo de reflexão e entendê-la a partir da dimensão apofática, ou seja, da categoria mística, e, portanto, da contemplação. Na literatura rabínica a fé na criação é unida à doutrina da providência e da presciência.

O Princípio Trinitário das Relações

A providência de Deus existe do início da criação, mas, ao mesmo tempo, é anterior à criação. Estudiosos afirmam que a história veterotestamentária da fé na criação certamente não se limita a simples determinação de *kitzõ* ou de seus derivados e equivalentes. Há inúmeros testemunhos de que o Deus de Israel é o Senhor da criação e do mundo. Demonstra a capacidade de Israel em assumir uma compreensão da cultura de seu tempo e a considerá-la apta para explicar a potência do Criador e a senhoria universal de Deus. Isso possibilita verificar um desenvolvimento da visão antropocêntrica da criação, em que a delimitação do mundo permanece no horizonte (Gn 2) e a visão geral do cosmo se desenvolve nos salmos pré-exílicos sobre a criação, para culminar na fé explícita com tônica apologética do período do exílio, e só mais tarde entra num processo de amadurecimento.[13] A palavra *bārā'* (traduzido ktizõ 16 vezes) é um termo teológico, cujo sujeito sempre é Deus. É a palavra utilizada para transmitir a fé explícita na criação, desenvolvida em Gn 1 como também no profeta Isaías. Refere-se tanto ao ato de Deus chamar o mundo e as criaturas individuais à existência, como também suas ações na história.[14] O termo *qānâ* (traduzido três vezes por *kitzõ*) significa

---

[13] ESSER, H. H. "Creazione", in *Dizionario dei Concetti biblici del Nuovo Testamento*, p. 389-399.
[14] COENEN, L., BROWN, C. *Dicionário Internacional de Teologia Novo Testamento*. Sociedade Religiosa Vida Nova, São Paulo, 2000, p. 454.

"criar", "produzir". O livro do Gn 14, 19, 22 fala de Deus Altíssimo, com bênção e oração respectivamente, como Aquele que fez o céu e a terra. O termo *yātsar* (duas vezes traduzido por *ktizõ*) significa "formar", plasmar" ou "planejar". Às vezes é empregado para tratar da ação espontânea de Deus na história. Ele dirige os destinos (Is 22,11).

A palavra *kûn* (duas vezes como equivalente *heb.* de *ktizõ*) emprega-se tanto na criação como da operação de Deus na história.[15] O termo *ktizõ*, fazer, criar e seus derivados compõem trinta e oito vezes no Novo Testamento, assim distribuídos: quatorze vezes o verbo e dezenove vezes o substantivo *ktísis*. A totalidade da criação e criatura. O substantivo *kitísma*, o criado, apresenta-se quatro vezes enquanto *ktístes* – e atestado apenas em 1Pd 4,19.[16]

Do ponto de vista da teologia paulina, na Carta aos Efésios dá relevância à "criação e a Deus como Criador (Ef 2,10.15; 3,9: 4,24) e ao propósito de Deus que se originou antes da fundação do mundo (Ef 1,4)".[17] Esse aspecto revela uma dimensão cristológica, na qual acontece a recapitulação de tudo (*ta panta*) em Cristo (Ef 1,10). Existe uma articulação inclusiva de tudo que se refere ao céu e à terra. O que denota uma destruição do mal no mundo.[18] A Carta aos Colossenses também aplica detalhadamente forte ênfase na criação e na cosmologia (Cl 1,15-20) do *corpus* paulino. Embora o autor acredite que essa cosmologia se esclarece recorrendo-se à sabedoria judaica, a alguma forma de gnosticismo ou a uma combinação das duas. O mundo presente é dominado pelo poder/autoridade das trevas (Cl 1,13), mas a criação e a redenção, o

---

[15] Esser, H. H. "Criação", in *Dicionário Internacional de Teologia do Novo Testamento*. Vol. I, Vida Nova, São Paulo, 2000, p. 457.

[16] Idem, p. 461.

[17] Painter, J. In *Dicionário de Paulo e suas cartas*. Paulus/Loyola, Vida Nova, 2008, p. 874.

[18] Idem, p. 874.

perdão dos pecados foram selados por Cristo (Cl 1,14), o Filho de Deus. Embora o tema da recapitulação não seja expresso aqui, acredita-se que não está ausente da proposta, já que a estrutura da carta mostra essa realidade:

> porque nele foram criadas todas as coisas nos céus e na terra, as visíveis e as invisíveis: Tronos, Soberanias, Principados, Autoridades, tudo foi criado por ele e para ele (...) e reconciliar por ele e para ele todos os seres, os da terra e os do céu (Cl 1,16.20).

O objetivo do paralelismo entre a criação e a reconciliação do ponto de vista de J. Painter é mostrar que a reconciliação restaura o propósito da criação. O Criador e reconciliador é o Filho. A cosmologia trata da relação do Filho com o Pai. Daí ser o Filho a imagem do Deus invisível (Cl 1,15).[19]

A criação, vista do ponto de vista do livro do apocalipse, é a primeira coisa que João vê: "um novo céu e uma nova terra" (Ap 21,8); a razão pela qual João vê um novo cosmo está relacionada à passagem do primeiro céu e da primeira terra. É o dissolvimento da primeira criação e o estabelecimento da nova criação de Deus. É uma qualitativa distinção entre a ordem dos dois mundos: novo indica termo de qualidade, não de tempo.

A nova criação está relacionada à ressurreição de Jesus Cristo como também a uma ressurreição da comunidade. No entanto, a nova criação inclui mais do que a ressurreição da comunidade, é um criar de novo todas as coisas. Na nova criação o satã vai ser julgado e excluído da nova criação.[20]

---

[19] Idem, p. 875.
[20] BEALE, G. K. *The International Greek Testament Comentary.* NIGTC The Book of Revelation, EERDMANS, 1999, p. 1040-1041.

A nova criação é um retorno ao Paraíso terrestre, onde tudo havia iniciado. É uma volta feliz sem sofrimentos. É para sempre a realização escatológica do Projeto de Deus. As coisas que deveriam acontecer aconteceram (Ap 1,1.19).[21] "A linguagem do Apocalipse retrata uma antecipação, recebida em visão, do mundo do porvir."[22] Aquilo que já é verdade através da fé e que, no futuro, será verdade de modo objetivo e final, para sempre e para todos, é proclamado através de hinos e atos de adoração celestial.[23] A dignidade em receber honra, glória e poder pertence Àquele que está sentado no trono como criador de todas as coisas. Essa adoração pertence também ao cordeiro. O ressoar do louvor está articulado à totalidade de céu, terra e mar em comunhão com as criaturas. Indubitavelmente, a adoração de Deus constitui a cena central, distinguindo-se daquela que se oferece na terra e no mar. A revelação se refere à obra da nova criação divina como algo que transcende o indivíduo e abrange a totalidade do mundo. Afirma-se uma nova criação do cosmos (Ap 21,1) e a palavra empregada aqui não é *ktisis,* mas *poieô,* "fazer".[24]

Outra metáfora importante é a da Nova Jerusalém (Ap 21,10) como característica da era messiânica ou do paraíso (Mc 8,38; 13,26; 10,37; Mt 25,31-46).[25] Aparece articulada em seu esplendor como resultado da beleza irradiante de Deus que traz nova vida: "Eis que faço novas todas as coisas" (Ap 21,5).

Nos padres capadócios, o conceito criação está compreendido numa tríplice operação entre Pai, Filho e Espírito Santo. O Pai cria por meio

---

[21] MESTERS, Carlos e OROFINO, F. *Apocalipse de São João: a teimosia da fé dos pequenos.* Vozes, São Paulo, 2002, p. 340-341.

[22] ESSER, H. H. "Criação", in *Dicionário Internacional de Teologia do Novo Testamento.* Vol. I, Vida Nova, São Paulo, 2000, p. 464.

[23] Idem, p. 464.

[24] Idem, p. 464.

[25] NAVONE, J. *Em busca de uma teologia da beleza.* Paulus, São Paulo, 1999, p. 53.

do Filho, e o Espírito é a plenitude da perfeição de tudo o que o Pai cria por meio do Filho. Aqui há atribuições diferentes: a *cháris* ao Filho, o *ágape* ao Pai e a *koinonia* ao Espírito Santo.

A doxologia confere aos três a mesma doxa. Fundamentados nisso, seria erro afirmar que o *ágape* é monopólio do Pai ou que a *cháris* é monopólio do Filho e *koinonia* do Espírito Santo. Em Rm 15,30 podemos perceber que a plenitude do amor divino pode ser chamada também de *ágape toû pneumátos*. Não passa despercebido a São Basílio que na Sagrada Escritura a analogia ágape afeta as três pessoas como denominação essencial e operativa, e assim de igual modo a *cháris* e a *koinonia* são consideradas verdadeiramente inerentes à comunidade do ser amoroso. Basílio não duvida em afirmar um conceito *sui generis* de unidade, o que se assemelha ao que hoje em dia se denomina unidade de comunhão. Esta consiste em uma estrutura relacional, de forma que atua em unidade constituindo a *koinonia*, a comunhão. A unidade que predicamos a propósito de Deus não se opõe ou contraria a multiplicidade, mas implica um todo ontológico ao modo de existir entrelaçado, compenetrado, dinâmico-recíproco, conforme nos afirma o evangelho joanino (14,10).

Aqui falamos da unidade absoluta relacional ou ainda resgatamos o conceito *Pericórese* ou *Circumincessio* conforme denominou a tradição teológica. A unidade do uno trino constitui esse entrelaçamento "sinótico" entre o Pai, o Filho e o Espírito Santo, que supera qualquer cálculo numérico e que só podem ser expressos com uma analogia recíproca de relações interpessoais em sua máxima intensidade.[26] Na teologia pneumatológica de Basílio vemos o debruçar-se sobre a perspectiva criadora

---

[26] GANOCZY, A. *La Trinidad creadora: teología de la Trinidad y sinergia.* Secretariado Trinitário, Salamanca, 2005, p. 44-47.

da Pessoa do Espírito Santo. A dinâmica da criação se apresenta como história que compreende a história da salvação e a história do cumprimento final.

O *Pneuma* precede a criação do mundo desde toda a eternidade, sua energia coopera com plenitude de poder e sua ação culmina na nova criação (Rm 4,17), o nascimento da nova criatura para a vida eterna (2Cor 4,17). Esta atividade constitui um "momento" de sinergia trinitária, o que constitui um feito evidente para Basílio: o Espírito Santo vivifica com Deus Pai, que produz toda vida, e com o Filho, que dá a vida a todos. Tal afirmação recorreu ao Concílio de Constantinopla I (381): "Cremos no Espírito Santo que é senhor da vida" (DH 150).

Portanto, nos testemunhos de Basílio sobre a sinergia divina, a pessoa do Espírito Santo está em primeiro plano. Isso compreende todo dinamismo vital intrínseco, correlacional e comunional de Deus que na obra da criação se dirige para fora. Basílio descobre o Espírito como *sinergia Theoû*.[27] O outro capadócio, Gregório Nazianzeno, usa a metáfora de caráter profundamente sinergético: a Luz que leva a graça e a maturação a nossa alma é identificada com as três pessoas: O Filho é luz enquanto constitui o objeto cujo conhecimento serve a iluminação; o Pai é luz já que é o ponto de onde provém o objeto do conhecimento; e o Espírito é luz e ao mesmo tempo mediador do conhecimento. Sobre o iluminado desce: luz e luz e luz, sendo uma luz e um Deus, a Trindade, como realidade experiencial conjunta e simples.

Uma outra metáfora é dos três sóis: "a divindade é indivisível em sua diversidade, como três sóis unidos entre si que constituem um único foco de luz". Gregório Nazianzeno pensa que tanto a obra da criação quanto a ressurreição dos mortos são adscritas ao Filho como ao Espírito

---

[27] Idem, p. 47.

Santo. Gregório percebe a obra divina numa perspectiva sinergética, enfatizando que as três pessoas divinas contribuem com ações comuns de modo diferente. Ao Pai confere o impulso, (*aphormân*), o Filho o executa (*emerghoûn*) e, graças ao Espírito, a ação progressa (*proiénai*), elevando sua consumação (*teleioûn*).

Contudo essas contribuições são complementárias, já que um depende dos outros. Sem dúvida, Nazianzeno parte originariamente do Espírito para passar, deste centro, a contemplar o Filho e o Pai, e não há nenhuma contemplação do Espírito sem o Filho e sem o Pai, e nenhuma contemplação do Pai sem o Filho e o Espírito, é a dinâmica pericorética trinitária. A Trindade não é uma sociedade fechada, enclausurada, amante em si mesma, sem derramar seu amor para o outro, totalmente outro que é sua criação. Ela, a Trindade, não se limita às relações de origem e procedência, mas também à finalidade operativa.

O dinamismo pericorético trinitário *ad intra* de Deus é relevante para o mundo e a pessoa humana.[28] Na comunhão íntima que se abre revela o ser de Deus uno e trino numa sinergia consubstancial. Essa contemplação econômica e comunitária da divindade favorece ressituar a pessoa do Espírito Santo em sua constituição central, conforme é possível constatar nos escritos de outro autor contemporâneo de Basílio, Didymo de Alexandria (313-398), diretor da escola de Alexandria e discípulo de Orígenes e colaborador de Atanásio e mestre de São Jerônimo. Didymo contribui com seu tratado a relativizar o patrocentrismo de caráter arianista. Sua reflexão sobre o Espírito compreende uma koinonia intradivina. Quem está em comunicação com o Espírito está em comunicação com o Pai e com o Filho. Didymo entende que o Espírito e o Filho estão unidos ao Pai com um idêntico movimento circular de unidade

---

[28] Idem, p. 52-53.

substância (*eundem circulum unitatis atque substantiae*). Existe uma verdadeira compenetração.

Santo Agostinho, apesar de ser acusado de certo patrocentrismo em sua teologia trinitária, não passa despercebido ao tratar a questão: "A Trindade é um Deus que é amor eterno". O que significa que quando compreendemos a Deus como amor, mais concretamente como *caritas* e *agapé*, que se dá e se comunica, não podemos ignorar que o amor implica que somente pode ser verificado numa comunidade. A quem se dirige um ser solitário? No entanto, o princípio da pericórese não é sublinhado em Agostinho como o vemos nos padres capadócios. Agostinho não sublinha tanto as relações íntimas caritas quanto, de novo, a unidade de substância, embora afirme: o Pai está todo no Filho e o Filho plenamente no Pai como uma só coisa (Jo 10,30). Agostinho utiliza as fórmulas clássicas, memória-inteligência, vontade para ilustrar a estrutura interna da Trindade.[29]

Essa compreensão introduz o leitor sempre ao esquema do amor em si mesmo: em consequência Deus é uno e trino, porque desde toda eternidade está enamorado de si mesmo, atualizando seu amor substancialmente uno como amante amado e ato de amor. Sem dúvida, para Agostinho as três pessoas são *relatae ad invicem,* o que significa dizer sujeitos em relações mútuas. Fazendo uso relacional da analogia da pessoa, acerca-se claramente da teologia capadócia relacionada à sinergia e sinontia trinitária. A definição dos três como *cooperantes personae* constitui neste contexto uma afirmação da teologia da Trindade baseada no princípio da *caritas.*[30] O Concílio de Latrão IV (1215) define as três pessoas divinas como: *consubstantiales et coaequales et coomnipoten-*

---

[29] Idem, p. 69-70.
[30] Idem, p.72.

tes et coaetenae, ao mesmo tempo que reconhece na Trindade um único criador do mundo, o *creator omnium*. Vimos que a comunhão trinitária não constitui um círculo fechado, mas aberto para a criação. O conceito de pericórese tanto na dinâmica imanente quanto na perspectiva econômica retrata a circularidade de Deus em suas relações recíprocas que ultrapassam a comunidade divina, espelhando o universo em seu todo.

O termo pericórese em grego

A fórmula trinitária utilizada em toda a Igreja, até nossos dias, procede da terminologia grega. Não se conforma em afirmar a unidade de substância ou da natureza, e por isso canoniza o emprego do termo consubstancial, não somente aplicado ao Filho, mas um qualitativo comum às três pessoas divinas, numa tentativa de responder à linguagem das três hipóstasis, identificadas sem nenhuma ambiguidade com as três pessoas. Já Agostinho trata a questão trinitária a partir do amor, mostrando que as pessoas divinas não são mais do que três: um amando aquele que dele procede; outro amando aquele do qual procede; e por fim aquele que é a própria caridade. Há a mais perfeita igualdade do Pai, do Filho e do Espírito Santo. Sem dúvida, Agostinho parte do fundamento da consubstancialidade trabalhada em Niceia I (325). Seguindo a trilha de Agostinho, não podemos duvidar de que a Trindade, em seu mistério de comunhão, é amor e caridade em plenitude. Do ponto de vista de Agostinho, o amor supõe alguém que ame e alguém que seja amado. Dessa forma, temos três realidades: o que ama, aquele que é amado e o próprio amor.

Diante dessa afirmação, podemos atribuir-lhe um caráter pericorético, visto que essa relação perpassada pelo amor recíproco das três pessoas divinas equipara-se à categoria de pericórese trabalhada por João

Damasceno. Há um movimento amoroso, inter-relacional, entre Pai, Filho e Espírito Santo na teologia trinitária de Agostinho.[31]

A compreensão relacional e de comunhão das pessoas divinas está intimamente relacionada com o conceito grego de pericórese. Em sua origem o termo designa dança, ou seja, uma dança girando, um rodeando em torno do outro; e o outro rodeando o primeiro. Como conceito reflexivo, pericórese provém do pensamento estoico e neoplatônico, utilizado aqui para significar a relação, a união e a penetração recíproca de corpo e alma. Na teologia, o conceito surge desde Gregório Nazianzeno em contextos cristológicos. Máximo Confessor desenvolve o termo pericórese na tentativa de expressar a penetração recíproca do divino e humano em Jesus Cristo, ou melhor, para pensar *communio como comunicatio*.[32]

Essa compreensão era utilizada pela teologia da Trindade. Foi o que fez João Damasceno e, a partir dele, pois, antes dele, a encontramos originando-se da raiz de Jo 18,38 e 14,10; encontramos seu conteúdo em Atanásio e nos padres capadócios. No contexto teológico-trinitário, pericórese significa que o Pai, o Filho e o Espírito Santo estão de tal forma unidos que se interpenetram e interagem mutuamente, e se abraçam completamente numa entrega recíproca. O Filho está totalmente no Pai e vice-versa.

No mundo ocidental, Boaventura trata a questão trinitária afirmando que a verdade trinitária é o princípio fundante e explicativo de todas as demais verdades cristãs e humanas. A Trindade como comunidade é a resposta e a solução à sociedade humana e seu impulso de abertura vinculante e de interligação. O mistério da Trindade não é uma verdade a-

---

[31] SILVA, F. Maria. "O princípio trinitário das relações e a complexidade ecológica", in *Revista Eletrônica Ciência da Religião-História e Sociedade*, vol. 4, n. 04/2006 – da Universidade Presbiteriana Mackenzie, p. 40-58.
[32] Idem, p. 44.

histórica, atemporal e *abstract*, e sim iluminadora e paradigmática, com implicações históricas. Porém, devemos compreender que o esquema teológico de Boaventura é entrelaçado pela filosofia e mística em um sistema unitário, compacto e inseparável. Para ele, a Trindade é um Tu tripessoal, que é fonte e modelo da mais profunda relação comunitária.[33] O Concílio de Florença, em *decreto ao Jacobitas,* ensina que Cristo dá testemunho de que o Pai está nele e ele no Pai (Jo 10,30): "O Pai e eu somos uma mesma coisa" (10,38), – existência do Espírito Santo no Pai. A concepção grega de pericórese desempenha um papel muito amplo, tomando como ponto de partida a pessoa do Pai, como princípio único, origem e fonte da divindade, e ensina que a vida flui do Pai ao Filho e por meio do Filho ao Espírito Santo.

Acentuando a compenetração mútua das três pessoas divinas, salva a unicidade da substância divina. A concepção latina parte da natureza divina e espiritual, Deus é antes de tudo Espírito Absoluto que pensa e ama. Partindo da unidade da substância divina, explica como essa, pelas processões divinas imanentes, constitui-se em Trindade de pessoas. Aparece, portanto, em primeiro lugar a ideia de consubstancialidade.

O Concílio de Latrão IV (1215) ensina que as três pessoas divinas constituem um único princípio de todas as coisas (Dz 704; cf. Dz 254, 281, 284).[34] Indubitavelmente, pode-se afirmar que a *Pericórese* trinitária ou *Circumincessio*, ou ainda *Circuminsessio,* entende-se como mútua compenetração e inabitação das três pessoas divinas entre si. Essa compenetração e inter-relação em Deus transbordam para sua criação num derramamento de graça santificadora e dinamizadora das ações humanas.[35]

---

[33] Idem, p. 45.
[34] Idem, p. 46.
[35] Idem, p. 50.

A relevância do pensar relacional

Portanto, a partir da base da doutrina da Trindade como pessoas em mútua comunicação, o ser humano pode ser entendido não primeiramente como um indivíduo isolado, mas sim como pessoas em relação, expressando-se na comunhão. Sem dúvida, a doutrina trinitária é base fundamental para a compreensão da comunhão e mútua natureza humana, como também é base para uma crítica profética a todo tipo de sexismo, exploração econômica e relações de dominação.[36] A teologia contemporânea tem descoberto o entendimento que nós devemos atribuir ao desenvolvimento das missões salvíficas das pessoas trinitárias da Palavra e do Espírito. Assim como a Palavra se encarnou, o papel do Espírito é vir para fora na graça. Para isso, é necessário incluir a noção trinitária da criação. Embora seja preciso compreender a distinção dos papéis das pessoas na ação comum, isso poderia sugerir que o universo é verdadeira expressão do Deus trinitário.

Desse ponto de vista, o Espírito de Deus pode ser entendido como a presença imanente de Deus em todas as coisas. O Espírito Criador, o Ruah de Deus, o vento soprando sobre as águas da criação (Gn 1,2s.). O mesmo Espírito que esteve presente em toda a vida de Jesus, na caminhada de seu discipulado em Pentecostes.[37] Jesus pode ser compreendido como a sabedoria de Deus na qual todas as coisas foram criadas (Cl 1,16; Hb 1,2; Jo 1,3). Jesus ressuscitado é a promessa e o início da transformação do universo. Todas as coisas serão redimidas, reconciliadas e transformadas nele (Rm 8,21; Ef 1,20). Isso mostra uma inter-relação com o ecossistema e com todo o cosmos. A íntima relação teológica entre criação e salvação sugere o desenvolvimento do papel para as pessoas trinitárias. Ou seja, a missão

---

[36] EDWARDS, D. *Jesus, the Wisdom of God.* An Ecological Theology, Paulus, Maryknoll, New York, 1995, p. 115-117.

[37] Idem, p. 119.

da palavra e do Espírito Santo na encarnação e na graça divina. Rahner disse que criação e encarnação são dois momentos do mesmo processo de Deus. O mesmo Espírito que se fez presente na encarnação de Jesus e, em Pentecostes, é o mesmo que alçava "voo" sobre as águas primordiais.

Indubitavelmente a interação da Trindade com a criação é caracterizada através da "vulnerabilidade" e liberação do poder do amor. O amor trinitário respeita tanto a liberdade do ser humano como a integridade do processo natural. Isso significa que o Deus Trindade entra radicalmente no sofrimento do mundo trazendo a liberdade e a realização. Denis Edwards afirma que a ação de Deus não somente sustenta e autoriza a evolução do universo, mas trabalha criativamente através do processo do universo emergente.[38]·Deus, em suas relações mútuas, está livre e reciprocamente inter-relacionado com suas criaturas, de modo que respeita sua identidade. Dessa forma o ser humano é chamado em si mesmo para viver essa relação de reciprocidade com todos. O Deus trinitário é dinâmico e fecundo em sua expressão. Daí as consequências desses princípios para a vida humana e para a prática ecológica.

Jürgen Moltmann nos sugere que a experiência do Espírito de Deus é sempre a experiência de um Deus que é comunidade (sociedade). É a relação de um Eu com o Tu que se abre para o nós. Dessa perspectiva, o ser humano é também um ser em relação consigo mesmo e aberto para as outros seres do universo.

– Dois princípios básicos:

A comum história do universo sugere dois princípios básicos para a antropologia contemporânea:

– a pessoa humana está profunda e intrinsecamente interconectada com todas as outras criaturas como filho e filha da terra e filho e filha do universo;

---

[38] Idem, p. 122.

– a pessoa humana tem a particular dignidade e responsabilidade que é inerente, que brota da consciência de si mesmo e do universo.[39]

No decorrer da história, o ser humano tem decidido entre a vida e a morte. Atualmente a ciência fala muito do futuro do universo. Contudo, há uma imensa distinção entre as afirmações científica e a esperança da nova criação (2Cor 5,17). Do ponto de vista da ciência, o futuro do universo é desanimador: superpopulação, aquecimento global... Percebe-se que há uma grande tensão entre a compreensão científica sobre o futuro do universo e a fé cristã na nova criação e ressurreição de Jesus.

O Papa João Paulo II, ao falar da criação como obra da Trindade, usou a expressão mais bela: "A Criação do mundo é obra do Amor: o universo, dom criado, flui do Dom incriado, do amor recíproco do Pai e do Filho, da Santíssima Trindade".[40] O amor define o Deus da tradição bíblica (cf. 1Jo 4,8.16) e se tem em conta que esse Deus Amor é precisamente o Deus trinitário denominado Pai, Filho e Espírito Santo.

O Concílio Vaticano II trata a questão da criação na *Gaudium et Spes* (GS) 2,2, ao falar do amor do Criador (*ex amore Creatoris conditum et conservatum*), e também em 19,1, quando o Concílio fala do ser humano criado por Deus (*a Deo ex amore creatus, semper ex amoré conservatur*). Sem dúvida, a GS 19,1 que exprime no *"ex amore Dei"* o feito criador, uma antropologia dirigida a todos, aberta à comunhão com Deus, possibilitará a perspectiva radicada cristológica e trinitariamente. A compreensão do *ex amore* em sentido cristológico, vinculado à morte e ressurreição de Jesus no horizonte trinitário, numa analogia entre o amor intradivino e o amor inter-humano, para uma compreensão adequada da criação e *ex amore*.

---

[39] Idem, p. 143.
[40] Citado "Trinidad y creación", in *Semanas de Estúdios Trinitarios*, Secretariado Trinitário, Salamanca, 2003, p. 157.

A pericórese trinitária, como mistério desta vida participada a homens e mulheres, relação com Deus, relação com o outro e com a criação, conclui que através da história e da experiência de salvação é realidade *ad extra*, que transcende a vida interna do próprio Deus-comunhão, permeando a comunidade humano-cósmica na torrente vital do Deus uno e trino. Portanto, essa palavra grega e técnica que expressa a vida em Deus e no ser humano tem nos trazido importante contribuição através da práxis de libertação dos pobres e da superação dos mecanismos de opressão-dominação, propondo--nos uma vivência comunitária social e ecológica, baseada na corresponsabilidade, na diversidade cultural, constituindo unidade.[41]

A complexidade ecológica na América Latina e as relações trinitárias

Inicialmente, faz-se necessário, ainda que pinceladamente, dizer o que o termo complexidade utilizado neste artigo carrega em sua origem. Por complexidade entendemos em seu contexto original o termo *complexus*, o que significa abraçar, enlaçar, entrelaçar, estreitar. O substantivo *complexus* significa o abraço, o ato de fechar com os braços, o abraço paternal, amigável e, ainda, o ato de compreender um grande número de coisas diferentes. A complexidade é a "vida nas dobras".[42] Ora, o mundo da globalização e o mundo da hipercomplexidade.

No cenário mundial percebe-se a grande preocupação gerada pelo denominado "aquecimento global" relacionado à mudança climática em

---

[41] Silva F., Maria. "Sobre o Termo Pericórese", in *Revista de Cultura Teológica*, n. 14, jan/mar/1996, p. 19-38.

[42] Morin, E. (org.). *Representação e complexidade*, Rio de Janeiro, 2003.

escala global. O termo "mudança climática" também pode referir-se ao esfriamento global. No uso comum, o termo refere-se ao aquecimento ocorrido nas décadas recentes e subentende-se uma influência humana. A Convenção Quadro das Nações Unidas para Mudança do Clima (UNFCCC) usa o termo "mudança climática" para mudanças causadas pelo homem, e "variabilidade climática" para outras mudanças. O termo "alteração climática antropogênica" é por vezes usado quando se fala em mudanças causadas pelo homem. Diante dessa realidade se faz a pergunta: o que a teologia tem a dizer, quais são as relevâncias teológicas capaz de iluminar a reflexão sobre a crise ambiental? D. Edwards afirma que:

> ao traçar a história do universo e da vida na terra, torna-se surpreendentemente claro que todas as coisas em nosso universo são interligadas. Há uma relação interior entre o que acontece nas estrelas e o que acontece na evolução da vida na terra.[43]

Portanto, se tudo está interligado, então, a teologia como reflexão sistemática sobre a fé, consequentemente, tem algo a dizer frente aos problemas que afetam a humanidade e o planeta. Daí a necessidade em perceber que a história do universo contada pela ciência com suas implicações e interligações podem muito bem ser dialogáveis criativamente com a teologia da Trindade do ponto de vista da pericórese.[44]

No contexto latino-americano, a teologia trouxe à tona a reflexão sobre os problemas ecológicos a partir do pensar teológico, sobretudo interligado ao princípio trinitário das relações, tendo o conceito de Pericórese como articulador da reflexão teológica e ecológica.

---

[43] EDWARDS, D. *Sopro de Vida*, Loyola, São Paulo, 2007.
[44] Idem, p. 33.

A III Conferência de Puebla, em seu documento final, ao tratar de comunhão e participação, ressalta que essa acontece através dos grupos que constituem comunidades, inter-relações e interações a serviço dos pobres. Puebla ainda afirma que:

> é necessário criar no homem latino-americano uma sã consciência social, um sentido evangélico crítico face à realidade... ela deve ser modelada em comunhão com o Pai, o Filho e o Espírito Santo, e dar resposta aos sofrimentos e aspirações de nossos povos, cheios de uma esperança que não poderá ser iludida.[45]

A Conferência de Aparecida, ao tratar sobre a questão ecológica, ressalta que "a América Latina é o continente que possui uma das maiores biodiversidades do planeta e uma rica sociodiversidade, representada por seus povos e culturas".[46] A reflexão sobre ecologia na V Conferência também está articulada à vida dos povos nativos latino-americanos, que são convidados a cuidar da terra como a casa comum, espaço da Aliança de Deus com seu povo e com todos os seres, como expressão de suas mútuas relações: "A melhor forma de respeitar a natureza é promover uma ecologia humana aberta à transcendência que, respeitando a pessoa e a família, os ambientes e as cidades, segue a indicação paulina de recapitular as coisas em Cristo e de louvar com Ele ao Pai (cf. 1Cor 3,21-23). O Senhor entregou o mundo para todos, para os das gerações presentes e futuras. O destino universal dos bens exige a solidariedade com as gerações presentes e as futuras".[47]

Diante dessa realidade é possível afirmar que se faz necessário criar uma racionalidade ambiental que favoreça o desenvolvimento de rela-

---

[45] Cf. *Documento de Conclusões da Conferência de Puebla*, art. 1308, p. 392.

[46] Cf. *Documento Conclusivo da Conferência de Aparecida*, Paulinas/Paulus, São Paulo, 2007, p. 46.

[47] Idem, p. 69.

ções interativas com o meio ambiente, de forma que possibilite uma ética ecológica integral perpassada pela revelação do Deus trinitário. Essa ética vem dinamizada pela consciência da ação do Espírito como sopro divino articulado à Palavra numa ação conjunta do Deus criador. Como afirmava São Basílio, no século IV, que a harmonia supraceleste e inefável no serviço de Deus e na sinfonia das potências supracósmicas não poderia acontecer sem a condução do Espírito Santo.[48]

Na América Latina e no Caribe, tem-se buscado compreender a organização em defesa da vida dos povos nativos como ação do Espírito Santo que dinamiza, que sopra sempre de novo, apontando para novas possibilidades. A V Conferência de Aparecida chamou para a consciência e o compromisso com uma "globalização da solidariedade e justiça internacional".[49]

O termo globalização requer aqui uma inserção da dinâmica da complexidade, que é a sociedade globalizada que, ao globalizar mercados, seres humanos e a natureza, torna também globais as formas de exploração e dominação de ambos, e com elas as ameaças de rupturas sociopolíticas e ambientais. Pode afirmar-se uma pobreza global. Não apenas na América Latina, mas em todo o mundo, os principais temas da atualidade estão relacionados ao aquecimento global, água, biodiversidade, consumo irracional dos recursos naturais.[50]

A Conferência sobre Meio Ambiente e Desenvolvimento, celebrada no Rio de Janeiro em 1992, mostrou que a complexidade da ética ambiental e uma ecologia sustentável estão no reencontro com o pensamento e a razão na busca de um novo sentido da vida humana e do universo. A crise ecológica descobre a parte mais perversa, e até agora oculta, do intercâmbio desigual entre os países ricos e pobres, que têm em seu bojo

---

[48] Cf. Basílio de Cesareia, in col. Patrística, vol. 14, Paulus, São Paulo, 1999, p. 136.
[49] Cf. Documento de Aparecida, p. 183.
[50] TRIGUEIRO, André. *Mundo sustentável...*, Ed. Globo, São Paulo, 2005.

a destruição da natureza.[51] Com efeito, é recente a consciência de que a intervenção humana desconhece e destrói a interdependência e a autonomia dos ecossistemas naturais, e torna-se responsável por uma crise ecológica mundial que põe em perigo a natureza.[52]

Indubitavelmente, a maioria das pessoas tem consciência dos problemas ecológicos, porém de uma forma fragmentada, desarticulada de um envolvimento que compromete. A destruição ecológica do planeta, a degradação socioambiental e a expropriação da população autóctones de seu patrimônio de recursos naturais e culturais apresentam a necessidade de transformação dos princípios da racionalidade econômica. É possível afirmar que a "construção de uma racionalidade ambiental é a realização de uma utopia".[53] O termo utopia nos auxilia a retornar a reflexão sobre a pericórese trinitária. Pois a realização da utopia está localizada dentro do projeto trinitário de Deus.

De acordo com o pensamento teológico oriental, Deus, como é visto e pensado, é três; como Vivente e pensante é uno. Ele é único, eterno princípio de vida, de luz e amor. A vida trinitária implica um reproduzir-se em âmbito do círculo trinitário do ser divino; a luz se reflete em uma ordem social moral; e o amor se encarna em uma atividade verdadeiramente recíproca.[54] Nesse contexto, vale afirmar que uma vez que Deus é essa relação trinitária, não sendo um Deus solitário, essa realidade de comunhão se estende a toda a sua criação. Portanto, isso é a utopia que devemos perseguir.[55] Isso ressalta a tentativa de harmonizar a globali-

---

[51] LEFF, Enrique. *Racionalidade Ambiental...,* Ed. Record, Rio de Janeiro, 2006, p. 303.
[52] BAUCKAM, R. "Ecologia", in *Dicionário crítico de teologia*. São Paulo, 2004, p. 592-594.
[53] Idem, p. 261-262.
[54] PRESTIGE, J. L. *Dios em el pensamiento de los padres*, Secretariado Trinitário, Salamanca, 1980.
[55] CAVALCANTI, C. (org.). *Desenvolvimento e natureza: estudos para uma sociedade sustentável*. São Paulo, 2001.

zação econômica e o pensamento da complexidade, recodificando as relações, inaugurando um novo olhar capaz de perpassar a diversidade, num diálogo de saberes e em uma política ecológica que engloba o conjunto.[56]

Na América Latina a reflexão sobre a pericórese trinitária articulada à ecologia encontra centralidade no pensamento de L. Boff, que pensa a comunhão da Trindade como um Panenteísmo trinitário: Deus em tudo, tudo em Deus. Aqui o Espírito aparece (*Spiritus Creator*) como criador que fixa morada no cosmos, participa de seus desdobramentos, sofre com as extinções, passa por uma *"kénosis"*. Essa compreensão origina-se da afirmação paulina: "assim também o Espírito socorre nossa fraqueza. Pois não sabemos o que pedir como convém; mas o próprio Espírito intercede por nós com gemidos inefáveis, e aquele que perscruta os corações sabe qual o desejo do Espírito; pois é segundo Deus que ele intercede pelos santos" (Rm 8,26-27).

Isso mostra que o Espírito dinamiza a vida dos cristãos e no movimento do resgate da vida é esperança e força escatológica. J. Moltmann compreende isso como o clamor do próprio Espírito que clama das profundezas. Esse Espírito que sonda as profundezas é o mesmo que traz a liberdade (2Cor 3,17), geme de forma inefável no centro da criação de Deus. "A experiência da liberdade contém, portanto, uma dupla experiência de Deus: O Senhor é o Espírito, e o Espírito é o Espírito do Senhor".[57] O Espírito se esconde no interior de cada uma de suas criaturas e no complexo da história[58] e do cosmos, potencializando toda criação, compondo as relações interpessoais e a grande teia cósmica.

---

[56] LEFF, E. *Racionalidade Ambiental...*, p. 20-21.
[57] MOLTMANN, J. *O Espírito de vida.* Vozes, Petrópolis, 1998, p. 120-121.
[58] TAVARES, S. S. *Trindade e criação*, Vozes, Petrópolis, 2007.

O Espírito Santo provoca o desabrochar da identidade mais própria dela; inserindo-se no coração da humanidade, Ele a fermenta desde seu interior, e, finalmente, permeando o seio do cosmos, Ele potencializa ao máximo a riqueza e a pluralidade da criação, propiciando a unidade profunda na mais diversificada pluralidade.[59]

Desde início em Gênesis 1,1s., vemos o Espírito Santo agindo na desordem, na terra vazia, no caos; onde ordem e desordem se encontram, o Espírito Santo está presente organizando a vida. Podemos afirmar que o Espírito Santo dá graciosidade e beleza à criação. Isso retrata o pensamento de Santo Ambrósio de Milão que dizia que a graça e a beleza da criação são dons do Espírito.[60] Portanto, compreende-o como Criador com o Pai, aquele que renova a face da terra e que é um com o Pai e o Filho.[61]

O desenvolvimento da compreensão da Trindade na teologia latino--americana vem dentro do método histórico-salvífico: a Trindade se manifesta no evento de salvação, tendo no centro o mistério da encarnação. Trata-se de penetrar no mistério trinitário a partir do Filho, o que recorre às palavras de Jesus: "tudo me foi entregue pelo Pai, e ninguém conhece o Filho senão o Pai, e ninguém conhece o Pai senão o Filho, e aquele a quem o Filho o quiser revelar" (Mt 11,27). E o penetrar no mistério da encarnação envolve também o acolher a realidade do Espírito Criador que desce no ato encarnatório (Lc 1,35), desce como poder, como a sombra do Altíssimo que revela que o que nasce de Maria é o Filho de Deus. É a força da antiga e da nova Criação de Deus. A força do

---

[59] Idem, p. 207.

[60] Di NOLA, G. "Ambrogio", in *Lo Spirito Santo Nei Padri, Secoli I-V.* Città Nuova, Roma, 1999, p. 429-469.

[61] Idem, p. 459. Também citado em EDWARDS, D. *Sopro de vida: uma teologia do Espírito criador.* Loyola, São Paulo, 2007, p. 77.

Altíssimo surge resplandecente, embelezando a nova criação, garantindo graça e resplendor. Essa beleza que se irradia na encarnação é a mesma que salvaguarda o criado até as últimas consequências, interligando a participação comum do dom da beleza crucificada e ressuscitada do amor divino que salva.

Essa experiência do Filho na América Latina se liga à realidade crucial pela qual passa o povo e a própria natureza. À cruz de Jesus Cristo está ligado o sofrimento do povo dos pobres em sua experiência diversificada de injustiças, o sofrimento da terra, da natureza, ou seja, tudo aquilo que fere o projeto criador de Deus. A dor, o abandono e a morte de Jesus na cruz exprimem a resplendência do amor divino por sua criação (Mt 27,46).

A realidade de cruz é a *kénosis* do esplendor ao mesmo tempo em que é o esplendor da *kénosis* do Filho. A isso se articula nessa dinâmica o *Ruah*, que insuflava as criaturas primordiais, que se debruçou sobre a terra seguindo a esteira do Sl 33,6: "Pela palavra do Senhor foram feitos os céus, e todos os seus exércitos pela *Ruah* de sua boca". A *Ruah elohim* vibrando sobre o caos primitivo (Gn 1,2). A *Ruah* dinamiza o nada, o *caos* e origina a criação diversificada, bela, em movimento de comunhão gerando complexidade na criação primordial. Para os antigos, a Palavra *Dabar* masculina e a força vital feminina *Ruah* se completam. No Sl 139,7.23s., "onde irei longe do Teu Espírito" mostra a Ruah Iahweh como o acontecer da presença atuante de Deus, que penetra até o mais íntimo da existência humana. Sem dúvida, o entendimento trinitário a partir das relações tem implicações seja em nível humano, na vida dos pobres, ou seja, ambiental.

Aqui é necessário buscar compreender o termo hiperdemocracia, hiperinteligência ou inteligência coletiva dentro do interesse desse artigo? Sem dúvida, isso nos introduz a pensar e agir em conexão universal, em contexto globalizado, a colocar a ética como questão central, tendo presente a sustentabilidade e gestão ambiental, e nessa dinâmica incluir a questão da sustentabilidade. Aqui carece de uma compreensão do que seja desenvolvimento sustentável: Do ponto de vista de Fernando Almeida, o conceito desenvolvimento sustentável tem a ver com:

– Visão ampla dos desdobramentos ambientais, sociais e econômicos dos atuais padrões de crescimento.

– Perspectiva de longo prazo relativa aos interesses e direitos das gerações atuais e futuras.

– Ações inclusivas que consideram a necessidade de as pessoas estarem envolvidas nas decisões que afetam suas vidas, como condição básica da cidadania.[62] Ora, o respeito às condições básicas de cidadania resgata o que tem de mais elevado no sentido da criação divina: o ser humano criado, entrelaçado com o conjunto da natureza, numa relação interativa que a compreende, a estuda para reaprender e novamente se relacionar.

Do ponto de vista da fé e da própria teologia, é necessário perceber e assimilar que a "autodoação do Deus trinitário promove a transformação contínua do caos para o cosmos (ordem do universo) ou plenitude de vida na nova criação... Quando Deus cria o mundo, Deus confere "cosmo ao caos... Deus traz algo belo à existência".[63]

No dinamismo pericorético trinitário *ad intra* percebe-se que o movimento divino acontece de forma entrelaçada, dançante, onde o Pai e o Filho e o Espírito Santo contemplam-se mutuamente numa interação amorosa que se derrama para fora do círculo trinitário, doando-se na criação. Capra Fritjof afirma que:

---

[62] ALMEIDA, F. *Os Desafios da Sustentabilidade: uma ruptura urgente*. Ed. Elsevier, São Paulo, 2007, p. 241.

[63] NAVONE, J. *Em busca de uma teologia da beleza*, Paulus, São Paulo, 1999, p. 65.

a visão de mundo que emerge atualmente da ciência moderna é uma visão ecológica, e percepção ecológica em seu nível mais profundo é percepção espiritual ou religiosa. E é por isso que o novo paradigma, no âmbito da ciência e ainda mais fora dela, é acompanhado por um novo aumento de espiritualidade, que é, em particular, uma nova espécie de espiritualidade, centralizada na terra.[64]

Conclusão

Destarte, é possível afirmar que da compreensão da pericórese trinitária deriva uma mística ética que desemboca numa prática de solidariedade e sustentabilidade do planeta e da vida em sua totalidade. Essa vem expressa dentro da grande complexidade sócio-econômico-política. Na América Latina, a defesa do planeta inclui o resgate da cidadania dos pobres articulado ao esforço global de interação solidária.

O dinamismo pericorético trinitário pode ser visualizado na comunidade humana a partir das interações entre os grupos organizados em defesa da vida, numa visão de mundo inter-relacional, percepção das necessidades e dos valores incorporando a sustentabilidade, garantindo a dinâmica da criação de Deus.

O resgate do respeito ao planeta e à vida dos pobres retoma o conceito de uma noção dinâmica do cosmos e, portanto, também da beleza, que se caracteriza mais como aspirações abertas que como estados de coisas. Nesta visão homem e mulher são chamados poeta e poetisa do resplendor presente de Deus e cocriador, com o Criador, de uma criação

---

[64] CAPRA, F. & STEINDL RAST, D. com MATUS, T. *Pertencendo ao Universo: explorações nas fronteiras da ciência e da espiritutalidade.* Ed. Cultrix/Amaná, São Paulo, 1991, p. 71-72.

que ainda não conhece a plenitude de seu sétimo dia. Cantando a beleza do Criador, isto é, entrando no dinamismo de gratuidade do amor divino, todo o homem é poeta e artista, e em diálogo com a criação, da qual de algum modo faz parte, cria-se e deixa-se criar. É uma noção de beleza que, não se reduzindo às aparências e tendo como paradigma último a encarnação de Cristo, admite em si, enquanto conceito relacional entre Deus e o ser humano e com a criação, um projeto de fidelidade. O poder do amor divino contém o universo, e do caos faz o Cosmos, a Beleza.[65] J. Moltmann afirma que:

> O Deus, que tirou Cristo da morte para a liberdade da criação nova, eternamente viva, é percebido não apenas como o criador, mas ao mesmo tempo como consumador de todas as coisas. É o Deus que faz viver os mortos e chama à existência o que não existe (Rm 4,17).[66]

Ora, a consumação de todas as coisas traz presente uma forte inter-relação entre o ser humano e o universo. Destarte, "por suas experiências de Deus, judeus e cristãos esperam um Êxodo universal de todas as coisas de sua prisão do passado para um 'novo céu e uma nova terra, de modo que o passado não será mais lembrado' (Is 65,17)".[67]

Indubitavelmente, em nível mundial, percebe-se uma enorme complexidade. Na América Latina, essa complexidade revela rostos diversos acrisolados pela fome, analfabetismo, exclusão do centro da vida humana. O meio ambiente sofre as consequências, os desafios da globalização econômica, os problemas ecológicos insustentáveis. As conexões entre

---

[65] NAVONE, J. *Em busca de uma teologia da beleza*, Paulus, São Paulo 1999.
[66] MOLTMANN, J. *Ciência e sabedoria: um diálogo entre ciência natural e teologia*, Loyola, São Paulo, 2007, p. 97-98.
[67] Idem, p. 103.

a complexidade ambiental e a vida humana, compreendida ou não, têm reflexo das relações trinitárias, "pelo fato de que Deus ama a vida (Sb 11,26); de outro, que ele é o artista deste cosmos. Ele não apenas chama o mundo à existência, mas configura todas as coisas de tal forma que se tornam reflexo de sua glória".[68]

A visibilidade disso depende da prática humana em sua relação de respeito e acolhida da distinção como expressão da beleza criadora de Deus em seu dinamismo trinitário. Portanto, resgatar a relacionalidade e as conexões entre seres humanos e meio ambiente e visualizar o Projeto Criador passam por responsabilidades dos cientistas em seus projetos de pesquisas, pelas instituições religiosas, pelos diversos modos de pensar a vida e, sobretudo, de defendê-la. Exige uma dimensão ética que respeite a biodiversidade, a compreensão de imanência e transcendência, na medida em que o Espírito Santo de Deus representa a força da criação e que a força da criação constitui ao mesmo tempo a fonte da vida.[69]

Na era da hipermodernidade, do hiperconflito, e podíamos dizer na era da hipereficiência humana, é um desafio refletir a articulação da pericórese trinitária com a complexidade da globalização. O sentido da beleza da criação, trabalhado no contexto bíblico do Antigo Testamento e da Nova criação no livro do Apocalipse (21,1ss.), não encontra configuração na sociedade atual, dado que o conceito que se tem de beleza e de criação é enleado por múltiplas formas de compreensões e experiências. No entanto, o resgate da beleza da criação, como obra do Deus uno e trino em seu dinamismo pericorético, devolverá tanto à humanidade quanto ao

---

[68] Idem, p. 198.

[69] DEL CURA ELENA, S. "Creación 'ex nihilo' como creación 'ex amore': su arraigo y consistencia en el misterio trinitario de Dios", in *Trinidad y creación*, *Semanas de estudios trinitarios*, Secretariado Trinitario, Salamanca, 2003, p. 157-242.

planeta a capacidade não de envaidecimento, mas sim de fascinação e reconhecimento da ação salvadora de Deus através de relações de acolhida do diferente com o outro. Relacionar-se exige uma aprendizagem com o outro numa interação permanente, superando preconceitos, galgando fronteiras, elevando-se para além dos conceitos e compreensão do mundo. Deixar-se afetar pelas relações da Trindade é mister priorizar um desenvolvimento sustentável, tomar decisões de consumo conscientes de seus impactos ambientais e sociais. Isso transcende todas as raças e culturas, é um pensar sistêmico, interligado na ciranda da vida.

Desse ponto de vista, faz-se necessário o resgate da compreensão bíblica da criação. Na antiga criação o Espírito Santo, como afirmou Ambrósio de Milão, deu beleza e graça ao cosmos,[70] na nova criação de Deus podemos contemplar o esplendor da beleza, que nasce do evento pascal de Jesus Cristo. Do ponto de vista do Cardeal Martini, na Páscoa resplandece a beleza que salva, a caridade divina se infunde no mundo. No ressuscitado, coamado do Pai, do Espírito de vida, não somente cumpre a vitória sobre o silêncio da morte, cumprindo o supremo êxodo de Deus versus a humanidade e da humanidade versus Deus. Aqui está a revelação da Trindade como beleza divina que salva.[71] Sem dúvida, resgatar essa beleza dentro da complexidade da sociedade atual a partir do dinamismo pericorético trinitário exige um ressignificar a compreensão de beleza a partir da dialética da cruz e da ressurreição. A beleza adquire significado a partir da compreensão das relações trinitárias como modelo de koinonia e unidade. Através do respeito à biodiversidade, às culturas diversas como expressões da beleza divina, resgata-se também

---

[70] Citado in EDWARDS, D. *Sopro de vida, uma teologia do Espírito criador*. Loyola, São Paulo, 2007, p. 78.

[71] MARTINI, M. C. *Quale Bellezza Salverà il mondo? Lettera pastorale* 1999-2000. Centro ambrosiano – Milano, p. 33-34.

o arquétipo original da conexão dos princípios de reciprocidade e complementaridade no interior da complexidade criacional.

A pericórese trinitária *ad intra* quer expressar a beleza relacional consubstancial das pessoas divinas que se revelam na história salvífica no dinamismo pericorético, superando toda e qualquer divisão ou preconceito. A complexidade por sua vez demonstra a criatividade humana em sua relação com o planeta, consigo mesmo e com a divindade. É ao mesmo tempo a capacidade criadora do ser humano em sua relação com a natureza. Para o cristianismo, "a encarnação é o centro focal, a justa prospectiva na qual a beleza assume seu significado último. 'Imagem do Deus invisível' (Cl 1,15), Cristo Senhor é o homem perfeito, que restituiu aos filhos de Adão a semelhança com Deus".[72] A natureza é considerada o espelho da beleza de Deus. Daí a necessidade de promover a defesa da vida do planeta, da ecologia, na dupla dimensão da escuta: "escuta da criação, que narra a glória de Deus, e a escuta de Deus, que nos fala através de sua criação e se torna acessível à razão, segundo o ensinamento do Concílio Vaticano I (*Dei Filius, ch. 2, can. 1*)".[73]

Sem dúvida, a relevância do pensar relacional está no modo como cada ramo do saber, da filosofia, da teologia, das ciências humanas e sociais, da psicologia podem contribuir para defender a beleza do planeta e de toda a humanidade numa inter-relação de respeito e cuidado. O pensar, a partir da teologia trinitária, inclui a compreensão de que "o vértice, o arquétipo da beleza se manifesta no rosto do Filho do homem crucificado na Cruz, revelação do amor infinito de Deus, que em sua misericórdia, pelas próprias criaturas, retoma a

---

[72] Cf. Doc. Assembleia Plenária dos Bispos, Cidade do Vaticano, *Via Pulchritudinis: o caminho da beleza,* Loyola São Paulo, 2006, p. 30.

[73] Idem, p. 32.

beleza perdida".[74] Beleza esta ordenada no princípio criador pelo dinamismo do Espírito Santo. Como afirmou o Papa João Paulo II:

> Ao Espírito Santo, "o Sopro" (*ruah*), acena já o livro do Gênesis: "A terra era informe e vazia. As trevas cobriam o abismo, e o Espírito de Deus movia-se sobre a superfície das águas" (1,2). Existe grande afinidade lexical entre "sopro – expiração" e "inspiração". O Espírito é o misterioso artista do universo.[75]

Dessa forma, todo o universo canta com Gregório Nazianzeno:

> Glória ao Pai e ao Filho, Rei do universo. Glória ao Espírito, digno de louvor e inteiramente santo. A Trindade é um só Deus que criou e preenche todas as coisas... vivificando tudo com seu Espírito, a fim de que toda criatura cante a seu sábio Criador, causa única de viver e do perdurar. Mais do que qualquer outra, a criatura racional sempre o celebre como grande Rei e Pai bom (Poemas dogmáticos, XXI, *Hymnus alias*: PG 37, 510-511).[76]

Portanto, assim como no início, Deus continua insuflando sua criação, orientando-a para seu fim escatológico. Diante do dinamismo pericorético trinitário de Deus, expresso na complexidade do universo, o ser humano mulher e homem é convidado a um comportamento ético e de eterna fascinação diante da exuberância do criado e do compromisso com o planeta em solidariedade com as futuras gerações.

---

[74] Idem, p. 70.

[75] João Paulo II – *Carta aos Artistas,* em 4 de abril de 1999.

[76] Citado pelo Papa João Paulo II, *na Carta aos Artistas,* em 4 de abril de 1999.

Maria no Debate
Teológico Ecumênico

Pedro K. Iwashita[1]

Repetidas críticas que haviam sido dirigidas à mariologia nos anos 60 haviam produzido uma espécie de moratória dos escritos sobre Maria.[2] Contestou-se nos tratados as orientações unilaterais e triunfalísticas da mariologia dos manuais; certo isolamento dentro do conjunto da dogmática, como se fosse uma ciência independente; sistematização rígida demais centrada na divisa: "*Ad Jesum per Mariam*"; mas a contestação mais decisiva veio da área protestante, que viu na mariologia um desvio fatal do Evangelho original sob a pressão popular e, em consequência, de um sincretismo entre a fé pura e a mitologia.[3]

Acredita-se que a mariologia e o culto mariano constituiriam, ao lado do papado e dos ministérios na igreja, a dificuldade mais importante no caminho para a unificação da cristandade, o que é uma opinião comum. A mariologia católica também é chamada a roda denteada que destrói a fé evangélica; e mais: constituiria uma síntese de todas as "heresias do catolicismo". As divergências entre a atitude protestante e a

---

[1] Pedro K. Iwashita, CSSp., Doutor em Teologia Dogmática pela Faculdade de Teologia da Universidade de Fribourg, Suíça, Professor titular de Teologia no curso de graduação e pós-graduação na Pontifícia Faculdade de Teologia Nossa Senhora da Assunção.
[2] DE FIORES, S. "Mariologia/Marialogia", in: *Dicionário de Mariologia*. São Paulo: Paulus, 1995, p. 843.
[3] Ibidem, 843-844.

católica diante da mãe do Senhor são consideradas até mesmo insuperáveis. Particular dificuldade vemos na doutrina sobre a mediação de Maria. K. Barth a incluiu entre os mais difíceis problemas no diálogo entre protestantes e católicos. Também W. von Loewenich a considera como ponto principal de conflito, e J. Daniélou nela detectou o próprio cerne do problema ecumênico, bem como o ponto em que o espírito católico e o protestante mais divergem.[4]

Em vista destas dificuldades, é importante que se reflita e se pesquise sobre o debate teológico acerca do lugar de Maria, na economia da salvação, e seu significado no debate ecumênico, na busca da unidade dos cristãos.

Os Reformadores e Maria

Para se entender a posição atual do Protestantismo em relação à Mariologia católica, é necessário verificar qual era a posição dos reformadores na origem desse debate teológico.

Na Idade Média tardia, época em que se inicia a reforma protestante, pouca coisa ainda estava assentada dogmaticamente, a não ser os fatos fundamentais do nascimento virginal *"natus ex Maria virgine"* e da maternidade divina *"Theotokos"* (Éfeso, 431), e que foi consolidado por Calcedônia em 451 *"ex Maria virgine... secundum humanitatem"*, da "virgem Maria... quanto à humanidade", e que estão fora de contestação.[5] Mas não havia ainda dogmas propriamente marianos, porque os

---

[4] NAPIÓRKOWSKI, S. C. "Ecumenismo", in: *Dicionário de Mariologia*. São Paulo: Paulus, 1995, p. 433.
[5] MARON, Gottfried. "Maria na Teologia protestante", in. *Concilium*/188, 1983/8, p. 67. Cf. também GRUPO DE DOMBES. *Maria no desígnio de Deus e a comunhão dos santos*. Aparecida: Editora Santuário, 2005, p. 40-48.

primeiros dogmas, na verdade, foram dogmas cristológicos, e que são importantes também para a mariologia, porque fazem afirmações fundamentais sobre a Mãe do Senhor.

Naquela época reinava grande liberdade no campo da prática devocional. Maria ia assumindo lugar importante nas festas, celebradas com hinos e preces, porém ao mesmo tempo vão espalhando-se lendas a seu respeito, veneram-se imagens, tornando-se um objeto central da arte cristã, havendo uma tendência a se tornar uma coisa autônoma, que, conforme René Laurentin, precisava de uma depuração.[6]

Martinho Lutero

O que Lutero (1483-1546) disse sobre Maria deve ser entendido na perspectiva de seu pensamento teológico e cristológico central, ou seja, a compreensão da justificação. Tinha-se a ideia de que, diante do julgamento final, Maria funcionava como medianeira dos pobres pecadores junto a seu Filho, que era considerado como juiz irado e Maria como trono de graça, em quem estavam a consolação e o refúgio. Para Lutero isso significava tomar a Cristo sua missão e dá-la a Maria. Mas, com a compreensão de Cristo sendo o irmão misericordioso, cai a importância de Maria como ajuda no julgamento e na necessidade; ela perde sua função soteriológica imediata, mas permanece sendo uma figura importante na história da salvação. É a partir disso que se vai esclarecendo o interesse teológico, polêmico e "reformador" de Lutero sobre Maria.[7] É um enfoque estritamente teocêntrico e cristocêntrico, cuja autenticidade se confirma na referência aos fundamentos dogmáticos da Igreja antiga

---

[6] Ibidem, p. 67-68.
[7] Ibidem, p. 68.

e no conteúdo bíblico que o permeia, principalmente o nascimento virginal e a Theotokos, que eram pontos inabaláveis para Lutero.[8]

Lutero disse também coisas importantes sobre Maria ao comentar o *Magnificat*.[9] Não era uma exaltação de Maria, pois a tônica incide precisamente sobre a humildade, no louvor da grandeza da ação misericordiosa de Deus, pois por graça é que ela se tornou mãe de Deus, e não por mérito.[10] "A pobre serva" é modelo de humildade, e não se pode fazer dela uma "rainha do céu", pois isto seria, segundo Lutero, fazer desonra a Cristo, prestando-se a uma criatura o que só é devido a Deus.[11] Nesta perspectiva, Maria não foi um tema importante de controvérsia teológica para Lutero; sua polêmica girava em torno da prática de um falso culto a Maria, e para que o culto a Cristo não fosse suplantado, ele chegou mesmo a desejar que o culto a Maria fosse supresso.[12] Lutero teve o interesse reformatório de purificar o culto divino e o ano litúrgico de festas e formas abusivas, dando-lhe uma orientação estritamente cristológica, é o caso da festa da Anunciação, 25 de março; a festa da Visitação, 2 de julho; a festa da Purificação, 2 de fevereiro, que foram mantidas por ele, mas que eram celebradas como festas de Cristo, em que Maria tinha também seu lugar.[13]

---

[8] Ibidem, p. 68.

[9] LUTERO, Martim. *O louvor a Maria (O Magnificat)*. São Leopoldo: Sinodal, 1999. Cf. também PERETTO, E. "Magnificat", in: *Dicionário de Mariologia*. São Paulo: Paulus, 1995, p. 812-822; PAREDES, Jose Cristo Rey Garcia. "Maria en los reformadores", in: *Ephemerides Mariologicae*, vol. XLIV, julio/septiembre, 1994, p. 502; GRUPO DE DOMBES. *Maria no desígnio de Deus e a comunhão dos santos*. Aparecida: Editora Santuário, 2005, p. 41-45.

[10] MARON, Gottfried. "Maria na Teologia protestante", in: *Concilium*/188, 1983/8, p. 68.

[11] Ibidem, p. 68-69. Cf. também LUTERO, Martin. *Genesin Declamationes*, 1527: LW 24, 570, *apud* PAREDES, Jose Cristo Rey Garcia. "Maria en los reformadores", in: *Ephemerides Mariologicae*, vol. XLIV, julio/septiembre, 1994, p. 490.

[12] Ibidem, p. 69.

[13] Ibidem, p. 69.

Nota-se que o pensamento de Lutero sobre Maria não é totalmente consistente, também não é totalmente livre de tensão. Em muitas ocasiões ele falou sobre Maria, em seus sermões, em seus comentários bíblicos e principalmente em seu comentário sobre o *Magnificat*. Há um desenvolvimento em suas ideias, e a partir de certo momento de sua vida ele tinha aceitado, com algum questionamento, ideias católicas tradicionais nesta área. Porém no ano crítico de 1522, em um sermão na festa da Natividade de Maria, ele questionou o papel de Maria em nosso dia a dia da vida cristã, tema agudo relacionado à Imaculada Conceição e Intercessão de Maria.[14] Contudo, é preciso notar, conforme o Grupo de Dombes, grupo ecumênico da França, que vem contribuindo para o progresso de uma teologia ecumênica, que há seis perspectivas nos textos de Lutero relativos a Maria: Lutero repensou o papel de Maria primeiramente em função da cristologia; não se pode dizer nada mais importante sobre Maria do que proclamar que ela é a "mãe de Deus"; há analogia entre o destino de Maria e o da Igreja; a questão da imaculada conceição de Maria é estudada sob o ângulo de "Maria e o pecado" e da santidade de Maria. Quanto à assunção de Maria, Lutero não mostra interesse pela maneira tradicional de compreender a questão; para ele é evidente que Maria está junto de Deus, na comunhão dos santos. A veneração e a devoção a Maria são importantes, mas Lutero examina o culto mariano sempre sob o ângulo da cristologia.[15]

---

[14] O'CARROL, Michael. *Theotokos. A theological encyclopedia of the Blessed Virgin Mary*. Dublin, 1986, p. 227.

[15] Cf. GRUPO de DOMBES. *Maria no desígnio de Deus e a comunhão dos santos*. Aparecida: Editora Santuário, 2005, p. 41-45.

Huldreich Zwinglio (1484-1531)

Zwinglio é o que mais se aproxima de Lutero entre os reformadores contemporâneos a ele. Como Lutero, Zwinglio aceitou e defendeu o antigo dogma cristão. Maria é para ele instrumento da história da salvação e modelo da vida cristã, sinal e testemunho que apontam para a maravilha do mistério do Cristo. A doutrina sobre Maria é também parte da doutrina sobre Cristo, "seu Filho é toda a sua honra", e ela não pode suportar "que a ela se atribua a honra que é de seu filho". Como Lutero, Zwinglio conservou algumas festas de Maria, mas combateu a veneração religiosa de Maria, sua adoração e até mesmo sua invocação. A verdadeira veneração a Maria consiste em voltar-se para os pobres.[16]

Embora o pensamento de Zwinglio sobre Maria fosse de alguma forma semelhante ao de Lutero, havia certas diferenças devido a sua singular perspectiva. Suas ideias sobre Maria são encontradas principalmente em *Marienpredigt* e em seu comentário de Lucas. Zwinglio exalta a maternidade divina e a virgindade perpétua, que foi dada a Maria, o que pertence não à criatura, para trazer na carne o Filho de Deus. Sobre a virgindade, ele dizia que acreditava firmemente que Maria, segundo as palavras do evangelho, é a virgem pura, pois nos trouxe o Filho de Deus e, no nascimento da criança e após o nascimento, permaneceu para sempre a pura e Virgem intacta, e Zwinglio continuou ensinando ao longo de sua vida sobre a virgindade perpétua de Maria. Das orações marianas ele manteve o *Angelus*, e também a Ave-Maria, mas como agradecimento e louvor, pois ele foi contra toda invocação de Maria, negando qualquer poder de mediação ou intercessão dela a nosso favor.[17]

---

[16] MARON, Gottfried. "Maria na Teologia protestante", in: *Concilium*/188, 1983/8, p. 69. Cf. também GRUPO DE DOMBES. *Maria no desígnio de Deus e a comunhão dos santos*. Aparecida: Editora Santuário, 2005, p. 45-47.

[17] O'Carrol, Michael. *Theotokos. A theological encyclopedia of the Blessed Virgin Mary*.Dublin, 1986, p. 378.

João Calvino (1509-1564)

João Calvino manteve-se, em princípio, fiel às decisões dos concílios antigos, porém manifestava dúvida quanto ao título de "Mãe de Deus". Também dizia que Maria não foi isenta do pecado original, pois só o Cristo não caiu sob o julgamento. Rejeitou energicamente "como blasfêmia condenada" a invocação de Maria, aboliu todas as festas de Maria, dos apóstolos e dos santos, porque só a Deus devem os cristãos prestar o culto de adoração, o que não impediu Calvino de louvar a "sancta virgo" (virgem santa), retomando a doutrina tradicional de sua virgindade, pois ela era para ele "virgem antes, durante e depois do parto" (*virgo ante partum, in partu et post partum*)[18] e como mestra e modelo de obediência, de fé, de louvor a Deus e de conhecimento.[19] A virtude que Calvino especialmente admirou em Maria foi sua fé. Exaltou também a pronta obediência de Maria no *fiat*; ela se doou inteiramente a si mesma para Deus. Maria, acolhendo em seu coração a promessa de Deus, concebeu e trouxe salvação para si mesma e para o mundo todo.[20]

Protestantismo contemporâneo

Na evolução posterior do protestantismo, gradativamente foram sendo deixadas de lado certas posturas e práticas em relação a Maria, que ainda eram mantidas pelos reformadores. Em toda essa problemática, não se deve esquecer o fundo católico-romano. Há uma reserva,

---

[18] Cf. GRUPO DE DOMBES. *Maria no desígnio de Deus e a comunhão dos santos*. Aparecida: Editora Santuário, 2005, p. 47.
[19] MARON, Gottfried. "Maria na Teologia protestante", in: *Concilium*/188, 1983/8, p. 70.
[20] O'CARROL, Michael. *Theotokos. A theological encyclopedia of the Blessed Virgin Mary*.Dublin, 1986, p. 94-95.

sobretudo, frente aos documentos do magistério católico concernente a Maria, tais como fixados pelo Concílio de Trento e pelo Catecismo Romano, onde ocorre uma concentração em Maria da veneração aos santos, época em que surgiram também as mariologias científicas de Canisius (1577) e Suarez (1590).[21]

No protestantismo ortodoxo, o tema Maria passa a ser abordado só incidentalmente, não ocupando espaço nem mesmo nas grandes obras de controvérsia da época, e esse desinteresse aumentou na obra dos dogmáticos protestantes dos séculos XVII e XVIII.[22]

Mesmo entre os pietistas, que demonstravam um interesse pelas práticas de piedade e um conhecimento mais amplo da vida das outras confissões, o tema Maria não aparece em parte alguma de autores de maior destaque, como Paul Anton (1732) e Johann Jakob Rambach (1738).[23] E no Iluminismo teológico o tema Maria recuou mais ainda para um segundo plano. Na obra de Siegmund Jakob Baumgarten (1733), Maria ocupa apenas três das 1.300 páginas de sua obra. No contexto eclesial protestante, as consequências para a vida dos fiéis é palpável. As festas de Maria, que na segunda metade do século XVIII ainda eram celebradas durante o dia inteiro, diminuíram de ritmo, passando primeiro para as festas de meio dia, até desaparecerem em seguida por completo.

No Romantismo ocorreu uma nova compreensão, não só do aspecto teológico, mas também no domínio da arte literária. Novalis, por exemplo, disse: "quem uma vez, ó mãe, te contempla, jamais será tragado

---

[21] Cf. Maron, Gottfried. "Maria na Teologia protestante", in: *Concilium*/188, 1983/8, p. 70.

[22] Ibidem, p. 71. Cf. também Heintze, Gerhard. "Maria im Urteil Luthers und in evangelischen Äusserungen der Gegenwart", in: *Beinert, Wolfgang et alii. Maria, eine ökumenische Herausforderung*. Regensburg: Verlag Friedrich Pustet, 1984, p. 59.

[23] Ibidem, p. 71. Cf. também Achim, Dittrich. "Protestantische Marienrede von Martin Luther bis Karl Barth", in: *Ephemerides Mariologicae*, Vol. LVII, abril/septiembre, 2007, p. 251-281.

pela corrupção", e muitos outros poetas se exprimiram no mesmo tom. Contudo, pergunta-se se trata de "Maria" ou se trata da "mulher", do "eterno feminino", essa exaltação no Romantismo. Essa valorização puramente humano-religiosa de Maria como símbolo materno prosseguiu fora da igreja evangélica, de modo que Ludwig Feuerbach (1841), em a "A natureza do Cristianismo", chegou a escrever que "o pai só é uma verdade onde a mãe for uma verdade" e acusou o protestantismo de ter posto de lado a mãe de Deus, o que contraria os dados antropológicos e deve, portanto, ser reparado. De fato ocorreu uma reabilitação, mais numa perspectiva piedosa, e em parte também eclesial, de uma imagem de Maria no luteranismo. O tema ganha nova importância e um novo alento em meados do século XIX, com a proclamação do dogma da Imaculada Conceição por Pio IX em 1854, e desde então vêm ocorrendo recusas e adesões.[24] O teólogo prussiano conservador E. W. Hengstenberg (1855) defendeu a doutrina da Imaculada Conceição, dizendo que ela não dá lugar a uma divinização de Maria. Da mesma forma W. O. Dietlein, um pároco evangélico, procurou obter uma apreciação mais compreensiva do dogma e, em seu livreto, "Ave Maria evangélica" (1863), procurou corrigir o que ele chamava de "posição lamentavelmente negativa" do lado evangélico sobre Maria.[25]

Contudo, essas manifestações isoladas ficaram sem efeito, prevalecendo a recusa clara à evolução romano-católica. Karl (von) Hase em seu famoso *Handbuch der Protestantischen Polemik* (1862) dedicou todo um capítulo a Maria, porém manifestando sua tranquila recusa de protestante ao culto de Maria, atitude que veio a tornar-se típica e característica da formação evangélica burguesa da época até a Primeira Guerra Mundial.

---

[24] Cf. MARON, Gottfried. "Maria na Teologia protestante", in: *Concilium*/188, 1983/8, p. 72.
[25] Ibidem, p. 73.

A voz mais contundente contra o dogma da Imaculada Conceição veio de Eduard Preuss, que em 1865 escreveu "A doutrina romana da Imaculada Conceição exposta de acordo com as fontes e refutada pela Palavra de Deus", em que a história do dogma é "examinada" evangelicamente a partir de uma posição bíblica e reformadora, concluindo que o sistema que se apresenta como apostólico e antigo é não apostólico e moderno, e que como consequência no catolicismo recente o velho cristianismo foi mudado por completo, e em seu lugar entrou uma nova religião, posição essa que não encontrou seguidores no século XIX. No protestantismo esses dois polos continuam existindo: compreensão calorosa e rígida recusa da mariologia.[26]

Em relação à proclamação do dogma da Assunção por Pio XII em 1950, suscitou enérgicos protestos em todo o ecúmeno, exercendo considerável influência sobre o diálogo entre as confissões, e que vai ser retomado intensivamente com João XXIII. Como a questão mariana recebeu um tratamento reservado no Vaticano II, outras questões mais complexas, tais como ministérios, eucaristia, passaram a ocupar a pauta do diálogo, porém o tema Maria está voltando ao primeiro plano da discussão.

Em relação a Maria, tem-se criado uma situação totalmente nova no contexto protestante, sob o impulso de uma teologia "feministicamente" determinada, e no contexto do diálogo ecumênico, e nesse sentido chamou a atenção o estudo conjunto de exegetas americanos, evangélicos e católicos, sobre os chamados textos marianos do Novo Testamento,[27] e a formação de um grupo de trabalho *Catholica* das Igrejas evangélicas e luteranas unidas da Alemanha, que elaborou o documento *Maria. Questões e pontos de vista evangélicos. Um convite ao diálogo (1982).*

---

[26] Ibidem, p. 73.
[27] Cf. BROWN, R. E. *et alii. Maria no Novo Testamento.* São Paulo: Paulinas, 1985.

No contexto protestante não se pode conceber que haja uma doutrina marial evangélica, pois para o Protestantismo, Maria não tendo mérito por si mesma, só pode ser devidamente considerada a partir de seu Filho, de modo que uma mariologia evangélica precisa, em primeiro lugar, de lastro e orientação cristológicos, encontrar seu caminho entre feminismo e catolicismo, através da busca de uma imagem de Maria mais bem lastreada biblicamente, podendo oferecer não só à Igreja católico-romana, mas também a todas as confissões cristãs, uma contribuição no diálogo ecumênico.[28]

Os motivos das diferenças de visão na questão mariana no protestantismo e no catolicismo

Não é possível esperar que os evangélicos possam ver Maria da mesma forma que os católicos e que eles prestem culto a ela da mesma forma, devido à diferença nos pressupostos filosóficos, antropológicos e teológicos.

Raízes metodológico-teológicas

Primeiro é preciso considerar que no catolicismo e na ortodoxia a mariologia não é baseada somente na Escritura, mas também na Tradição, através da qual a Palavra de Deus é lida também, e isso não é conciliável com o princípio da *sola Scriptura*.

Em segundo lugar, o catolicismo e a ortodoxia, tendo uma antropologia fundamentalmente otimista, elaboraram uma visão da rela-

---

[28] Cf. Maron, Gottfried. "Maria na Teologia protestante", in: *Concilium*/188, 1983/8, p. 76.

ção do homem com Deus e vice-versa, em que Deus, em Jesus Cristo, superou o abismo entre si e a criatura, e fez do homem não somente objeto de sua misericórdia, mas também o sujeito que age e colabora no plano da salvação. A questão da *cooperatio*, com a ajuda da graça, permite que o homem possa servir de intermediário levando outros à salvação de Cristo. A doutrina da *communio sanctorum* é entendida, portanto, num sentido amplo, ou seja, o de que existe um laço vivo entre os que moram junto do Senhor e os que permanecem na terra: os primeiros ajudam os outros, e estes podem dirigir-se àqueles na oração.[29]

No protestantismo, ao contrário, existe uma antropologia mais pessimista, baseada nos princípios de *solus Christus*, *sola gratia* e *sola fides*, existindo uma antinomia entre Deus e o homem; Deus está colocado tão alto que o pensamento de cooperação do homem com Deus é impensável, pois é incompatível com o próprio conceito de Deus. Uma mediação de Maria não combina, portanto, com o princípio de *solus Cristus* ou *unus Mediator*, pois Maria não desempenha função alguma de medianeira, e não podemos dirigir-nos a ela, e também aos santos, através da oração e da invocação para obter a intercessão.[30] Na verdade, existe até uma questão de natureza filosófica, ou seja, no protestantismo, não se aceita o princípio da analogia, de modo que até na linguagem não podemos servir-nos de mediação para falar de Deus, não podemos falar de Deus analogicamente, e é por isso que Karl Barth considerava a analogia o pecado capital do catolicismo.

---

[29] Cf. NAPIÓRKOWSKI, S. C. "Ecumenismo", in: DE FIORES, S.; MEO, S. (org.). *Dicionário de Mariologia*. São Paulo: Paulus, 1995, p. 433.
[30] Ibidem, p. 433.

Raízes teológicas

Alguns conceitos mariológicos particulares e algumas práticas de devoção mariana no catolicismo são contestados pelo protestantismo. São formas ligadas a todo o modo de pensar católico, porém há também expressões ou formas menos felizes.

A especulação sobre os chamados privilégios de Maria, a tendência de proclamar cada vez mais novos títulos ou de acrescentar uma joia nova na coroa de Maria e um psicologismo baseado na psicologia da mulher e da mãe têm gerado práticas sentimentais sobre o coração materno, justificando a ideia de que se pode recorrer a Maria mais do que ao próprio Cristo. *De Maria nunquam satis* ("De Maria nunca se diz bastante"), máxima atribuída a São Bernardo de Claraval, levara a multiplicar o discurso sobre Maria, chegando a ponto de o bom vinho do evangelho ser transformado em um mar de palavras quaisquer sobre Maria, sem a preocupação com a fidelidade à Sagrada Escritura.[31]

Outra questão é o esquecimento do princípio da hierarquia nas verdades, como foi apresentado no decreto sobre o ecumenismo, a de que "existe uma ordem ou hierarquia nas verdades da doutrina católica, sendo diferente seu nexo com o fundamento da fé cristã" (UR 11). As verdades concernentes ao fim, o mistério da Santíssima Trindade, o Cristo, a justificação, o reino futuro, encontram-se no topo, mais abaixo vêm então os meios, os mistérios da igreja, da palavra de Deus e dos sacramentos, da intercessão dos santos e de Maria. E aqui, às vezes, esquece-se dessa hierarquia, dedicando-se mais atenção à mediação de alguns santos e especialmente de Maria do que à mediação de

---

[31] Ibidem, p. 434.

Cristo. Os não católicos, vendo tais fatos, concluem que a hierarquia nas verdades está perturbada.[32]

Raízes metateológicas

A dificuldade no debate ecumênico sobre Maria deve-se à falta de conhecimento e de compreensão recíprocos. Do lado católico, às vezes, simplifica-se dizendo que os protestantes não veneram Maria, e que a mariologia e as diversas formas de devoção mariana constituem um obstáculo no caminho da unificação, sem admitir que de fato certas pregações sobre Maria e certas formas de devoção a ela assumem, por vezes, formas que suscitam objeções até justificadas e que dificultam a unificação.

Do lado protestante, nos últimos anos surgiram especialistas em mariologia católica, mas que em geral não revelam uma verdadeira compreensão da atitude católica com relação a Maria, e isso talvez porque eles se baseiem em fontes protestantes ou se baseiam em fontes católicas maximalistas, avaliando assim o culto mariano católico à luz de manifestações menos adequadas. Há também a atitude "anti", de tal modo que a orientação anticatólica entre os protestantes é notada pelos próprios protestantes. Segundo F. J. Leenhardt, alguns protestantes permanecem mais anticatólicos do que protestantes propriamente ditos. W. Meyer constata que a atitude "anti" em relação ao culto mariano está enraizada na própria reforma, que diante da hipertrofia do culto mariano medieval orientou-se em direção radicalmente oposta, com a diferença de que no início, com relação à cristandade reformada posterior e atual, os reformadores ainda conservavam algumas festas marianas, a recita-

---

[32] Ibidem, p. 434.

ção da ave-maria, bem como o nome de Maria no credo. A reação dos reformadores em relação ao culto dos santos e de Maria foi uma reação contra os exageros; eles abandonaram a prática por causa dos abusos.[33]

O diálogo no debate teológico ecumênico

Na mariologia se concentram grandes temas da teologia, tais como a revelação e tradição, pecado e santidade, primado do bispo de Roma e infalibilidade da igreja, graça e mérito, redenção e possibilidade do homem no plano da salvação. O catolicismo, segundo sua perspectiva própria, lê o evangelho, elabora uma determinada metateologia, função essa dos concílios e dos padres, *sensus fidei* e magistério da igreja, e entende a justificação, bem como o homem e sua relação com a graça. Assim a mariologia é uma ilustração do método de que se serve a igreja católica para desenvolver sua doutrina, e que tem significado positivo para o diálogo ecumênico das igrejas que, por sua vez, devem definir-se a si próprias. Se há dificuldades no diálogo ecumênico no campo da mariologia, é pelo fato de que nela culminam os outros setores de teologia católica e de metateologia, dificilmente harmonizáveis com os da Reforma.[34] Porém, apesar das dificuldades, o balanço dos resultados na tentativa do diálogo, é positivo.

Congresso mariológico de Roma (1975)

No diálogo, durante os congressos mariológicos internacionais, num deles realizado em Roma (1975), chegou-se a uma declaração conjunta em que se puseram em acordo de que o Cristo é o único

---

[33] Ibidem, p. 435.
[34] Ibidem, p. 436.

mediador (1Tm 2,5); que à obra de Cristo Deus uniu, em graus diferentes, mediadores criados, entre os quais sobressai Maria por sua excepcional dignidade e eficácia; que ela foi previamente escolhida para conceber e dar à luz o Redentor, que recebeu dela a humanidade, necessária para realizar o sacrifício da cruz; que o "fiat" de Maria foi um consentimento voluntário para a maternidade divina e nossa salvação, e tem um significado permanente; e que o fato de Maria ter estado presente aos pés da cruz demonstra sua cooperação; que o Espírito Santo suscita nos corações orações de confiança na intercessão de Maria, porque ela permanece sempre associada à obra da redenção em todos os tempos.[35]

Declaração ecumênica de Saragoça (1979)

Na declaração ecumênica sobre a veneração de Maria, realizada em Saragoça (1979), admitiu-se que, ao venerarmos os santos e Maria, estamos louvando essencialmente os dons divinos que resplandecem neles; a forma de veneração de Maria reconhecida por todos consiste na imitação dela – humilde escrava do Senhor, pobre diante de Javé e obediente à palavra de Deus –, que se tornou templo do Espírito Santo, que nela realizou a encarnação do Filho de Deus; o culto a Maria não é adoração, conforme o Concílio Niceno II (787) – devida exclusivamente a Deus; se podemos rezar pelos outros neste mundo, também os que partiram, e entre eles os santos e Maria podem fazê-lo, sem prejudicar a única mediação de Cristo.[36]

---

[35] NAPIÓRKOWSKI, S. C., op. cit., p. 436.
[36] Ibidem, p. 437.

Diálogo doutrinal-ecumênico
(Estados Unidos, desde 1965)

Desde 1965 vem acontecendo o diálogo doutrinal-ecumênico nos Estados Unidos, sob o patrocínio do Comitê Nacional da Federação Mundial Luterana e da Conferência Episcopal Católica dos Estados Unidos, sobre Maria no Novo Testamento, e chegaram a importantes constatações. A imagem neotestamentária de Maria deve ser reconstituída com base no que os textos dizem ou fazem supor expressamente a respeito dela, e não com base no "argumento do silêncio", a que recorre de bom grado a "mariologia maximalista". A primeira menção neotestamentária sobre Maria ("nascido de mulher", Gl 4,4) tem caráter eminentemente cristológico, pois denota a verdadeira humanidade de Jesus. A cena do cenáculo (At 1,14), que Lucas extraiu de uma tradição mais antiga, mostra Maria na comunidade pós-pascal dos crentes; é claro, porém, que Lucas não pretende realçar o papel de Maria em tal comunidade.

A imagem de Maria nos evangelhos da infância: O evangelho da infância na versão de Lucas fala de Maria como amada por Deus (1,28-30), escrava obediente do Senhor (1,38), mãe do Senhor (1,40), bendita pelo que Deus nela fez (1,42) e por sua fé, em virtude da qual se teria cumprido o que lhe fora anunciado (1,45). No *Magnificat* Maria reconhece a grandeza dos dons divinos a ela concedidos, reconhece ser humilde serva do Senhor e prediz que as gerações futuras hão de bendizê-la. Maria concebeu Cristo de modo virginal. Durante a atividade pública de Jesus, ela foi fiel ouvinte da palavra de Deus. Segundo Lucas, essa atitude refere-se também ao período anterior (2,19.51). Isso, no entanto, não significa que Maria crendo teve clara compreensão dos acontecimentos de que participava. Segundo os sinóticos: Marcos dá uma imagem negativa de Maria:[37] ela não teria compreendido Jesus durante sua atividade pública (3,20-35) e por isso teria ficado fora da "comunidade escatológica", e reforça esta imagem relatando a censura de Cristo quando diz que o profeta não encontra estima em sua pátria, entre seus parentes e em sua casa (6,4). Mateus e Lucas omitem a rude imagem de Marcos (3,20-35) e deixam-nos ver Maria na comunidade escatológica, porque Maria realiza as condições de tal pertença: fazer a vontade do Pai (Mt 12,50), escutar a palavra de Deus e cumpri-la (Lc 8,21; 11,27-28). Lucas, relatando as palavras de Cristo sobre o profeta não aceito em sua pátria (4,24), não acrescenta "entre seus parentes e em sua casa"; Mateus conserva "sua casa", mas omite "seus parentes". Sobre a apresentação de Maria, nos sinóticos, temos, portanto, uma evolução: da imagem negativa de Marcos para a positiva de Lucas, através da posição intermediária de Mateus. Segundo João, a cena de Caná (2,1-12) mostra Maria como crente em Jesus, pelo menos como aquele que opera milagres. No entanto, ela não o compreende. Jesus se afasta dela denotando a prioridade das coisas do Pai. Não existem razões para afirmar que o fato de Jesus se dirigir a Maria usando a expressão "mulher" se refira a Gn 3,15. A cena ao pé da cruz (19,25-27) mostra João não somente como pessoa histórica, mas também como testemunha por excelência: A maior parte de nosso grupo vê a importância de primeira ordem desta cena no fato de que, dando a Maria o discípulo amado como filho e ao discípulo Maria

---

[37] Essa opinião de que Marcos teria transmitido uma visão negativa de Maria é apenas uma hipótese, porque não se pode provar por seus textos, sobretudo, que Maria tivesse estado entre os que não compreenderam Jesus. Ora o que é necessário, segundo um princípio importante da exegese, que um texto não seja lido isoladamente, mas sim junto com outros textos, aqui no caso, tratando-se de Maria, ler o texto de Marcos junto com os outros textos do Novo Testamento, junto com o de Lucas e de João, que mostram que Maria era uma ouvinte assídua de Jesus e fiel discípula, que esteve aos pés da cruz e que permaneceu fiel ao projeto de Jesus mesmo depois de sua morte, como podemos constatar em Atos 1.

como mãe, Jesus institui a nova comunidade dos fiéis discípulos, a mesma "família escatológica", que aparece nos evangelhos sinóticos, Maria se torna agora a mãe do discípulo por excelência e passa a ser, desse modo, o ideal da fé e do discípulo. A maioria decisiva do grupo era do parecer de que os textos de Mc 6,7; Jo 1,13; 6,42; 7,42; 8,41 e Gl 4,4 não provavam a concepção virginal de Jesus por Maria; provavam-na, ao invés, o evangelho da infância na versão de Mateus e na de Lucas. O grupo concordou que a questão da historicidade da concepção virginal não podia ser estabelecida por meio de uma exegese histórico-crítica e que as posições das igrejas eram provavelmente determinadas por suas tradições. Se a tradição das igrejas sobre a concepção virginal encontra fundamento explícito no Novo Testamento, não se pode dizer o mesmo da fé na "semper virgo", que vai além da transmissão bíblica; a posição a esse respeito é determinada ainda mais resolutamente pela tradição. A "mulher" do Apocalipse (Ap 12) simboliza primeiramente o povo de Deus, entendido tanto como Israel quanto como igreja; deles o povo de Israel e a igreja, na verdade, nascem os novos filhos à semelhança de Cristo. Depois do Novo Testamento, as fontes apócrifas e patrísticas até o século II inclusive falam de Maria no contexto da cristologia. Somente na segunda metade do século II aparece um interesse independente pela pessoa de Maria. O Novo Testamento e a literatura neotestamentária primordial indicam expressamente as linhas de evolução da imagem de Maria: tais linhas buscam sua apresentação cada vez mais positiva como virgem e discípula por excelência. Onde reside a fonte das divergências intereclesiais na visão de Maria? Primeiramente, não reside na leitura diferente do Novo Testamento, embora existam indubitavelmente diferenças, mas sim no fato de que as várias igrejas avaliam de modo diverso cada um dos elementos do Novo Testamento.[38]

---

[38] NAPIÓRKOWSKI, S. C. "Ecumenismo", in: DE FIORES, S.; MEO, S. (org.). *Dicionário de Mariologia*. São Paulo: Paulus, 1995, p. 436-438.

Grupo ecumênico de Dombes

Conforme o Grupo de Dombes, grupo ecumênico da França, que há anos vem contribuindo com suas reflexões para o progresso de uma teologia ecumênica, percorremos os três artigos do símbolo de fé, caminhando com Maria. "Nós a acompanhamos, desde a humilde jovem judia de Nazaré até a que nos precede na comunhão dos santos, porque foi escolhida por Deus para ser a mãe do Messias. Maria cantou no *Magnificat* seu destino único: ela é a humilde serva do Senhor, para quem Deus – santo é seu Nome! – fez grandes coisas; ela se vê chamada de bem-aventurada por todas as gerações por ter acreditado nas promessas feitas a Abraão. Por seu sim dado ao anúncio angélico, Maria ver-se-á tornar-se mãe de seu Senhor. Mãe e bem-aventurada, Maria não esquecerá nem sua origem, nem a grandeza daquele que por ela vai tomar corpo e ultrapassar todos os limites do tempo e do espaço naquele que será a "luz das nações" e a "glória de Israel".[39]

Perspectivas para o diálogo ecumênico sobre Maria

O capítulo VIII da *Lumen Gentium*, sobre *A bem-aventurada Virgem Maria, Mãe de Deus, no mistério de Cristo e da Igreja*, apresenta uma perspectiva ecumênica e teve o objetivo de abrir o diálogo com o mundo protestante e ortodoxo. Essa preocupação, que esteve presente na elaboração de todos os documentos conciliares, teve especial destaque na redação do capítulo VIII da *Lumen Gentium*, porque a questão mariana era um ponto de divergência entre as diferentes confissões cristãs, e os

---

[39] Grupo de Dombes. *Maria no desígnio de Deus e a comunhão dos santos*. Aparecida: Editora Santuário, 2005, p. 97-98.

Padres conciliares estavam conscientes disso.[40] Foi a primeira vez que o Magistério conciliar propôs à Igreja uma exposição sobre o papel de Maria na obra da Redenção e na vida da Igreja, e, devido a sua perspectiva e sensibilidade ecumênica, esperou-se que pudesse contribuir para a promoção do diálogo ecumênico. Contudo, a resposta da parte dos teólogos protestantes em relação ao capítulo VIII da *Lumen Gentium* tem se caracterizado por uma recusa, assim como um se negar a expressar o próprio horizonte de pensamento acerca de Maria.[41]

Em vista dessa situação, para resolver o problema mariológico tal como se apresenta no debate teológico ecumênico, não nos podemos descuidar dos seguintes problemas: A aceitação de um pluralismo teológico das igrejas, em larga escala, mesmo depois de sua unificação, é ponto que merece consideração. As divergências das estruturas de nosso pensamento são de tal forma profundas que impossibilitam um acordo pleno. Pode haver aproximação entre elas, mas não conseguimos fazê-las chegar à identidade; talvez uma total identificação privasse a cristandade de algo precioso. Assim como o acordo fundamental luterano-católico sobre a justificação (relatório de Malta) deixa amplo espaço para a colocação deste problema em ambas as igrejas, também um eventual acordo sobre Maria não deveria necessariamente e pelo menos em primeira instância abranger coisas como a aceitação, por parte das outras igrejas, dos dogmas da imaculada conceição ou da assunção. Outro problema é o da correção em larga escala do modelo católico da mediação de Maria e dos santos. O modelo "por Maria *ad Christum*" apresenta sérias dificuldades teológicas, pastorais e ecumênicas. Precisamos repensar os modelos possíveis: o modelo da mediação *in Christo*, o modelo

---

[40] BALBOA, Blas Rivera. "La mariología en el capítulo VIII de la constitución *Lumen Gentium* y el pensamiento de los cristianos de otras confesiones", in: *Ephemerides Mariologicae*, vol. LVI, julio/septiembre, 2006, p. 291.

[41] Ibidem, p. 305.

per homines, ou seja, o modelo antropológico (a proposta de K. Rahner), e ainda o modelo *in Spiritu Sancto*, isto é, o da *pneuma hagiologia* (a inspiração de M. Scheeben, de M. Kolbe e de H. Mühlen). Seria necessária uma catarse da pregação sobre Maria por parte dos católicos. Tanto os mariólogos maximalistas, quanto os apóstolos marianos que se deixam guiar pela mariologia do coração, devem tomar em séria consideração as palavras do Vaticano II sobre a necessidade de evitar qualquer exagero falso, como também o seguinte enunciado: "Tanto nas palavras quanto nos fatos, evitem diligentemente qualquer coisa que possa induzir a erro os irmãos separados ou qualquer outra pessoa sobre a verdadeira doutrina da igreja" (LG 67). E mais ainda as palavras de São Bernardo: "Dizes que a mãe do Senhor deve ser muito venerada. Tens razão, mas (...) a Virgem régia não precisa de falsa honra. Ela já possui suficientes títulos verdadeiros para ser honrada".[42] Uma catarse de outro gênero poderia corrigir a posição protestante. São necessários também estudos aprofundados sobre a religiosidade popular. Com efeito, a religiosidade mariana popular suscita as mais numerosas reservas; e, no entanto, os estudos contemporâneos sobre a religiosidade popular nela descobrem grandes valores e a reabilitam. Os grandes cristãos tinham muita compreensão em face de certas incoerências ou inexatidões inseparáveis desse tipo de devoção.[43]

Enfim para que esse diálogo se torne cada vez mais possível, é necessário superar os preconceitos existentes de ambos os lados e, com o coração e a mente abertos, procurar acolher Maria, grande dom feito por Jesus do alto da cruz à Igreja e à humanidade: "Eis a tua mãe" (Jo 19,27). Depois desse gesto de Jesus, não é mais indiferente aceitar ou recusar Maria em nossas vidas.

---

[42] Epístola CLXXIV, PL, 182, 333, *apud* NAPIÓRKOWSKI, S. C. "Ecumenismo", in: DE FIORES, S.; MEO, S. (org.). *Dicionário de Mariologia*. São Paulo: Paulus, 1995, p. 439.
[43] NAPIÓRKOWSKI, S. C. "Ecumenismo", in: DE FIORES, S.; MEO, S. (org.). *Dicionário de Mariologia*. São Paulo: Paulus, 1995, p. 439.

Referências bibliográficas

ACHIM, Dittrich. "Protestantische Marienrede von Martin Luther bis Karl Barth", in: *Ephemerides Mariologicae*, vol. LVII, abril/septiembre, 2007, 251-281.

BALBOA, Blas Rivera. "La mariología en el capítulo VIII de la constitución *Lumen Gentium* y el pensamiento de los cristianos de otras confesiones", in: *Ephemerides Mariologicae*, vol. LVI, julio/septiembre, 2006, p. 285-313.

DE FIORES. "Mariologia/Marialogia", in: *Dicionário de Mariologia*. São Paulo: Paulus, 1995.

LUTERO, Martim. *O louvor a Maria* (O *Magnificat*). São Leopoldo: Sinodal, 1999.

MARON, Gottfried. "Maria na Teologia protestante", in: *Concilium*/188, 1983/8, p. 67-77.

GRUPO DE DOMBES. *Maria no desígnio de Deus e a comunhão dos santos*. Aparecida: Editora Santuário, 2005.

HEINTZE, Gerhard. "Maria im Urteil Luthers und in evangelischen Äusserungen der Gegenwart", in: BEINERT, Wolfgang *et alii. Maria, eine ökumenische Herausforderung*. Regensburg: Verlag Friedrich Pustet, 1984.

NAPIÓRKOWSKI, S. C. "Ecumenismo", in: *Dicionário de Mariologia*. São Paulo: Paulus, 1995, p. 433-440.

O'CARROL, Michael. *Theotokos. A theological encyclopedia of the Blessed Virgin Mary*. Dublin, 1986.

PAREDES, Jose Cristo Rey Garcia. "Maria en los reformadores", in: *Ephemerides Mariologicae*, vol. XLIV, julio/septiembre, 1994, p. 487-507.

PERETTO, E. "Magnificat", in: *Dicionário de Mariologia*. São Paulo: Paulus, 1995, p. 812-822.

SESBOUË, Bernard (org.). *Os sinais da salvação. Os Sacramentos, a Igreja, a Virgem Maria*. (História do Dogma, tomo 3). São Paulo: Loyola, 2005.

Os Anjos na Bíblia

Gilvan Leite[1]

O tema dos anjos na Bíblia surgiu a partir de um curso ao qual fui convidado a proferir durante a semana de teologia do Instituto João Paulo II em Sorocaba. O tema, de início, pareceu-me fora de contexto, ou seja, alguma coisa "angelical".

As reticências ao tema advêm justamente de uma visão distorcida que o liga a certo misticismo exacerbado com traços de bucólicos sentimentalismos. De fato, quando se fala de anjos, queremos visualizar, de imediato, aquelas figuras infantis gregas com asinhas cantarolando num jardim e tocando suas harpas, ou, quando muito, com uma flecha com a intenção de atingir o coração de uma bela jovem. Contudo, o decorrer das pesquisas me fez verificar uma realidade densa e profunda da qual eu tinha uma visão limitada e, com certeza, equivocada.

O tema de anjos e demônios no Novo Testamento é amplo e variado, pelos diversos significados e modelos apresentados principalmente pela literatura paulina. A palavra grega "anjo" ($\check{\alpha}\gamma\gamma\epsilon\lambda o\varsigma$) tem o significado de "aquele que porta uma mensagem" ou simplesmente "mensageiro". Além do mais, a angeologia bíblica nos apresenta toda uma hierarquia de seres e funções que estabelecem um direto contato entre Deus e a

---

[1] Doutor em Teologia Bíblica pelo Angelicum, Roma. Professor na Pontifícia Faculdade de Teologia Nossa Senhora da Assunção, SP.

pessoa humana, com atenção especial para com o povo eleito e o povo da nova aliança.

Entre a tradição angélica do Antigo e do Novo Testamento existe uma considerável diferença. Enquanto no Antigo Testamento apresenta uma hierarquia angélica, o Novo Testamento está mais preocupado com a função desta. No geral, fala-se de "anjos", "arcanjos", "querubins" e "serafins" e, em seu aspecto negativo, o demônio e suas legiões, com nomes bem variados que se completam.

Origem dos Anjos

A primeira questão a ser tratada sobre o tema dos anjos é justamente quanto a sua origem. Segundo Clemente de Alexandria, em sua obra *stromata*, afirma, seguindo a linha de Filão de Alexandria, que os anjos existiam antes da criação.[2] A noção de "primazia-criacional", muito difundida na literatura intertestamentária e presente no Pastor de Hermas, desenvolveu-se na escola alexandrina, unida ao tema da liturgia celeste na contemplação.[3] Contudo, a origem dos anjos, como luz ou reflexo da luz divina tem como função única a contemplação divina.[4] A primazia-criacional angélica estaria ligada ao primeiro dia da criação quando Deus proclama "Haja Luz" (Gn 1,3). Assim, a criação angélica estaria ligada diretamente ao surgir da luz, que os identifica com os "dias" da criação.[5] "Jubileus" segue a mesma linha de pensamento, ou seja, a

---

[2] Cf. CONTESSA, A. "La Creazione Angelica", in *Cahiers Ratisbone* 4 (1998), p. 128-129.

[3] Cf. CONTESSA, A. "La Creazione Angelica", p. 129.

[4] Cf. CONTESSA, A. "La Creazione Angelica", p. 129.

[5] Cf. CONTESSA, A. "La Creazione Angelica", p. 131.

origem dos anjos ao primeiro dia da criação.[6] Mas, segundo o autor de Jubileus, a origem está liga ao tema da *"ruah"* de Gn 1,2, afirmando que Deus criou todos os "espíritos que o servem diante dele".[7] Em Jubileus existem duas categorias de anjos, a superior e a inferior. Os anjos superiores dividem-se em duas classes, os que estão diante da face de Deus e os anjos da santificação. Os anjos inferiores ou subalternos são responsáveis pelas ações cósmicas, controlando os ventos, os astros, as estações do tempo e a terra.[8]

A literatura rabínica rejeita por completo a concepção apócrifa da criação dos anjos ao primeiro dia. A contestação busca confutar a doutrina gnóstica, segundo a qual a criação surgiu por intermédio dos anjos.[9] A literatura rabínica (*Bereshit Rabba**), inspirando-se no Sl 104,3-4, sugere o segundo dia para a criação dos anjos. Assim, separando o firmamento, acentua-se a criação dos seres celestes ao segundo dia e os terrestres a partir do terceiro. Outros rabinos, inspirados em Is 6,2, preferem situar a criação angélica ao quinto dia, junto com as criaturas que povoam os céus.[10]

O tema dos anjos foi largamente meditado pelos padres patrísticos, cuja existência jamais foi questionada por eles.[11] Quanto a origem dos anjos, Santo Efrém comenta que Moisés não nos informa de sua criação; enquanto Teodoro de Mapsuestia relaciona a criação dos anjos à criação do céu e da terra. Segundo Teodoro, no primeiro dia da criação Deus falou.

---

[6] BONNEAU, G. e DUHAIME, J. "Angéologie ET légitimation sócio-religieuse dans le livre dês Jubilés", in *Église et Théologie*, 27 (1996), p. 339.

[7] BONNEAU, G. e DUHAIME, J. "Angéologie ET légitimation sócio-religieuse dans le livre dês Jubilés", p. 340.

[8] BONNEAU, G. e DUHAIME, J. "Angéologie ET légitimation sócio-religieuse dans le livre dês Jubilés", p. 340.

[9] Cf. CONTESSA, A. "La Creazione Angelica", p. 138.

[10] Cf. CONTESSA, A. "La Creazione Angelica", p. 139.

[11] Cf. CONTESSA, A. "La Creazione Angelica", p. 140.

Portanto, falou a quem? Aos anjos. Durante o IV século desenvolve-se o tema dos anjos relacionado com o papel contemplativo. Tal acento se deve à crise ariana e à afirmação trinitária de Deus.[12]

Contudo, a origem angélica está ligada à influência cananita. Iahweh sempre permaneceu como único poder criador do universo, mesmo que na corte celeste inclua a presença destes.[13] Mas somente no período pós--exílico é que encontraremos um claro desenvolvimento da angeologia judaica, motivado pelas influências babilônica e persiana.

Anjos no Antigo Testamento

O período pré-exílico já concebe Deus como rei. Enquanto tal, possui uma corte que o assiste: conselheiros, guerreiros, agentes etc. Estes divinos seres aparecem frequentemente como um grupo (Gn 28,12; Sl 29,1; 89,6-9) e eram compreendidos como um "conselho" de Deus (Sl 82,1ss., Jr 23,18.22; Jó 15,8). Uma clara descrição deste Conselho reunido e deliberando junto com Deus encontramos em 1Rs 22,19-22:

> Eu vi Iahweh assentado sobre seu trono; todo o exército do céu estava diante dele, a sua direita e a sua esquerda. Iahweh per-guntou: "Quem enganará Acab, para que ele suba contra Ramot de Galaad e lá pereça?" Este dizia uma coisa e aquele outra. Então o Espírito aproximou-se e colocou-se diante de Iahweh: "Sou eu que o enganarei", disse ele. Iahweh lhe perguntou: "E de que modo?"

---

[12] Cf. CONTESSA, A. "La Creazione Angelica", p. 141.

[13] Cf. BIETENHARD, H. "ἄγγελος", in *Grande Enciclopedia Illustrata della Bibbia*, Piemme, Torino 1997, p. 56.

Respondeu: "Partirei e serei um espírito de mentira na boca de todos os seus profetas". Iahweh disse: "Tu o enganarás, serás bem-sucedido. Vai e faze assim".

Possivelmente por causa de seu lugar privilegiado, os anjos deveriam ser considerados como detentores de conhecimento e discernimento (cf. 2Sm 14,17; 19,28). Além disso, segundo Dt 32,8, foi conferido à cada nação da terra um anjo como guardião, sendo Israel reservado ao cuidado pessoal de Iahweh.

Querubins

A questão dos querubins gira em torno do tema da Arca da Aliança. Algumas tradições concebem a Arca da Aliança como um objeto sagrado, representando a própria presença de Iahweh, outras a veem apenas como um caixote contendo as duas tábuas da Lei e, ainda, como um escabelo para apoiar os pés de Iahweh. Nesse contexto entra a função dos querubins que estendem suas asas sobre a Arca.

Os dois querubins apresentados pela tradição sacerdotal, como aqueles que aparecem na consagração do Templo de Salomão e aqueles da visão de Ezequiel, representariam nada menos que o trono de Iahweh.[14]

As palavras "cherub" (sing.) e "querubins" (pl.) aparecem mais de noventa vezes no Texto Massorético (MT) e sempre em contexto sacro.[15] Não existe uma uniformidade sobre sua natureza, apenas que são seres alados. Os querubins são apresentados através de duas formas:

---

[14] HARAN, M. *Temples and Temple-Service in Ancient Israel*, p. 251; DHORME, P. et VICENT, L. H. "Les Chérubins", in *RB* 35 (1926) 485.
[15] MEYERS, C. "Cherubim", in *ABD*, I, p. 899.

bidimensional: quando aparecem bordados em tecidos ou esculpidos em baixo relevo; tridimensional: que são os seres alados, propriamente dito, ou uma estátua destes.[16]

Na forma bidimensional encontramos as cortinas do interior da Tenda Santuário do Deserto, que eram bordadas com querubins (cf. Êx 26,1.31; 36,8.35). As paredes do Templo, sejam em seu interior, como em seu exterior, possuíam, além de palmas e flores, as figuras de querubins entalhados em baixo relevo (cf. 1Rs 6,29; 2Cr 3,7; Ez 41,17-20). As portas e os objetos do Templo também eram decorados com entalhes em baixo relevo com querubins (cf. 1Rs 7,29.36).[17]

Na forma tridimensional, encontramos os dois querubins entalhados que faziam parte dos Santuários do Deserto. Dois querubins de ouro com asas estendidas faziam parte da cobertura da Arca, dentro do Santo dos Santos, no Santuário do Deserto (cf. Êx 25,18-22; 37,7-9).[18] No relato de Êxodo os querubins aparecem unidos ao propiciatório que cobre a Arca, e a função de ambos, querubins e propiciatório, é cobrir a Arca e servir de base para Iahweh.

O Templo de Jerusalém possuía também dois grandes querubins, esculpidos em madeira de oliveira e revestidos em ouro. A expressiva medida dos querubins pode ser sentida quando se fala que suas asas se tocavam entre si e se entendiam por toda a largura do Templo, tocando as paredes laterais deste (cf. 1Rs 6,23-28; 8,6-7). Como já citado acima, os querubins possivelmente seriam o trono no qual se assenta Iahweh (cf. 2Rs 19,15).

Em sua forma de ser alado, os querubins aparecem em Gênesis como porteiros do Jardim do Éden, portando "a chama da espada fulgurante" para guardar o caminho da árvore da vida (Gn 3,24).

---

[16] MEYERS, C. "Cherubim", p. 899.

[17] MEYERS, C. "Cherubim", p. 899-900.

[18] MEYERS, C. "Cherubim", p. 900.

Segundo o livro do Êxodo, os querubins aparecem sobre a Arca, enquanto no livro dos Reis, ao lado da Arca da Aliança. Além de sua possível função de trono de Iahweh (2Rs 19,15), eles possuem a função de cobertura ou abrigo, ou proteção da Arca. Nos textos de Êx 25,20; 37,9 e 1Rs 8,7, eles têm a função de *skk* (cobrir).[19] O relato sacerdotal apresenta o verbo *skk* somente indicando a posição da Arca em relação às asas do querubins. Contudo, em Êx 40,3.21 quem possui a função de cobrir a Arca da Aliança não são os querubins, mas sim o véu (Êx 40,3.21) expresso com o mesmo verbo *skk*. Chama-nos a atenção o relato de 2Cr 28,18, no qual consta que a função dos querubins, além daquele de ser *skk*, é também a de ser, junto com a Arca, provavelmente, um "carro divino"; não podemos afirmar que se trate de um acréscimo acidental do autor, mas chama a atenção, principalmente quando entramos em contato com o relato da carruagem de fogo de Ez 1 e 10.

Sobre a função dos querubins de ser o trono de Iahweh, encontramos uma dificuldade em 2Sm 22,11 e no Sl 18,11, nos quais Iahweh aparece cavalgando sobre "um" querubim. No Antigo Testamento os querubins são apresentados em diversas formas, porém um não anula a imagem do outro, pois se trata de criaturas celestes que ao lado de outras criaturas celestiais (arcanjos, anjos, serafins) formam a "milícia celeste ou exército do céu" e servem a Deus em diversos modos (cf. 1Rs 22,19; Sl 148,2).[20]

Se tomarmos em conta que o propiciatório e os querubins formavam o trono de Iahweh, podemos considerar a Arca com a função de "escabelo" do trono, além daquela de ser o abrigo das tábuas da Aliança. Haran confirma a prática de se guardarem documentos, escritos, contratos nos templos, em caixas especiais, aos pés de imagens de divindades pelos

---

[19] HARAM, M. *Temples and Temple-Service in Ancient Israel*, p. 252.
[20] Cf. HARAN, M. *Temples and Temple-Service in Ancient Israel*, p. 254-255.

egípcios, hititas e, provavelmente, por todo o oriente próximo. Esses documentos eram testemunhos (*'edūt*)[21] ou alianças (*bᵉrît*)[22] postos aos pés das divindades, que por sinal era o lugar mais apropriado para se guardar tais documentos. Que a tradição deuteronomista ou sacerdotal atribua o nome de Aliança, para um, e testemunho, para o outro, serve como justificativa de que as tábuas da Aliança tratem, verdadeiramente, de um documento legal estabelecido entre duas partes (Iahweh e o povo de Israel). O que nos ajuda a perceber tal fato é a citação acidental em Dt 31,26, que especifica que o Livro da Torá é também posto dentro da Arca da Aliança de Iahweh.[23]

Os símbolos do trono e do escabelo servem também para especificar o Templo como casa de Deus, ou melhor, a casa de Deus possui um trono e um escabelo. Em Is 66,1, quando Iahweh fala de sua morada, Ele especifica que o céu é seu trono e a terra é seu escabelo. 2Cr 28,2 nos deixa claro que a intenção de Davi de construir o Templo de Jerusalém é a de pôr a Arca da Aliança de Iahweh como *"pedestal de nosso Deus"*.[24]

Podemos concluir a partir dos textos apresentados que a Arca e os querubins nos textos bíblicos do Antigo Testamento assumem a função de trono e escabelo dentro do Templo de Jerusalém, que é a residência terrestre de Iahweh, principalmente pela atestação de Êx 25,22 e Nm 7,89.

Serafins

A etimologia da palavra "serafim" apresenta uma dificuldade de compreensão. A palavra hebraica *śārāf* (*śĕrāfîm*, plural) está relacionada

---

[21] Termo usado por P.
[22] Termo usado por D.
[23] HARAN, M. *Temples and Temple-Service in Ancient Israel*, p. 255.
[24] Ver também Sl 99,5 e 132,7.

com o verbo hebraico *śrp*, que significa queimar, arder. O ato de fazer queimar, arder, levou a relacionar a palavra *śārāf* com serpente, cuja picada queimava, ardia: "Então Deus enviou contra o povo serpentes 'abrasadoras', cuja mordedura fez perecer muita gente em Israel" (Nm 21,6). Contudo, será com o profeta Isaías que os serafins ganham relevo. De fato, em Is 6,1-7 aparecem estes seres alados: "Vi o Senhor sentado sobre um trono alto e elevado... Acima dele, em pé, estavam serafins, cada um com seis asas: com duas cobriam a face, com duas cobriam os pés e com duas voavam..." Possivelmente, Isaías use a expressão "serafim" para esses seres alados por causa do aspecto flamejante, resplandecente que eles possuem. Leva-se em conta que os seres alados vistos por Isaías são comparáveis aos querubins de Ezequiel 1, devido ao aspecto luminoso destes. Ambas imagens (Is 6 e Ez 1) nos conduzem para o relato de Ap 4.

O relato de Is 6 deixa claramente transparecer que tais seres alados possuem formas humanas, possuem pés, mãos, rostos. Assim, como alguns autores querem afirmar, os serafins não possuem nenhuma relação com seres mitológicos, com formas de serpentes. A expressão "serafim" está relacionada com o verbo "queimar", por causa do aspecto brilhante que possuem. Brilhantes como chama de fogo, simbolizam a pureza e o poder da corte celeste. Estando em relação com Ezequiel, pode-se dizer que são querubins descritos como *śārāf,* em razão de sua aparência brilhante. Contudo, os querubins possuem apenas quatro asas e forma hibrida, enquanto os serafins possuem seis asas.

Pela descrição de Isaías parece que os serafins prestam serviço cultual diante do altar de Deus. Eles aparecem de pé e acima do Senhor (vv. 1-2); prestam louvores a Deus, cantando o *trisagion* (v. 3); o Templo se enche de fumaça (v. 4) e um dos serafins toca a boca de Isaías com uma brasa (vv. 6-7); todas essas características situam a ação dos serafins em atitude cultual diante de Deus.

Arcanjos

Na concepção do Antigo Testamento os Arcanjos são aquelas entidades angélicas aos quais são atribuídas funções particulares e possuem certa individualidade. Esta característica praticamente desaparece no Novo Testamento. Assim, os arcanjos são equiparados aos anjos, mesmo quando assumem certas funções, como a de anunciar uma missão a Zacarias e a Nossa Senhora.

No Antigo Testamento somente em Daniel encontramos referências a esses seres alados denominados arcanjos. A particularidade em Daniel é que o autor se refere ao Arcanjo Miguel (Quem é como Deus?) com os títulos de: "Miguel, um dos primeiros Príncipes" (Dn 10,13 – $M\iota\chi\alpha\eta\lambda$ $\epsilon\hat{\iota}\varsigma$ $\tau\hat{\omega}\nu$ $\dot{\alpha}\rho\chi\acute{o}\nu\tau\omega\nu$ $\tau\hat{\omega}\nu$ $\pi\rho\acute{\omega}\tau\omega\nu$) e "Miguel, o grande Príncipe" (Dn 12,1 – $M\iota\chi\alpha\eta\lambda$ $\dot{o}$ $\check{\alpha}\rho\chi\omega\nu$ $\dot{o}$ $\mu\acute{\epsilon}\gamma\alpha\varsigma$).

Em todo o Novo Testamento existem apenas duas menções explícitas a arcanjos. A primeira em 1Ts 4,16, quando Paulo trata da segunda vinda de Nosso Senhor Jesus Cristo, e a segunda em Jd 1,9, quando o autor trata do tema da blasfêmia. Em 1Ts 4,16 Paulo refere-se somente à ação do "Arcanjo", enquanto que em Jd 1,9 o autor explicitamente fala do "Arcanjo Miguel" ($M\iota\chi\alpha\eta\lambda$ $\dot{o}$ $\dot{\alpha}\rho\chi\acute{\alpha}\gamma\gamma\epsilon\lambda o\varsigma$). Leva-se em consideração, no Apocalipse de São João, que Miguel aparece como comandante da milícia celeste que vem guerrear contra o Dragão (Ap 12,7: *Houve então uma batalha no céu: Miguel e seus Anjos guerrearam contra o Dragão*), que está em sintonia com Js 5,14-15, que fala de um ser divino chamado de "chefe do exército de Iahweh" ($\dot{o}$ $\dot{\alpha}\rho\chi\iota\sigma\tau\rho\acute{\alpha}\tau\eta\gamma o\varsigma$ $\kappa\upsilon\rho\acute{\iota}o\upsilon$ / שַׂר־צְבָא יְהוָֹה אֶל־יְהוֹשֻׁעַ).

A designação de "chefe do exército de Iahweh" relaciona-se perfeitamente com o discurso de Paulo aos Tessalonicenses e com o relato de batalha celeste do Apocalipse, ambos relacionados com a segunda vinda de Nosso Senhor Jesus Cristo.

A tradição cristã faz menção a outros dois arcanjos chamados de Gabriel (homem de Deus ou Deus é forte)[25] e Rafael. Gabriel surge nas visões do profeta Daniel como "um" que tem aparência humana e vem explicar ao profeta o significado das visões (Dn 8,16;9,21). Em Dn 8,16, Gabriel aparece "de pé" diante de Daniel, enquanto que em 9,21, ele aproxima-se do profeta "num voo rápido". No Novo Testamento, Gabriel aparece a Zacarias e a Maria com a função de trazer uma mensagem divina, ou seja, o anúncio da concepção e nascimento de João Batista (cf. Lc 1,19) e de Jesus Cristo (cf. Lc 1,26). O arcanjo autodenomina-se "Eu sou Gabriel, o que está sempre posto diante de Deus" ou "o posicionado diante de Deus" (ἐγώ εἰμι Γαβριὴλ ὁ παρεστηκὼς ἐνώπιον τοῦ θεοῦ).

Existe uma diferença substancial entre as referências sobre o arcanjo Gabriel no Antigo e no Novo Testamento. Enquanto que na profecia de Daniel o arcanjo Gabriel tem a função de desvendar o mistério das visões, no Novo Testamento o arcanjo aparece com a função de portar um anúncio divino. Além disso, em Daniel, Gabriel aparece como "um que tem aparência humana" e, em Lucas, ele aparece com a denominação de "anjo" (cf. Lc 1,11.13.18-19.26.30.34-35.38) e "de pé" do lado direito do altar (cf. Lc 1,11).

Quanto ao arcanjo Rafael (Deus cura), ele aparece somente no livro de Tobias. Tb 3,17 diz que "foi enviado Rafael para curar" e, em 5,4, o autor diz ser ele um anjo "de pé". Contudo, em Tb 12,15 diz-se claramente: "Eu sou Rafael, um dos sete anjos que estão sempre presentes e têm acesso junto à Glória do Senhor". Em todo caso, encontramos uma característica comum, ou seja, o estar "de pé" e "diante de Deus". Essas referências os colocam em atitude cultual diante da "liturgia celeste".

---

[25] A raiz da palavra hebraica *geber* tem o significado de "homem" ou "forte". Motivo pelo qual o nome Gabriel pode ser mais bem traduzido por "Deus é forte".

Anjos no Novo Testamento

De imediato podemos afirmar que, enquanto atestada no Antigo Testamento a presença de anjo como uma pessoa humana ou um ser divino enviado a portar uma mensagem, tal concepção de mensageiro como pessoa humana desaparece quase por completo no Novo Testamento. As únicas passagens nas quais encontramos a concepção de anjo como um mensageiro humano aparecem em:

– os enviados de João Batista a Jesus – Lc 7,24;
– os discípulos são enviados por Jesus – Lc 9,52.

Estas são as únicas passagens em todo o Novo Testamento. Habitualmente o Novo Testamento usa as seguintes palavras para pessoas enviadas:

a) verbos:
– enviar ($\pi\acute{\epsilon}\mu\pi\omega$) – Jo 20,21;
– mandar, enviar ($\dot{\alpha}\pi o\sigma\tau\acute{\epsilon}\lambda\lambda\omega$) – Lc 19,32;
b) substantivos:
– apóstolo ($\dot{\alpha}\pi\acute{o}\sigma\tau o\lambda o\varsigma$) – Mt 10,5.16; 11,2; Mc 6,7;
– discípulos ($\mu\alpha\theta\eta\tau\alpha\acute{\iota}$) – idem acima.

O cristianismo assume a concepção do Antigo Testamento de anjos como *representantes do mundo celeste e mensageiros de Deus*. Assim, os anjos representam outro mundo (cf. Hb 12,22; 1Tm 5,21). Assemelhar-se aos anjos quer dizer possuir em si mesmo alguma coisa divina, do céu (cf. At 6,15), e quem o recebe, acolhe um "anjo" ou o próprio Deus (cf. Gl 4,14). Ser espetáculo para os anjos é tornar-se espetáculo para os habitantes do céu (cf. 1Cor 4,9).

Muitas passagens do Novo Testamento resgatam descrições de seres angélicos do Antigo Testamento. Assim, a Carta aos Hebreus alude à visita dos anjos a Abraão e Lot (Hb 13,2 e Gn 18-19). O Ato dos Apóstolos fala da aparição do anjo a Moisés (At 7,30.35 e Êx 3,2). Muitas vezes se fala no Novo Testamento dos anjos como promulgadores da Lei (cf. At 7,53; Gl 3,19; Hb 2,2). Em At 7,38 manifesta a imagem positiva da presença angélica e neles não se encontram palavras, pensamentos e ações ruins (cf. At 7,38; Jd 9; 2Pd 2,11).

Para o cristianismo, Jesus Cristo é a presença de Deus, sendo o próprio Deus no meio de nós. Por isso, Jesus aparece rodeado por anjos que o acompanham e o servem. Os anjos são responsáveis pelo anúncio do nascimento de João Batista (Lc 1,11ss.) e de Jesus Cristo (Maria: Lc 1,26ss.; José: Mt 1,18ss.). Anunciam aos pastores o nascimento de Jesus (Lc 2,8ss.); recomendam a José tomar Maria e Jesus e fugir para o Egito, diante da perseguição de Herodes (Mt 2,13ss.); servem Jesus no deserto após o batismo (Mt 4,11); confortam Jesus no Monte das Oliveiras (Lc 22,43); removem a pedra do túmulo de Jesus (Mt 28,2); anunciam às mulheres e aos apóstolos a ressurreição de Jesus (Mt 28,1ss.; Lc 24,1ss.; Jo 20,12ss.) e manifestam sua divindade (Jo 1,51).

Os anjos acompanham e agem efetivamente, seja anunciando os desígnios divinos, seja servindo a Jesus Cristo desde seu nascimento até sua ascensão aos céus; igualmente os anjos agem na Igreja acompanhando-a e servindo-a, no decorrer de sua história. O anjo do Senhor liberta Pedro da prisão, conduzindo-o para fora do cárcere por duas vezes (At 5,19 e 12,7ss.): "Agora sei realmente que o Senhor enviou seu Anjo, livrando-me das mãos de Herodes e de toda expectativa do povo judeu" (At 12,11). Anuncia a vontade do Senhor: "O Anjo do Senhor disse a Filipe: Levanta-te e vai... desce a Jerusalém..." (At 8,26ss.; cf. 10,3ss.) e, ainda, "Pois esta noite apareceu-me um anjo do Deus ao qual pertenço e a quem adoro, o qual me disse: 'Não temas Paulo, Tu deves comparecer diante de Cesar..."' (At 27,23). Finalmente, os anjos punem os inimigos da Igreja (cf. At 12,23). Leva-se em consideração que todas as vezes que encontramos um anjo agindo na Igreja ele é descrito como "anjo do Senhor" (ἄγγελος τοῦ Θεοῦ).

Os anjos, quando não servem diretamente a Jesus Cristo, são simplesmente anunciadores das decisões divinas. Um destaque especial é dado ao papel ativo dos anjos nas guerras escatológicas (cf. Lc 12,8; 2Ts 1,7; 1Ts 4,16). Este papel ativo dos anjos nos últimos tempos é amplamente trabalhado no Apocalipse de João. Ainda dentro do Apocalipse de São João encontramos uma questão no setenário das cartas, quando Jesus Cristo manda escrever aos sete anjos das sete Igrejas. A questão que surge é sobre a interpretação desses sete anjos. Alguns autores tendem a evidenciar que se trata dos bispos que estão à frente dessas comunidades; outros afirmam tratar-se verdadeiramente de anjos. A segunda consideração parece, seguindo o estilo do Apocalipse, ser o correto. Seguindo a tradição judaica encontra-se a ideia de anjos protetores ou tutores do povo e do Arcanjo Miguel como Anjo de Israel e, principalmente, em todo o Apocalipse aparece a concepção dos anjos como mediadores da ação divina. Desta forma, quando Jesus manda escrever aos anjos das sete Igrejas, pode-se tratar, de fato, dos anjos tutores destas Igrejas.

Anjos, Poderes, Tronos e Dominações

Na 1ª Pedro o autor nos diz que "Jesus Cristo..., tendo subido ao céu, está à direita de Deus, estando-lhe sujeitos os anjos, as Dominações e as Potestades" (1Pd 3,22). A dúvida imediata que nos surge é: Quem são essas Dominações e Potestades que aparecem ao lado dos anjos. Em 1Cl 1,15-16 São Paulo amplia a lista quando apresenta Jesus Cristo como primogênito de todas as criaturas e assim ele nos diz: "nele [Jesus] foram criadas todas as coisas, nos céus e na terra, as visíveis e as invisíveis: Tronos, Soberanias, Principados, Potestades (Autoridades)...".

De fato, encontramos no Novo Testamento referências a principados (ἀρχαί), potestades ou autoridades (ἐξουσίαι), força ou virtude (δυνάμεις), seja no plural como no singular.[26] São indicados as dominações (κυριότητες), os tronos (θρόνοι), os nomes (ὀνόματα).[27] Os príncipes (ἄρχοντες), os príncipes do mundo (ἄρχοντες τοῦ κόσμου - αἰῶνος), os senhores (κύριοι), os deuses (θεοί), os anjos (ἄγγελοι), os demônios (δαιμόνια - δάμονες), os espíritos (πνεύματα), os espíritos impuros ou maus (πνεύματα ἀκάθαρτα, πονηρά), os espíritos do mal (πνευματικὰ τῆς πονηρίας), os elementos (στοιχεῖα). Fala-se ainda de satanás (σατανᾶς) ou diabo (διάβολος), também chamado de Belzebul (βεεζεβούλ), beliar (βελίαρ), serpente (ὄφις), dragão (δράκων), leão (λέων), que é o forte (ἰσχυρός), o maligno (πονηρός), o acusador (κατήγωρ), o tentador (πειράζων), o destruidor (ὀλεθρευτής), o opositor (ἀντίδικος) e o inimigo (ἐχθρός). Aparece ainda como "o príncipe do mundo ou deste mundo" (ὁ ἄρξων τοῦ κόσμου/τοῦ αἰῶνος τούτου), príncipe do poder do ar (ὁ ἄρχων τῆς ἐξουσίας τοῦ ἀέρος), deus deste éon (ὁ θεός τοῦ αἰῶνος τούτου). Para indicar as potências, e em particular satanás, existe uma série de nomes e apelativos que manifestam principalmente seu ser através de sua ação. Além disso, indica sua importância positiva ou negativa para a Igreja Primitiva.

Em relação ao Antigo Testamento e ao judaísmo antigo, o Novo Testamento é muito discreto e reservado ao tratar do tema das entidades angélicas ou demoníacas. Não existe uma preocupação teórica ou

---

[26] Rm 8,38; 1Cor 15,24; Ef 1,21; 3,10; 6,12; Col 1,16; 2,10.15.
[27] Ef 1,21; Col 1,16; cf. 2Pd 2,10; Jd 8.

especulativa, não existe um tratado sobre angeologia ou demonologia. Assim, a preocupação do Novo Testamento em relação aos anjos e demônios é enquanto estes agem positiva ou negativamente no mundo.

No caso das entidades demoníacas, os nomes a eles atribuídos, muitas vezes, utilizam-se de diversas denominações para tratar da mesma entidade (por exemplo, diabo = caluniador, odioso, aquele que odeia = acusador; ou ainda, anjo da morte e inclinação maligna; demônio = devorador de cadáveres; satanás = adversário, dividir, semear intrigas). Deste modo, os Evangelhos Sinóticos falam de satanás ou do diabo. Paulo prefere usar principado, potestade e virtudes; enquanto que o Quarto Evangelho fala frequentemente de senhor deste mundo. No Evangelho de Mateus, satanás é chamado de "príncipe dos demônios", enquanto Paulo o chama de "senhor deste éon" (2Cor 4,4) ou "senhor das potências do ar" (Ef 2,2).

As milícias demoníacas são chamadas por Paulo de principados, potestades, virtudes, tronos e dominações; algumas vezes Paulo chama os demônios de "anjos de satanás" (2Cor 12,7; Mt 25,41) ou como "elementos" (Cl 2,8; Gl 4,3.9). Em Gl 4,8, os demônios são também chamados de "deuses", enquanto que em Ef 6,12 os principados e potestades são chamados de "espíritos do mal", que os Sinóticos e o Atos dos Apóstolos preferem chamar de espíritos, espíritos maus, espíritos imundos ou simplesmente demônios. Portanto, os nomes que se referem às várias denominações das potências diabólicas são intercambiáveis.

Uma característica própria das entidades é que as legiões angélicas são submetidas a Deus, enquanto que as legiões demoníacas são submetida ao poder de Satanás. Em Mc 3,22ss., Beelzebu é chamado de "príncipe dos demônios", que obedecem a suas ordens e atualizam suas ações (cf. ainda Lc 10,17ss.), enquanto que em Dn 12,1, Miguel é chamado de o Grande Príncipe. São Paulo exorta os efésios dizendo: "revesti a armadura de Deus, para poderes resistir às insídias do diabo. Pois nosso combate não é contra o sangue nem contra a carne, mas contra os Principados, contra as Autoridades, contra os Dominadores deste mundo de trevas, contra os Espíritos do Mal, que povoam as regiões celestiais" (Ef 6,11-12). Enquanto o Ap 12 nos diz que: "Houve uma batalha no céu: Miguel e seus Anjos guerrearam contra o Dragão. O Dragão batalhou, juntamente com seus Anjos, mas foi derrotado, e não se encontrou mais um lugar para eles no céu. Foi expulso o grande Dragão, a antiga serpente, o chamado Diabo ou Satanás, sedutor de toda a terra habitada – foi expulso para a terra, e seus Anjos foram expulsos com ele" (Ap 12,7-9). Em modo análogo, a mensagem anunciada pelos 72 discípulos em Lc 10 provoca a queda de Satanás do céu (cf. Lc 10,1-20), ou seja, as legiões angélicas guerreiam contra as legiões demoníacas e as vencem.

As entidades demoníacas, mesmo sendo muitas e variadas, provém de um único poder fundamental chamado Satanás e a ele servem. Nessas entidades impera a força do mal, ou melhor, a potência maligna (cf. Lc 10,19). Tais entidades apresentam-se com uma grande diversidade de nomes que o Novo Testamento apenas adota para indicar suas funções maléficas.

Além dos nomes e das funções, as entidades angélicas possuem um lugar e uma natureza própria, ou seja, nos céus. Contudo, os céus aqui não é a morada de Deus. Na realidade, quando o Novo Testamento fala da presença dessas entidades "nos céus", quer dizer-nos que tais entidades pertencem ao nível sobrenatural (cf. Cl 1,16). Possuindo nomes, tais entidades possuem uma existência, pode-se dizer física ou, se preferirmos, corpo angélico, uma personalidade, ou seja, elas podem ser percebidas pela mente e por suas ações, pois são dotadas de vontade, não própria, porque sobre elas impera a potência de Deus ou de Satanás e, portanto, são servas, são submetidas a uma vontade maior. Porém, não são indivíduos, mas representantes, ou seja, representam Deus ou o Diabo.

Possuindo uma personalidade, as entidades também possuem poder para agir que lhes é dado por Deus ou por Satanás. Assim, podemos compreender quando São Paulo fala que "nem a morte, nem a vida, nem os anjos, nem os principados, nem o presente, nem o futuro, nem os poderes, nem a altura, nem a profundidade, nem qualquer outra criatura poderá separar-nos do amor de Deus manifestado em Cristo Jesus..." (Rm 8,38).

Disto tudo se pode concluir que as entidades são potências, poderes e forças. Não apenas possuem, mas são de fato, ou seja, existem enquanto tais, e seus nomes manifestam sua natureza. Enquanto potências, poderes, forças, as entidades atuam em nível humano, interferindo na ordem natural. Contudo, leva-se em conta que tal fato não exclui a liberdade, a vontade e a responsabilidade individual e social da pessoa humana, ou seja, a pessoa pode oferecer seu corpo como armas da justiça a serviço de Deus ou como armas da injustiça a serviço do diabo (cf. Rm 6).

A natureza, a potência, o poder e a força dos seres angélicos assumem forma ou corpo dominando o mundo e o homem. Os Evangelhos nos apresentam relatos de homens e mulheres possuídos por um "espírito imundo" ou "maligno". Tal espírito manifesta sua força causando doenças físicas, espirituais etc. Assim, os Evangelhos nos fala de uma mulher possuída por um espírito há 18 anos ("esta filha de Abraão que Satanás prendeu há 18 anos, não convinha soltá-la...?" – Lc 13,10-17); portam a Jesus um endemoniado que era surdo e mudo (Mt 12,22).

A doença espiritual é descrita a partir de três modos: a) homem possuído por um espírito impuro (cf. Mc 1,23; Lc 6,18); b) endemoniado (cf. Mt 8,28; Mc 5,18); e c) homem possesso de um demônio (cf. Lc 8,27). A pessoa passa a ser morada do espírito impuro. Introduzindo-se no íntimo do homem, o espírito imundo age destruindo a pessoa e, desta forma, é capaz de destruir a criação.

O Novo Testamento chega a dizer que as entidades más não somente fazem do homem sua morada, mas também se apoderam de seu ser, reivindicando sua pretensão de poder sobre a pessoa. Na Carta aos Gálatas, São Paulo argumenta que quando estes eram pagãos, eram escravos, submetidos aos elementos do mundo. Como pagãos serviam aos deuses, que na realidade não eram. Assim, São Paulo exorta os Gálatas a não retornarem novamente aos *"fracos e miseráveis elementos"* que os escravizavam (cf. Gl 4,1ss.). Tais entidades mascaram-se e apresentam-se como deuses ou divindades, e conduzem seus escravos a sentirem-se como tais, tornando as pessoas escravas da lei, iludidas de terem encontrado a verdade, a sabedoria suprema, uma elevação superior, mas que na realidade nada mais é do que uma mentira do pai da mentira, cuja função é conduzir o homem à morte, conforme afirma Jesus Cristo em Jo 8, que o Diabo é o pai da mentira e que foi homicida desde o princípio, sendo que quem a ele se submete apenas cumpre seus projetos.

Leva-se em conta que tais entidades se apoderam não somente da pessoa, mas também da história e da própria sociedade. São Paulo é impedido duas vezes por Satanás de ir à Tessalônica consolar os cristãos perseguidos (1Ts 2,18); alguns cristãos da comunidade de Esmirna serão lançados na prisão por Satanás (Ap 2,10). Principalmente em Ap 13 é dito claramente que a vida política e do Estado, bem como as instituições, são impregnadas do espírito satânico, que abusa em vantagem própria. Os sistemas despóticos, imperialistas, totalitários possuem sua vitalidade no poder demoníaco que o controla. Assim, é possível compreender quando o Diabo, ao tentar Jesus, afirma ser o dono de todos os impérios da terra (cf. Mt 4; Lc 4). Tal tema será largamente trabalhado pelo Apocalipse de São João, principalmente em Ap 17, no qual apresenta os sistemas imperialistas como uma mulher sentada sobre a Besta. A mulher tem a função de entregar seu poder para a Besta, que posteriormente a destrói e a abandona, a fim de dominar outros impérios. A potência satânica pode tornar sua a força política, tomando e revestindo seus meios e seus âmbitos, a fim de alcançar seus objetivos.

As entidades demoníacas também podem influenciar os meios religiosos. A Besta da terra, descrita em Ap 13, representa justamente o Diabo interferindo na esfera religiosa, a fim de seduzir os homens e as mulheres com a adoração da Besta do mar, que representa os poderes políticos totalitários (cf. ainda 1Cor 10,19ss.; 12,2, Ap 9,20).

Como é possível notar, as entidades malignas são capazes de influenciar a pessoa em particular e a sociedade como um todo, seduzindo e submetendo tudo e todos a seu julgo satânico. Não por menos Jesus diz às autoridades judaicas: "Vós sois do diabo, vosso pai, e quereis realizar as obras de vosso pai. Ele foi homicida desde o princípio e não permaneceu na verdade, porque nele não há verdade... Eu não tenho um demônio, mas honro meu Pai e vós procurais me desonrar" (Jo 8,44ss.) e, em Ap 2,9, Jesus afirma que a sinagoga de Esmirna é a sinagoga de Satanás.

São Paulo nos alerta para o fato de que Satanás e seus servos tentam seduzir os cristãos, a fim de afastá-los de Deus, mascarando-se de apóstolos: "Esses tais são falsos apóstolos, operários enganadores, disfarçados de apóstolos de Cristo. E não é de estranhar! Pois o próprio Satanás se disfarça de anjo de luz. Por conseguinte, não é surpreendente que seus ministros também se disfarcem de servidores da justiça" (2Cor 11,12-15). Em 1Tm, Paulo reafirma a questão dizendo que: "nos últimos tempos alguns renegarão a fé, dando atenção a espíritos sedutores e a doutrinas demoníacas" (1Tm 4,1; cf. 1Jo 4,1).

Portanto, segundo o Novo Testamento, pode-se perceber como a natureza de Satanás e suas legiões, ou seja, as múltiplas manifestações e disseminações do espírito maligno (que é inteligência e vontade de potência), manifestam-se no domínio que esses assumem do mundo e dos homens em todos os campos e em todos os níveis, fazendo-os portadores e meios de seus poderes. Do corpo e do espírito do homem, de sua natureza, bem como de sua forma, das circunstâncias e das situações da vida histórica e até em nível religioso. Tudo pode tornar-se morada, receptáculo, instrumento da vontade demoníaca.

Uma característica fundamental é o fato de que Satanás e suas legiões penetrando na profundidade do mundo e do homem, a fim de utilizar tudo no exercício de seu poder, ocultam-se. Assim, o mundo e o homem são traídos por Satanás e suas legiões à medida que estes se ocultam e se disfarçam dissimuladamente (cf. Ap 2,13: o povo de Pérgamo via apenas um templo de uma divindade, João vê uma força maligna que se esconde neste). São Paulo chama este dissimulado ocultamento de satanás de "ministério da impiedade" (2Ts 2,7).

O dissimulado ocultamento de Satanás torna-se claro quando o homem não sabe nem mesmo o motivo de ser agredido por tal força demoníaca ou quando o mundo, de paraíso, torna-se um caos. Em Ef 2,2 São Paulo faz aceno ao "senhor deste mundo" e que é também "o senhor das potências do ar". Para Paulo "ar" é "o espírito que atualmente age nos filhos da desobediência". Estes interpretam o mundo segundo sua visão, criando uma falsa verdade da realidade. Contudo, tais entidades possuem uma forte relação com a morte e agem através dela (cf. Mc 5,1ss.), assim é "o destruidor" (cf. 1Cor 10,10), e o próprio Jesus afirma que Satanás é homicida (Jo 8,44). Esta ideia é desenvolvida em 1Jo 3,7-12, na qual se lê que é o diabo aquele que anuncia ao homem a morte como potência definitiva, gerando medo e ódio (cf. Hb 2,15, o poder da morte).

Satanás age através da tentação (somada ao prazer), da sedução e da ameaça (cf. Ap 13,3). Mas estando envolvido por Satanás o homem ou o mundo passam pela experiência da acusa. De fato, o diabo é o acusador (Ap 12,10).

Finalmente se pode dizer que Satanás e suas legiões são seres criados por Deus, mas que "não conservaram sua primazia, mas abandonaram sua morada" (Jd 6; cf. 2Pd 2,4).

Jesus e os seres demoníacos

Satanás e suas legiões encontram uma barreira intransponível justamente em Jesus Cristo e na Igreja por ele fundada (cf. Mc 1,21-28; Mt 8,29). A tentação de Jesus no deserto é uma prova clara da tentativa de Satanás em seduzi-lo, sendo tal tentativa frustrada em todas as suas artimanhas. Mesmo o anúncio do Evangelho pelos 72 discípulos é causa de queda e ruína de Satanás e de seus anjos.

Destaca-se o fato de que, enquanto os apóstolos e as gentes precisam de um longo tempo para reconhecer Jesus como Messias, Ele é imediatamente reconhecido por Satanás e por seus anjos.

Lucas destaca que Jesus fala com "autoridade e poder" (cf. Lc 4,31-36). Mc 9,14 nos afirma que certos espíritos impuros só são expulsos através de jejum e oração. Na realidade, Jesus afirma que a vitória sobre o diabo só é possível através da fé e da "obediência" a Deus (cf. Mc 9,19, geração incrédula) ou, como nos fala São Paulo, transformando nossos corpos em instrumentos da justiça de Deus (Rm 6).

Jesus manifesta, põe às claras, as obras de Satanás e de seus anjos, por isso o ódio destes. Este manifestar as obras satânicas resulta na expulsão e fuga destes espíritos malignos. Um elemento central é o "amor puro", generoso e incondicional, elemento central da fé cristã: "Deus é amor". O amor cristão rompe a sedução de Satanás, porque não é egoísta e pessoal, antes é comunitário e se doa. Desta forma a cruz de Cristo se torna uma potência destruidora de Satanás e de seus anjos, pois é máxima expressão de amor: "prova de amor maior não há do que doar a vida por seus semelhantes". Além disso, a cruz de Cristo torna-se potência contra o poder do mal, porque Cristo, na cruz, destrói o corpo do pecado. Algumas vezes temos a tendência de ver a morte de Jesus Cristo na cruz como um "apenas perdoar os pecados"; na realidade Jesus Cristo não apenas perdoa os pecados, mas também destrói o corpo do pecado, destrói sua força, sua vitalidade, sua potência. Quando São Paulo em Rm 6 fala de corpo do pecado e do corpo da graça, ele manifesta a potência batismal que age efetiva e concretamente na vida do cristão; o batismo se torna uma armadura, uma potência positiva que age eficazmente sobre o cristão, a tal modo que a potência do mal não tem poder sobre o cristão.

Leva-se em conta que os anjos servem ao Amor, pois Deus é Amor. O amor de Jesus gera a impotência de Satanás, justamente porque destrói sua vitalidade, pois enquanto o amor doa-se gerando vida, o ódio gera morte. Em Mt 8,28s. os demônios aparecem morando nos túmulos; isto nos indica que habitam no meio da morte, e a esta estão ligados e possuem sua vitalidade. Não por menos os demônios acusam Jesus de ter vindo destruí-los. Além do mais, Ap nos diz que "o número da Besta... é número de homem: seu número é 666!" (Ap 13,18). Em primeiro lugar o versículo nos diz que o número da Besta é número de homem e, em seguida, indica-nos o número 666. A língua hebraica não possui superlativo, para tal usa a multiplicação da palavra por três. O homem foi criado no sexto dia, assim o texto nos indica que a Besta possui poder de criatura, não é igual a Deus, e não possui o poder de Deus, ou seja, não é uma divindade. Mesmo tendo um grande poder, indicado pelo superlativo 666, continua sendo criatura e, portanto, não pode ser causa de medo para o homem, pois sua confiança deve estar naquele que possui a plenitude, ou seja, Deus.

Finalmente, São Paulo nos chama a revestir-nos da armadura de Cristo como poder contra as insídias de Satanás (cf. Ef 6,10ss.), que segundo São Pedro nos rodeia como um leão a rugir pronto a devorar a quem lhe der oportunidade (cf. 1Pd 5,8), e na oração do Pai-nosso Jesus nos ensina a pedir a Deus que "nos livre do mal" (cf. Mt 6,13), e ele mesmo ora ao Pai pedindo que nos preserve do maligno (cf. Jo 17,15). O anúncio do Evangelho na fé em Cristo Jesus nos concede a força de vencer o maligno e inscreve nossos nomes nos céus (cf. Lc 10,17-20), assim São Paulo pode proclamar: "Estou convencido de que nem a morte nem a vida, nem os anjos nem os principados, nem o presente nem o futuro, nem os poderes, nem a altura, nem a profundeza, nem qualquer outra criatura poderá separar-nos do amor de Deus manifestado em Cristo Jesus, nosso Senhor" (Rm 8,38). "Somos mais que vencedores, graças àquele que nos amou" (Rm 8,37).

A angeologia bíblica coloca-nos diante de seres espirituais que agem a favor ou contra a natureza humana. A primeira vista parece que a ação do Diabo e de sua milícia angélica se equipara ao poder de Deus. Contudo, existe uma diferença abismal, ou seja, tanto o Diabo como sua milícia são criaturas e, portanto, possuem poderes limitados, poderes de criaturas. O Apocalipse de São João é genial sobre esse aspecto. O mundo pode ser marcado pela injustiça humana e pela ação de seres angélicos malditos, mas os que são cristãos não precisam ter medo, pois são realidades vencidas, não possuem força e vitalidade sobre a novidade pascal advinda de Nosso Senhor Jesus Cristo. De fato, o Novo Testamento nos chama a atenção constantemente para não nos importarmos com as realidades angelicais maléficas, pois "elas são mais que vencidas graças àquele que nos salvou". Diante disso, cabe ao cristão não se encher de tremor, mas de temor a seu Senhor, anunciando com entusiasmo a Boa-Nova. Tudo isto se torna claro na experiência pascal dos primeiros cristãos, que na força do Espírito Santo foram testemunhas fiéis do Cordeiro Imolado e de seu martírio fez brotar as sementes da boa nova. Sangue que até nossos tempos continua sendo jorrado, como perfume de puro amor.

A angeologia cristã apresenta as milícias celestes como colaboradores da missão da Igreja de anunciar ao mundo Jesus Cristo, enquanto tal são guerreiros divinos que combatem com o Povo Santo de Deus pela paz e pela justiça, sustentando, confortando e animando para a missão evangélica.

Referências bibliográficas

BIETENHARD, H. *"ἄγγελος"*, in *Grande Enciclopedia Illustrata della Bibbia*, Piemme, Torino, 1997, p. 56.

_____. "Angelo", in *Grande Enciclopedia Illustrata della Bibbia*, Piemme, Torino, 1997, p. 56-58.

BONNEAU, G. & DUHAIME, J. "Angéologie ET légitimation sócio-religieuse dans le livre dês Jubilés", in *Église et Théologie*, 27 (1996), p. 339.

CONTESSA, A. "La Creazione Angelica", p. 140.

DHORME, P. & VICENT, L. H. "Les Chérubins", in *RB* 35 (1926), p. 328-358.

_____. "Les Chérubins", in *RB* 35(1926), p. 481-495.

KITTEL, G., *"ἀρχάγγελος"*, in *GLNT*, v. I, Paideia, Brescia, 1965, p. 231-232.

_____. *"ἄγγελος* nel N.T.", v. I, in *GLNT*, Paideia, Brescia, 1965, p. 219-232.

_____. "L'Angelologia del Giudaismo", v. I, in *GLNT*, Paideia, Brescia, 1965, p. 213-219.

HARAN, M. *Temples and Temple-Service in Ancient Israel*, p. 254-255.

MEYERS, C., "Cherubim", p. 900

RAD, G. VON. "mal'āk nell'A.T.", in *GLNT*, V. I, Paideia, Brescia, 1965, p. 202-213.

THÜMMEL, U. "Serafino", v. 3, in *Grande Enciclopedia Illustrata della Bibbia*, Piemme, Torino, 1997, p. 328.

Estudo sobre as Expressão
"Ἐν Βραχίονι Αὐτοῦ"
O Braço Libertador do Senhor Segundo
o Magnificat (Lc 1,51a)

Boris Agustín Nef Ulloa[1]

O estudo a seguir é resultado de uma breve investigação bíblica realizada no curso intitulado "Il canto della figlia di Sion. Struttura, esegesi e teologia di Lc 1,46b-55".[2] Quando iniciamos o referido seminário, foi-nos solicitado que escolhêssemos no *Magnificat* alguma expressão ou tema que, por qualquer motivo, nos despertava um interesse particular. Então, decidi estudar a expressão "seu braço" ($\beta\rho\alpha\chi\acute{\iota}\omega\nu$ $\alpha\mathring{\upsilon}\tauo\mathring{\upsilon}$) presente em Lc 1,51a.

Nosso estudo está composto por três partes. Na primeira, apresentamos a divisão do hino (1,46b-55). Esta nos oferece uma visão de conjunto da perícope, ao mesmo tempo em que nos ajuda, ao menos de forma sintética, a perceber a coesão existente em todo o hino.

A segunda parte tem por objetivo apresentar, de forma muito breve, alguns dos textos das Escrituras nos quais o substantivo $\beta\rho\alpha\chi\acute{\iota}\omega\nu$[3] é

---

[1] Doutor em Teologia Bíblica pela Pontifícia Universidade Gregoriana, Roma. Atualmente é professor na Pontifícia Faculdade de Teologia Nossa Senhora da Assunção, SP.
[2] Este curso foi realizado, na Pontifícia Universidade Gregoriana de Roma, sob a orientação do prof. Dr. A. Valentini.
[3] Na LXX, de modo geral, o termo grego $\beta\rho\alpha\chi\acute{\iota}\omega\nu$ é utilizado para traduzir a palavra hebraica זְרֹעַ.

utilizado com o sentido de força libertadora do Senhor que se manifesta em favor de seu povo. De modo particular, são focalizados os livros do Êxodo, Deuteronômio e Dêutero-Isaías (e, indiretamente, alguns Salmos).

Neste segundo bloco, baseamos nosso estudo no texto grego da LXX. Esta opção parte da convicção apresentada pelas investigações exegéticas mais recentes que, ao mesmo tempo que nos alertam para o perigo de "não incorrer em um *panseptuagintismo*",[4] reconhecem "a *Septuaginta* como a Bíblia dos autores do Novo Testamento".[5]

Na terceira parte analisamos o uso do termo $\beta\rho\alpha\chi\ell\omega\nu$ no Novo Testamento, no qual se observa que este é utilizado apenas em João (Evangelho) e em Lucas (Evangelho e Atos). Nesta análise nos esforçamos por ter sempre os resultados obtidos na segunda parte deste estudo. Temos, assim, a preocupação de observar como aquele substrato do Primeiro Testamento serviu de inspiração para Lucas.[6] A partir dessa relação, procuramos compreender o sentido dado pelo evangelista à expressão pronunciada por Maria: "$E\pi o\ell\eta\sigma\epsilon\nu$ $\kappa\rho\acute{\alpha}\tau o\varsigma$ $\acute{\epsilon}\nu$ $\beta\rho\alpha\chi\ell o\nu\iota$ $\alpha\grave{\upsilon}\tauo\hat{\upsilon}$" (fez proezas por seu braço).

Nesta última parte, alargamos os horizontes de nossa investigação, a partir da análise de duas perícopes da Primeira Carta de Clemente aos Coríntios, nas quais o autor utiliza a expressão "braço potente" ou "braço levantado".

---

[4] Fernández Marcos, N. *Introduções às versões gregas da Bíblia*, p. 324.
[5] De fato, segundo Fernández Marcos, N. *Introduções às versões gregas da Bíblia*, p. 325, a LXX converteu-se muito rápido na Bíblia da Igreja, sendo transmitida junto com o Novo Testamento e com independência do texto hebraico.
[6] Tannehill, R. C. "The Magnificat as Põem", *JBL* 93 (1974), p. 264, cita um estudo realizado por Sparks, no qual se indica que existem muitas evidências para afirmar que Lucas tinha um profundo conhecimento da LXX.

Estrutura e possível subdivisão do hino

Em primeiro lugar, deve-se notar que, segundo a maioria dos estudiosos, a perícope de Lc 1,46b-55 apresenta uma unidade quanto ao conteúdo, estrutura e estilo literário.[7] Somente a partir desta perspectiva unitária pode-se falar de uma divisão do hino. De fato, a maioria dos exegetas é unânime frente a duas questões: o hino é considerado um mosaico[8] de muitos textos do Primeiro Testamento;[9] o hino teria recolhido os fundamentos da piedade judaica dos "pobres de YHWH".[10]

Segundo Brown, "a estrutura do *Magnificat* continua sendo um problema".[11] Esta sua afirmação, em parte, é consequência da abundante bibliografia sobre o hino. Esta revela uma grande diversidade de opiniões quanto sua origem e formação. Isto, sem ignorar o amplo espaço que tem encontrado, em todos os

---

[7] GOMÁ CIVIT, I. *El Magnificat, Cántico de Salvación*, p. 101; TANNEHILL, R. C. "The Magnificat as Poem", *JBL* 93, 1974, p. 263-275; VALENTINI, A. *Il Magnificat*, p. 107.

[8] Os estudos de BOCK, D. L. F. BOVON, R. E. BROWN, I. GOMÁ CIVIT, J. B. GREEN, S. MUÑOZ IGLESIAS, D. P. SECCOMBE, A. VALENTINI, W. VOGELS confirmam esta tese.

[9] VALENTINI, A. *Il Magnificat*, reconhece que o hino tem diversos contatos com o AT, de modo particular, com o Êxodo, mas defende a tese de que seu substrato veterotestamentário encontra-se no "canto do mar" (Êx 15,1-18.21).

[10] BROWN, R. E. "Gospel Infancy Narrative Research from 1976 to 1986: part II (Luke)", *CBQ* 48 (1986), p. 669, apresenta uma série de opiniões defendidas por diferentes autores.

[11] BROWN, R. E. *The Birth of the Messiah*, p. 350-355; VALENTINI, A. *Il Magnificat*, p. 93; SPINETOLI, O. "I poveri del Signore", *BibOr* 6 (1964), p. 9-10.

comentários,[12] o debate sobre a interpretação (e o valor temporal) dos aoristos.[13] Diante desta última questão, o importante é recordar que o sentido dado aos aoristos tem uma influência direta nos resultados da exegese e, consequentemente, na compreensão teológica do *Magnificat* dentro do conjunto da obra lucana (Lc-At).[14]

Quanto à divisão do hino, Valentini[15] observa que "os autores têm proposto divisões diversas, múltiplas, às vezes fundadas em critérios discutíveis, como o ritmo, a métrica e o conteúdo",[16] e ao mesmo tempo afirma que muitos estudos sobre o ponto de vista de uma análise estilística tem levado um número considerável de

---

[12] Citar aqui neste breve estudo todos os autores que tratam do tema dos aoristos seria algo impossível. Esta informação pode ser encontrada nos grandes comentários dedicados ao Evangelho de Lucas, nas obras dedicadas a Lc 1-2 ou dedicadas ao *Magnificat*. Como referência citamos três obras: Bock, D. L. *Luke*, I, p. 154-155; Gomá Civit, I. *El Magnificat, Cántico de Salvación*, p. 123-137; Valentini, A. *Il Magnificat*, p. 221-223.

[13] Segundo as possibilidades gramaticais da língua grega, um verbo em aoristo indicativo ativo pode expressar, com diferentes matizes do passado, o presente ou o futuro. 1) Se são interpretados no passado, que é o sentido próprio e comum do aoristo, fazem referência ao obrar divino no passado, como ações já realizadas e concluídas. 2) Se são lidos como ações passadas que continuam no presente e podem estender-se ao futuro, o que na gramática grega corresponderia a rigor ao sentido do perfeito indicativo. 3) Se são lidos no presente fazem referência ao obrar habitual e permanente de Deus. Seria como fazer referência ao comportamento natural do obrar de Deus. Chamado também de aoristo gnômico. 4) Se são lidos como futuro fazem referência às esperanças profético-escatológicas, que apontam para a época messiânica.

[14] Bovon, F. *El evangelio según san Lucas*, I, p. 123.

[15] O autor, em sua obra *Il Magnificat*, p. 126, apresenta explicitamente a divisão proposta por Gunkel, inspirada na estrutura clássica de divisão tripartida dos hinos e salmos encontrados no Primeiro Testamento: introdução (vv. 46b-47), parte principal (vv. 48-53) e conclusão (vv. 54-55).

[16] Valentini, A. *Il Magnificat*, p. 109.

exegetas a aceitar e propor a divisão do hino em duas grandes partes:[17] vv. 46b-50 e vv. 51-55.[18]

Primeira parte do hino: vv. 46b-50

A primeira parte (vv. 46b-50) é definida como aquela que descreve um louvor pessoal, ou seja, uma ação de graças individual, na qual se enfatiza a estreita relação entre Maria, a serva ($\dot{\eta}$ $\delta o \acute{\upsilon} \lambda \eta$), e o Senhor.

O consenso entre os exegetas ainda se mantém quando se afirma que, na primeira parte (vv. 46b-50), os vv. 46b-47 que apresentam uma estrutura de paralelismo sinonímico[19] têm uma função de introdução geral a todo o hino[20] e, ao mesmo tempo, apresentam uma relação acentuada com os vv. 48-50.

Quanto ao paralelismo sinonímico de 46b-47, note-se que estes dois versículos têm Maria, ou melhor, $\dot{\eta}$ $\psi \upsilon \chi \acute{\eta}$ $\mu o \upsilon$ e $\tau \grave{o}$ $\pi \nu \epsilon \hat{\upsilon} \mu \acute{a}$ $\mu o \upsilon$, por

---

[17] Alguns autores, entre eles MEYNET, R. *Il Vangelo Secondo Luca*, p. 58-59; SCHWEIZER, *Il Vangelo Secondo Luca*, p. 40; VOGELS, W. "Le Magnificat, Marie et Israel", *ÉgIT* 6 (1975), p. 280-281; MÍNGUEZ, D. "Poética generativa do Magnificat", *Bib* 61 (1980), p. 55-77, apoiados em diferentes argumentos metodológicos, propõem diversas estruturas e subdivisões para o hino. Por outro lado, SCHÜRMANN, H. *Il Vangelo di Luca*, I, 172, afirma que o hino frequentemente é dividido em quatro estrofes (vv. 46-48.49-50.51-53.54-55) e apresenta uma lista de exegetas que estão de acordo com essa divisão. Porém, a seguir, reconhece que "a quebra entre os vv. 50 e 51 é muito mais acentuada que aquelas existentes depois dos vv. 48 e 53, nos quais parece que é só uma subdivisão. Assim, do ponto de vista do conteúdo, é oportuna uma bipartição".

[18] VALENTINI, A. *Il Magnificat*, p. 112, apresenta uma lista de exegetas que estão de acordo com esta divisão do hino em duas grandes partes.

[19] Segundo BOCK, D. L. *Luke*, I, p. 148; BOVON, F. *O Evangelho segundo São Lucas*, I, p. 130; TANNEHILL, R. C. "The Magnificat as Põem", *JBL* 93 (1974), p. 266; VALENTINI, A. *Il Magnificat*, p. 110, esta é uma das características fundamentais da poesia veterotestamentária.

[20] BROWN, R. E. *The Birth of Messiah*, p. 356; VALENTINI, A. *Il Magnificat*, p. 109-110.113.

sujeito da ação, e não o Senhor, como ocorre nos demais versículos do hino (com exceção do v. 48b, que possui como sujeito πᾶσαι αἱ γενεαι).

A estreita relação entre Maria e seu Senhor domina toda a primeira parte do hino. Nos vv. 46b.47, ela diz em primeira pessoa: minha alma (ἡ ψυχή μου), declara grande o Senhor (Μεγαλύνει τὸν κύριον), alegra-se (ἠγαλλίασεν) meu espírito (ἡ ψυχή μου) em Deus, meu Salvador (ἐπὶ τῷ θεῷ τῷ σωτῆρί μου). Observe-se como os dois substantivos *alma e espírito*, que se referem a Maria, estão conectados pelos dois verbos *engrandecer* e *alegrar-se* aos três substantivos *Senhor, Deus* e *Salvador,* com os quais se faz referência à divindade.

A mesma relação estende-se aos vv. 48a.49a, quando o autor utiliza duas vezes a conjunção causal *porque* (ὅτι) para apresentar os dois motivos pelos quais ela se alegra e reconhece a grandeza do Senhor: porque (ὅτι) Ele olhou (ἐπέβλεψεν) a pobreza (τὴν ταπείνωσιν) da serva sua (τῆς δούλης αὐτου) e porque (ὅτι) o Poderoso (ὁ δυνατός) fez (ἐποίησέν) em mim grandes coisas (μοι μεγάλα).

As duas razões descritas nos vv. 48a.49a parecem ser mais que suficientes para identificar que o realizador de tais coisas é o Senhor. Por isso, de forma conclusiva, na sequência (vv. 49b.50) destacam-se duas características fundamentais da identidade do Senhor,[21] as quais são amplamente sublinhadas ao longo das Escrituras: a santidade de seu Nome (ἅγιον τὸ ὄνομα αὐτοῦ)[22] e sua misericórdia (τὸ ἔλεος αὐτοῦ).[23] Note-se que as duas características são retomadas no hino de Zacarias (Lc 1,68-79): quando se declara que "santos são seus profetas" – τῶν ἁγίων προφητῶν αὐτοῦ (1,70) – e destaca-se "a santidade de sua aliança" – διαθήκης ἁγίας αὐτοῦ (cf. 1,71); reconhece-se, ainda, que "Ele fez (concedeu) misericórdia

---

[21] Mínguez, D. "La poética generativa del Magnificat", *Bib* 61 (1980), p. 73-75.

[22] Valentini, A. *Il Magnificat*, p. 168.

[23] Bovon, F. *El Evangelio según San Lucas*, I, p. 132; Valentini, A. *Il Magnificat*, p. 115.170.

a nossos pais" – ποιῆσαι ἔλεος μετὰ τῶν πατέρων ἡμῶν (cf. 1,72) – e que sua visita, por meio do sol (astro) que se levanta, é a manifestação de sua misericórdia à geração presente – σπλάγχνα ἐλέους θεοῦ ἡμῶν (cf. 1,78).

Um segundo elemento que permite marcar a unidade entre os vv. 46b-47 e os vv. 48.49a é a presença do pronome da primeira pessoa do singular[24] que aparece cinco vezes nos vv. 46b.47.48.49a.

Por outro lado, na sequência, o texto passa da primeira pessoa do singular para a terceira do plural. No v. 50, por meio da expressão "sobre os que o temem" (τοῖς φοβουμένοις αὐτόν) "de geração a geração" (εἰς γενεὰς καὶ γενεὰς), destaca-se uma importante característica daqueles que foram constituídos os depositários da misericórdia do poderoso (ὁ δυνατός). Deve-se notar que a passagem da primeira do singular para a terceira do plural amplia os destinatários aos quais se estende[25] a ação do Senhor.

Segunda parte do hino: vv. 51-55

Esta unidade é geralmente indicada como a parte comunitária do hino, ou seja, na qual se apresenta uma ampliação daqueles que têm sido objeto da ação divina. Segundo o autor, esta ação trabalha a favor de uns e contra outros. A afirmação conclusiva da segunda parte (e também de todo o hino) de que todas as ações realizadas pelo Senhor, tanto a favor de sua serva (primeira parte), como a favor dos humildes-pobres e contra os poderosos-prepotentes (segunda parte), são sinais concretos de que Ele se tem recordado de seu filho primogênito, Israel, e lhe tem

---

[24] VALENTINI, A. *Il Magnificat*, p. 113.
[25] BOVON, F. *El Evangelio según San Lucas*, I, p. 133 afirma que: "a expressão – *sobre os que lhe temem* – designa, além do povo judeu, as nações que terão de acolher o evangelho".

manifestado sua misericórdia. Desta maneira, tem cumprido o que tinha prometido a Abraão e a toda a sua descendência para sempre.

Se na primeira parte se descreve uma bipolaridade de superioridade e inferioridade entre o Senhor e a serva, na segunda emerge uma relação de tripolaridade: 1) o Senhor; 2) os poderosos-prepotentes; 3) os pobres-humildes. Este esquema desenvolve-se de modo que o Senhor ocupará sempre a posição central, enquanto a relação e posição entre os poderosos-prepotentes e pobres-humildes serão radicalmente invertidas,[26] graças à ação poderosa de seu braço (vv. 51-53).

Esta relação de oposição é demonstrada no texto por dois elementos diferentes. Primeiro, quanto à forma, pela utilização de quiasmas[27] e, segundo, quanto ao conteúdo, pela utilização dos verbos: dispersar (ἐποιδιεσκόρπισεν); derrubar (καθεῖλεν); exaltar (ὕψωσεν); culminar (ἐνέπλησεν); enviar (ἐξαπέστειλεν). Ademais, os verbos encontram-se todos no *aoristo indicativo ativo* (terceira pessoa do singular) e Deus é o sujeito das ações.

O v. 51 abre a segunda parte do hino com a forma Ἐποίησεν, que retoma o mesmo verbo já empregado no v. 49a. Assim, o Poderoso (ὁ δυνατός), que fez grandes coisas por (mim), sua serva pobre-humilde (ἐποίησέν μοι μεγάλα), fez, também, proezas com seu braço (ἐποίησεν κράτος ἐν βραχίονι αὐτου). Isto indica que os vv. 49a.51a estão em perfeita conexão e continuidade; de fato, os dois segmentos completam-se e explicam-se reciprocamente.[28]

Por outro lado, a ação do "braço do Senhor" (v. 51a) é, ao mesmo tempo, uma introdução para toda a segunda parte do hino; note-se que os versículos seguintes (vv. 51b-53) podem ser compreendidos como

---

[26] VALENTINI, A. *Il Magnificat*, p. 115.
[27] TANNEHILL, R. C. "The Magnificat as Poem", *JBL* 93 (1974), p. 267.
[28] DUPONT, J. "Le Magnificat comme discours sur Dieu", *NRT* 102 (1980), p. 329.

exemplos explicativos da ação divina que concretamente tem se manifestado na história de Israel e que, segundo a teologia lucana, continua no hoje ($\sigma\acute{\eta}\mu\epsilon\rho o\nu$)[29] da salvação. Por isso, os soberbos (v. 51b), os poderosos (v. 52a), os ricos (v. 53b) que se opõem aos humildes-pobres e aos famintos-indigentes também serão objeto da ação poderosa do braço do Senhor.

Os vv. 54-55, como conclusão da segunda parte, não estão conectados apenas aos versículos precedentes (vv. 51-53), mas também a toda a primeira parte (vv. 46b-50). Por isso, constituem-se na conclusão de todo o hino, de modo semelhante ao que ocorre com os versículos da introdução (vv. 46b-47).

O substantivo-gancho entre a conclusão de ambas as partes é *misericórdia* ($\acute{\epsilon}\lambda\epsilon o\varsigma$). Este termo está presente no v. 50a, unido à expressão "de geração em geração" ($\epsilon\grave{\iota}\varsigma\ \gamma\epsilon\nu\epsilon\grave{\alpha}\varsigma\ \kappa\alpha\grave{\iota}\ \gamma\epsilon\nu\epsilon\grave{\alpha}\varsigma$). O interessante é notar que se encontra um esquema semelhante com o mesmo termo "misericórdia" (v. 54a), no qual existe um paralelismo com a expressão do "para sempre" ($\epsilon\grave{\iota}\varsigma\ \tau\grave{o}\nu\ \alpha\grave{\iota}\hat{\omega}\nu\alpha$ – v. 55b). A correlação entre os dois trechos conclusivos não termina aí. Segundo Valentini,[30] deve-se ainda reconhecer que a expressão, no v. 55b, "a Abraão e a sua descendência" ($\tau\hat{\omega}\ \rq A\beta\rho\alpha\grave{\alpha}\mu\ \kappa\alpha\grave{\iota}\ \tau\hat{\omega}\ \sigma\pi\acute{\epsilon}\rho\mu\alpha\tau\iota\ \alpha\grave{\upsilon}\tau o\upsilon$) corresponde, no v. 50b, à expressão "aos que o temem" ($\tau o\hat{\iota}\varsigma\ \phi o\beta o\upsilon\mu\acute{\epsilon}\nu o\iota\varsigma\ \alpha\grave{\upsilon}\tau\acute{o}\nu$). Existe, portanto, um quiasma por meio do qual se indica uma correlação entre as duas expressões, fato que confirma a conexão entre o v. 50 e os vv. 54b-55.[31]

---

[29] O termo "hoje" é característico na teologia do terceiro evangelho: 2,11; 4,21; 5,26; 13,32.33; 19,5.9; 23,45. No geral, indica o "hoje da salvação escatológica".

[30] VALENTINI, A. *Il Magnificat*, p. 211.

[31] DUPONT, J. "Le Magnificat comme discours sur Dieu", *NRT* 102 (1980), p. 328; TANNEHILL, R. C. "The Magnificat as Poem", *JBL* 93 (1974), p. 274.

Estudo sobre o termo βραχίων no Primeiro Testamento
Diversos sentidos para o termo βραχίων
no Primeiro Testamento

Nas diversas culturas da antiguidade a palavra *braço* estava relacionada à ideia de "sede da força". Essa ideia é bem compreendida se temos em mente que, no tempo em que não existiam máquinas, todo tipo de trabalho era realizado com a força dos braços, de tal modo que *braço* passou a ser identificado como sinônimo de "força".

De fato, nas Escrituras, um dos sentidos assumidos pelo substantivo *braço*[32] é justamente aquele de "força humana", "a força dos braços humanos" ou "o esforço humano". Esta conotação está presente em diversos textos, entre eles, Ez 17,9, no qual encontramos a expressão ἐν βραχίονι μεγάλῳ (LXX), que traduz o hebraico בִּזְרֹעַ גְּדוֹלָה; e Is 44,12 ἐν τῷ βραχίονι τῆς ἰσχύος αὐτοῦ que traduz בִּזְרוֹעַ כֹּחוֹ

Por outro lado, o sentido semântico dessa ideia alarga-se quando se faz referência à "força bélica" de um "braço robusto" preparado para a luta, batalha ou guerra. Esta conotação bélica é utilizada nas Escrituras para definir a ação do Deus guerreiro. Este termo é aplicado tecnicamente dentro de um conceito muito difundido na antiguidade, aquele das batalhas entre as divindades.[33] O Senhor de Israel é aquele cuja força se sobrepõe à dos "demais deuses" (e, por extensão, a todos os poderes existentes neste mundo). Assim, por meio deste antropomorfismo, designa-se metaforicamente "o poder de Deus", "a força do Senhor".

---

[32] Não se deve, porém, esquecer que o termo é utilizado muitas vezes em seu sentido genérico de "braço" ou "antebraço" de um ser humano, por exemplo, em Jz 15,14; 16,22; 2Sm 1,10; Ct 8,6.

[33] HELFMEYER, F. J. *GLAT*, II, 693; cf. SCHLIER, H. *GLNT*, II, p. 328.

De fato, esse último sentido é frequente nas Escrituras. O motivo pelo qual esse pensamento ter-se-ia desenvolvido nas Escrituras poderia ter sido a permanente necessidade de Israel frente aos confrontos com as grandes potências militares que o rodeavam. Deste modo, ao reconhecer sua própria debilidade, Israel deposita sua esperança de vencer seus inimigos na força de seu Deus e Senhor.[34] Esta ideia encontra-se no Êxodo (6,1.6; 15,16; 32,11); no Deuteronômio (3,24; 4,34; 5,15; 6,21; 7,8.19; 9,26.29; 11,2; 26,8; 33,27); em Isaías (26,11; 30,30); em Dêutero-Isaías (40,10-11; 51,9-10; 52,10; 53,1); em Trito--Isaías (63,5.12); e nos Salmos (43,4; 70,18; 76,16; 78,11; 88,11.14.22; 97,1). Note-se que, na maioria dos casos, esta força divina é manifestada em relação ao mundo (luta da criação) ou ao povo de Deus (sua eleição e sua libertação).[35]

Além do mais, a partir da ideia de um Deus guerreiro também se faz referência ao "braço de Deus" como o "poder de julgar", por meio do qual Deus é descrito como juiz, como aquele que estabelece a verdadeira justiça entre os homens e entre as nações (Sl 97,1;[36] Is 51,4-6; 59,16; Ez 20,33-35).

Βραχίων nos livros do Êxodo e do Deuteronômio

Antes de iniciar a análise dos textos do Êxodo e do Deuteronômio, deve-se recordar que a história sagrada neles narrada tem como centro

---

[34] BEAUCAMP, E. "Riflessioni sull'idea di 'forza' nella Bibbia", *BibOr* 4 (1962), p. 81-82.
[35] VALENTINI, A. *Il Magnificat*, p. 117.
[36] Esta citação do Sl 97,1 pode assumir dois sentidos; o primeiro, na primeira parte do salmo, no sentido de força salvífica-libertadora; o segundo, no salmo em seu conjunto, no sentido de restabelecimento da justiça do Senhor sobre toda a terra, entre todos os povos e nações.

a libertação da escravidão do Egito e a Aliança realizada aos pés do Sinai. Estes eventos, de fato, centrais para a compreensão da própria identidade de Israel como povo eleito, indicam-nos que os filhos de Israel experimentaram a revelação do Deus único e santo, o Deus de seus antepassados.

A partir da centralidade desses eventos histórico-teológicos, González Lamadrid afirma: "o Êxodo fala de um povo sempre em caminho até a Terra Prometida. De fato, a história bíblica é articulada em torno de três grandes êxodos: êxodo do Egito, êxodo da Babilônia e êxodo de Cristo (cf. Êx 12ss.; Dt 7,6-9; Esd 1; 8; Is 40,1-11; Lc 9,31)".[37] Esta afirmação nos oferece a compreensão da formação progressiva das Escrituras e nos permite observar o trabalho que os autores do Novo Testamento realizaram, relendo os antigos eventos salvíficos à luz da fé, em Jesus morto e ressuscitado, e atualizando-os dentro dos novos contextos, nos quais as novas gerações se encontravam submetidas.[38]

Dito isso, podemos voltar a nossa análise sobre a expressão "braço do Senhor". De fato, essa expressão está presente nos livros do Êxodo e do Deuteronômio. Destacam-se, a seguir, algumas citações[39]

---

[37] GONZÁLEZ LAMADRID, A. "Historia Deuteronomista", in *Historia, Narrativa, Apocalíptica*, p. 23.

[38] GONZÁLEZ LAMADRID, A. "Historia Deuteronomista", in *Historia, Narrativa, Apocalíptica*, p. 29; e SOGGIN, J. A. "L'opera storiografica deuteronomista", in *Introduzione all'Antico Testamento*, p. 212, afirmam, cada um a seu modo, que o trabalho realizado pela historiografia deuteronomista é justamente aquele de tentar dar respostas às perguntas surgidas entre os exilados em consequência da queda dos Reinos do Norte (em 722) e do Sul (em 587). De fato, a destruição de Jerusalém e o desterro na Babilônia feriram profundamente a consciência israelita e expuseram o problema da fidelidade de Deus. Em meio a esta crise é que a historiografia deuteronomista propôs às gerações posteriores uma releitura e avaliação da história passada.

[39] Neste artigo, é impossível analisar um número exaustivo de citações. Por isso, selecionamos algumas que, segundo nosso parecer, seriam as mais significativas.

que melhor ilustram essa ideia, por meio das quais é possível captar algumas pistas de leitura que nos podem ajudar na interpretação de Lc 1,51a.

Inicialmente, destacamos Êx 6,6 e Êx 32,11:

> Portanto, dirás aos filhos de Israel: "Eu sou o Senhor. Eu os tirarei debaixo das pesadas tarefas do Egito, os livrarei da vossa servidão e os redimirei com *braço levantado e* com grande justiça" (Êx 6,6).

> Então Moisés orou na presença do Senhor, seu Deus, e falou: "Por que, Senhor, se acenderá teu furor contra teu povo que tirastes da terra de Egito com grande poder e com *braço levantado?*" (Êx 32,11).

As duas citações recordam que os filhos de Israel foram libertados das mãos de um opressor muito mais poderoso; essa libertação não é obtida como resultado de suas próprias forças. Os textos transmitem às gerações posteriores que seus antepassados[40] receberam a libertação (e foram constituídos como o povo da Aliança), sem que isto tivesse sido conquistado por seus próprios méritos; ao contrário, eles o receberam como um dom da misericórdia e do amor de seu Senhor.[41] Ele escutou seus clamores e viu seus sofri-

---

[40] Recorde-se que durante o rito da ceia pascal judaica, frente à pergunta do menino mais novo "Por que esta noite é diferente de todas as outras noites?" dá-se a resposta "Porque nós fomos escravos no Egito". Usa-se, portanto, o verbo no tempo presente e não no passado. Este fato demonstra como cada geração judaica compreende o evento salvífico central de sua fé.

[41] Esta mesma ideia encontra-se no Salmo 43,4 (44,4) – classificado como um hino de lamento. Neste versículo aparece duas vezes o substantivo $\beta \rho \alpha \chi \acute{\iota} \omega \nu$; a primeira se refere ao braço de Israel, ao poder de suas armas; a segunda faz referência ao braço (e à destra) do Senhor que, desde os tempos antigos, tem lutado a favor de seu povo contra os demais povos. Comparando o braço de Israel e do Senhor, o salmista

mentos. Por isso, baixou para libertá-los das mãos de seus opresso-res[42] com o poder de seu braço.

O terceiro texto a ser destacado:

> "Que caia sobre eles tremor e espanto! Pela *grandeza de teu braço* emudeçam como uma pedra, até que tenha passado teu povo, ó Senhor! Até que tenha passado este povo que tu resgataste" (Êx 15,16).

Este versículo é parte do hino de vitória (e/ou de ação de graças)[43] que foi entoado por Moisés e pelos israelitas (Êx 15,1-17), em seguida à passagem pelo mar, quando eles viram os solda-dos e os cavalos do Faraó mortos sob a ação do braço do Senhor Deus de Israel.

Como já foi destacado, a memória da páscoa em toda a sua am-plitude (desde a saída do Egito até a Aliança realizada no Sinai), é o evento central da autocompreensão de Israel como povo eleito pelo Senhor. Israel proclama esta convicção de geração em geração: o Senhor, "o Deus de nossos pais"[44] ou "o Deus de Abraão, de Isaac e

---

afirma: tudo o que Israel recebeu em tempos antigos, não foi graças à força de suas armas, mas sim à ação do poderoso braço do Senhor. Então, ao recordar os grandes feitos do Senhor, manifesta seu lamento e tristeza pela situação presente de miséria e morte em que se encontra o povo. Por isso, suplica ao Senhor que desperte, invo-cando sobre o povo a mesma salvação e misericórdia que tinham experimentado as gerações passadas.

[42] Cf. Êx 3,7-9.

[43] BLENKINSOPP, J. *El Pentateuco*, p. 206-209, apresenta uma excelente discussão fun-damentada nas investigações mais recentes sobre Êx 15,1-18. O debate concentra-se em torno à origem, à antiguidade das diferentes fontes e tradições e à análise das diferentes hipóteses sobre a inserção do hino no texto final do Êxodo.

[44] Êx 3,13.15.16; Dt 1,11; 4,1; 9,5; 12,1; 29,25; Js 18,3; Jz 2,12 e tantas outras.

de Jacó"[45], ao longo de toda a nossa história, continuará levantando a força de seu braço a favor de seu povo.

De fato, por meio da celebração anual da Páscoa, o povo da Aliança perpetuará esta memória, de modo que nos momentos mais trágicos de sua história (também na história pós-bíblica), senão todo o povo, ao menos uma parte (o chamado "resto de Israel"[46]) jamais esquecerá a fidelidade do Senhor. Por isso, esse resto se esforçará para ser fiel à Aliança. Esta disposição os impulsionará a crer e a esperar que "o braço de seu Senhor" estará sempre a seu favor.

Essa ideia da ação contínua do Senhor a favor de Israel pode ser encontrada em Êx 15,16; porém, a expressão "pela grandeza de teu braço" ($\mu\epsilon\gamma\epsilon\theta\epsilon\iota$ $\beta\rho\alpha\chi\iota\acute{o}\nu\acute{o}\varsigma$ $\sigma\sigma\upsilon$) não se refere mais aos egípcios, já vencidos pela ação do mesmo braço no relato precedente do próprio livro do Êxodo, vitória já cantada nos primeiros versos do mesmo hino (vv. 1-10); a ação do braço do Senhor indicada no v. 16 aponta para o futuro, refere-se aos povos que Israel haveria de vencer até que se instalasse na terra prometida. Portanto, por meio deste hino de vitória, não se celebra apenas a liberdade frente aos egípcios, mas se anuncia às novas gerações que a conquista, e o estabelecimento na terra de Canaã foi também fruto da ação do braço do Senhor.[47]

Por outro lado, no Deuteronômio, encontramos algumas expressões que ajudam a ilustrar a ideia da memória pascal. Assim, em Dt 4,34; 5,15; e 7,19, temos "com braço levantado"[48] ($\dot{\epsilon}\nu$ $\beta\rho\alpha\chi\iota\acute{o}\nu\iota$ $\dot{\upsilon}\psi\eta\lambda\tilde{\omega}$); em

---

[45] Êx 3,6; 3,15.16; 4,5; 1Rs 18,36; 1Cr 29,18; 2Cr 30,6. Expressão que também aparece no NT: Mt 22,32; Mc 12,26; Lc 20,37; At 3,13; 7,32.

[46] Ne 11,20; Is 10,20; 11,16; 46,3; 49,6; Jr 6,9; 31,7; 42,15; Ez 9,8; 11,13; Mq 2,12; Sf 2,9; 3,13.

[47] BLENKINSOPP, J. *El Pentateuco*, p. 209.

[48] Na língua portuguesa, o adjetivo grego $\dot{\upsilon}\psi\eta\lambda o\varsigma$ também pode ser traduzido por "estendido, no sentido de alto, altivo ou levantado". Portanto, como atributo de $\beta\rho\alpha\chi\iota\omega\nu$ a expressão resulta: "braço estendido", "braço altivo", "braço alçado".

Dt 9,26.29 "com o braço teu levantado" (ἐν τῷ βραχίονί σου τῷ ὑψηλῷ); em Dt 26,8 "com braço dele levantado" (ἐν βραχίονι αὐτοῦ τῷ ὑψηλῷ) e, por fim, no Dt 11,2 "conhecei hoje, porque não falo com vossos filhos que não conheceram e não têm visto a disciplina do Senhor, teu Deus, (conhecei) a grandeza sua, a mão poderosa e o braço levantado" (... καὶ τὰ μεγαλεῖα αὐτοῦ καὶ τὴν χεῖρα τὴν κραταιὰν καὶ τὸν βραχίονα τὸν ὑψηλὸν). Note-se que, no Dt, todas essas citações fazem referência à libertação da escravidão do Egito.

Βραχίων τοῦ κυρίου em Dêutero-Isaías

Nos livros proféticos, o substantivo *braço* aparece em Isaías, de modo particular no Dêutero-Isaías.[49]

A destruição de Jerusalém e a deportação para a Babilônia caíram sobre os desterrados, gerando uma crise de fé e esperança. De fato, a atividade profética do Dêutero-Isaías enfrentou a desilusão de grande parte de seu povo. Sua palavra profética, então, terá de buscar no passado da história de Israel, entre os grandes fatos do Senhor,[50] os motivos para despertar uma renovação da fé e da esperança na ação divina. O profeta faz uma releitura do primeiro êxodo e anuncia a seus compatriotas um "novo êxodo", uma nova libertação; um novo caminho no meio ao deserto será aberto pelo Senhor a favor de seu povo.[51] As maravilhas que o braço do Senhor tinha realizado no primeiro êxodo se realizarão uma

---

[49] Segundo SICRE, J. L. *El profetismo en Israel*, apesar da falta de unanimidade entre os comentaristas, a maioria aceita que esse profeta tenha atuado entre os desterrados da Babilônia no final do exílio; esse fato coloca a atividade do profeta na segunda metade do século VI a.C. (em torno dos anos 553-539).

[50] Is 51,10.

[51] Is 43,19.

vez mais (não sentirão sede porque o Senhor lhes dará de beber a água da rocha).[52]

Frente à incredulidade dos destinatários, o profeta anuncia a restauração de Sião (caps. 49-55), que se queixa como uma mulher abandonada e sem filhos. Segundo Sicre, os cantos do servo do Senhor situam-se nesse contexto de sofrimento de Sião. Por isso, afirma que "Ciro deve trazer a salvação temporal, a libertação de Babilônia. O Servo traz a salvação eterna, o consolo perpétuo de Sião. Ciro baseia sua atividade no poder das armas; o Servo – modelo de debilidade e da não violência – só conta com o poder do sofrimento. De fato, enquanto Ciro ganha a admiração e a glória, o servo arrasta o desprezo de todos. Mas a dor e a morte lhe darão a vitória definitiva, mais duradoura que aquela recebida por Ciro".[53]

Essas informações nos ajudarão a compreender melhor alguns textos do Dêutero-Isaías que destacamos a seguir, nos quais se utiliza o substantivo *braço* com referência ao poder do Senhor.

Um texto importante é Is 53,1,[54] o qual se encontra no contexto de incredulidade descrito nos parágrafos anteriores. No Novo Testamento, este versículo é citado apenas em Jo. Porém, também é citado na primeira carta de Clemente romano aos Coríntios.

Diante às duas interrogações de Is 53,1, devem-se ter claro algumas coisas. Primeiro, a quem são dirigidas? Segundo, quem são os que têm acreditado ou não em nosso anúncio? Terceiro, a quem se destina a revelação do braço do Senhor?

---

[52] Is 48,21.

[53] SICRE, J. L. *El profetismo en Israel*, p. 338.

[54] "Quem acreditou em nosso anúncio? E sobre quem se tem revelado o braço do Senhor? (Κύριε τίς ἐπίστευσεν τῇ ἀκοῇ ἡμῶν καὶ ὁ βραχίων κυρίου τίνι ἀπεκαλύφθη).

Quanto à primeira, podemos supor que seria dirigida a todo o povo de Israel, povo ao qual é destinado o testemunho do Servo desfigurado (cf. Is 52,14); mas essa pergunta poderia, ainda, ser formulada com outra pergunta: Quem em Israel poderia esperar a revelação do poder do Senhor por meio de uma figura tão desprezível como aquela descrita pelo profeta? (52,14).

A resposta é oferecida pelo próprio canto quando se afirma alguns versículos subsequentes que todos o julgavam castigado, humilhado, perseguido por Deus (53,4). Tal imagem não poderia despertar em seu povo a ideia de que, por meio dessa figura, ou melhor, desfigura, o Senhor estaria revelando o poder de seu braço salvador e redentor.[55] Daí podemos dizer que o anúncio é justamente esse, que, por meio do justo sofredor, seu povo que estava perdido como um rebanho sem rumo definido (53,12) estaria recebendo o perdão e a redenção.

O segundo texto é Is 40,10-11, no qual se utiliza duas vezes o substantivo $\beta\rho\alpha\chi\acute{\iota}\omega\nu$ para afirmar que "o Senhor Deus vem com potência, com seu braço porta seu domínio" (v. 10) e, em seguida, "como pastor pastoreará seu rebanho e com o poder de seu braço o reúne, toma os pequeninos em seu seio e conduz calmamente as ovelhas-mãe" (v. 11).

Essa citação compõe o primeiro capítulo do Dêutero-Isaías, no qual se transmite o anúncio de libertação. Segundo o profeta, é necessário que o povo prepare o caminho, aplaine os montes, porque o Senhor vem libertar, reunir, pastorear e reconduzir seu povo que vive no exílio da Babilônia. Mas o profeta deve levantar bem alto

---

[55] BEAUCAMP, E. "Riflessioni sull'idea di 'forza' nella Bibbia", *BibOr* 4 (1962), p. 81-83, afirma que esta ideia da debilidade humana (do povo de Israel), que confia na força do Senhor para resistir, fazer frente e vencer os poderes que o ameaçam, foi formando-se pouco a pouco na consciência religiosa de Israel. Segundo o autor, alguns Salmos demonstram essa evolução.

sua voz para que o anúncio da boa nova da chegada do Senhor seja escutado.

A figura do pastor que conduz e reúne seu rebanho com o poder de seu braço faz referência ao primeiro êxodo.[56] Ele cuidará dos pequenos, os mais frágeis. O poder de seu braço, o calor de seu seio, ambos estarão a serviço das ovelhas menores. Ou seja, entre todas as ovelhas de seu rebanho, ele se voltará para aquelas que são as mais fracas e lhes oferecerá maior proteção, tomando-as sob seus cuidados. Além do mais, é interessante observar que o Deutero-Isaías apresenta a mesma imagem que Ezequiel, o outro profeta do exílio:[57] "O Senhor mesmo será o pastor de Israel" (Ez 34,11-16).

Segundo Ginsberg, os profetas tardios, no que se refere ao estilo e ao vocabulário, foram seguramente influenciados pela literatura dos Salmos. Este fenômeno é particularmente presente no livro de Isaías.[58] Segundo ele, esse fato pode ser verificado quando se estuda a grande concentração de citações nas quais se utiliza a expressão "braço do Senhor" nos caps. 51-63.[59]

O autor apresenta sua tese por meio de três estudos comparativos entre textos do Dêutero-Isaías e dos Salmos: 1) Is 51,9 e Sl 89,11 (88,11); 2) Is 52,10 e Sl 98,1 (97,1) 3) Is 53,10-11 e Sl 91,15-16 (90,15-16). Em todos eles enfatiza o léxico e os elementos semânti-

---

[56] A mesma ideia apresentada em Sl 76,21 e Sl 78,52.

[57] SICRE, J. L. *El profetismo en Israel*, p. 326-327.

[58] GINSBERG, H. L. "The arm of YHWH in Isaiah 51-63 and the text of Isa 53,10-11", *JBL* 77 (1958), p. 152-156.

[59] O autor, em seu artigo publicado em 1958, não faz uma separação entre o dêutero (caps. 40-55) e o Trito-Isaías (caps. 56-66), como faz a exegese contemporânea. Note-se, porém, que ele apresenta a distinção do primeiro-Isaías. De qualquer modo, mesmo sem a distinção entre Dêutero e Trito-Isaías, seu estudo é muito revelador quanto à influência de alguns Salmos em Is 51-63, de modo especial, na passagem de Is 53,10-11.

cos comuns.[60] Segundo Ginsberg, o uso do TM (Texto Massorético) permite ver melhor a interdependência dos textos estudados. Isto, de modo particular, pode-se comprovar no terceiro exemplo, visto que no Dêutero-Isaías (53,10), segundo seu estudo, existe um problema de vocalização da palavra hebraica $\H{\rho}\zeta$ (semente – descendência) que na LXX vem traduzido como $\sigma\pi\acute{\epsilon}\rho\mu\grave{\alpha}$ Desse modo, no texto grego não aparece o termo $\beta\rho\alpha\chi\acute{\iota}\omega\acute{\nu}$ tradução da palavra hebraica $\H{}$ "$A\rho\zeta$. O autor defende que a vocalização do texto hebraico deveria ser $\H{}$ "$A\rho\zeta$ (braço) e não $\H{\rho}\zeta$ (semente).

Contudo, independentemente deste ou de outro problema de vocalização existente no TM, pode-se afirmar que os textos do Dêutero-Isaías em grego (os quais foram estudados por Ginsberg em hebraico) e os textos já citados neste estudo têm como espinha dorsal o anúncio de um tempo novo de salvação. De fato, seu objetivo principal é alimentar no povo a esperança que eles contemplariam a salvação do Senhor ante todos os povos.

Os escritores sagrados fazem memória dos prodígios que o Senhor fez em tempos antigos em favor de Israel para anunciar que semelhantes prodígios serão agora realizados ante os olhos dos exilados. Os textos proféticos exaltam a fidelidade e o amor que o Senhor tem manifestado à casa de Israel desde os tempos antigos.

$B\rho\alpha\chi\acute{\iota}\omega\nu$ no Novo Testamento

O substantivo grego $\beta\rho\alpha\chi\acute{\iota}\omega\nu$ é utilizado três vezes no Novo Testamento (Jo 12,38; Lc 1,51; At 13,17).

---

[60] É importante observar que Ginsberg não baseou seu estudo na LXX, mas nos textos hebraicos, no Texto Massorético (TM).

Em Jo 12,38, na realidade, aparece uma citação explícita do profeta Isaías (53,1).[61] O evangelista a utiliza, diante desta incredulidade, para indicar a falta de fé de grande parte dos interlocutores de Jesus, os quais se recusam a crer nele, mesmo diante de diversos sinais que ele tinha realizado e frente a sua afirmação de que ele seria elevado e glorificado como o Filho do Homem. Por isso, o evangelista declara: "Senhor, quem acreditou em nosso anúncio? A quem se revelou o *braço do Senhor?*".[62]

Por outro lado, quanto a Is 53,1, é possível constatar sua utilização nos escritos cristãos do primeiro século que não vieram a fazer parte do Novo Testamento,[63] mais precisamente, na primeira carta de Clemente romano aos Coríntios (1Cl 16,3). Essa citação de Is encontra-se no bloco dos caps. 13-19, no quais se descreve a exortação à vivência da humildade e da mansidão. De fato, Clemente, no capítulo 16, para se opor aos soberbos e arrogantes da comunidade cristã de Corinto, apresenta Cristo como modelo de humildade e, para isso, utiliza o quarto canto do Servo.

A 1Cl nos confirma que, ao final do primeiro século (anos 95-98),[64] Is 49,13–53,12 era aplicado, nos "círculos cristãos", à pessoa e à missão de Jesus. De fato, sem citar nenhum evangelho e nenhum outro escrito do Novo Testamento, Clemente faz explicitamente a conexão entre o servo descrito por Isaías e a identidade de Jesus (o Messias morto e ressuscitado).

---

[61] Parte do quarto "canto do Servo".

[62] *Κύριε, τίς ἐπίστευσεν τῇ ἀκοῇ ἡμῶν; καὶ ὁ βραχίων κυρίου τίνι ἀπεκαλύφθη;*

[63] Segundo JAUBERT, A. *Clément de Rome – Épître aux Corinthiens*, 20, a opinião da maioria dos críticos é que esta carta foi escrita, provavelmente, em Roma por volta de 95-98 de nossa era.

[64] Época em que os evangelhos (que posteriormente seriam reconhecidos canônicos) ainda não haviam sido difundidos por todas as regiões onde existiam comunidades cristãs. De fato, estes haviam sido concluídos (por escrito) uma década e meia antes ou, até mesmo, poucos anos antes.

Clemente parece aplicar esse texto de Isaías sob dois aspectos diferentes. O primeiro no sentido de que as testemunhas de Cristo, aqueles que acreditaram nele,[65] na verdade, conheceram a revelação do poder redentor de Deus. E o segundo para indicar que na comunidade cristã de Corinto existiam aqueles que não viviam de acordo com o exemplo de humildade e mansidão de Jesus, o Servo. De modo que se opunham às autoridades da comunidade. Aquele comportamento rebelde os levava a viver como se não tivessem conhecido a revelação do braço redentor do Senhor, ou seja, viviam como se não tivessem aceitado o anúncio e o testemunho de seus pastores que, segundo Clemente, sofrem pelos pecados e pela divisão da comunidade, como o próprio Jesus Cristo sofreu pelos pecados da humanidade.

As outras duas vezes em que $\beta\rho\alpha\chi\acute{\iota}\omega\nu$ aparece no Novo Testamento ocorrem na obra lucana (Lc-At). A primeira delas em Lc 1,51a ('Eποίησεν κράτος ἐν βραχίονι αὐτοῦ). Esta citação será estudada no bloco a seguir.

O segundo caso encontra-se no início do discurso de Paulo na sinagoga de Antioquia de Pisídia (At 13,17), no qual se faz memória dos grandes feitos do Senhor a favor de seu povo Israel, dentre eles a libertação do Egito: "O Deus deste povo de Israel escolheu nossos pais e enalteceu o povo, sendo peregrinos em terra do Egito, e com *braço levantado* os tirou dela".[66]

Note-se que At 13,17 parece ter como substrato mais direto Êx 6,6. Citação importante, porque no conjunto do Êxodo esta é a primeira vez que Deus dá a conhecer aos filhos de Israel sua decisão de, com "o poder de seu braço" (com "seu braço levantado"), libertá-los da escravidão, tirá-los do Egito e conduzi-los à Terra da promessa.[67]

---

[65] Ou seja, creram em sua obra redentora realizada por meio de sua paixão, morte e ressurreição; o que de fato era o cumprimento da missão do "servo sofredor".

[66] ὁ θεὸς τοῦ λαοῦ τούτου 'Ισραὴλ ἐξελέξατο τοὺς πατέρας ἡμῶν καὶ τὸν λαὸν ὕψωσεν ἐν τῇ παροικίᾳ ἐν γῇ Αἰγύπτου καὶ μετὰ βραχίονος ὑψηλοῦ ἐξήγαγεν αὐτοὺς ἐξ αὐτῆς

[67] GREEN, J. B. *The Gospel of Luke*, p. 104.

Por outro lado, a análise em conjunto dos dois textos do Novo Testamento (Jo 12,38; At 13,17), com seus respectivos substratos escriturísticos (Is 53,1; Êx 6,6), sugere que βραχίων é utilizado para fazer uma referência direta à ação divina, da mesma maneira que ocorre nos textos do Primeiro Testamento que foram estudados. Por meio das duas expressões "revelação do braço do Senhor" e "com braço levantado os tirou", Lucas e João, respectivamente, desejam apontar para a potência soberana e libertadora do Senhor de Israel; aquele que, pelo poder de seu braço, fez proezas ao longo da história passada do povo eleito. Ação divina que, segundo os dois evangelistas, se estende aos tempos escatológicos por meio de seu Cristo.

Κράτος ἐν βραχίονι αὐτοῦ em Lc 1,51a

O v. 51a abre a segunda parte do *Magnificat*. De modo que está em relação direta com os vv. 51b-55, os quais no conjunto formam a segunda parte do hino. Consequentemente, a expressão "fez proezas com seu braço" nos remete, num primeiro momento, ao v. 51b; num segundo, aos vv. 52-53; e, num terceiro, à conclusão do hino, os vv. 54-55. Isto sem falar que o fazer "atos" poderosos (ἐποίησεν κράτος) do v. 51a também está associado a "fazer grandes coisas" (ἐποίησεν μεγάλα) presente no v. 49a, como já foi demonstrado na primeira parte deste capítulo.

A realização de "atos tão grandes" (ou poderosos) pede alguns esclarecimentos: O que significam esses atos? A quem se referem? Quem é o sujeito? Quais são seus objetos? As respostas devem ser encontradas ao interior do próprio hino!

Quem tem feito grandes coisas em Maria (em mim – μοι) é o poderoso (ὁ δυνατός). Ele é o sujeito também da expressão "faz atos poderosos com seu braço"! Porém, note-se que, nos vv. 51b-53, o destinatário dessa ação não é Maria. Nesse caso, são os soberbos (v. 51b), os poderosos (v. 52a), os ricos (v. 53b) que, por sua oposição aos humildes-pobres

(v. 52b) e aos famintos-indigentes (v. 53a), têm experimentado o poder de seu braço.[68]

Deste modo, Maria, como parte da descendência de Abraão, exulta e alegra-se no Salvador, o Poderoso, o Senhor, porque, uma vez mais, como no primeiro êxodo, paradigma de libertação nas Escrituras, Ele cumpriu suas promessas e recordou-se de sua misericórdia em favor de seu povo.

Por outro lado, é importante aterrissar no contexto mais imediato do hino, Lc 1-2, no qual se deve identificar que a promessa cumprida é a vinda do Messias. Por isso, pode-se afirmar que a manifestação por excelência do "braço do Senhor" se deu a conhecer na concepção deste menino, o qual, em Lc 2,11, é chamado "o Salvador, o Cristo Senhor" ($\sigma\omega\tau\dot{\eta}\rho$ $\delta\varsigma$ $\dot{\epsilon}\sigma\tau\iota\nu$ $X\rho\iota\sigma\tau\dot{o}\varsigma$ $\kappa\dot{\upsilon}\rho\iota o\varsigma$). Segundo a narrativa lucana, seu nascimento será causa de grande alegria não somente para Maria ou para os pastores, mas para "todo o povo" (2,10). Porém, se por um lado, Lucas declara que ele é o Cristo do Senhor ($\tau\dot{o}\nu$ $X\rho\iota\sigma\tau\dot{o}\nu$ $\kappa\upsilon\rho\dot{\iota}o\upsilon$), por outro também adverte que "está posto para queda e levantamento para muitos em Israel" (Lc 2,34).

A ideia de queda e levantamento de muitos em Israel pode ser colocada em paralelo com os vv. 51b-53, nos quais aparece também a oposição entre aqueles que foram favorecidos e desfavorecidos pela ação do braço poderoso do Senhor. Existe, ainda, um elemento importante a ser destacado nos dois textos lucanos. No *Magnificat*, o sujeito da ação não é o menino que está no seio de Maria, mas o Senhor de Israel, o Deus de nossos pais. Ele agiu diretamente com o poder de seu braço. Note-se que o evangelista utiliza todos os verbos em voz ativa.

---

[68] DUPONT, J. "Le Magnificat comme discours sur Dieu", *NRT* 102 (1980), p. 327, expõe algumas das razões por que segundo seu parecer devem ser lidos e interpretados como uma unidade.

Da mesma forma, em 2,34, o sujeito continua sendo Deus, o Senhor de Israel, mas com uma diferença, ele age por meio de seu Cristo; aqui, o evangelista utiliza o verbo em voz passiva, o que nos leva a interpretá-lo como um passivo divino. Portanto, o Cristo "está posto", por Deus, "para queda e levantamento de muitos em Israel". Assim, agora, nos tempos messiânicos, a ação divina manifesta-se a seu povo Israel por meio de seu Cristo.[69]

Além do mais, um escrito cristão do primeiro século que pode auxiliar na compreensão da ação do $\beta\rho\alpha\chi\iota\omega\nu$ (poderoso do Senhor) é a primeira carta de Clemente aos Coríntios (1Cl 60,3).[70]

Porém, antes da análise de 1Cl 60,3, convém olhar o conjunto da extensa oração de Clemente (1Cl 58,3–61,3). Note-se que o texto é poético; é uma oração, uma ladainha, um tipo de salmo. Não é difícil observar que muitos vocábulos, quando comparados ao *Magnificat*, repetem-se. De fato, o léxico é semelhante. Sem dúvida, existem também algumas diferenças como, por exemplo, a utilização explícita do nome de Jesus Cristo, a quem Clemente chama "filho amado do Pai, sumo sacerdote e pastor de nossas almas".

Ainda, quanto a 1Cl 58,3–61,3, note-se que a oração é um misto de louvor e súplica; o autor agradece os feitos do Senhor e, ao mesmo tempo, suplica pela libertação dos que sofrem, pela sabedoria dos governantes e pelo perdão dos pecados de todos os cristãos.[71] Em comum com o *Magnificat* destacam-se as afirmações: Deus é Salvador, Senhor, Santo, fiel em todas as gerações, admirável em sua força, misericordioso; Ele liberta os prisioneiros, levanta os débeis, sacia os famintos, liberta de todo

---

[69] Lembre-se que, em seu primeiro oráculo (vv. 29-32), Simeão inclui "todos os povos" (v. 31) como destinatários da salvação divina.

[70] Este versículo situa-se no final da carta, na grande oração dirigida ao Senhor (caps. 59,3–61,3).

[71] A quem Clemente chama servos e servas do Senhor.

pecado com o poder de seu braço, faz enriquecer e empobrecer; seu Nome onipotente e sua ação foram manifestados em favor de "nossos pais".

Com essa visão geral, centralizamos agora nossa análise em 1Cl 60,3: "Sim, Senhor, revela teu rosto sobre os nossos, para o bem da paz, para proteger-nos com tua mão poderosa. Livra-nos de todo pecado com teu braço levantado e liberta-nos dos que injustamente nos odeiam".[72]

O trecho deve ser lido no contexto imediato que deu origem à carta: as divisões e disputas que existiam na comunidade cristã de Corinto (1Cl 46,5; 47,4). Segundo o preâmbulo da carta, o motivo da divisão da comunidade é a "rebelião sacrílega e abominável contra os presbíteros" que foi deflagrada por uns poucos insensatos e arrogantes (cf. 1Cl 1,1). Por isso, a carta exorta à unidade desejada por Deus e à ordem estabelecida por Ele. Clemente apresenta à comunidade alguns remédios e se dirige aos rebeldes para que se convertam, confessem seus pecados e submetam-se aos presbíteros e, assim, a comunidade volte a viver em paz e harmonia (caps. 51-58).

A expressão "τῷ βραχίονί σου τῷ ὑψηλω" é um dativo de instrumento e está relacionada ao verbo *libertar* (ῥύομαι), ao objeto indireto *a nós* (ἡμᾶς), e a seus dois complementos genitivos "*de todos os pecados*" (ἀπὸ πάσης ἁμαρτίας) e "*dos que nos perseguem injustamente*" (ἀπὸ τῶν μισούντων ἡμᾶς ἀδίκως). Este dativo indica que o Senhor, pelo "poder de seu braço levantado", liberta-*nos* de todos os pecados e dos que *nos* perseguem injustamente.

---

[72] Δέσποτα ,ἐπίφανον τὸ πρόσωπόν σου ἐφ᾽ ἡμᾶς εἰς ἀγαθὰ ἐν εἰρήνῃ, εἰς τὸ σκεπασθῆναι ἡμᾶς τῇ χειρί σου τῇ κραταιᾷ καὶ ῥυσθῆναι ἀπὸ πάσης ἁμαρτίας τῷ βραχίονί σου τῷ ὑψηλῷ, καὶ ῥῦσαι ἡμᾶς ἀπὸ τῶν μισούντων ἡμᾶς ἀδίκως (1 Cl 60,3).

Podemos observar que Clemente se utiliza dessa expressão para invocar sobre a comunidade de Corinto[73] o poder libertador do Senhor frente aos pecados que destroem a unidade e que expõem os fiéis da comunidade a diversos perigos, inclusive à morte (46,8; 47,7; 59,1). Dentro deste contexto, Clemente entende que o inimigo a ser vencido é o pecado que destrói a paz e a unidade do corpo de Cristo (46,1-7). De fato, Clemente suplica a Deus que a comunidade, por meio deste poder libertador, encontre novamente o caminho da vida em Cristo. Para isso, o autor utiliza uma expressão já consagrada nas Escrituras como aquela que melhor se aplica à ação divina que liberta e concede a vitória sobre os inimigos.

A ideia do poder do braço de Deus que liberta dos pecados pode ser perfeitamente correlacionada com a teologia lucana, na qual este poder divino se manifesta por meio de Jesus que perdoa os pecados (cf. Lc 1,77; 5,24; 7,48-49; 23,34); da mesma forma, ocorre com a libertação daqueles que são perseguidores pelos injustos que os odeiam (cf. Lc 1,71).

Por outro lado, ainda que esta mesma ideia não esteja explicitamente presente no *Magnificat*, o sentido da expressão "fez proezas com seu braço" pode ser compreendido como uma indicação da ação divina que nos tempos messiânico-escatológicos perdoa os pecados de seu povo. De fato, segundo Lucas, estes novos tempos são inaugurados pela presença do filho de Maria, o Messias morto e ressuscitado, aquele que é posto por Deus para queda e levantamento de muitos em Israel (cf. Lc 2,34).

Este menino é, assim, instrumento nas mãos do Senhor para cumprir todas as suas promessas. Por meio de seu Messias, o Senhor confirma

---

[73] Segundo o texto da carta, este poder é invocado não somente sobre os fiéis de Corinto, mas também sobre todos os cristãos e sobre todos os habitantes da Terra.

que se recordou de sua santa Aliança em favor de Abraão e de sua descendência. E, como falou pela boca de seus santos profetas, resolveu manifestar sua misericórdia para sempre.

O presente capítulo, centralizado na utilização e no sentido da expressão "seu braço" ($\beta\rho\alpha\chi\acute{\iota}\omega\nu$ $\alpha\grave{\upsilon}\tau o\hat{\upsilon}$), a partir de Lc 1,51a, permite-nos fazer algumas afirmações:

Primeiro observamos que a expressão "$\beta\rho\alpha\chi\acute{\iota}\omega\nu$ $\alpha\grave{\upsilon}\tau o\hat{\upsilon}$" é utilizada para indicar o poder do Senhor que exerce uma ação em favor de seu povo. O autor sagrado, no *Magnificat*, faz memória de todos os atos salvíficos realizados pelo poder de "seu braço". Note-se que a utilização do termo $\beta\rho\alpha\chi\acute{\iota}\omega\nu$ estabelece uma relação direta com o evento do êxodo, com a libertação da escravidão do Egito. Isto pode ser verificado tendo como base os textos do Primeiro Testamento, especialmente do Êxodo, Deuteronômio e Dêutero-Isaías, que foram analisados na segunda parte deste estudo.

Podemos também afirmar que, dentro de seu contexto imediato (Lc 1-2), a expressão "$\kappa\rho\acute{\alpha}\tau o\varsigma$ $\acute{\epsilon}\nu$ $\beta\rho\alpha\chi\acute{\iota}o\nu\iota$ $\alpha\grave{\upsilon}\tau o\hat{\upsilon}$" (Lc 1,51ª) refere-se à poderosa força do braço do Senhor. E que o evento central aí celebrado, no qual o braço do Senhor se manifestou com poder em favor de seu povo, é a concepção do Messias, filho de Deus, no seio de Maria. Lucas recorda o caráter paradigmático do evento libertador do Êxodo e o coloca em paralelo à libertação que o Senhor realiza por meio de seu Messias. Assim, com sua vinda, os tempos escatológicos são inaugurados e, por meio dele, seu povo será perdoado de seus pecados e libertado das mãos de todos os seus inimigos.

Este poderoso ato libertador do braço do Senhor pode ser mais bem compreendido se estabelecemos um paralelo entre o hino lucano e a oração de súplica e louvor encontrada ao final da Primeira Carta de Clemente aos Coríntios (1Cl). De fato, esta carta contém uma série de referências explícitas e implícitas do Primeiro Testamento, o que pode iluminar a compreensão do uso lucano da expressão "seu braço".

Por outro lado, se temos presente que a 1Cl foi escrita ao final do primeiro século e que nesse período os evangelhos (que posteriormente seriam reconhecidos canônicos) já tinham sido escritos, porém ainda não circulavam em todas as regiões (e, portanto, não eram conhecidos por todas as comunidades cristãs), e se a essa informação somamos o dado que na 1Cl não existe nenhuma citação explícita ou implícita de qualquer texto "cristão" que veio posteriormente a fazer parte do Novo Testamento,[74] poder-se-ia afirmar que a expressão "braço poderoso"[75] utilizada na 1Cl procede da versão grega do Primeiro Testamento, a qual era utilizada nos círculos cristãos da época. Esta realidade nos permite estudá-la em paralelo à expressão utilizada em Lc 1,51a. De fato, o estudo paralelo nos indica que ambos os autores utilizam o termo $\beta\rho\alpha\chi\acute{\iota}\omega\nu$ com o mesmo sentido: aquele de expressar a força libertadora do Senhor ou, em outras palavras, para assinalar o poder libertador do Senhor que opera em favor dos seus.[76]

Podemos ainda concluir que "o braço do Senhor que fez proezas" (v. 51a) é a chave de leitura para entender as ações divinas descritas nos vv. 51b-53. De fato, as ações de exaltar os pobres-humildes, de saciar os famintos-indigentes, de confundir aos soberbos, de destronar os poderosos e despedir de mãos vazias os ricos são todas realizadas pelo "poder de seu braço". Portanto, essas ações são, na realidade, uma síntese do poder libertador do Senhor, são o modo ordinário do operar divino em favor dos seus e contra aqueles que a estes se opõem.

Ao finalizar, reconhecemos que o presente capítulo poderia ser ampliado sob diversas perspectivas. Poder-se-ia realizar uma análise sobre a utilização de expressões que contêm o substantivo $\beta\rho\alpha\chi\acute{\iota}\omega\nu$ (זְרֹעַ)

---

[74] A única exceção seria uma das Cartas de Paulo aos Coríntios que Clemente afirma conhecer.

[75] O qual liberta dos pecados e dos perseguidores injustos que odeiam os cristãos.

[76] Principalmente quando estes se encontram em uma situação desfavorável.

na literatura apócrifa (tanto no Primeiro Testamento como no Novo Testamento) ou, até mesmo, nos escritos de Qumran. Tais perspectivas deixam um caminho aberto para futuros aprofundamentos.

Referências bibliográficas

BEAUCAMP, E. "Riflessioni sull'idea di 'forza' nella Bibbia", *BibOr* 4 (1962), p. 81-83.

BLENKINSOPP, J. *El Pentateuco*, Navarra, 1999, p. 175-243.

BOCK, D. L. *Luke*, I, Michigan, 1994, p. 142-162.

BOVON, F. *El Evangelio según San Lucas*, I, Salamanca, 1995, p. 117-140.

BROWN, R. E. *The Birth of the Messiah. A Comentary on the Infancy Narratives in Matthew and Luke*, New York, 1977, p. 350-365.

_____. "Gospel Infancy Narrative Research from 1976 to 1986: Part II (Luke)", *CBQ* 48 (1986), p. 660-680.

DUPONT, J. "Le Magnificat comme discours sur Dieu", *NRT* 102 (1980), p. 321-343.

FERNÁNDEZ MARCOS, N. *Introducción a las versiones griegas de la Biblia*, Madrid, 1998, p. 323-339.

GREEN, J. B. *The Gospel of Luke*, Michigan/Cambridge, 1997, p. 98-105.

GINSBERG, H. L. "The Arm of YHWH in Isaiah 51-63 and the Text of Isa 53,10-11", in *JBL* 77(1958), p. 152-156.

GOMÁ CIVIT, I. *El Magnificat, Cántico de Salvación*, Madrid, 1982, p. 99-211.

GONZÁLEZ LAMADRID, A. "La historia Deuteronomista y el Deuteronomio", *Historia, Narrativa, Apocalíptica*, Navarra, 2003, p. 19-61.

HAMEL, E. "Le Magnificat et le Renversement des Situations", *Greg.* 60 (1979), 53-65.

JAUBERT, A. *Clément de Rome, Épître aux Corinthiens*, Paris, 1971.

MEYNET, R. *Il Vangelo Secondo Luca*, Bologna, 2003, p. 47-67.

MÍNGUEZ, D. "Poética generativa del Magnificat", *Bib* 61 (1980), p. 55-77.

MUÑOZ IGLESIAS, S. *Los Evangelios de la Infancia*, I, Madrid, 1983, p. 118-162.

SICRE, J. L. *Profetismo en Israel*, Navarra, 1992, p. 323-340.

SCHURMANN, H. *Il Vangelo di Luca*, I, Brescia, 1983, p. 171-186.

SCHWEIZER, E. *Il Vangelo Secondo Luca*, Brescia, 2000, p. 24-43.

SOGGIN, J. A. *Introduzione all'Antico Testamento*, Brescia, 1987, p. 210-217.

SPINETOLI, O. *"I poveri del Signore"*, *BibOr* 6 (1964), p. 3-16.

TANNEHILL, R. C. "The Magnificat as Poem", *JBL* 93 (1974), p. 263-275.

THEOLOGICAL DICTIONARY OF THE OLD TESTAMENT, IV, Michigan, 1980, p. 131-140.

VALENTINI, A. *Il Magnificat*, Bologna, 1987.

_____. "I cantici in Lc 1-2", *RSB* 4 (1992), p. 81-108.

VOGELS W. "Le Magnificat, Marie et Israël", *Église et Théologie* 6 (1975), p. 279-296.

PARTE II
Teologia Aplicada

O Desafio da Teologia Pública para a Reflexão Teológica na América Latina

Carlos Caldas[1]

Do lugar da teologia latino-americana no cenário da reflexão teológica global

Quando se fala em "teologia", sem qualquer adjetivo que modifique o substantivo, provavelmente se pensará no modelo tradicional, padrão, de teologia clássica produzida em moldes europeus, especificamente, da Europa Ocidental. Este tipo de fazer teológico tornou-se referência e paradigma para todos os demais tipos de reflexão do que tem sido chamado de "teologia contextual". Em certo sentido, é natural que tenha sido assim. Afinal, já são quase dois mil anos de produção teológica na Europa Ocidental. O centro de gravidade do cristianismo mudou, em alguns séculos do Oriente Médio – Egito, Síria e antiga Ásia Menor (atual Turquia) para a Europa Ocidental. O centro de gravidade do cristianismo deslocou-se, portanto, para regiões da Europa Ocidental, como Itália, França, Alemanha e

---

[1] Doutor em Ciências da Religião pela Universidade Metodista de São Paulo, é professor na Escola Superior de Teologia e Coordenador de Programa de Pós-Graduação em Ciências da Religião da Universidade Presbiteriana Mackenzie em São Paulo.

Inglaterra. Por séculos a teologia foi produzida nesta região.[2] Historiadores do pensamento cristão falam sobre a teologia produzida pelos Pais (ou Padres) da Igreja, pelos medievais, e, a partir do século XVI, tanto pelos Reformadores e seus seguidores como também pelos que se mantêm fiéis a Roma. Mas em todo caso sempre foi uma teologia produzida a partir de um determinado modelo que foi considerado padrão. Neste capítulo esse modelo de fazer teologia é denominado "modelo europeu". Não se entrará no mérito da discussão doutrinária apologética sobre erros e acertos desse modelo teológico. O pressuposto do capítulo é que, independentemente de ser uma teologia doutrinariamente identificada com pressupostos romanos ou reformados, essa teologia é uma teologia construída a partir desse "modelo europeu".

No já citado século XVI tem início o movimento missionário do cristianismo ocidental. Por oportuno, é prudente esclarecer que não se fará neste capítulo menção ao grande movimento missionário do cristianismo oriental. Este movimento merece uma abordagem mais ampla, que verdadeiramente lhe faça justiça. O movimento missionário do cristianismo oriental, a partir de seu centro no Oriente Médio, alcançou lugares tão distantes como diversas regiões da Ásia Central e, ainda mais distante, a própria China. Para os propósitos do presente capítulo, focalizar-se-á a atenção apenas no trabalho levado a cabo pelo movimento missionário ocidental. Começando pelos missionários jesuítas, no caso do cristianismo romano, e posteriormente por missionários moravianos, anglicanos, reformados, luteranos e de diversos outros ramos, no caso do cristianismo protestante, o cristianismo foi o primeiro credo religioso da história humana a atingir o status de religião globalizada.[3] Não se pode de modo

---

[2] Não se considerará neste capítulo a rica e vasta tradição do cristianismo ortodoxo oriental, distante geográfica e culturalmente da maior parte do cristianismo ocidental.
[3] Para detalhes do processo de como o cristianismo se torna uma religião global consultar, *inter alia*, Jenkins (2004).

algum esquecer que o cristianismo já nasce com vocação globalizante. Afinal, o Cristo ressuscitado deu ordem explícita a seus seguidores que proclamassem seu nome e sua mensagem a toda criatura (Mc 16,15), que fizessem discípulos de todas as nações (Mt 28,19; Lc 24,46). A partir do esforço missionário europeu ocidental, houve então a partir do século XVI o estabelecimento de igrejas cristãs nas Américas, na África, na Oceania e em várias partes da Ásia. Desde o princípio do século XIX os Estados Unidos passam a ocupar lugar de destaque na empreitada missionária. Como exemplo é suficiente citar que quase a totalidade do protestantismo latino-americano surge a partir da ação missionária estadunidense. Não apenas isso: mais uma vez o centro de gravidade do cristianismo muda. Desta feita, da Europa ocidental para a América do Norte.

Um dos resultados dessa globalização do cristianismo é que igrejas foram plantadas, e não demorou a que lideranças nacionais surgissem. Seminários teológicos foram organizados. Mas por muito tempo a teologia e o modelo de ação pastoral ensinados nesses seminários seguiram o modelo europeu. Teologia, tanto em seminários católicos como em protestantes, era reproduzida, mas não criada.

Tal situação só vai mudar, *grosso modo*, a partir dos anos de 1970. Em 1976 organizou-se em Dar Es Salaam, Tanzânia, a Associação Ecumênica de Teólogos do Terceiro Mundo (EATWOTT – Ecumenical Association of Third World Theologians[4]). Na ocasião, reuniram-se teólogos protestantes, católicos e ortodoxos com objetivo de pensar a teologia cristã a partir de suas respectivas realidades contextuais. Desde então a ASETT (Associação de Teólogos do Terceiro Mundo – assim a entidade é conhecida no Brasil) tem realizado suas atividades por

---

[4] www.eatwot.org

meio de congressos e outras reuniões sempre com objetivo de fomentar uma reflexão teológica que leve a sério a realidade contextual dos agentes do pensar teológico.[5] Sem embargo, seis anos antes da criação da EATWOTT/ASETT, organizou-se em Cochabamba, Bolívia, a Fraternidade Teológica Latino-Americana – FTL (chamada carinhosamente por seus membros de "Fratela"). A FTL é uma entidade comprometida com a teologia evangelical.[6] A Fraternidade Teológica Latino--Americana, entidade que, como visto, trabalha com uma teologia conservadora, é mais antiga em seus esforços de produção de uma teologia autóctone que a EATWOTT/ASETT. Na verdade, se for levado em consideração que a FTL, conforme já afirmado, foi organizada em 1970, é mais antiga em seus esforços de produção de uma teologia contextual que o famoso livro *Teología de la Liberación*, de Gustavo Gutiérrez, publicado originalmente em 1972, tido como o "pontapé inicial" da teologia da libertação latino-americana.

O já citado Jenkins defende a tese de que desde as últimas décadas do século XX pouco a pouco o centro de gravidade do cristianismo mais uma vez muda. Desta feita, do mundo do Atlântico Norte (não apenas Estados Unidos, mas considerando também o Canadá, as Ilhas Britânicas e a Europa Ocidental) para o que tem sido chamado de "Sul Global", que compreende a África ao sul do Saara, a América Latina e considerável parte da Ásia. Nada mais natural que surja nestas paragens uma reflexão teológica contextual. De fato, na academia teológica do mundo do Atlântico Norte tem surgido nos últimos anos

---

[5] O DEI – Departamento Ecumênico de Investigaciones – de San José, Costa Rica, publicou um livro por título *Teologia desde El Tercer Mondo: documentos finales de los cinco Congresos Internacionales de la Asociacion Ecumênica de Teólogos del Tercer Mondo* (o livro não apresenta data de publicação).

[6] Detalhes a respeito do evangelicalismo serão apresentados na próxima sessão deste capítulo.

um vivo interesse pela teologia chamada "contextual" ou do "Terceiro Mundo".[7] Todavia, há que se considerar algo: falar em teologia "contextual" é, a rigor, tautológico. Toda teologia é, em última instância, contextual. Isto porque teologia pode ser entendida como uma reflexão sobre Deus (esta é evidentemente a definição básica, a partir da etimologia da palavra), e/ou uma reflexão sobre o relacionamento, de Deus com a criação e vice-versa, a partir dos dados contidos nas Escrituras, que se constituem na Revelação, sendo, portanto, normativas. Toda a reflexão teológica acontece em um contexto histórico, geográfico, cultural, social, político, econômico, existencial (e, certamente, com muitos outros componentes). Esta ambientação existencial ou situação vivencial – o que na língua alemã é chamado de *Sitz-im-leben* – é central e indispensável na produção teológica. Não obstante, convencionou-se chamar de "contextual" apenas a teologia produzida fora do ambiente europeu ocidental. É evidente, no entanto, que mesmo as teologias chamadas contextuais, produzidas na Ásia, África ou América Latina, não são "reinvenções da roda", como popularmente se diz. Antes, são feitas em diálogo com o modelo europeu de teologia. Dificilmente poderia ser diferente.

Esta introdução, posto que talvez um tanto longa, tem intenção de situar devidamente o que vem a ser o objetivo propriamente deste capítulo: apresentar a teologia pública como possibilidade de renovação teórica e de práxis pastoral da teologia latino-americana. Para tanto, apresentar-se-ão a seguir uma introdução ao tema da teologia latino-americana propriamente, uma conceituação de teologia pública, para, ato contínuo, apresentar como esta pode ser incorporada na reflexão teológica latino-americana.

---

[7] Cf., *inter alia*, Brown (1984), Dyrness (1990), Bevans (2002).

Contornos da teologia latino-americana

A teologia latino-americana é conhecida mundialmente pela Teologia da Libertação (TdL). Sem dúvida, é exuberante a produção bibliográfica e a respeito da TdL.[8] Por esta razão, a TdL praticamente assumiu posição de hegemonia, no que diz respeito à produção teológica latino-americana. Esta produção teológica, cujas raízes mais remotas podem ser identificadas na produção dos presbiterianos Richard Shaull e Rubem Alves, procurou elaborar uma teologia do envolvimento concreto da igreja em questões de natureza social, econômica e até mesmo política. Conforme o professor Paulo Sérgio Lopes Gonçalves, é possível afirmar que a TdL tem cinco fases, a saber: gestação, gênese, crescimento, consolidação e ampliação de horizontes. A fase da gestação é a fase do Concílio Vaticano II, na primeira metade da década de 1960, quando pela primeira vez surgem sinais de abertura da Igreja Católica Romana a assuntos que até então não lhe eram centrais. A fase da gênese propriamente é marcada pelo lançamento do livro *Teología de la Liberación*, de Gustavo Gutierrez (1971). A fase do crescimento vai de 1972-1979 e é marcada por grande produção bibliográfica – surgem autores que se tornariam destacados e conhecidos, como Leonardo Boff e Jon Sobrino. São desse mesmo período a tese doutoral de Clodovis Boff, defendida na Universidade de Louvain (Bélgica), intitulada *Teologia e prática: teologia do político e suas mediações* (publicada no Brasil pela Editora Vozes) e a obra seminal de Juan Luis Segundo, *Liberación de la Teología*. A fase de consolidação vai de 1980 a 1990 e também é marcada por densa e sólida produção bibliográfica, na qual se destacam *Jesus*

---

[8] Uma indicação mínima, que de modo algum tem a pretensão de ser exaustiva, deve incluir Segundo (1972), Gutierrez (2000), Galilea (1982), Boff & Boff (1985).

en América Latina, de Jon Sobrino (publicada no Brasil por Edições Loyola); *Igreja: carisma e poder, E a igreja se fez povo* e *Do lugar do pobre*, de Leonardo Boff; e o início da produção da coleção "Libertação e Teologia", que pretendia ser uma "Suma Teológica da Libertação" – todavia, esta série jamais foi publicada *in totum*, conforme o desejo de seus editores (efetivamente foram publicados 29 volumes). Curiosamente, *O dogma que liberta*, de Juan Luis Segundo, não foi incluído na coleção. Em 1990 foi publicada uma síntese da coleção em dois volumes, tendo como organizadores Jon Sobrino e Ignacio Elacuría. A publicação teve por título *Mysterium Liberationis* e foi publicada por Editorial Trotta, de Madri. Nesse período têm lugar dois acontecimentos marcantes: em 1984, a instrução do Vaticano com críticas quanto ao uso do marxismo pela TdL e a notificação, seguida da disciplina de silêncio obsequioso, a Leonardo Boff, e em 1986 a carta de João Paulo II a CNBB também com questionamentos sobre apoio dado a TdL. Finalmente, a fase de ampliação de horizontes, a partir de 1990, que é identificada pela influência da TdL em outras teologias "contextuais" (teologias produzidas na África, a teologia *minjung* da Coreia do Sul e a teologia negra dos Estados Unidos), pelo diálogo da TdL com outras ciências – além evidentemente das ciências sociais, surge um diálogo com a antropologia profunda, que resulta em uma reflexão teológica libertacionista, que pensa especificamente a questão da mulher e do feminino, e um diálogo com a física quântica, que resulta em uma reflexão teológica que pensa especificamente a questão do meio ambiente.[9] É desta fase a preocupação com a inculturação, marcada pelo diálogo inter-religioso, e com a espiritualidade.[10] Surge evidentemente a partir da observação e

---

[9] Cf., *inter alia*, Boff (2000).

[10] Para outra síntese histórica da TdL consultar Richard (2006, p. 22-58).

constatação das condições apavorantes de pobreza e miséria a que estavam sujeitas milhões de pessoas no continente, em nítido e terrível contraste com uma situação de abastança de pequenas elites. Conforme uma expressão de Juan Luis Segundo, jesuíta uruguaio, ele próprio teólogo libertacionista, a TdL pôs a "teologia em movimento". A TdL pretende ser teologia feita a partir "da margem" ou "da periferia" da sociedade, tendo na conhecida "opção preferencial pelos pobres" não apenas seu mais conhecido lema, mas verdadeiramente sua pedra angular. A "opção preferencial pelos pobres" foi oficialmente adotada pela segunda assembleia-geral do episcopado latino-americano – CELAM II – acontecida em Medellín, em 1968 (é bem verdade que a frase só vai aparecer nos documentos de CELAM III, reunida em Puebla, México, no ano de 1979). Os pobres assumiram então o *locus* epistemológico e prático da TdL. Na TdL a práxis é entendida como tendo prioridade epistemológica em relação à teoria. Conforme Gutierrez (2000, p. 71), teologia é "uma reflexão crítica da práxis histórica à luz da Palavra". Para tanto, utilizou-se com frequência um referencial teórico de inspiração marxista. É bem verdade que jamais houve no período áureo da TdL (décadas de 1970 e 1980) consenso quanto até que ponto se poderia caminhar em um diálogo entre cristianismo e marxismo. Houve teólogo libertacionista que se entusiasmasse bastante com a perspectiva de uma interação com o marxismo. Exemplo é o mexicano José Porfírio Miranda (1981), com um livro que, apesar de pequenino (apenas 88 páginas), tem um título que diz tudo – *Comunismo en La Bíblia* (o primeiro capítulo do livro tem por título "Cristianismo es Comunismo"). Mas também houve quem se mostrasse crítico em relação a essa "aliança". Exemplos são os conhecidos Juan Luis Segundo (1986, 179), que criticou a falta de habilidade do marxismo de levar em conta o "dado transcendental" do cristianismo, e José Miguez Bonino (1976, 118-132), que criticou o abuso de poder, a arbitrariedade, o culto à personalidade e os exageros burocráticos do marxismo. É possível afirmar que a TdL utilizou (e utiliza) a teoria marxista como ferramenta de análise social. O problema está quando se utiliza uma ideologia marxista, pois tal é incompatível com o cristianismo enquanto fé. Quanto a isso não se pode de modo algum deixar de mencionar que o cristianismo tem na escatologia um elemento simplesmente fundamental, enquanto o marxismo não considera nenhuma realidade transcendental. Além disso, há também a questão da violência. Enquanto o apoio à violência é intrínseco ao marxismo, a mensagem do cristianismo dá ênfase ao perdão e à reconciliação. Desnecessário dizer que neste sentido, marxismo e cristianismo são simplesmente incompatíveis e até mesmo irreconciliáveis.[11]

Após 1989 alguns acontecimentos revelaram-se quase "mortais" para a TdL latino-americana: a queda do Muro de Berlim e, pouco depois, no início da década de 1990, a chamada "crise do socialismo real", o esfacelamento da União Soviética e a crise do governo sandinista de Daniel Ortega na Nicarágua. Isto porque faltou aos principais pensadores da TdL de então o devido distanciamento crítico de suas propostas teóricas com esses movimentos propriamente. O governo sandinista de Ortega, por exemplo, foi saudado acriticamente por alguns como "a vinda do reino de Deus à terra". Não se cumpriram as esperanças e utopias de uma nova sociedade marcada pela justiça.[12] Todavia, isto não quer dizer que a TdL "morreu". É mais correto dizer que a TdL adquiriu novos contornos e desenvolveu novas ênfases. Uma delas é a ênfase na ecologia. O meio ambiente tem tomado o lugar que a TdL clássica deu ao pobre como sujeito da teologia. Algumas versões da TdL têm dado muita ênfase às chamadas

---

[11] Para mais detalhes quanto ao uso do marxismo na TdL consultar Mueller (1996).

[12] Para um relato pessoal sobre este momento de um dos principais teólogos da libertação latino-americana, consultar Assmann (2000, p. 115-130).

questões de gênero, pensando a teologia a partir da mulher.[13] As obras da mexicana Maria Pilar Aquino e da brasileira Ivone Gebara são exemplos desses desdobramentos recentes da TdL.

Mas, parafraseando o texto bíblico, "nem só de Teologia da Libertação viverá a teologia latino-americana...". A TdL é sem a menor sombra de dúvida a mais exuberante produção teológica latino-americana. Mas, ao se falar de teologia contextual produzida na América Latina, obrigatoriamente há que se falar em teologia evangelical e/ou evangelicalismo. O assim chamado evangelicalismo é britânico de origem e suas origens remontam ao século XVIII. Foi um movimento de revitalização surgido no seio da Igreja da Inglaterra (Anglicana), comprometido com as principais bandeiras da Reforma Protestante do século XVI, quais sejam, *Sola Gratia, Sola Fide, Sola Scriptura* e *Solus Christus* – respectivamente, só a graça, só a fé, só a Escritura, só Cristo (os "solas" são um resumo da soteriologia protestante, em contraste com a soteriologia católica medieval) e com uma forte compreensão da necessidade de inserção social. Em outras palavras: a missão da igreja no mundo, conforme a compreensão evangelical clássica, não se limita apenas a uma proclamação verbal. Antes, exige envolvimento com as dores e necessidades dos que sofrem, como demonstração concreta do amor de Cristo.[14] A já citada FTL tem sido a instituição que mais tem se destacado quanto à produção e divulgação da teologia evangelical latino-americana.[15] Esta teologia tem tido no tema do reino de Deus um de seus principais ei-

---

[13] Curiosamente, nota-se uma ausência na teologia latino-americana de libertação de um pensar da teologia a partir da situação da criança. Tem surgido uma teologia do gênero, mas não uma teologia que pense especificamente a criança e a infância.

[14] Para detalhes quanto à história e características teológicas do evangelicalismo, consultar, *inter alia*, Stott (2005), Caldas (2007, p. 74-83); McGrath (2007, passim).

[15] Para uma apresentação da trajetória histórica e dos referenciais teológicos da FTL, consultar, *inter alia*, Míguez Bonino (2003, p. 31-52), Zabatiero (2007, p. 133-158).

xos temáticos.[16] Além disso, a teologia evangelical tem colocado forte acento na compreensão do valor expiatório e vicário do sacrifício de Jesus Cristo na cruz e dado grande importância à tarefa evangelizadora da igreja. Uma das principais maneiras que a FTL tem utilizado para produção e propagação de sua maneira de fazer teologia é a organização do CLADE – Congresso Latino-Americano de Evangelização. A primeira reunião – CLADE I – teve lugar em Bogotá, Colômbia, em 1969, e reuniu-se sob os auspícios da Associação Evangelística Billy Graham (AEBG). Três anos antes se reunira em Berlim, Alemanha, um congresso mundial de evangelistas, convocado pela AEBG. Um dos passos concretos tomados após o congresso foi a convocação de congressos continentais, onde se discutiria a prática da evangelização. Neste contexto acontece o CLADE I. No ano seguinte, conforme já afirmado, organiza-se a FTL, que vai tomar as rédeas e assumir a condução dos CLADE's. Em 1979 reúne-se em Lima, Peru, o CLADE II com o tema "Que a América Latina ouça a voz de Deus". O tema do congresso é um eco do famoso Congresso Mundial de Evangelização, reunido em Lausanne, Suíça, cinco anos antes. O lema do congresso de Lausanne fora "Que o mundo ouça a voz de Deus". Nesse congresso redigiu-se o conhecido "Pacto de Lausanne", principal expressão contemporânea da teologia evangelical mundial. O texto do Pacto de Lausanne enfatiza a "missão integral da igreja". Esta vem a ser a compreensão da missão da igreja, sendo não apenas a transmissão de um discurso racional – no caso, a evangelização –, mas também o envolvimento concreto e efetivo com necessidades sociais dos destinatários da evangelização. As vozes que foram determinantes para a inclusão de questões ligadas à responsabilidade social da missão da igreja eram todas provenientes da América

---

[16] Cf. Padilla (1975); Caldas Filho (2007, p. 144-160).

Latina: o peruano Samuel Escobar, o equatoriano C. René Padilla e o porto-riquenho Orlando E. Costas. Em 1992 reuniu-se o CLADE III em Quito, a propósito da lembrança dos 500 anos de presença europeia nas Américas (a chegada de Cristóvão Colombo ao continente). O CLADE IV reuniu-se também em Quito no ano 2000, mas esta reunião não teve o mesmo impacto, peso e importância das anteriores. Anuncia-se CLADE V para 2010, em San José, Costa Rica.

É importante, contudo, observar que a ação da teologia evangelical latino-americana não se dá apenas por meio dos CLADE's. Neste sentido merece menção o esforço de Editorial Kairos, de Buenos Aires, editora que publica há décadas a revista acadêmica *Iglesia y Misión* (cujo título até a década de 1980 era simplesmente *Misión*), além de muitos livros, evidentemente em perspectiva da teologia evangelical latino-americana.[17]

Em síntese: a teologia produzida na América Latina no final do século XX tem, *grosso modo*, duas vertentes. A principal e mais exuberante em termos de produção bibliográfica é evidentemente a TdL. Mas há também que se considerar a reflexão da teologia evangelical. O ponto em comum que há entre as duas é a preocupação com o aspecto social, político e eco-nômico da igreja em missão. É exatamente este ponto que estabelece uma ponte com o próximo ponto do presente capítulo, sobre a contribuição da teologia pública para a reflexão teológica na América Latina.

Teologia pública

A teologia tradicionalmente tem sido entendida, tanto pelo senso co-mum, como também não raro por alguns de seus próprios proponentes, como atividade eminentemente teórica, no sentido de reflexão abstrata,

---

[17] Cf., entre outros, Campos (2004).

distante da realidade concreta da vida. Neste sentido, a teologia tem sido entendida como uma espécie de "filosofia religiosa". Nesta perspectiva, teologia é vista como algo "útil" apenas para uma minoria, uma elite ilustrada que pensa os conteúdos da fé. Na verdade, tem sido ao longo dos séculos muito comum compreender a teologia como *inteligentia fidei* – "compreensão da verdade" –, uma tarefa realizada apenas em bibliotecas e escritórios de pensadores encastelados em suas "torres de marfim". Em tal compreensão a teologia, não importa se dogmática ou sistemática, pastoral ou prática, bíblica ou histórica, foi e é vista como discurso incompreensível para a média do povo no enfrentamento diário de seus problemas.

Não obstante, desde as últimas décadas do século XX, tem surgido uma preocupação em pensar e articular uma teologia que não seja apenas teórica, "estratosférica" e abstrata. Em 1974 o teólogo estadunidense Martin Marty formulou a expressão "teologia pública". Na ocasião, a expressão foi usada para se referir às contribuições de teólogos como Jonathan Edwards e Reinhold Niebuhr na esfera pública de seu país. Antes disso, já em 1967, o sociólogo Robert Bellah apresentara o conceito de "religião civil", a ideia de elementos religiosos inspirados e oriundos do cristianismo, mas não necessariamente ligados às igrejas. O conceito de teologia pública é diferente do conceito de religião civil. Dito de maneira simples, a teologia pública é uma construção teórica assumidamente comprometida com a fé e a teologia cristã clássica.

Recentemente tem aumentado em todo o mundo o interesse pela pesquisa na teologia pública. Já há uma rede internacional de teologia pública que engloba pesquisadores de países tão diversos como África do Sul, Alemanha, Austrália, Estados Unidos, Holanda e, de maneira ainda incipiente, Brasil. Entidades de educação teológica desses países formam a *Global Network for Public Theology.*[18] Publica-se na Holanda, pela prestigiosa Editora Brill, o *International Journal of Public Theology.*[19] Este *boom* da teologia pública surge a partir de uma compreensão crescente da necessidade imperiosa da teologia interagir com questões públicas da sociedade contemporânea. Por isso, teologia pública é uma reflexão que forçosamente será feita na interface com outros saberes, tais como política, economia, sociologia e antropologia cultural. Construir uma teologia pública é definitivamente uma tarefa complicada. Afinal, desde a modernidade contestam-se abertamente o privilégio e o prestígio que a teologia cristã sempre desfrutou na sociedade ocidental. A modernidade reagiu com veemência ao que por séculos tinha sido a norma da sociedade, a saber, de uma cosmovisão (*Weltauschauung*) orientada pela tradição judaico-cristã. Neste ambiente intelectual, como falar de uma teologia cristã que pretende ser *pública*? Não seria isto uma volta ao paradigma da pré-modernidade? De alguma maneira, isto tem sido reforçado na pós-modernidade, com sua tradicional resistência e rejeição a qualquer alegação religiosa quanto à "verdade". Desta maneira, o cristianismo, entendido como metanarrativa, seria rejeitado *a priori*. A teologia pública parece ser, por definição, particularmente vulnerável a essas críticas. Nada obstante, teólogos de todo o mundo, conscientes desta tensão, têm se lançado ao desafio de pensar as questões da sociedade a partir dos pressupostos da teologia cristã. É este o grande esforço de produzir teologia pública.

Esta última observação nos permite avançar ao mesmo tempo para o objetivo propriamente e também para a conclusão deste capítulo: a

---

[18] http://www.ctinquiry.org/gnpt/index.htm.
[19] http://www.brill.nl/ijpt.

teologia pública é potencialmente poderosa para revitalizar e oxigenar a reflexão teológica feita na América Latina. Isto porque a teologia pública, à semelhança da TdL e de alguns setores da teologia evangelical latino-americana, é preocupada com a *práxis* cristã no mundo, o que a configuraria como um tipo de Teologia *Prática*.[20] Teologia Prática, conforme Zabatiero (2003, p. 9) é "discurso crítico e construtivo sobre a ação humana, no mundo presente, cuja finalidade é contribuir para o aperfeiçoamento da *ação cristã* no mundo, em resposta crística – na energia do Espírito Santo – à ação presente de Deus". Se olhada desse ponto de vista, pode-se afirmar, sem medo de errar, que a teologia pública é um tipo de teologia prática. Esta observação simplesmente confirma o que já tem sido observado, *inter alia*, pelo já citado Zabatiero (op. cit., p. 9-10), quanto ao aspecto fluido da teologia nestes tempos que se convencionou chamar de "pós-modernos": as fronteiras entre uma teologia *bíblica*, *sistemática*, *histórica* ou *prática* são cada vez mais difíceis de se demarcar.

A teologia pensada em nosso tempo na América Latina não deve mais ser departamentalizada, dividida em compartimentos estanques. A teologia obrigatoriamente será *bíblica*, considerando ser a Bíblia a fonte e origem (*fons et origo*) da teologia cristã. Será organizada em capítulos que reflitam as preocupações do povo de Deus que pensa e vive a fé em um determinado *Sitz-im-leben,* sendo por isso *contextual* e *sistemática*. Será feita em diálogo com nossos antepassados espirituais, que nos antecederam na caminhada da fé, sendo, por isso, *histórica*. E será um pensar crítico a respeito da ação do povo de Deus no mundo, sendo, por isso, *prática*. E tudo isso em diálogo crítico com a sociedade – a teologia deve ser *pública*.

---

[20] Sou devedor a Zabatiero (2003, p. 9-10) por esta observação lúcida e importante.

A teologia cristã produzida na América Latina nas últimas décadas do século passado foi produzida por teólogos evangelicais e teólogos libertacionistas. Eis que surge uma nova proposta de pensar a teologia cristã – esta é, conforme nosso entendimento, a teologia pública. Há que se pensar teologicamente as grandes e graves questões que afligem, não somente a América Latina, mas na verdade todo o mundo. Nunca na história da humanidade foi tão acertada e verdadeira a expressão "aldeia global". A globalização não é só da economia capitalista neoliberal, nem de informações, neste mundo de avanços tecnológicos impressionantes, especialmente no campo das telecomunicações. Problemas e crises também estão globalizados. O que afeta uma nação pobre do Sul Global irá afetar, mais cedo ou mais tarde, uma nação afluente do Ocidente. O inverso também é verdadeiro. Neste contexto, a teologia feita na América Latina deverá refletir, a partir dos dados da revelação bíblica, sobre a ação do povo de Deus no mundo, em imitação de Cristo, na força do Espírito, para a glória do Pai, que se revela como amor.

Referências bibliográficas

ASSMANN, Hugo. "Por uma teologia humanamente saudável: fragmentos de memória pessoal", in: SUSIN, Luiz Carlos (ed.). *O mar se abriu:* trinta anos de teologia na América Latina. Porto Alegre: SOTER; São Paulo: Loyola, 2000.

BEVANS, Stephen. *Models of Contextual Theology*. New York, Maryknoll: Orbis Books, 2002.

BOFF, Leonardo & BOFF, Clodovis. *Teologia da libertação no debate atual*. Petrópolis: Vozes, 1985.

_____. *Ecologia: grito da terra, grito dos pobres*. 3ª edição, São Paulo: Ática, 2000.

BROWN, Robert McAfee. *Unexpected News: Reading the Bible with Third World Eyes*. Philadelphia: Westminster Press, 1984.

CALDAS, Carlos. *Orlando Costas: sua contribuição na história da teologia latino-americana*. São Paulo: Vida, 2007.

CALDAS FILHO, Carlos. "'Reino de Deus' na teologia evangelical latino-americana", in: *Ciências da Religião: História e Sociedade*. Volume 5. No 2. 2007.

CAMPOS, Oscar (ed.). *Teología evangélica para el contexto latinoamericano*. Buenos Aires: Kairos Ediciones, 2004.

DEI. *Teologia desde El Tercer Mondo: documentos finales de los cinco Congresos Internacionales de la Asociacion Ecumênica de Teólogos del Tercer Mondo*. San José: Departamento Ecumenico de Investigaciones, s.d.

DYRNESS, William A. *Learning about Theology from the Third World*. Grand Rapids: Zondervan, 1990.

GALILEA, Segundo. *Teologia da libertação: ensaio de síntese*. 3ª ed., São Paulo: Paulinas, 1982.

GUTIERREZ, Gustavo. *Teologia da libertação*. São Paulo: Loyola, 2000.

JENKINS, Philip. *A próxima cristandade. A chegada do cristianismo global*. Rio de Janeiro: Record, 2004.

McGRATH, Alister. *Paixão pela verdade. A coerência intelectual do evangelicalismo*. São Paulo: Shedd Publicações, 2007.

MIGUEZ BONINO, José. *Christians and Marxists: The Mutual Challenge to Revolution*. London: Hodder & Stoughton, 1976.

_____. *Rostos do protestantismo latino-americano*. São Leopoldo: Sinodal e Escola Superior de Teologia, 2003.

MUELLER, Enio Ronaldo. *Teologia da Libertação e Marxismo*. São Leopoldo: Sinodal, 1996.

PADILLA, C. René (ed.). *El Reino de Dios y América Latina*. El Paso: Casa Bautista de Publicaciones, 1975.

PORFÍRIO MIRANDA, José. *Comunismo en la Biblia*. México, D.F.: Siglo Veintiuno Editores, 1981.

RICHARD, Pablo. *Força ética e espiritual da Teologia da Libertação no contexto atual da globalização*. São Paulo: Paulinas, 2006.

SEGUNDO, Juan Luis. *Libertação da teologia*. São Paulo: Loyola, 1972.

_____. *The Humanist Christology of Paul*. Maryknoll, New York: Orbis, 1986.

SINNER, Rudolf Von. "Teologia pública", in: *Confiança e Convivência. Reflexões éticas e comunitárias*. São Leopoldo: Sinodal, 2007.

STOTT, John. *Evangelical Truth. A Personal Plea for Unity, Integrity and Faithfulness*. Downers Grove: Intervarsity Press, 2005.

ZABATIERO, Júlio Paulo Tavares. "As dimensões da ação. Construindo o referencial teórico da Teologia Prática", in: *Práxis Evangélica*. 2, 2003.

_____. "Um movimento teológico e sua contribuição para a transformação social. A Fraternidade Teológica Latino-Americana – Brasil", in: *Religião e transformação social no Brasil hoje*. São Paulo: Sociedade de Teologia e Ciências da Religião – SOTER; Paulinas, 2007.

Amizade e Solidariedade na Ação Social e Pastoral

Edson Donizete Toneti[1]

A amizade é uma espécie de amor que não morre nunca!
Mário Quintana

Os desafios éticos[2] emergentes em determinados contextos históricos inegavelmente influenciam e são influenciados pelas ações pastoral e social da Igreja, invariavelmente ciosa de seu papel educador e formador da consciência moral. Perita em humanidade,[3] a Igreja se incumbe de zelar, em todas as épocas, por princípios abrangentes que compõem seu ensino social, tais como a dignidade da pessoa humana, a subsidiariedade, o bem comum etc. No cenário atual, marcado pelo contínuo processo de globalização, os efeitos deste processo na arena social manifestam-se quase como verdadeiras patologias, diluídas no relativismo usual, no descompromisso, no desinteresse por um projeto de humanidade, na completa ausência de solidariedade pelo sofrimento do outro ser humano e na falta de ho-

---

[1] Mestre em Teologia Moral pela Pontifícia Faculdade de Teologia Nossa Senhora da Assunção e em Filosofia pela Pontifícia Universidade Católica (PUC-SP).
[2] O presente artigo é extensão das reflexões de um *paper* apresentado no curso sobre O Bem Comum (*The Common Good*), ministrado pelo Prof. David Hollenbach, na Escola de Artes e Ciências do Departamento de Teologia do Boston College, no segundo semestre de 2008.
[3] Carta Encíclica do Papa Paulo VI. *Populorum Progressio*, n. 13.

rizonte utópico.[4] Nem mesmo a "segurança salvífica" oferecida pela economia de mercado neoliberal livrou-se de ver seus "sólidos" fundamentos abalados por uma crise de escala mundial e consequências imprevisíveis. A ênfase nesses aspectos sombrios da dinâmica pós--moderna não retira o brilho dos avanços no campo das ciências humanas e tecnológicas, da liberdade religiosa e do respeito à diversidade cultural, por exemplo, que tem possibilitado a reconstrução de valores outrora esquecidos.[5]

Neste emaranhado de relações a amizade, instância relacional entre as pessoas, revela-se uma virtude política que desperta para a solidariedade enquanto dever e virtude propriamente transformadores do meio social. Forjadas a partir de sua dimensão política e contra toda tentação intimista, a amizade, a solidariedade, bem como a caridade, cultivam uma espécie de amor criativo, *amor mundi*, *ágape*, capaz de transformar o espaço público em seara propícia às ações comuns de solidariedade. As ações social e pastoral, próprias da Igreja, não deixam de ser uma importante resposta ao dever de solidariedade quando educam para valores morais e vislumbram um projeto comum benéfico às sociedades humanas e ao ser humano como um todo. Neste diapasão, a herança cristã[6] é rica em sentido comunitário para romper com as práticas fun-

---

[4] BOFF, Leonardo. *A voz do arco-íris*. Rio de Janeiro: Sextante, 2004, p. 21.

[5] Victor Codina elenca uma série de positivos elementos que a alta modernidade oferece à comunidade humana, tais como o valor da estética; a importância de recuperar a cultura, a religiosidade, a festa, a gratuidade, o mistério, a transcendência; o resgate do sentido do corpo, da sexualidade, da felicidade e do prazer, do cosmo, da ecologia e do holístico; aceitar os rostos diferentes de mulheres, crianças, anciãos, indígenas, afro-americanos, doentes, tóxico-dependentes, alcoolizados, fazendo perceber não só o clamor, mas também o rosto do pobre. CODINA, V. "Reflexão sobre a pós-modernidade", in *Perspectiva Teológica,* Belo Horizonte, n. 35, 2003, p. 381.

[6] "Ao prescrutarmos os 'sinais dos tempos' e ao procurarmos descobrir o sentido do curso da história, e compartilhando ao mesmo tempo as aspirações e as interrogações de todos os homens desejosos de construírem um mundo mais humano, queremos es-

damentalistas, sectaristas e protecionistas, despertando para os vários outros sentidos da existência e da experiência humana. A formulação da solidariedade como uma "nova virtude"[7] e um "novo princípio"[8] da vida e do vínculo social reconfigura a teia social e fornece um critério de excelência para o agir e o falar de todas as pessoas, num clima de participação e aprendizado mútuo, na busca de uma sociedade mais justa e solidária.

Como toda reflexão que ganha concretude na escrita, esta não é de caráter definitivo, mas apenas uma possibilidade que remete a outras alternativas de leitura, conforme o lugar social e o olhar crítico de quem tem a oportunidade de lê-la. Ademais, as lacunas não exploradas aqui podem enriquecer sobremaneira a recuperação de virtudes éticas como paradigma para reler a rede de relações sociais e pastorais que envolvem a sociedade e subsidiar ações comunitárias de enfrentamento "homeopático" às patologias sociais modernas.

Da política da amizade[9] à solidariedade

Os atuais discursos de amizade ligam-se à complexa tessitura das relações contemporâneas imbricados com toda a ambiguidade que as caracterizam. Tomando por referência algumas concepções que melhor contribuem para esclarecer a força política da amizade e da solidarieda-

---

cutar a Palavra de Deus, para nos convertermos para a atuação do plano divino acerca da salvação no mundo." Sínodo dos Bispos de 1971. *A Justiça no Mundo*, n. 2.

[7] Carta Encíclica do Papa João Paulo II. *Sollicitudo Rei Socialis,* n. 39.

[8] Idem. *Centesimus Annus,* n. 52.

[9] "A amizade, escreve Lefort, ensina-nos a dimensão política da leitura". CHAUÍ, Marilena. *Amizade, recusa do servir,* in "Discurso da servidão voluntária", Etienne de La Boétie; (comentários) Pierre Clastres, Claude Lefort, Marilena Chauí; tradução Laymert Garcia dos Santos, São Paulo: Brasiliense, 1999, p. 209.

de, emerge na proximidade entre ambas uma possibilidade real de "amor transformador" das estruturas sociais. Francisco Ortega[10] compreende a amizade como espaço de intersubjetividade "agonística", ressaltando a heterogeneidade no encontro com o outro, que não deve ser suprimida na busca de uniformidade, pois representa a possibilidade de experimentar e reinventar formas de existência, recusando modos de subjetividade e sociabilidade dominantes. É na trama das relações cotidianas que a amizade pode compor relações de experimentação "agonística", nas quais os sujeitos podem desestruturar-se, tendo suas subjetividades modificadas. Esta força concerne à dimensão da produção de subjetividade, pois aponta para a emergência de novos sujeitos sociais que juntos podem perfazer ações políticas inovadoras.

O discurso que reivindica direitos e fala das injustiças a que são submetidos determinados grupos ou categorias é sinal evidente de que as condições de exclusão podem ser vencidas quando as pessoas se unem e lutam. Os movimentos sociais revigoram a cidadania no cotidiano das classes por meio das lutas em que as pessoas organizam-se criativamente de diversas formas, em experiências de resistência travadas nas mais diferentes ambientações e reveladas nas relações solidárias entre elas, que, na maioria das vezes, buscam transformações e melhorias das condições de vida. A experiência e dinâmica das lutas cotidianas liberam energia e criatividade no dia a dia desses grupos ou categorias, que confluem para movimentos politicamente organizados e cuja potência aponta para a emergência de novos sujeitos sociais que se experimentam e se descobrem aptos a conquistarem e realizarem ações significativas de resistência à exclusão. Partindo dessa perspectiva transformadora, torna-se

---

[10] Cf. ORTEGA, F. *Amizade e estética da existência em Foucault*. Rio de Janeiro: Edições Graal, 1999.

mais claro o fato de que as relações de amizade podem compor uma comunidade coletivamente organizada, da qual emergem novos sujeitos motivados pela realização de ações inovadoras. Derrida[11] e Foucault[12] refletem sobre esse percurso ao falarem da amizade como espaço de experimentação política. As lutas diárias compõem um aprendizado de cidadania no qual as privações, pensadas enquanto injustiças, podem ser revertidas se houver união e luta pelos direitos. Os laços de amizade configuram-se como uma relação favorável à mobilização dos sujeitos para modificar e transformar o cotidiano, compondo desta forma relações experimentais de resistência e enfrentamento das condições de exclusão. Deste movimento podem irromper ações políticas inéditas.

Para Hannah Arendt[13] a mais importante das virtudes políticas é a amizade. A relação de amizade configura-se como espaço privilegiado do agir e do falar, que são experiências eminentemente políticas e inter-humanas. Agir, no sentido arendtiano do termo, é, antes de tudo, iniciar, começar o que não é previsto, o que ainda não existe entre nós, no mundo. Com sua teoria performativa da ação, Arendt[14] aponta uma ação política como acontecimento e começo, como interrupção de processos automáticos. As ações humanas caracterizam-se pela ausência de limites e pela imprevisibilidade das consequências. O agir constitui uma história cujo desenlace é desconhecido. Em outras palavras, na esfera da ação política é precisamente o inesperado que acontece.

---

[11] Cf. DERRIDA, J. "Politics of Friendship", tradução de G. Collins, New York: Verso, 1997.

[12] Cf. FOUCAULT, M. *Da amizade como modo de vida*, tradução de W. F. Nascimento. Entrevista de Foucault a R. De Ceccaty, J. Danet e J. Le Bitoux, publicada no Jornal Gai Pied, n. 25, Abril de 1981, p. 38-39.

[13] Cf. ARENDT, Hannah. *A Dignidade da Política: ensaios e conferências*, tradução de H. Martins, Rio de Janeiro: Relume Dumará, 1993.

[14] Cf. Idem. *A Condição Humana*, tradução de R. Raposo, Rio de Janeiro: Forense Universitária, 2001.

Portanto, agir entendido como experiência política implica a parceria, a companhia dos outros. A ação, nesse sentido arendtiano, possui caráter não violento e não coercitivo, na medida em que ela necessita dessa parceria, alcançada pela persuasão, por meio de conversas, e não pela violência, para desempenhar um ciclo completo de experiência inovadora. É nesse sentido, de espaço de experimentação e diálogo, que a amizade é, por excelência, uma atividade política que potencializa o agir. Em outras palavras, a amizade instaura o agir, possibilitando iniciar, perfazer com os outros a iniciativa, conquistando a adesão desses mediante a palavra, e não mediante a coerção ou mando. Portanto, a amizade na concepção arendtiana do termo é respeito e interesse pela opinião dos outros. Ela não depende de intimidade, mas consiste no gosto pela opinião do outro, configurando-se uma relação desconcertante, capaz de deslocar-se para o lugar dos outros. A amizade concebida na acepção política arendtiana possibilita experimentar a desestabilizadora condição de enxergar o mundo através de outras lentes que não as próprias. Além dessa experiência de descolamento do que é familiar, a relação de amizade entendida como experiência inter-humana do agir e do falar possibilita a experiência de ser visitado por outros, num contexto desafiador de coragem e ousadia da aparição, pois é somente pela ação e pelo discurso que o agente aparece e pode revelar-se.

O elemento político na amizade reside no fato de que, no verdadeiro diálogo, cada um dos amigos pode compreender a verdade inerente à opinião do outro. Um amigo compreende como e em que articulação específica o mundo comum aparece para o outro que, como pessoa, será sempre diferente. Esse tipo de compreensão – em que se vê o mundo do ponto de vista do outro – é o tipo de *insight* político por excelência.[15] Além da experiência discursiva, a amizade como uma relação política aberta à experimentação implica a dimensão afetiva do acolhimento e respeito ao outro em sua alteridade, como um espaço intersubjetivo, no qual os sujeitos estão em mesma condição de revelação, de escuta e acolhida respeitosa – condição de igualdade política –, podendo mostrar quem são e conhecer os outros. É sob a amizade, na acepção arendtiana de escuta e acolhida respeitosa do outro em sua alteridade, que se vive a experiência do que é próprio da solidariedade.

A experiência discursiva da amizade, na qual existe uma relação de igualdade política e os amigos como agentes e falantes compartilham perspectivas de como se desenvolve a vida, torna o mundo mais humanizado. "Esse humanitarismo a que se chega no discurso da amizade era chamado pelos gregos de filantropia, o 'amor do homem', já que se manifesta na presteza em compartilhar o mundo com outros homens".[16] A qualidade discursiva da amizade implica uma relação de abertura ao outro em que a troca de opiniões no diálogo possibilita a experimentação do deslocamento de perspectivas e uma relativização das ideias e pensamentos diante dos incalculáveis posicionamentos sobre o que é próprio desse mundo.

O vínculo discursivo da amizade em que os amigos agem e falam em condição de igualdade política implica uma relação de abertura ao outro, do gosto pela opinião dos outros. O partilhar de opiniões que a experiência do ouvir e falar possibilita na conversa entre amigos configura a relação de amizade como espaço, ao mesmo tempo, confortante e inquietante de trocas de ideias, informações, vivências etc., permitindo, por meio desse ato de escuta, acolhida e compartilhamento, que a vida

---

[15] Ibidem, p. 99.

[16] BAUMAN, Z. *Amor Líquido: sobre a fragilidade dos laços humanos*, tradução de C. A. Medeiros, Rio de Janeiro: Jorge Zahar, 2004, p. 177.

se torne mais humana. O espaço discursivo da amizade permite a extraordinária experiência de se transportar nas histórias do outro, numa relação de escuta, acolhida e compartilhamento de amores, desafetos, alegrias, tristezas e tudo aquilo que é próprio da existência humana. Essa solicitude em ouvir, esse interesse pela história do outro, próprios das relações entre amigos compõem um "sair de si" para o outro, o que permite alcançar um alargamento de ideias e opiniões e variar pontos de vista e registros de sensibilidade – isto qualifica o laço de amizade como uma espécie de devaneio em que se avistam novos horizontes.

A solidariedade dessa relação informa a condição de abertura ao outro em sua alteridade. O vínculo de amizade que não pressupõe intimidade, mas sim o gosto pelo outro, possibilita que o imprevisto irrompa e configura um vínculo de transformações mútuas. A imprevisibilidade é a marca dessa relação de amizade,[17] em que a abertura ao outro é condição de deslocamentos e transformações, informando a necessidade da companhia do outro para que haja crescimento, para que as ações políticas, no sentido arendtiano, potencializem-se. A dimensão de solidariedade inter-humana da amizade proporciona a ajuda entre amigos, estabelecendo vínculos comprometidos com o outro num movimento de recusa do individualismo e práticas excludentes, próprias do neoliberalismo e outras "tiranias" modernas, em que a amizade alcança justamente a comunidade. As relações solidárias entre amigos, além de proporcionarem aquela acolhida que instaura crescimento, também podem acarretar vínculos de maior união e engajamento, nos quais a força e o apoio entre amigos permitem a formação de uma comunidade politicamente organizada que, consequentemente, objetiva transformações políticas e sociais. O cuidado generoso nos laços de amizade que carac-

---

[17] Cf. ARENDT, Hannah. *Op. cit.* ORTEGA, F. *Op. cit.* e *Para uma política da amizade: Arendt, Derrida, Foucault*, Rio de Janeiro: Relume Dumará, 2000.

teriza uma relação de comprometimento com o outro e a mudança que a amizade possibilita instaurar, inspirada pela solidariedade entre amigos, permitem romper com a condição de exclusão.

As relações de ajuda entre as pessoas ressaltam a solidariedade nos laços de amizade e geram vínculos de compromisso com a dignidade humana do outro, no qual a mobilização das pessoas encontra-se articulada com a busca do bem comum. Os vínculos de solidariedade e ajuda que visam ao bem da comunidade dependem da capacidade de ajuda, do cuidado pelos outros, do reconhecimento do outro como alguém que tem rosto, num compromisso irresistível com a dignidade dos outros. Este processo demanda a criatividade e o risco assumido para romper automatismos cotidianos, fato também apontado por Bauman.[18] A entreajuda que surge no vínculo entre amigos, muitas vezes, é impelida pelo intuito de buscar o resgate da cidadania num movimento de resistência à condição de exclusão. Isto acontece por meio de práticas solidárias que buscam contribuir para que o amigo conquiste certa autonomia num contexto de subjulgação sentido como extremamente limitante. Essa atitude de compadecer-se e de partilhar que o laço de amizade inspira emana do gesto de solidariedade como reconhecimento da situação do outro, numa relação que põe a pessoa em contato com o exercício político de comprometimento com a dignidade do outro. Tal

---

[18] "A sobrevivência e o bem-estar da *communitas* (e também, indiretamente, da *societas*) dependem da imaginação, inventividade e coragem humanas de quebrar a rotina e tentar caminhos não experimentados. Dependem, em outras palavras, da capacidade humana de viver com riscos e de aceitar a responsabilidade pelas consequências. São essas capacidades que constituem os esteios da 'economia moral' – cuidado e auxílio mútuos, viver para os outros, urdir o tecido dos compromissos humanos, estreitar e manter os vínculos inter-humanos, traduzir direitos em obrigações, compartir a responsabilidade pela sorte e o bem-estar de todos – indispensável para tapar os buracos escavados e conter os fluxos liberados pelo empreendimento, eternamente inconcluso, da estruturação", BAUMAN, Z. *Op. cit.,* p. 94.

condição afeta todo tecido social diretamente. Assim, a amizade possibilita esse espaço respeitoso e de experimentação política em que os objetivos e interesses compartilhados mobilizam para um engajamento maior, informando o necessário movimento de adesão e companhia dos outros para que as ações políticas se perfaçam. Não o interesse particular, mas o de ordem comum mobiliza o apoio e a força entre amigos. Tal fato possibilita maior união no movimento fundamentado pelo desejo de construir juntos uma sociedade justa e solidária, por exemplo.

A amizade como forma de negação das injustiças

Aquém de uma definição filosófica de liberdade, este ensaio corrobora a opinião de Paulo Freire, cuja experiência com a educação popular levou-o à conclusão de que a "liberdade, que é uma conquista, e não uma doação, exige uma permanente busca".[19] Ele é paciente no seguimento de sua pedagogia libertadora dizendo que "niguém liberta ninguém, ninguém se liberta sozinho: os homens se libertam em comunhão".[20] Seguindo esta lógica, o regime de liberdade é determinado pela capacidade de cada um em reconhecer no outro seu semelhante. Uma simplória consideração desta comunhão como possibilidade ética remete a um feixe de relações sociais[21] que, uma vez enlaçando as pessoas, categorias ou grupos afins, pode ser reconhecido como amizade.

---

[19] FREIRE, Paulo. *Pedagogia do Oprimido*, Rio de Janeiro: Paz e Terra, 1983, p. 35.
[20] Ibidem, p. 27.
[21] "É por amor do bem próprio e de outrem que se dá a união em grupos estáveis, tendo como fim a conquista de um bem comum. Também as várias sociedades devem entrar em relações de solidariedade, de comunicação e de colaboração, a serviço do homem e do bem comum", *Catecismo da Igreja Católica*, n. 150.

A amizade não questiona simplesmente a capacidade de determinados poderes estabelecidos, mas a qualidade de uma relação com o outro. Assim, a liberdade numa sociedade[22] não reside em seu alicerce original, mas em um trabalho permanente de nova base do saber e de entreconhecimento ou comunhão das pessoas. O desejo de liberdade passa pelo desejo de conhecimento e, principalmente, pelo desejo de saber de onde procedem as formas de injustiça e exclusão. O conhecimento é, então, condição para que o homem se torne mais livre e deixe de ser um sujeito heterônomo, caminhando em direção à escolha das leis que regem sua conduta, governando a si mesmo, tendo liberdade ou independência moral e intelectual, enfim, autonomia. Somente pode abandonar a atitude opressiva quem conhece a causa da exclusão, quem retoma sua condição de dignidade. Por isso, o conhecimento de si, do outro e do mundo é condição para que o homem torne-se livre e desenvolva-se como sujeito autônomo, consciente de seu "ser e estar" no mundo.

O conhecimento de si, do outro e do mundo permite concluir e afirmar que a amizade é praticamente impossível onde estão a injustiça e a exclusão.[23] Se a injustiça é prática comum na sociedade atual, então há uma distorção da amizade, conjugando-se esta como não tirar alguma

---

[22] "Uma *res publica* representa, em geral, aqueles vínculos de associação e de compromisso mútuo que existem entre pessoas que não estão unidas por laços de família ou de associação íntima: é o vínculo de uma multidão, de um "povo", de uma sociedade organizada, mais do que vínculo de família ou de amizade. Como na época romana, a participação na *res publica* é hoje, na maioria das vezes, uma questão de estar de acordo; e os foros para essa vida pública, como a cidade, estão em estado de decadência", SENNETT, Richard. *O declínio do homem público – as tiranias da intimidade*, tradução de Lygia Araújo Watanabe, Companhia das Letras, 1988, p. 16.

[23] "Estas situações de cegueira e injustiça prejudicam a vida moral e levam tanto os fortes como os frágeis à tentação de pecar contra a caridade. Fugindo da lei moral, o homem prejudica sua própria liberdade, acorrenta-se a si mesmo, rompe a fraternidade com seus semelhantes e rebela-se contra a verdade divina", *Catecismo da Igreja Católica*, n. 137.

coisa de alguém, não dever nada a ninguém e não dar ou receber mais do que o devido. A amizade pode servir de fundamento para a superação das mazelas sociais. Sob este viés a amizade, de fato, ganha uma outra conotação eminentemente política:

> Uma nova política e uma nova ética da amizade devem visar precisamente a encorajar essa vontade de agir, a recuperar certo apelo iluminista à coragem de pensar de uma forma ainda não pensada, de sentir e amar de maneira diferente. Trata-se de elaborar uma política da imaginação que aponte para a criação de novas imagens e metáforas para o pensamento, a política e os sentimentos, e que renuncie a prescrever uma imagem dominante, pois isso significaria, no fundo, simplesmente substituirmos um imaginário, que se tornou obsoleto, por outro. (...) A amizade é um fenômeno público, precisa do mundo, da visibilidade dos assuntos humanos para florescer. Nosso apego exacerbado à interioridade, a "tirania da intimidade" não permite o cultivo de uma distância necessária para a amizade, pois o espaço da amizade é o espaço entre os indivíduos, do mundo compartilhado – espaço da liberdade e do risco (...). Intensificando nossas redes de amizade podemos reinventar o político.[24]

Sendo a liberdade a capacidade de reconhecer no outro seu semelhante, ela torna-se um desafio que pervade todos os campos da atividade humana. "A liberdade humana só se efetiva quando não se reduz à interioridade subjetiva, mas se realiza nas leis, nos costumes e nas instituições, que configuram a vida concreta das pessoas."[25] Há na socie-

---

[24] ORTEGA, Francisco. "Por uma ética e uma política da amizade", in MIRANDA, Danilo Santos de (org.). *Ética e Cultura*, São Paulo: Perspectiva-Sesc São Paulo, 2004, p. 145-156.

[25] CNBB. *Ética: Pessoa e Sociedade*, São Paulo: Paulinas, 4ª edição, 1999, p. 35.

dade uma carência de questionamentos sobre a liberdade, provavelmente porque se admite comumente a liberdade como pressuposto, sendo impossível afirmar, em determinados lugares, o contrário. Os riscos de enganos, a intranquilidade, a angústia da decisão e a responsabilidade que a liberdade pode acarretar, fazem com que ela seja considerada antes um pesadelo: Ser livre implica medo ou insegurança, cujo resultado pode chegar a uma situação de exclusão e completa não participação. Seria outra a conclusão se a politização da amizade fosse um reconvite a recuperar o espaço público, disseminando aí um *amor mundi* capaz de solidarizar mais e individualizar menos.

Nos últimos anos, o sistema de organização econômico-político neoliberal que o Ocidente tem imposto ao mundo inteiro está vivendo uma crise sem precedentes. Neste princípio de novo milênio, os movimentos de contestação e renovação que aspiram a um outro mundo possível, de matriz ocidental e europeia, estão buscando elementos de uma sensibilidade diferente em âmbitos geopolíticos até agora inexplorados, a fim de mudar seu modo tradicional e obsoleto de se relacionar com a política. Os genes dessas alternativas de pensamento podem ser encontrados também nas diferentes perspectivas que apareceram ao longo da história: quando certas formas de exploração e alienação ainda existiam em potência, alguém imaginara um outro mundo, outros relacionamentos sociais, outra forma de conceber a amizade, um outro destino para a humanidade. Este intuito renovador tem um reforço considerável a partir do ensino social da Igreja, não instrumentalizado somente como crítica, mas como um horizonte que permite maior participação no espaço público em vista do bem comum. A solidariedade, enquanto relação entre amigos, além de proporcionar aquela acolhida que instaura crescimento, também pode propiciar maior engajamento. O rompimento com a condição de exclusão e uma visão mais ampla do bem comum são resultados do cuidado nos laços de amizade, que caracterizam uma relação de comprometimento com o outro. O entreconhecimento entre amigos permite a formação de uma comunidade politicamente organizada, cujos objetivos repercutem, necessariamente, em transformações políticas e sociais. Este cuidado recíproco nos laços de amizade, característico de uma relação de comprometimento com o outro, e a mudança que a amizade possibilita instaurar inspirada pela solidariedade entre amigos permitem romper com as mais variadas formas de exclusão e injustiça.[26]

A amizade e o engajamento pastoral

A Igreja tem por missão pastoral influenciar a formação de uma consciência ética e social que auxilie as pessoas no aperfeiçoamento dos laços de amizade e solidariedade como potencializadores de transformação. Sendo formadora de consciência, a ação pastoral da Igreja poderia ser mais ousada e eficaz na "recuperação do status laical", embora não se possa negar o reconhecimento formal do protagonismo do laicato. Tomar a amizade como uma possibilidade de experimentar a desestabilizadora condição de enxergar o mundo através de outras lentes pode ser inovador também no aspecto pastoral. O planejamento pastoral é uma realidade em todos os níveis de organização eclesial, porém a relação de amizade no seio comunitário-eclesial, compreendida como

---

[26] "A vida comum tem como base a justiça, mas, como termo e inspiração, a amizade que estabelece a igualdade, o espírito fraterno. As exigências éticas que fazem do ordenamento democrático o Único conveniente à pessoa humana; que exigem do Estado democrático um desempenho excelente na promoção do Bem Comum; que impõe aos cidadãos uma respeitabilidade e empenho na obra comum de liberdade, justiça e amor – para nós, cristãos, vêm de além e vão para além da história", CNBB. *Exigências Éticas da Ordem Democrática*, São Paulo: Edições Loyola, 1989, p. 69.

experiência inter-humana do agir e do falar, pode abrir espaço para uma nova perspectiva: a experiência de ser visitado por outros. Permitindo-se uma entreajuda, dosada de igualdade política, laicato e hierarquia podem aparecer e revelar-se pela ação e pelo discurso que realizam. Isto pode conferir uma visibilidade mais persuasiva e convincente e menos invasiva e arrogante. Na prática pastoral este verdadeiro diálogo capacitaria cada um dos envolvidos a compreender melhor a verdade inerente à opinião um do outro, além da solicitude à Verdade transcendente que ambos anunciam.

O protagonismo do leigo pode corresponder melhor quando a relação de solidariedade nas esferas eclesiais, para além da experiência discursiva institucional, torna-se uma relação política aberta à experimentação, que implica a dimensão afetiva do acolhimento e respeito ao outro em sua alteridade, como um espaço intersubjetivo, no qual os sujeitos estão em mesma condição de revelação, de escuta e acolhida respeitosa, podendo mostrar quem são e conhecer melhor uns aos outros. O simples partilhar de opiniões que a experiência do ouvir e falar possibilita na conversa entre as esferas em questão configura a relação de amizade como espaço, ao mesmo tempo, confortante e inquietante de troca de ideias, informações, vivências etc., permitindo, por meio desse ato de escuta, acolhida e compartilhamento, que a vida se torne mais humana e a ação pastoral mais solícita.[27] Essa solicitude em ouvir, esse interesse pela história do outro, próprios das relações entre amigos, compõem um "sair de si" para o outro, como espaço aberto inerente de desprendimentos e deslocamentos que apontam para o alcance de um alargamento de ideias e opiniões, fazendo variar pontos de vista e aperfeiçoar a sensibilidade pastoral. Este exercício é salutar no processo

---

[27] Cf. Jo 15,15.

de planejamento pastoral, uma vez que a solidariedade dessa relação informa a condição de abertura ao outro em sua alteridade, possibilitando que o novo aconteça.

O agir, tão precioso na metodologia pastoral adotada pela Conferência Episcopal dos Bispos do Brasil desde longa data, é, antes de tudo, iniciar, começar o que não é previsto, o que ainda não existe entre nós. Num contexto cultural predominantemente pluralista, a força da mensagem eclesial que emana da Boa-Nova poderia reconfigurar relações de amizade, responsabilidade e solidariedade capazes de referendar práticas pastorais novas.[28] A fragilidade no agir pastoral pode ser um sinal claro de que estamos enveredando por um sério risco de comportamento antiético nas relações pastorais, o que contribui para a consolidação de um "ethos" mutante e descompromissado com o bem comum. Assim como a amizade é um fenômeno público, precisa do mundo e da visibilidade dos assuntos humanos para florescer, a ação pastoral da Igreja também é um fenômeno público, competência que não lhe pode ser negada na história da Igreja no Brasil, dada sua inserção nas questões nacionais. Porém, ultimamente em virtude do fluxo migratório católico para outros segmentos religiosos, tem-se reforçado sobremaneira o apreço pelo aspecto intraeclesial. Sob o véu da emergência da subjetividade, instância esta que deve ser perscrutada no âmbito pastoral, pode fluir no seio pastoral uma "tirania da intimidade", que mina e inviabiliza o cultivo de uma distância necessária para o florescimento da solidariedade. O espaço da solidariedade é o espaço entre os indivíduos

---

[28] Cf. STORTZ, Martha Ellen. *PastorPower*, Nashville: Abingdon Press, 1993, p. 111-117. A autora relaciona o ministério pastoral com alguns aspectos da mutualidade e benevolência, ambas facetas da amizade. Mutualidade, enquanto igualdade evangélica sinalizada pelo sacramento do Batismo e alimentada pela Palavra e demais Sacramentos. Benevolência no sentido de serviço ao próximo.

autônomos, espaço da liberdade e do risco da fé. Pode não representar nada necessariamente novo, mas seria consistentemente benéfico à sociedade e, consequentemente, à eclesialidade a intensificação de redes de amizade-solidariedade,[29] tais como projetos recentes[30] o fizeram e continuam fazendo com êxito, tornando assim possível por vias transversas a reinvenção do político e, oxalá, do eclesial.

A amizade como experiência relacional e transcendental

Há um movimento considerável nas reflexões filosóficas e teológicas no campo da moral que, nos últimos anos, tem recuperado vários elementos do aristotelismo e do tomismo. Dois importantes resultados deste "revival" são a afirmação de que há uma "ordem do amor" que define as prioridades para o cuidado dos outros e há uma ênfase na amizade como fundamento para o desenvolvimento da virtude.

Perscrutar a amizade como uma experiência relacional e transcendental, necessariamente, remete a uma pergunta desinstaladora: Seriam os cristãos obrigados a amar todas as pessoas com radical igualdade?[31]

---

[29] "É pela mediação dos outros que cada homem se constitui sujeito livre e responsável, de tal modo que qualquer forma de dominação do homem sobre o homem frustra o processo histórico de conquista da humanidade do homem", CNBB. *Ética: Pessoa e Sociedade*, São Paulo: Paulinas, 4ª edição, 1999, p. 34-35.

[30] Exemplos: Ação da Cidadania contra a Fome e pela Vida, liderada pelo sociólogo Herbert de Souza; o Projeto de Lei de Iniciativa Popular que resultou na Lei 9.840 e os comitês contra a corrupção eleitoral; entre outros encampados por Organizações Não Governamentais (não violência, erradicação do trabalho infantil, proteção ambiental) e entidades religiosas, como a Conferência Nacional dos Bispos do Brasil (Mutirão Nacional contra a Miséria e a Fome, Campanhas da Fraternidade etc.).

[31] O pensamento grego, especialmente o de Aristóteles, considerava a amizade como a base de toda organização social e política. Os gregos também eram extremamente interessados em amor (veja, por exemplo, o diálogo de Platão intitulado *Symposium*, que é uma das grandes obras de literatura sobre o amor). No mesmo diapasão, o pensamento clássico

É possível encontrar textos do Evangelho que desafiam a preferência natural por familiares e amigos a optarem por estranhos e inimigos.[32] Stephen J. Pope argumenta que a "ordem do amor" fundamenta o dever de amar, em sua ordem biológica e social, de uma maneira superior ao personalismo existencialista da visão de Karl Rahner sobre a experiência humana. "Em vez de concentrar minuciosamente o foco sobre o amor entre dois seres que se comunicam, adultos e maduros, é preciso prestar atenção à multiplicidade de relações que interagem dentro de nós e na qual estamos imersos",[33] escreve Pope. Juntamente com Jean Porter, Pope argumenta ainda que Tomás de Aquino não endossa um esquema rígido de obrigações, cujo ponto de partida é o indivíduo e que perpassa, necessariamente, pelos que lhe são mais próximos. Enquanto as crianças normalmente têm uma tendência maior a recorrer a seus pais em vez de recorrer a um estranho, o estranho em extrema necessidade material é merecedor, no mínimo, de precedência temporária.[34] Portanto, o fundamento natural do amor não sustenta um tipo de paroquialismo moral com estreiteza de espírito, mas reconhece uma ampla rede de obrigações sociais regradas pelos princípios da reciprocidade e da benevolência.[35]

---

judeu enfatizava a compaixão e a caridade, assim como o amor ao próximo. Porém, ambas as concepções de amor não se aproximam do amor incondicional e universal dos cristãos. No pensamento cristão, o amor não está na periferia da vida ou em raros momentos de êxtasc, mas no centro da vida: amor é vida. Cf. EBENSTEIN, William & Alan. *Great Political Thinkers*, Wadsworth Group & Thomson Learning: Belmont, 6ª edição, 2000, p. 5.

[32] Cf. Mt 5,43-48; 10,37-39; 12,46-50.

[33] POPE, Stephen J. "The Order of Love and Recent Catholic Ethics: A Constructive Proposal", *TS* 52, 1991, p. 261.

34   Cf. POPE, Stephen J. "Aquinas on Almsgiving, Justice and Charity: An Interpretation and Reassessment", *Heythrop Journal* 32, 1991, p. 167-191.

[35] Cf. STORTZ, Martha Ellen. Op. cit., p. 111-117. Stortz fala de sete facetas da amizade: escolha (amigos escolhem uns aos outros); similaridade (amigos têm certas coisas em comum); mutualidade (amigos têm opiniões e visões de mundo partilhadas, tais como crenças, objetivos etc.); igualdade (amigos são iguais em poder e status); reciprocidade (amigos dão e recebem igualmente); benevolência (amigos se amam mútua

Uma visão sensata da "ordem do amor" oferece alternativas e proteção contra a fadiga moral que paralisa muitas pessoas. Ela poderia ser um eficaz instrumento para superar os problemas das milhões de pessoas que passam fome, que estão sem moradia, sem condições mínimas de saúde e trabalho, imersas na exclusão social e digital, ou à margem de qualquer possibilidade de inserção social nas mais diversas regiões do mundo. Se a "ordem do amor" é vista como uma obrigação para agir ou um completo sacrifício, o resultado pode ser uma completa "desobediência" a essa ordem. Por isso o Aquinate "(...) é cuidadoso ao especificar preceitos positivos de caridade com a maior exatidão possível, justamente para não correr o risco de deixá-los tão gerais que nós possamos desistir de tentar respeitá-los em tudo".[36] As condicionantes de tempo, lugar, circunstâncias, graus de proximidade e necessidade, tudo isto contribui para determinar os deveres específicos. Amor cristão não é pura abnegação, da mesma forma que amor próprio não significa individualismo excessivo, porque o amor virtuoso necessariamente inclui o amor ao próximo. Desta forma, o indivíduo chega a sua plenitude como parte de uma realidade social[37] maior, na qual está inserido e com a qual interage.

Apesar de uma ética da imparcialidade desconsiderar a amizade como uma questão moral, Aristóteles e Tomás de Aquino[38] atestam que

---

e gratuitamente, sem utilitarismos); e conhecimento (amigos trocam confidências em confiança uns com os outros).

[36] PORTER, Jean. "De Ordine Caritatis: Charity, Friendship, and Justice in Thomas Aquinas' Summa Theologiae", *Thomist* 53 (1989), p. 206. Stephen J. Pope mostra que a ausência de atenção nas graduações do amor enfraquecem as interpretações comuns da opção preferencial pelos pobres (*Aquinas on Almsgiving*, p. 173).

[37] "Se a visão individualista da liberdade sustenta um 'eu' totalmente desvinculado e isolado dos outros, a visão tomista da liberdade humana está unida com os outros e com uma realização dos outros, pois a virtude coexiste com uma visão do 'eu' como que conectado, interdependente e responsável pelos outros", POPE, Stephen J. "Expressive Individualism and True Self-Love: A Thomistic Perspective", *Journal of Religion* 71, 1991, p. 393.

[38] Jean Porter mostra que Tomás de Aquino relaciona intimamente as virtudes éticas e as éticas de princípio, porque "a verdadeira retidão moral é necessariamente funda-

ela é um ingrediente vital da vida moral. Aristóteles vinculou a coesão social da *pólis* à prática da amizade.[39] Tomás de Aquino fez da amizade a base metafórica para a graça divina.[40] Ambos refletiram sobre a função moral da amizade porque consideraram que as pessoas são capazes de compreender o valor de realidades particulares alinhando inteligentemente suas emoções com essas realidades. A caridade é amizade, criada na alma como que para a perfeição do humano e que dá forma às outras virtudes, argumenta Tomás de Aquino na Suma Teológica.[41] A realização da caridade, na "ordem do amor", é amar segundo o caminho correto e, consequentemente, é o que dá harmonia à vida moral.[42]

Rose Mary Volbrecht salienta, porém, que as amizades não acontecem apenas com pessoas determinadas, mas dependem de contextos particulares, mais exatamente "das oportunidades de companheirismo, da partilha de interesses, valores e gostos, da mútua afeição... que sustentam a intenção característica da boa vontade na amizade".[43] Uma das

---

mentada na orientação da inteira personalidade que cria caridade; e, assim, caridade não pode ser exercitada, nem sequer existe, sem que as regras morais geradas por uma reta razão sejam respeitadas", cf. PORTER, Jean. *De Ordine Caritatis*, p. 213. Conferir sua explanação sobre justiça em *The Recovery of Virtue*, p. 124-154.

[39] Cf. HAUERWAS, Stanley. "Companions on the Way: The Necessity of Friendship", *Asbury Theological Journal* 45, 1990, p. 35-48.

[40] Cf. PORTER, Jean. *Recovery of Virtue*, p. 168-171. Cf. ARISTÓTELES. *Ética a Nicômaco*, Livro VIII, 2, 3 e Jo 15,15.

[41] AQUINO, Tomás de. *Suma Teológica* (a II-II) Q. 23.

[42] "Tomás de Aquino se empenha em bem definir a amizade, para sermos realistas na compreensão da amizade divina, a caridade. A amizade, o amor em sua perfeição, consiste primeiro naquele amor de benevolência, no amor desinteressado, pois não há amizade quando o amor egocêntrico domina e transforma a pessoa amada em objeto. A amizade supõe dois sujeitos, duas pessoas numa atitude de igualdade, em agradável e fecunda parceria de amor", JOSAPHAT, Carlos. "A Teologia da Caridade em Tomás de Aquino", in *A Caridade: um estudo bíblico-teológico*, Pontifícia Faculdade de Teologia Nossa Senhora da Assunção (org.), São Paulo: Paulinas, 2002, p. 231.

[43] VOLBRECHT, Rose Mary. "Friendship: Mutual Apprenticeship in Moral Development", *Journal of Value Inquiry* 24, 1990, p. 307.

maiores ameaças à amizade vem justamente de uma mudança dessas circunstâncias, que pode tornar impossível a continuidade do diálogo que sustenta a união. Isto pode ocorrer porque os amigos amam as pessoas em suas particularidades, o que possibilita desenvolver um senso de interesse pessoal. Além disso, a amizade é "um dos principais alicerces para o desenvolvimento do julgamento e do caráter morais".[44] A mútua aprendizagem e reciprocidade[45] entre amigos educa a capacidade moral dos mesmos. A constante exposição dos valores, julgamentos e intenções de uma pessoa para a avaliação de outras, permitindo recíproca abertura de ambas as perspectivas e "promovendo participação nas alternativas morais", fato corriqueiro entre os amigos, dá "confiável testemunho moral para suas próprias experiências".[46]

A inabilidade de refletir sobre o papel central da amizade na prática moral demonstra a dificuldade de encaminhar uma ação pastoral capaz de acolher o suporte ético da amizade, que se realiza na felicidade de amar e ser amado em toda a sua plenitude, como terreno fecundo para o desenvolvimento de outras virtudes. O fundamento natural do amor, desprendido dos paroquialismos morais, permite um avanço ecumênico na seara social, ao reconhecer uma ampla rede de obrigações sociais regradas pela reciprocidade e benevolência. As morais alternativas, en-

---

[44] Ibidem, p. 308.

[45] "Tomás de Aquino desenvolve também outra dimensão da amizade. Ela inclui e pede reciprocidade. Na amizade, é Deus quem tem a iniciativa, começa a nos amar, e nós correspondemos. A caridade, em toda parte, vai gerar este empenho de criar uma comunhão de reciprocidade do amor e no amor. Surge uma espécie de circulação de amor. Esse amor será uma doce e forte energia criativa, manifestando-se no querer valorizar todas as pessoas como pessoas. (...) Não se trata da felicidade de ter coisas, mas da felicidade de amar a pessoa e de ser amado como pessoa", JOSAPHAT, Carlos. *Op. cit.*, p. 231-232.

[46] FRIEDMAN, Marilyn. "Friendship and Moral Growth", *Journal of Value Inquiry* 23, 1989, p. 3-13. Cf. STOCKER, Michael. "Friendship and Duty: Some Difficult Relations", in *Identity, Character, and Morality*, p. 217-233.

tão, não devem ser vistas como subterfúgios à moral oficial, mas como uma possibilidade de diálogo que reciprocamente permite maturar as opções fundamentais, focando o princípio da dignidade humana.[47] Este é o direcionamento dado pela própria instituição eclesial para o amor ao "próximo como 'outro eu', sem excetuar nenhum, levando em consideração antes de tudo sua vida e os meios necessários para mantê-la dignamente".[48] A aprendizagem recíproca[49] e a benevolência, comuns à relação de amizade, além de educar para a capacidade moral das pessoas, educam para o respeito às regras morais oriundas da experiência no exercício da caridade e da solidariedade. À comunidade eclesial cumpre, portanto, a missão de construir possíveis pontes e sinergias inéditas entre a fé e a razão contra a desumanidade que espreita. No mesmo diapasão, uma ação pastoral que conjugasse, com rigor, culto a Deus

---

[47] "A uma igualdade no reconhecimento da dignidade de cada homem e de cada povo, deve corresponder a consciência de que a dignidade humana poderá ser salvaguardada e promovida somente de forma comunitária, por parte de toda a humanidade", *Catecismo da Igreja Católica*, n. 145.

[48] *Gaudium et Spes*, n. 27.

[49] "Vemos, além disso, nas primeiras gerações de cristãos, muita gente que tem uma espécie de visão dupla. Duas espécies diferentes de universos simbólicos se sobrepõem em suas mentes e em sua experiência social. De um lado, existe o mundo tão trivial que ninguém na vida do dia a dia pensaria em falar dele como 'símbolos'. Ele simplesmente estava lá, existe o estranho mundo novo do Deus que cria, cuida e julga, do Messias crucificado ressuscitado dos mortos. Há os pequenos grupos dos companheiros de fé, de irmãos e irmãs, filhos e filhas de Deus, com seus simples, mas impressionantes rituais, com suas vigorosas correções fraternas, com seus momentos de alta emoção, às vezes transes, êxtases, experiências do Espírito – nessas reuniões, esse outro mundo parece mais vívido do que o mundo ordinário. No entanto, de alguma maneira tinham de viver em ambos, e não era fácil achar a forma de fazê-lo. Havia muitos desacordos, muitos caminhos alternativos, dos quais alguns malogravam. Desses cristãos, quem quer que anseie pela visão de um mundo mais justo e mais complacente, quem quer que se veja apanhado não só entre o que é e o que deve ser, mas também entre certezas conflitantes, mapas díspares, mas influentes do que *é*, todos podem ter algo que aprender", Meeks, Wayne A. *O Mundo Moral dos Primeiros Cristãos*, tradução de João Rezende Costa, São Paulo: Paulus, 1996, p. 150.

(transcendência) e serviço ao outro (relação) encontraria sua verdadeira identidade e daria uma contribuição preciosa à sociedade humana.

Neste princípio do terceiro milênio, a análise do ato ético e do agir humano consciente e responsável aponta para o fato de que a ética se impõe a toda realidade humana, pessoal ou comunitária, independentemente de sua conotação religiosa. Porém, o fundamentalismo que se alastra, assim como o fenômeno sectário, são sintomas de doença mais do que sinais de saúde comportamental e social. Há uma tendência para as posturas éticas vagas, profundamente individualistas e centradas na realização de si, na cura do mal-estar psíquico ou físico dentro e fora da comunidade eclesial. Para fazer frente a esse cenário, por vezes desolador, as relações de ajuda entre as pessoas ressaltam a solidariedade nos laços de amizade. Estas relações gratuitas configuram vínculos de compromisso com a dignidade humana do outro, no qual a mobilização das pessoas encontra-se articulada com a busca do bem comum. Esses vínculos de solidariedade e ajuda que visam ao bem da comunidade dependem do reconhecimento do outro como alguém que tem rosto, num compromisso inalienável com sua dignidade. Tomar este rumo implica criatividade e risco, assumidos para romper automatismos pastorais e burocráticos sempre zelosos na manutenção das estruturas.

O dever de solidariedade[50]

A recuperação do espaço público requer mais do que ações coordenadas, combate a determinados abusos e apelos altruístas, ela requer uma "economia moral". A responsabilidade de instituições, grupos e indivíduos pelo bem comum reclama vigilância constante para o sentido da

---

[50] "O dever de solidariedade é o mesmo, tanto para as pessoas como para os povos", Carta Encíclica do Papa Paulo VI. *Populorum Progressio*, n. 48.

pertença comum e da reciprocidade autêntica. A ética social cristã está incumbida não só de preservar suas conquistas, como também de convocar, por dever moral, à solidariedade para com os pobres.[51] Com o advento do Concílio Vaticano II, a *Gaudium et Spes*[52] denunciava a dolorosa e perigosa ruptura existente na arena cristã entre fé e vida, definindo-a como um dos piores erros da comunidade eclesial. Esta ruptura possivelmente ainda persista na prática cristã como carência de significado da fé e carência do significado da Igreja e do anúncio da Boa-Nova. À reflexão ético-pastoral convém, partindo do que lhe é próprio, educar, discernir e orientar a busca legítima e autônoma do bem comum e da participação efetiva de todos. Inúmeras propostas de ações solidárias comuns não prescindem de ser uma reação contra a degradação da pessoa humana. Esta degradação exige da Igreja, consequentemente, a necessidade de dialogar com a cultura moderna, agora em sua vertente globalizada, fundamentada impreterivelmente na opção preferencial pelos pobres afirmada como um princípio moral. Como tal, esta opção "longe de ser um sinal de particularismo ou de sectarismo, manifesta a universalidade do ser e da missão da Igreja",[53] tendo fortes repercussões na compreensão e na concretização das responsabilidades sociais dos cristãos.[54]

Na proposta abraçada pelo episcopado latino-americano de "Ser uma Igreja viva, fiel e crível, que se alimenta na Palavra de Deus e na Eucaristia, 'assumindo serviços concretos na edificação do Reino de Deus, como discípulos(as) missionários(as)' para formar comunidades vivas, valorizando as diversas organizações eclesiais, promovendo um lai-

---

[51] Cf. Vidal, Marciano. "La preferencia por el pobre, criterio de moral", *Studia Moralia* 20, 1982, 277-304.
[52] *Gaudium et Spes*, n. 43.
[53] Congregação para a Doutrina da Fé. *Liberdade cristã e libertação,* 1986, n. 68.
[54] Carta Encíclica do Papa João Paulo II. *Centesimus Annus,* n. 42.

cato amadurecido, impulsionando a participação ativa da mulher na sociedade e na Igreja, mantendo, com renovado esforço, a opção preferencial e evangélica pelos pobres",[55] o desafio ortoprático para a Igreja é abrir-se para valores que aparecem a seu redor, muitos deles assimilados por outras instituições, mas vetados na seara eclesial, sobretudo pela burocracia e falta de ousadia institucional. A construção de um discurso ético teológico que "esteja situado no campo de sentido oferecido pelos tratados sobre Deus, sobre Cristo e sobre a Igreja", bem como a dimensão da práxis por eles requerida, podem conferir maior credibilidade à moral católica, assim como "oferecer a crentes e não crentes um maior horizonte de sentido".[56]

Justifica-se, assim, a recuperação da categoria amizade em seu nível prático em alguns dos documentos do Concílio Vaticano II.[57] É a indicação pelo Magistério de uma valorização positiva de todo o ethos, a cultura e os desafios atuais sobre a inter-relação como amizade. Na amizade pretende-se viver uma inter-relação através da acolhida, do encontro, do serviço, do diálogo e da aprendizagem na reciprocidade. "A acolhida refere-se especialmente a suas experiências espirituais mais profundas. Esta atitude está alicerçada num espírito de tolerância e respeito e se realiza mediante o diálogo aberto, que valoriza a experiência do outro e

---

[55] CONSELHO EPISCOPAL LATINO-AMERICANO. *Documento de Aparecida:* Texto Conclusivo da V Conferência Geral do Episcopado Latino-Americano e do Caribe, Editoras: Paulus, Paulinas e CNBB, 7ª edição, 2008, p. 273-274.

[56] VIDAL, Marciano. *Dez Palavras-chave em Moral do Futuro*, tradução José Afonso Beraldin, São Paulo: Paulinas, 2003, p. 320.

[57] A amizade cristã invade a estrutura inteira da economia histórico-salvífica, à medida que Deus Pai autorrevela-se por meio de seu Filho, Jesus Cristo, aos homens seus "amigos" (*Dei Verbum*, n. 2). O próprio Jesus já não chama seus discípulos de "servos, mas amigos" (*Lumen Gentium*, n. 28). Todo e qualquer testemunho que corrobore a "amizade evangélica" (*Gaudium et Spes*, n. 49) pode levar pessoas a doar a vida "por seus amigos" (*Gaudium et Spes*, n. 32), inclusive contribuindo na edificação de uma "ordem internacional no respeito das legítimas liberdades e em amigável fraternidade" (*Gaudium et Spes*, n. 88).

o ajuda em sua busca, sem julgar, nem condenar, nem impor."[58] Para ser cristão, portanto, é indispensável aprender a ser amigo, educar-se para esse valor moral, tornar-se especialista em amizade.

No mesmo diapasão, para fazer frente ao individualismo e exclusão que inundam as relações sociais hodiernas, tanto no âmbito político, econômico, cultural quanto no religioso, a ação pastoral deve preocupar-se em cultivar as relações de solidariedade e a busca de integração e unidade. O individualismo isola e corta relações. A solidariedade cria laços gerados pela graça do encontro e da amizade. Uma das utopias pastorais atuais é a tentativa de redesenhar uma sociedade não estranha à liberdade, justamente por saber relacionar-se numa nova perspectiva de amizade e solidariedade, tidas respectivamente como experimentação política e virtude cristã. Esta amizade supõe obviamente o outro em sua possibilidade de igualdade e na distância que revela as diferenças que lhe são próprias. Há uma boa razão para redescobrir e trazer à tona não só a alteridade, mas a força da voz e da fala das pessoas do povo, o saber como possibilidade de desvendar os mecanismos que constróem as formas de exclusão, além da vontade de agir encorajada pela amizade no âmbito público – desvirtuado pelo subjetivismo e intimismo atuais – e não somente no âmbito privado. A razão maior é que novas "tiranias", hierarquizadas, sutis e modernas, continuam firmes em seus propósitos de "dominar o mundo", não pela superioridade de suas ideias, valores ou religião, mas por sua superioridade na aplicação de uma "violência organizada" que tolhe a liberdade e, não ocasionalmente, a vida. O totalitarismo poderia ser o nome atual de uma das piores formas de exclusão, diluído em uma miríade de controles sociais e falsas necessidades, cuja

---

[58] CNBB. *Diretrizes Gerais da Ação Evangelizadora da Igreja no Brasil – 1999-2002*, São Paulo: Paulinas, 1999, n. 346.

lógica da exasperada diferenciação sedimenta e afirma distribuições injustas. As estratégias de dominação dessas "tiranias" permanecem atualíssimas e, continuadamente, insistentes em seu intento de negar o direito do outro ser "outro", pelos simples interesses econômicos e políticos escusos e necessários ao mantenimento de certas instâncias de poder.

Torna-se, assim, perfeitamente compreensível o porquê do ensino social da Igreja exortar à opção preferencial pelos pobres como princípio moral, "onde cada um possa dar e receber, e onde o progresso de uns não seja mais um obstáculo ao desenvolvimento de outros, nem um pretexto para sua sujeição".[59] Dada a dimensão que a questão social ganha no cotidiano das sociedades, este amor preferencial, com as decisões que ele inspira, remetem o agir pastoral para além dos muros que separam as inter-relações das ações solidárias.[60] A fidelidade à Boa-Nova sempre exigirá a capacidade dos agentes de pastoral de distinguir entre valores permanentes e suas expressões provisórias. A amizade, conforme a tradição da Igreja, assume nesta empreitada importante papel como relação que conduz ao ser de Deus e revela a face do pobre como o próximo mais frágil, e como critério para o exercício da virtude da solidariedade.

Educar para valores morais é um desafio pastoral de aliar liberdade e responsabilidade numa audaciosa, criativa e misericordiosa promoção humana, cujas iniciativas apontem para novos valores fundamentais, para

---

[59] Cf. Congregação para a Doutrina da Fé. *Libertatis conscientia*, n. 90.

[60] "Ao ouvirmos o clamor daqueles que sofrem violência e se veem oprimidos pelos sistemas e mecanismos injustos, bem como a interpelação de um mundo que, com sua perversidade, contradiz os desígnios do Criador, chegamos à unanimidade de consciência sobre a vocação da Igreja para estar presente no coração do mundo e pregar a Boa-Nova aos pobres, a libertação aos oprimidos e a alegria aos aflitos. A esperança e o impulso que animam profundamente o mundo não são alheios ao dinamismo do Evangelho que, pela virtude do Espírito Santo, liberta os homens do pecado pessoal e das consequências do mesmo na vida social", Sínodo dos Bispos de 1971. *A Justiça no Mundo*, n. 5.

o crescimento de uma sociedade mais de acordo com a medida de humanidade. Ações que atualizem uma sociedade "alternativa" ao individualismo, justamente pelo horizonte amplo das relações sociais, merecem acompanhamento cidadão e pastoral. A razão para esta aposta está no simples fato de conjugarem algumas virtudes que são imprescindíveis para orientar a coesão social na *pólis* e a própria inter-relação no meio da comunidade cristã: a caridade que permite considerar e tratar os outros como a si mesmo; a justiça que permite tratar cada um dentro do respeito aos direitos e deveres; e a prudência que motiva a buscar e realizar o bem comum historicamente compreendido.

A solidariedade e a ação social

Vislumbrar a fé cristã como regeneradora do ser humano é assumir uma postura pastoral que não enverede pelo incentivo à disputa religiosa ou à estrita tolerância, mas a um engajamento positivo capaz de transformação social. Este tipo de engajamento implicará diretamente na organização da vida pública. "Realidades como justiça, liberdade, dignidade humana etc. não são estrangeiras à salvação. A fé e o amor só são autênticos quando eficazes. Não basta um cristianismo de boa intenção, reto na doutrina, mas descomprometido com a realidade. É preciso colocar toda a fé em toda a vida e, por isso, ela deve iluminar e transformar também o político, o econômico, o cultural, o social etc."[61]

Neste sentido, a passagem de uma moral casuística pré-conciliar para uma concepção ético-teológica solidária e dialógica, sobretudo pela convicção conciliar das diferentes formas de viver a santidade e

---

[61] BRIGHENTI, Agenor. "Prospectivas para a Igreja no Brasil na aurora do terceiro milênio", in *Presença pública da Igreja no Brasil (1952-2002): Jubileu de Ouro da CNBB,* Instituto Nacional de Pastoral (org.), São Paulo: Paulinas, 2003, p. 539.

da "vocação de todos para a plenitude da vida cristã e para a perfeição da caridade, pela qual também na sociedade se promova um modo mais humano de vida",[62] sugere não somente o recurso à Sagrada Escritura, à Tradição e à racionalidade como instâncias de normatização, mas também à experiência humana. Este recurso considera o amplo e interdisciplinar espectro científico e social que ajuda a comunidade humana a colher, organizar e interpretar dados individuais e coletivos de sua própria experiência. Qualquer reflexão sobre a teologia moral que ignore ou dê insuficiente atenção à experiência humana construirá suas normas em um mundo irreal, possivelmente uma abstração sem qualquer correlação com a realidade da pessoa humana. A rica e variada experiência humana, que é dom do Deus criador, abre novos caminhos à verdade que foi revelada plenamente em Cristo e que constitui a herança da Igreja.[63]

A experiência no seio da sociedade brasileira já foi exuberante em artifícios que obscureciam o exercício pleno da cidadania, que eram avalizados pela violência institucionalizada (nos casos explícitos de desrespeito aos direitos humanos cometidos pela ditadura militar) ou pela lógica perversa e excludente do capital financeiro (no caso da doutrina neoliberal que, embora ainda presente na dinâmica social, já dá sinais de seu esgotamento), ambas cerceadoras de relações sociais humanizadoras. Talvez gestadas na amargura das experiências negativas, outras inúmeras ações floresceram nas últimas décadas, profícuas no exercício da solidariedade. Ao deparar-se com a emergência de novos atores sociais, a Igreja permanece extremamente solícita nas ações

---

[62] *Gaudium et Spes,* n. 40.
[63] "A própria Igreja sabe quanto lhe aproveita a evolução e a história do gênero humano. A experiência dos séculos passados, o progresso das ciências e os muitos tesouros escondidos nas mais variadas culturas são extremamente úteis à Igreja", idem, n. 44.

pastoral e social[64] e na redefinição de princípios éticos para a economia e a política nacionais. Assim, a ação pastoral da Igreja torna-se um instrumento ético eficaz na implantação de uma nova lógica para o conjunto da vida social, capaz de conferir-lhe uma credibilidade ímpar.[65]

Consciente da autonomia do ser humano e das demais instituições históricas, cumpre à Igreja, irrepreensivelmente, fomentar os direitos e a dignidade da pessoa humana, todos colocados no contexto da solidariedade e preocupação com o bem-estar comum. Considerar a dignidade e o infinito valor do indivíduo em si mesmo pode levar ao esquecimento de que os direitos vêm emparelhados com os deveres. Todas as coisas sobre as quais as pessoas tenham legítimo direito são necessariamente compensadas com outras que se espera que elas devolvam às outras pessoas que dependem delas. As cartas encíclicas de cunho social ensinam que ser humano é fazer experiência não só dos direitos, mas também das obrigações para com os outros.[66] Assim sendo, a ação pastoral deve

---

[64] Cf. FERRARO, B. "Pensar o social é pensar Deus, pensar Deus é pensar os social", in SUSIN, Luís Carlos (ed.) *Terra prometida. Movimento social, engajamento cristão e teologia*, Petrópolis: Vozes, 2001, p. 97ss.

[65] "O 'ser' brota do 'fazer', assim como a institucionalização do ser, que tem igualmente no fazer seu horizonte e justificativa. Trata-se, então, de ver até que ponto a forma de 'ser' (organização/estruturas) para realizar o 'fazer' ajuda a transparecer a experiência originária no contexto atual; como se vive e com que autenticidade se dá a comunidade cristã. As estruturas são um elemento fundamental da visibilidade da Igreja e, por isso, afetam decisivamente seu caráter de sinal ou sacramento. A instituição, em si mesma, também é mensagem e pode então constituir-se em motivo de incredulidade ou de credibilidade", BRIGHENTI, Agenor. *Op. cit.*, p. 542.

[66] "O desenvolvimento requer sobretudo espírito de iniciativa da parte dos próprios países que necessitam dele. Cada um deve agir segundo as próprias responsabilidades, sem estar à *espera de tudo* dos países mais favorecidos, e trabalhando em colaboração com os outros que se encontram na mesma situação. Cada um deve descobrir e aproveitar, o mais possível, o espaço da *própria liberdade*. Cada um deverá tornar-se capaz de iniciativas correspondentes às próprias exigências como sociedade. Cada um deverá também se dar conta das necessidades reais, assim como dos direitos e dos deveres que se lhe impõem de satisfazê-las. O desenvolvimento dos povos começa e encontra a atuação mais

converter-se em força libertadora por seu testemunho de serviço à justiça, engendrando nas relações um dever de solidariedade que impele para uma atitude de inesgotável participação, que compreende a atenção para discernir os novos rostos da exclusão e o esforço para sensibilizar toda a sociedade, a fim de que cada pessoa assuma sua responsabilidade com espírito de verdadeira solidariedade, voltada inteiramente para as grandes causas do ser humano. Este espírito solidário nas relações vem da solidariedade do próprio Deus, que se oferece gratuitamente na comunhão realizada sob o cunho de uma reciprocidade efetiva.

A solidariedade é uma palavra que traz consigo um complexo de significados. Porém, o simples fato de que as pessoas são interdependentes prova que elas dependem umas das outras para quase todas as suas necessidades biológicas e sociais. O complexo tecido da vida social, incluindo as realizações humanas, como a política, a arte, a cultura e a educação, revelam as inúmeras vias de dependência compartilhadas em todos os esforços da pessoa humana. Usar o termo solidariedade significa reconhecer, portanto, a interdependência humana não apenas como um fato necessário, mas também como um valor positivo da vida – este é um elo semelhante na inter-relação de amizade entre as pessoas. Não é possível realizar o potencial total ou vislumbrar o sentido pleno da dignidade humana a não ser que se compartilhe a vida com os outros e se coopere em projetos que contemplem um benefício mútuo. Abrir as

---

indicada no esforço de cada povo pelo próprio desenvolvimento em colaboração com os demais. Neste sentido, é importante que as *próprias nações em vias de desenvolvimento* favoreçam a *autoafirmação* de cada cidadão, mediante o acesso a uma cultura maior e a uma livre circulação das informações. Tudo o que puder favorecer a *alfabetização* e a *educação de base*, que a aprofunde e complete, como propunha a Encíclica *Populorum Progressio* – objetivos ainda longe de serem realidade em muitas regiões do mundo – é uma contribuição direta para o verdadeiro desenvolvimento", Carta Encíclica do Papa João Paulo II. *Sollicitudo Rei Socialis*, n. 44.

culturas ao serviço da liberdade e da solidariedade, fazendo-as espaços de efetivação e criação de direitos, bem como de responsabilização para com os deveres, é parte integrante da missão eclesial na comunhão com o outro, respeitando-o em sua diversidade e orientando-o para ativar sua plena responsabilidade.

A solidariedade como instância ética

Em suas três encíclicas sociais, *Laborem Exercens*, *Sollicitudo Rei Socialis* e *Centesimus Annus*, o Papa João Paulo II chamou reiteradamente a solidariedade de uma virtude essencial da vida social. Ele argumenta que Deus não só permite ao ser humano a recíproca dependência, mas o convida a partilhar a vida numa dimensão mais ampla. Ser humano é ser um ser social, cuja própria vida é, e deve ser, ligada a todos aqueles que a rodeiam. A solidariedade começa como uma atitude interior e, quando plenamente enraizada dentro da pessoa, ela se manifesta através de inúmeras atividades externas que demonstram o compromisso da pessoa com o bem e a felicidade dos outros. Assim como as crianças naturalmente relacionam-se com seus pares para construir amizades, todos os seres humanos têm uma propensão natural para formar e nutrir muitos relacionamentos sociais. O ensino social da Igreja encara como natural o fato de cada pessoa participar no conjunto maior da sociedade. O crescimento humano é sempre pautado pela socialização e comunhão. Todas as características da natureza humana e da dignidade chegam à maturidade somente no contexto da vida em comunidade, onde muitos relacionamentos se desenvolvem e amadurecem.

Neste sentido, importantes aspectos da vida social são resumidos por dois termos frequentemente associados no ensino social da Igreja: bem comum e participação. Falar do bem comum é reconhecer que existem muitos justos e comuns objetivos na vida que estão além do próprio benefício privado. Na Encíclica *Mater et Magistra*, o Papa João XXIII definiu o bem comum como "o conjunto das condições sociais que permitem e favorecem nos homens o desenvolvimento integral da personalidade".[67] Todo ser humano tem a obrigação de promover o bem comum através da realização de quaisquer contribuições que sejam necessárias para melhorar a vida dos outros seres humanos. Como o ensino social da Igreja tem persistido no cuidado da plena igualdade entre todos os membros da sociedade, o tema da igualdade de *participação* tem desempenhado um papel cada vez mais importante em seus documentos. Cada ser humano tem, por sua vez, um direito e um dever de participar em toda a gama de atividades e instituições da vida social. Ser excluído da possibilidade de desempenhar um papel significativo na vida da sociedade é uma grave injustiça, pois viola as aspirações legítimas da pessoa de expressar sua liberdade humana. Qualquer coisa que bloqueie a plena participação política ou a participação econômica conta como uma grave ofensa contra os direitos humanos. O respeito pelo bem comum deve inspirar a sociedade como um todo na oposição a esse tipo de injustiça e incentivar a plena participação de todos, independentemente das diferenças de raça, gênero ou credo.

Esta crescente interdependência entre as pessoas e entre as nações remete à importância da dimensão política da solidariedade. O papel exercido pelas instituições na mediação das relações sociais, assim como o caráter cada vez mais universal da experiência humana, reclamam que a ação pastoral tenha como horizonte uma prática solidária capaz de construir ordenamentos sociais que plenifiquem o mais possível o anseio humano por uma vida digna. Ademais, a prática solidária que integra em si as exigências de justiça e caridade torna-se um caminho virtuoso, uma espécie

---

[67] Carta Encíclica do Papa João XXIII. *Mater et Magistra*, n. 65.

de mística. Por meio da solidariedade, virtude por essência, constitui-se a ponte entre o pessoal e o social no panorama de uma síntese dinâmica, cujo objetivo último é a liberdade humana. Justamente por isso, torna-se imprescindível uma releitura, no âmbito da atual complexidade social, da relação público-privado[68] dentro de uma lógica da solidariedade.

Em suas ações pastoral e social, a Igreja deve pautar-se pelo princípio da subsidiariedade na ótica de uma solidariedade sem fronteiras. Isto a capacita para considerar as diferenças e diversidades, respeitando-as e assumindo-as, e propor uma convergência de ações cujo objetivo seja o bem comum, ações essas concretizadas mediante a participação responsável de todos. As ações pastoral e social, pautadas por uma ética da solidariedade,[69] impelem a Igreja necessariamente a alargar sua missão religiosa para os mais variados campos em que as pessoas desenvolvem suas atividades em busca da felicidade, sempre relativa neste mundo, respeitando o princípio da dignidade humana. Esta pode ser uma contrapartida ao individualismo exorbitante que torna a ação social comunitária cada vez mais difícil, na medida em que o social como princípio de experiência comunitária desaparece. Se há uma negação do outro que significa uma quebra da inter-relacionalidade; se a presença do outro não mais suscita apelo à caridade, mas sim desejo de instrumentalização; se a lógica individualizante confere as pessoas um anonimato, sem rosto, raízes ou futuro; então, as ações pastoral e social da Igreja são desafiadas a criar solidariedades que vão além de fronteiras particulares, em direção a mobilizações maiores. Consequentemente, diante de uma crise persistente de valores éticos e de uma ausência de "pobreza espiritual", tais ações podem suscitar um reflorescimento da consciência ética e religiosa da humanidade.

---

[68] CNBB. "Ética: Pessoa e Sociedade" (São Paulo: Paulinas) 4ª edição, 1999, p. 55ss.
[69] Ibidem, p. 30ss.

Conclusão

Pensar na possibilidade da amizade como espaço de experimentação capaz de irromper formas fixas de subjetividade e sociabilidade, constituindo uma forma de resistência política, representa um convite à alteridade numa relação experimental designada pelo compromisso irreversível com o outro. Percorrer este caminho exige compreender como os laços de amizade podem constituir relações privilegiadas de experimentação de outras formas de relacionamento, incompatíveis com os modelos individualistas e excludentes cultivados atualmente. Neste campo social conflituoso, seja em sua vertente positiva como negativa, os laços solidários que florescem entre amigos podem ser um excelente fundamento no enfrentamento dos imperativos neoliberais e resistência às situações de exclusão, revelando modelos criativos e alternativos às inúmeras manifestações de condição de vida desumanas e contribuindo para reverter situações de injustiça.

A Igreja como formadora de uma consciência ética não pode prescindir dessa realidade social na qual está inserida. Suas ações pastorais e sociais necessitam ser repensadas e redirecionadas toda vez que algum dado novo emerge no panorama social. Da mesma forma, a fé invariavelmente se questiona como atuar diante da situação que se lhe apresenta, movida que é pela força da Boa-Nova de Jesus Cristo. Diante de uma realidade social dada à comunidade eclesial, pode interrogar-se e refazer inúmeras perguntas. Para este capítulo, porém, duas questões permanecem provocadoras: Que impacto causa uma determinada realidade social sobre a prática da fé e vice-versa, considerando-se as experiências já vividas pelas comunidades eclesiais? Qual papel joga a amizade, essa relação desprendida de quem se quer bem para um bem maior, na construção de uma sociedade justa e solidária, através de uma ação pastoral que, embora fecunda em sua experiência de rede social e de comunidades, lida hoje com certo eclesiocentrismo?

A fé cristã reluta constantemente contra um individualismo que contraria radicalmente sua prática, que é fundamentalmente comunitária e de serviço ao outro. O enfraquecimento dos vínculos de entreconhecimento e amizade por parte das pessoas que se dizem cristãs empresta fragilidade a uma consciência que deveria ser suporte para um testemunho eclesial mais eficaz e solidário, justamente por gerar um sentimento de ensimesmamento que é avesso à liberdade. A amizade permanece um aspecto da realidade humana de extrema importância na atualidade, precisamente porque o excesso de *eros* (amor) tem propiciado seu esquecimento enquanto *filia* (benevolência e reciprocidade), que é um vínculo fundamental na relação entre as pessoas e no desenvolvimento de uma justa ordem social. O tecido social, pleno de relações sociais, mas envolto em sua cotidiana "banalidade", configura-se num campo fecundo a ser trabalhado pelo cultivo de relações de amizade e solidariedade. Ambas, sem anular suas especificidades como elemento de coesão social e virtude ética respectivamente, indicam possibilidades outras de articulação da rede social e pastoral, além de reclamarem por parte dos atores sociais posturas mais humildes e transparentes. Esta experimentação que pode inovar não obriga, necessariamente, a pontuar novas práticas pastorais ou mesmo formular novos postulados sobre as virtudes. Ao enfatizar singelas reflexões já ecoadas por outras vozes, permanece a certeza de que o desafio à fé cristã de fazer valer seu papel profético, denunciando injustiças e testemunhando a solidariedade, é uma exigência ética nas ações pastoral e social.

Uma ética da solidariedade, mundialmente já invocada por renomados autores,[70] pode encontrar na amizade entre os membros de uma determi-

---

[70] Cf. KUNG, Hans. *Projeto de Ética Mundial: Uma Moral Ecumênica em vista da Sobrevivência Humana*, tradução de Haroldo Reimer, São Paulo: Paulinas, 1993; LACROIX, Michel. *Por uma Moral Planetária: Contra o Humanicídio*, tradução de Yvone Maria de Campos Teixeira da Silva, São Paulo: Paulinas, 1996.

nada sociedade, assim como nos participantes das comunidades eclesiais e demais instituições ou grupos, um sólido fundamento, uma vez que os laços de amizade propiciam um espaço de diálogo, união e apoio engajado e responsável. Este engajamento social leva ao engajamento solidário que pode fazer acontecer o inesperado, ações comunitárias que sejam capazes de comprometer com a dignidade do outro e com uma realidade utópica que, para nós cristãos, encontra sua plena realização no Reino Definitivo.

Os riscos, as intranquilidades, as angústias e as inseguranças que as ações pastoral e social trazem em seu bojo não são maiores que a liberdade responsável de recuperar o espaço público como lugar inquestionável da prática da solidariedade, justamente porque o *amor mundi* aí disseminado e a caridade aí realizada na *ordem do amor* dão a necessária coesão social que harmoniza a inteira vida moral.

Referências bibliográficas

ARENDT, Hannah. *A Dignidade da Política: ensaios e conferências.* Tradução de H. Martins, Rio de Janeiro: Relume Dumará, 1993.

_____. *A Condição Humana.* Tradução de R. Raposo, Rio de Janeiro: Forense Universitária, 2001.

BAUMAN, Z. *Amor Líquido: sobre a fragilidade dos laços humanos.* Tradução de C. A. Medeiros, Rio de Janeiro: Jorge Zahar, 2004.

BOFF, L. *A voz do arco-íris.* Rio de Janeiro: Sextante, 2004.

BRIGHENTI, Agenor. "Prospectivas para a Igreja no Brasil na aurora do terceiro milênio", in *Presença pública da Igreja no Brasil (1952-2002): Jubileu de Ouro da CNBB.* Instituto Nacional de Pastoral (org.), São Paulo: Paulinas, 2003.

CHAUÍ, Marilena. "Amizade, recusa do servir", in *Discurso da servidão voluntária.* Etienne de La Boétie; (comentários) Pierre Clastres,

Claude Lefort, Marilena Chauí; tradução Laymert Garcia dos Santos, São Paulo: Brasiliense, 1999.

CODINA, V. "Reflexão sobre a pós-modernidade", in *Perspectiva Teológica*. Belo Horizonte, n. 35, 2003.

CNBB. *Ética: Pessoa e Sociedade*. São Paulo: Paulinas, 4ª edição, 1999.

_____. *Diretrizes Gerais da Ação Evangelizadora da Igreja no Brasil – 1999-2002*. São Paulo: Paulinas), 1999.

_____. *Exigências Éticas da Ordem Democrática*. São Paulo: Edições Loyola, 1989.

DERRIDA, J. *Politics of Friendship*. Tradução de G. Collins, New York: Verso, 1997.

FOUCAULT, M. *Da amizade como modo de vida*. Tradução de W. F. Nascimento. Entrevista de Foucault a R. De Ceccaty, J. Danet e J. Le Bitoux publicada no Jornal Gai Pied, n. 25, abril de 1981, p. 38-39.

FREIRE, Paulo. *Pedagogia do Oprimido*. Rio de Janeiro: Paz e Terra, 1983.

FRIEDMAN, Marilyn. "Friendship and Moral Growth", in *Journal of Value Inquiry* 23, 1989.

JOSAPHAT, Carlos. "A Teologia da Caridade em Tomás de Aquino", in *A Caridade: um estudo bíblico-teológico*. Pontifícia Faculdade de Teologia Nossa Senhora da Assunção (org.), São Paulo: Paulinas, 2002.

MEEKS, Wayne A. *O Mundo Moral dos Primeiros Cristãos*. Tradução de João Rezende Costa, São Paulo: Paulus, 1996.

SENNETT, Richard. *O declínio do homem público – as tiranias da intimidade*. Tradução de Lygia Araújo Watanabe, Companhia das Letras, 1988.

ORTEGA, Francisco. *Amizade e estética da existência em Foucault*. Rio de Janeiro: Edições Graal, 1999.

_____. *Para uma política da amizade: Arendt, Derrida, Foucault*. Rio de Janeiro: Relume Dumará, 2000.

_____. "Por uma ética e uma política da amizade", in MIRANDA, Danilo Santos de (org.). *Ética e Cultura*. São Paulo: Perspectiva-Sesc São Paulo, 2004.

POPE, Stephen J. "The Order of Love and Recent Catholic Ethics: A Constructive Proposal", in *TS* 52, 1991.

_____. "Expressive Individualism and True Self-Love: A Thomistic Perspective", *Journal of Religion* 71, 1991.

PORTER, Jean. "De Ordine Caritatis: Charity, Friendship, and Justice in Thomas Aquinas' Summa Theologiae", in *Thomist* 53, 1989.

STORTZ, Martha Ellen. *PastorPower*. Nashville: Abingdon Press, 1993.

VIDAL, Marciano. *Dez Palavras-chave em Moral do Futuro*. Tradução José Afonso Beraldin, São Paulo: Paulinas, 2003.

VOLBRECHT, Rose Mary. "Friendship: Mutual Apprenticeship in Moral Development", in *Journal of Value Inquiry* 24, 1990.

Vinde, Senhor, Jesus!
O Maranathá na Teologia do Mistério Celebrado

Valeriano dos Santos Costa[1]

O maranathá na teologia litúrgica

Esta afirmação de Cristo ressuscitado, o Cordeiro imolado – "Eis que estou à porta e bato: se alguém ouvir a minha voz e abrir a porta, eu entrarei em sua casa e cearei com ele e ele comigo" (Ap 3,20) –, tem uma repercussão litúrgica que vai ajudar-nos a compreender a teologia do *maranathá*. *Maranathá* é um termo hebraico que designa o apelo que os cristãos dos primeiros séculos não cansavam de proferir ao Cristo Ressuscitado: "Vinde, Senhor Jesus!" Durante as celebrações, sobretudo eucarísticas, essa aclamação estava muito presente, gerando uma impressão de que para eles a consumação da história estava iminente: "O Espírito e a Esposa dizem: 'Vem!'" (Ap 22,17). Ao que o Esposo responde com uma infusão de esperança: "Sim, venho muito em breve! Amém!" (Ap 22,20)! A Igreja era a esposa que vivia aspirando ansiosa pela volta de seu Esposo, para que uma nova realidade os unisse para sempre.

---

[1] Doutor em Liturgia pelo Pontifício Ateneo Santo Anselmo, Roma. Professor na graduação e pós-graduação Pontifícia Faculdade de Teologia Nossa Senhora Assunção, SP.

A reforma litúrgica do Concílio Ecumênico Vaticano II resgatou este eco eucarístico quando introduziu em dois momentos da Missa o *maranathá*: nas três aclamações em resposta à aclamação do presbítero: *eis o mistério da fé!*; *depois* da consagração eucarística, como tradicionalmente é chamada a narração da instituição da Eucaristia no coração da Missa; e na conclusão do embolismo depois do Pai-nosso. As aclamações foram traduzidas no missal para o Brasil desta forma:

– Anunciamos, Senhor, a vossa morte, proclamamos a vossa ressurreição. Vinde, Senhor Jesus!
– Toda vez que comemos deste pão e bebemos deste cálice, anunciamos, Senhor, a vossa morte, enquanto esperamos a vossa vida!
– Salvador do mundo, salvai-nos, vós que nos libertastes pela cruz e ressurreição!

E o embolismo encerra-se com esta afirmação: *Enquanto vivendo a esperança, aguardamos a vinda do Cristo Salvador!*

Então, as duas primeiras aclamações e a conclusão do embolismo explicitam o *maranathá*, embora no original latino, tanto para a primeira aclamação como para a segunda, o texto é: *donec venias!*,[2] e do embolismo, *adventum salvatori nostri Iesu Christi*,[3] que correspondem diretamente ao texto grego da Eucaristia de 1Coríntios, em que Paulo encerra o relato do memorial central da Última Ceia, afirmando *donec veniat* (até que Ele venha!). A tradução da segunda aclamação – *enquanto esperamos a vossa vinda!* – corresponde mais ao texto original. No entanto, o *donec venias* e o *adventum Christi* não estão longe da aclamação: *Vinde, Senhor, Jesus!*

---

[2] *Messale Romanum*. Ordo Missae, Prex Eucharistica I-IV, p. 576, 582, 587.
[3] Ibidem, p. 594.

Então, o *maranathá* está novamente em pauta, ressaltado em nossas celebrações eucarísticas e fazendo da assembleia litúrgica uma metáfora da Esposa apaixonada que aguarda o retorno do Esposo, para libertá-la do marasmo e da angústia que o tempo lhe impõe. Esta aclamação surgiu muito cedo, já nas Eucaristias joaninas, como acabamos de citar no Apocalipse e nas Eucaristias paulinas: "todas as vezes que comerdes deste pão e beberdes deste cálice, anunciais a morte do Senhor ate que ele venha" (1Cor 11,26). No entanto, já faz dois mil anos que a Igreja vem proclamando o *maranathá* e a história continua seu percurso inexorável. Com que espírito, então, deve-se rezar o mesmo que os cristãos primitivos rezavam, sendo que eles, possivelmente, por meio do *maranathá*, proclamavam a consumação iminente da história? Há outras interpretações do *maranathá* que amadureceram ao longo do tempo? É isto que queremos comentar neste estudo, para que possamos rezar este elemento eucarístico com o mesmo fervor que norteou o coração de tantos mártires e confessores da fé, sem, contudo, cair em algum equívoco de natureza histórica. Desta forma, o "Vem, Senhor Jesus!" deve ser rezado como uma aclamação incisiva, profunda e pertinente em nosso momento histórico. Então, necessariamente o *maranathá* é um elemento essencial do mistério celebrado e, por isso, seu teor é profundamente litúrgico, embora sua repercussão histórica extrapole o contexto da liturgia, tornando-se uma orientação escatológica para resgatar a história e revelar-lhe seu verdadeiro rumo.

O *maranathá* e o mistério pascal

Em primeiro lugar, é preciso admitir que o *maranathá* faz parte do coração do mistério pascal de Cristo. Antes de ser mistério pascal, é simplesmente mistério, na mais autêntica concepção paulina. Para São Paulo, toda ação sobrenatural de Deus no mundo é mistério.[4] Porém, é preciso ter consciência de que qualquer intervenção de Deus no mundo tem repercussão histórica relevante, porque gera um ordenamento do plano de nossa salvação eterna levado a cabo no presente.[5] É pascal porque o cume dessa intervenção de Deus na história é a páscoa de Jesus, no sentido mais abrangente de sua passagem visível por este mundo desde a encarnação até o Pentecostes.

É também sacramental porque a celebração litúrgica do mistério realiza-se por meio de sinais simbólico-sacramentais, condensados nos sacramentos e sacramentais da Igreja. Nesta perspectiva, "os sacramentos não são coisas, mas atos pessoais que exprimem um encontro da graça entre o homem e Deus na Igreja".[6] Encontrar-se com Deus numa dinâmica interpessoal e retomar o dinamismo da vida cotidiana seguro de ter realizado uma comunicação direta com o Invisível são atitudes que constituem o ponto mais alto em que cada fiel pode chegar a esta terra por meio do culto da Igreja. É o patamar que a Liturgia terrestre atinge, beirando as realidades transcendentes da liturgia celestial. O *maranathá* é considerado um elemento importante desse encontro. Trata-se de um reencontro com aquele que, por seu mistério pascal, já nos encontrou na história. Sua presença revelada ao longo da história transformou-a em história da salvação. Para compreendermos o lugar do *maranathá* na Missa, é preciso ressaltar os três momentos mais importantes e simbólicos desse encontro de Deus com seu povo.

O primeiro foi o êxodo dos hebreus, a páscoa antiga sonhada, realizada e celebrada no Antigo Testamento. Os salmos não cansam de

---

[4] Cf. ZUBIRI, Xavier. *El ser sobrenatural*: *Dios y la deificación em la teología paulina*. Barcelona: Herder, 2008, p. 144.

[5] Cf. Ibidem.

[6] BOROBIO, Dionisio. "Da celebração à teologia. O que é um sacramento", in BOROBIO, Dionisio. *A celebração na Igreja I*. São Paulo: Loyola, 1990, p. 283-421, em especial p. 291.

enaltecer a Deus por esse êxodo e por todos os êxodos: "Bendito seja Iahweh, o Deus de Israel, porque só ele realiza maravilhas! Para sempre seja bendito seu nome glorioso" (Sl 72,18-19). "Ele envia libertação para o seu povo, declarando sua aliança para sempre" (Sl 111,9). Assim, a páscoa tornou-se o referencial para o culto e para a vida cotidiana. É inconcebível um judeu sem páscoa, e páscoa sem libertação.

O segundo momento foi a páscoa de Jesus, consumada no Calvário e atestada historicamente pelo túmulo vazio e pelo testemunho vibrante e ousado dos discípulos acerca da ressurreição de Jesus. Como já foi dito anteriormente, a páscoa de Jesus tem seu início na encarnação, e seu ápice, na cruz e ressurreição, seguidas do envio do Espírito Santo. A Igreja apropriou-se dos textos do Antigo Testamento, como os salmos, para proclamar por meio deles a realização da promessa em Jesus de Nazaré, que passa então a ser reconhecido como o autor da fé que brota da nova aliança selada por ele e acolhida por sua Igreja. Quando canta o *benedictus*: "Bendito seja o Deus de Israel, porque a seu povo visitou e libertou" (Lc 1,67ss.), a Igreja não focaliza o êxodo pelas águas, mas proclama que o êxodo pelo sangue de Cristo representa a plenitude da salvação para todos os seres humanos e para uma nova postura histórica diante da vida, com sua configuração cósmica.

O terceiro momento pascal é o da Igreja e da celebração dos sacramentos para fazer memória e reapresentar em clave litúrgica em todos os tempos o mistério pascal de Cristo. E aqui, como veremos, o *maranathá* tem um peso importante. Se tudo o que era visível de nosso Redentor passou para os sacramentos da Igreja, como afirma São Leão Magno (440-461),[7] então os sacramentos são momentos privilegiados para se anunciar, proclamar e esperar a vinda de Cristo.

---

[7] "Quod itaque Redemptoris nostri conspicuum fuit, in sacramenta transivit": *Sermo 2 De Ascensione*. PL 54, 398.

A vinda de Cristo na Parusia escatológica

A vinda de Cristo que o *maranathá* anuncia não é sua vinda na carne, pois esta se deu na história e em condições históricas que representam o "abaixamento" de Deus, como expressa o hino aos filipenses:

> Ele tinha a condição divina, mas não considerou o ser igual a Deus como algo a que se apegar ciosamente. Mas esvaziou-se a si mesmo, assumindo a condição de servo, tomando a semelhança humana. E achado em figura de homem, humilhou-se e foi obediente até a morte, e morte de cruz! (Fl 2,6-8)

O Cristo em figura humana é o homem real que guarda uma divindade invisível, a ponto de o discernimento humano não ser capaz de decifrá-la, a não ser com a ajuda de Deus. Quando Pedro professou: "Tu és o Messias, o Filho do Deus vivo, Jesus atalhou: Não foi um ser humano que te revelou isto, mas meu Pai que está no céu" (Mt 16,16-17). Assim, tão humano é Cristo, que sua humanidade é uma nota perfeita da encarnação. Então, Jesus é a fina flor da geração humana; Filho do homem, sendo Filho de Deus.

Agora, sua vinda é de outra natureza. Não será silenciosa e nem em figura humana, mas será como Filho de Deus. Será uma Parusia. *Parousia*, em grego, significa "presença" ou "chegada", termo técnico empregado para designar a visita cerimonial de um soberano a uma cidade ou país, ou a aparição de um deus para prestar ajuda. No Novo Testamento, Parusia designa a segunda vinda de Cristo.[8] É desta segunda vinda que trata o *maranathá* em primeira mão. A

---

[8] Cf. McKenzie, John L. "Parusia", in *Dicionário bíblico*. São Paulo: Paulus, 1983, p. 693-694.

Parusia escatológica permanece, então, um dado revelado, como professamos na liturgia batismal e a renovamos na Eucaristia, com as seguintes palavras: Ele "virá novamente na glória para julgar os vivos e os mortos".[9] Esta mentalidade está bem de acordo com o pensamento judaico expresso pelos evangelhos sinóticos, segundo o qual "o juízo acontecerá no fim dos tempos, quando todos o homens sem exceção, vivos e mortos, serão reunidos diante do tribunal divino".[10]

Diante da afirmação do Cordeiro: "Sim, venho muito em breve!" e da aclamação dos santos: "Amém, vem, Senhor Jesus!" (Ap 22,20), temos os elementos para acreditar que não só era fé corrente do cristianismo primitivo como também desejo ardente que esta volta acontecesse brevemente, na media em que o ápice da história já tinha se manifestado e seu declínio era difícil de ser imaginado senão com a iminência da salvação conclusiva.

A vinda de Cristo na Eucaristia

À primeira vista, o sentido do *maranathá* esgota-se na Parusia escatológica, segundo a mentalidade judaico-cristã, expressa pelos sinóticos, como vimos acima. No entanto, há uma literatura mostrando que havia também na comunidade de Corinto, sobretudo, uma compreensão do *maranathá* em torno da vinda de Cristo na Eucaristia, como afirma a

---

[9] Símbolo da fé constantinopolitano, versão grega, in DENZIGER, Henrich. *Compêndio dos símbolos, definições e declarações de fé em moral*, traduzido com base na 40ª edição alemã (2005), aos cuidados de Peter Hünermann por José Marino Luz e Johan Konings. São Paulo: Palinas-Loyola, 2007, n. 150.

[10] RAMOS, Felipe F. "Vangelo secondo Giovanni", in FORNASARI, E. *et al. Commento della bibbia litúrgica*. Milano: Edizioni San Paolo, 1979, p. 1323.

tese de César A. Franco Martinez.[11] Portanto, trata-se de uma Parusia eucarística.

"A Eucaristia vive, pois, da tensão entre dois grandes momentos da história da salvação: o anúncio da morte de Cristo e sua anelada consumação no banquete do Reino dos céus."[12] O estudo de César A. Franco Martinez indica que o *donec veniat* da tradução latina do texto grego paulino indica uma Parusia temporal, na medida em que marca o fim do tempo de uma ação determinada.[13] Esta ação é justamente a celebração da Eucaristia. A Parusia, portanto, é o *termus ad quem* da celebração eucarística, na qual a presença do Senhor é esperada como uma vinda que trará salvação, entendida como aquela ajuda que todos esperam. Então, podemos, sem sombra de dúvida, concordar com o autor, quando tira a seguinte conclusão:

> A conclusão não pode ser mais clara. Dificilmente falaria Paulo nestes termos se a Ceia do Senhor não tivesse sido compreendida por ele e pela comunidade de Corinto como um banquete, no qual o pão e o vinho constituem o alimento sagrado. Pois bem, o que lhes dá o caráter sagrado é precisamente o fato de que neles o Senhor se faz presente, dando-se de novo como na noite em que foi entregue.[14]

Assim, o anúncio da morte do Senhor por meio de gestos rituais e pela proclamação verbal no coração da Eucaristia está em função da Parusia que sua presença real significa. O sacrifício do "Servo sofredor" pela salvação de "muitos" traz seu resultado no tempo, que, embora sendo ainda cronológico, é resgatado como *Kairós*. No *donec veniat*

---

[11] MARTÍNEZ, César A. Franco. *Eucaristia y presencia real*: *glosas de San pablo y palabras de Jesús*: anotaciones a 1Corintios y Juan 13. Madrid: Ediciones Encuentro, 2003.
[12] Ibidem, p. 115.
[13] Cf. Ibidem, p. 117-118.
[14] Ibidem, p. 138.

temos uma clara referência à vinda de Cristo na Eucaristia, pois graças ao mistério da ressurreição Cristo pode fazer-se presente no meio da comunidade que o invoca como Senhor e que o reconhece na fração do pão como os discípulos de Emaús o reconheceram.[15] Portanto, a atualização do que Jesus fez na Última Ceia é um anúncio por excelência de sua morte e, ao mesmo tempo, uma proclamação de sua presença ressuscitada, cada vez que a comunidade invoca-o "para que venha". É importante notar que a Parusia eucarística não anula a Parusia escatológica, pois esta é inaugurada por aquela, na medida em que quem come da Carne de Cristo e bebe de seu Sangue já está vivendo a dimensão da vida eterna (cf. Jo 6,54).

Então, fica patente que a Parusia escatológica é o primeiro sentido do *maranathá* enquanto aclamação litúrgica. No entanto, não podemos esquecer que a Parusia eucarística é o outro lado da mesma moeda, em que convivem juntas a dimensão escatológica e temporal, pois é o Cristo que preside em mistério sua própria Ceia e é ele mesmo que se dá em alimento para seus discípulos. Para tanto, é preciso que *ele venha*, embora nossa visão se limite aos sinais sacramentais de sua presença, mas nossa fé aponta e capta sua presença real e libertadora.

Somente assim é que se pode compreender a graça da Eucaristia enquanto sacramento que restaura e revigora cada fiel e a comunidade inteira,[16] tornando-se um vigoroso alimento para a caminhada cristã. A liturgia eucarística da Missa é um grande ato de louvor, porque a presença do Cristo, atuante desde a sacramentalidade da Palavra, torna-se uma verdadeira Parusia, que abre os olhos dos discípulos e lhes aclara o coração com a luz de sua face: "Então seus olhos se abriram e o reconhe-

---

[15] Cf. Ibidem, p. 142.

[16] Sobre este tema, ler COSTA, Valeriano Santos. *Celebrar a eucaristia: tempo de restaurar a vida.* São Paulo: Paulinas, 2006.

ceram" (Lc 24,31). Em Emaús, os discípulos levantam-se da mesa eucarística completamente restaurados e vão para Jerusalém ao encontro dos outros que aguardavam o desenrolar dos fatos, que naquele momento giravam em torno das várias aparições do Ressuscitado.

A vinda de Cristo na história

A Parusia escatológica e a Parusia eucarística complementam-se, pois a vinda de Cristo na Eucaristia antecipa ainda na história sua vinda definitiva na Parusia escatológica. Isso já é motivo suficiente para celebrarmos a Ceia do Senhor, clamando no coração do rito: *Vinde, Senhor Jesus!*, sem nos preocuparmos com o tempo cronológico, pois a Parusia eucarística é um *kairós*. O termo *kairós* é concebido no Antigo Testamento como o "tempo da salvação" ou a salvação "em seu tempo" (no grego *kairós*),[17] em outras palavras, o cume do tempo. Porém, no pensamento bíblico, o cume do tempo, de certa forma, dá-se no presente, já que ele resume o passado e contém todo o futuro. Realmente,

> esta forma de pensar não pode ser explicada simplesmente pela suposição de que a primeira geração dos cristãos acreditava que a Parusia estava próxima; pode-se compreender somente se se tem presente que no pensamento bíblico a Parusia está em certo sentido, já presente nas fases iniciais do processo, que inicia seu devir.[18]

---

[17] Cf. MACKENZIE, John L. "Tempo", in *Dicionário bíblico*. São Paulo: Paulus, 1983, p. 918.
[18] Ibidem.

No Novo Testamento, o sentido primário do *kairós* é o tempo da vinda de Jesus, como evento para o qual caminha todo o processo histórico. É a aproximação do Reino de Deus (Mc 1,15) como tempo da revelação de sua Palavra (Tt 1,3) e da redenção pela morte na Cruz (Mt 26,18; Rm 5,6). Por isso, é o tempo de realizar o bem (Gl 6,10), tirar proveito dessa hora (Ef 5,16) e acordar para a salvação (Rm 13,11). Enfim, é a hora de Cristo, o tempo certo da morte redentora que fez Jesus dizer a Maria nas Bodas de Caná: "minha hora ainda não chegou" (Jo 2,5).

Agora, toda vez que a Igreja celebra a Ceia do Senhor, reconhece que a hora de Cristo já chegou, isto é, a hora de sua morte redentora e gloriosa ressurreição. Por isso a Eucaristia torna-se seu *kairós* perpetuado na história. Sendo assim, o *kairós* eucarístico estabelece na história uma Parusia que só perde em relação à Parusia escatológica, em questão de visibilidade dos sentidos e de uniformidade dos resultados, porque todos eles, de certa forma, já acontecem hoje.

Na verdade, já entramos na dinâmica desses resultados, quando acolhemos a graça do primeiro sacramento de iniciação cristã, o Batismo. É o momento histórico em que o Amor de Deus é derramado em nossos corações por obra do Espírito Santo. Não se trata de resultados obtidos com o esforço de nossa vontade, porque isso jamais poderá representar uma Parusia. Aqui, recorremos novamente ao grande filósofo e teólogo, Xavier Zubiri, já citado neste escrito, para ajudar-nos a desenvolver o pensamento e clarear nosso conceito de Parusia histórica.

Seguindo o pensamento de Zubiri,[19] é preciso notificar que em grego há duas palavras muito próximas e, ao mesmo tempo, muito distantes para definir o amor: *ágape* e *eros*. Indicam duas realidades que habitam

---

[19] Cf. ZUBIRI, Xavier. El ser sobrenatural: Dios y la deificación en la teología paulina. Barcelona: Herder, 2008, p. 148.

o coração humano e levam-no ao encontro das pessoas e das coisas. Em *eros*, a pessoa sai de si porque é atraída por uma força externa que a toca justamente num ponto fraco de suas "carências de ser". Ao passo que em *ágape*, quem ama sai de si porque goza de uma "superabundância de ser" e tende a uma autodoação inexorável no sentido do transbordamento.[20] Essas duas motivações são tão diferentes que geram tipos de sentimento e de relacionamento, bem como de postura frente à vida, completamente diversos. Na verdade, a pessoa movida por *eros* sai em busca de si própria, tentando encontrar no outro o que lhe falta, enquanto que movida por *ágape*, a pessoa vai simplesmente ao encontro do outro para partilhar com ele a plenitude do ser. Então *ágape* é um estado ontológico e metafísico, pois revela a verdade mais profunda do amor para além de todas as aparências. Não é por acaso que o Novo Testamento, sobretudo em São Paulo e São João, ao afirmar que Deus é amor, sempre usa a palavra *ágape*.[21]

Daqui damos um salto para os sacramentos de iniciação cristã, sobretudo o Batismo e a Eucaristia, e os encaramos como os sacramentos que, de forma muito específica, garantem que o amor de Deus seja derramado em nossos corações, a ponto de estabelecer o que chamamos de Parusia histórica.

Como já foi dito, trata-se de algo ontológico e metafísico, e não de um movimento ou virtude da vontade. É anterior a qualquer virtude ou potência da vontade. Como diz Zubiri, "por isso, o verbo *menein*, permanecer, indica que o *ágape* é algo anterior ao movimento da vontade. A caridade, como virtude moral, move-nos porque estamos já previamente instalados na situação metafísica do amor".[22]

---

[20] "O ágape é o amor pessoal em que o amante não busca nada, senão o afirmar-se em sua própria realidade substantiva", ibidem, 149.

[21] Cf. 2Cor 13,11; Ef 1,6; Col 1,3; Jo 10,17; 15,9; 17, 23-26; 1Jo 4,8.

[22] Cf. ZUBIRI, Xavier. *El ser sobrenatural: Dios y la deificación em la teología paulina*, p. 149.

Pelo Batismo, somos incorporados a Cristo, o que significa que somos inseridos na situação metafísica do amor. Equivale dizer que o amor de Deus foi derramado em nossos corações. Pela Eucaristia somos mantidos na mesma situação metafísica do amor, pois ao comer o Corpo e beber o Sangue de Cristo, recebemos o dom de permanecer (*menein*) filhos de Deus, de quem possuímos a mesma natureza por participação batismal e manutenção eucarística.

É assim que mantemos a santidade que Zubiri não entende como um fenômeno da vontade, mas como o "caráter metafísico de bondade sobrenatural".[23] É claro que a vontade encontra sua adequação e constrói a história da pessoa santa, na medida em que a santidade como caráter metafísico da bondade é dada como graça sacramental.

É a esta intervenção divina na história da pessoa que chamamos de Parusia histórica, porque de fato é uma vinda de Deus em nós para construir por meio de nós uma história de santidade. E nenhuma história de santidade pode ser construída à margem da história social, pois uma das virtudes dos santos é mudar positivamente o ambiente social por causa de suas opiniões e posturas. A grande diferença em relação a uma revolução de cunho estritamente social é que a revolução promovida por homens santos, como os profetas da Bíblia, os cristãos verdadeiros e os religiosos autênticos de qualquer religião, como é o caso do Mahatma Gandhi,[24] na Índia, pode ser legitimamente chamada de "revolução do

---

[23] Ibidem, p. 208.

[24] Gandhi (Mohandas Karamchand), cognominado "Mahatma", que significa "Grande Alma" (1869-1948) é o indiano mais famoso no mundo inteiro, porque foi apóstolo nacional e religioso convicto. Pregou a *autonomia da Índia* e sua libertação do domínio inglês, por meio da libertação do materialismo da civilização ocidental e sem o uso de nenhuma violência. No horizonte de seus ideais pairava uma comunhão respeitosa entre todas as raças e religiões. Foi assim que conseguiu não só libertar politicamente a Índia, mas também questionar o racismo refletido no desprezo pelos "parias" e a intransigência entre os hindus e os islâmicos. Foi assassinado em 1948 por um extremista hindu.

amor". Isso ajuda a entender tantas situações em que palavras e promessas aparentemente carregadas de bondade naufragam em fatos contrários. Não havendo uma situação metafísica do amor, as palavras se tornam vazias e os gestos superficiais.

Aqui, então, voltamos ao tema deste item. Quando os cristãos aclamam na Missa: *Vem, Senhor Jesus!*, além de aspirar pela Parusia escatológica e proclamar sua fé na vinda de Cristo pela presença real eucarística, estão também suplicando que sejam imbuídos e mantidos naquela graça batismal que os instalou na situação metafísica do amor. Esta situação não é uma coisa qualquer. Segundo Xavier Zubiri, é uma *deificação*.[25] Entenda-se aqui o contrário de *divinização*, que é a idolatria da vontade humana em querer ser como Deus: "Deus sabe que no dia em que dele comerdes, vossos olhos se abrirão e vós sereis como deuses" (Gn 3,5). Foi o primeiro erro que se tornou o pecado original e que definitivamente derrotou o ser humano, decretando-o carente de astúcia e perspicácia, já que a serpente foi eleita pelo Gênesis como o símbolo do mais astuto de todos os animais (Gn 3,1).

A saga que nasce desse erro é uma longa história de amor de Deus para com seu povo. E justamente o ponto focal da cura desse mal, que arrastou o ser humano para o sofrimento e o fez companheiro inseparável da dor, conduziu para a plenitude do tempo, o *kairós* de Cristo. A salvação de um mal tão radicado na natureza humana, já que, por falta de astúcia, o ser humano é sempre impelido quase que inexoravelmente ao pecado, embora, sabendo do resultado, teria de contar com uma solução radical, e não apenas paliativa, como mais um apelo profético. Era preciso uma *deificação*. Na verdade, é o mesmo que a santificação, usando uma linguagem mais de acordo com os padres latinos. Como

---

[25] Justamente é o tema do Capítulo VI de seu escrito, p. 187-221.

diz Zubiri, "santo não é senão o divino".[26] Se somos santificados pela graça, é porque somos elevados ao patamar de Deus, sem mérito algum da nossa parte. Esta é a grande Parusia histórica que os sacramentos da Igreja promovem no mundo. Uma pessoa, ao ser batizada, torna-se uma nova criatura no sentido mais pleno da expressão, pois os sacramentos produzem aquilo que significam e o produzem realmente.

A Eucaristia vem em nosso socorro para nos manter no patamar de Deus, que, por meio de Cristo, continua a não considerar seu ser divino (cf. Fl 2,6-11) para entrar na mais profunda comunhão, tornando-se comida e bebida de pobres seres mortais. Mas se não fosse assim, nossa condição elevada ao patamar divino correria sérios riscos de arruinar-se, já que o pecado continua levando nossa vontade para o mal e destruindo a liberdade dos filhos de Deus. O pecado brinca com a frágil astúcia humana, que chega a ser simplesmente falta de bom senso. Então a Parusia eucarística garante que pela Parusia histórica a ação de Cristo produza seu efeito salvífico em nossas vidas, e isso muda a história.

Se supostamente a primeira geração dos cristãos não somente expressava seu pensamento acerca da vinda próxima da Parusia escatológica, mas também via a Eucaristia como uma Parusia, hoje temos plenas condições de rezar o *maranathá* com uma consciência muito mais larga. Não importa mais o tempo cronológico, pois já estamos no *kairós* de Cristo, e sua presença eucarística, real na Palavra proclamada e substancial nas espécies consagradas, é o suficiente para continuarmos clamando *que Ele venha!* Sua vinda na Eucaristia recoloca-nos na situação metafísica do amor e é para isso também que clamamos *maranathá*. Só assim, poderemos viver a caridade enquanto uma postura moral da vontade.

---

[26] Cf. Zubiri, Xavier. *El ser sobrenatural: Dios y la deificación em la teología paulina*, p. 172.

Por fim, podemos dizer que foi clamando *maranathá* que se forjaram tantos mártires e confessores da fé. É aí que nasce hoje o cristão abnegado e politicamente comprometido. Diante de tantas forças que levam para a corrupção, é impossível acreditar que tamanha voragem na contramão do amor seja vencida senão pelo próprio amor de Deus derramado em nossos corações e renovado sistematicamente pela Eucaristia. "Eis que estou à porta e bato: se alguém ouvir minha voz e abrir a porta, eu entrarei em sua casa e cearei com ele e ele comigo" (Ap 3,20). *Vem, Senhor, Jesus! Maranathá!*

Referências bibliográficas

BOROBIO, Dionisio. "Da celebração à teologia. O que é um sacramento", in *A celebração na Igreja I*. São Paulo: Loyola, 1990, p. 283-421, em especial p. 291.

COCINI, F. "Maranathá", in DI BERARDINO. Angelo (org.). *Dicionário Patrístico e de Antiguidades Cristãs*. Petrópolis – São Paulo: Vozes – Paulus, p. 877.

COSTA, Valeriano Santos. *A liturgia na iniciação cristã*. São Paulo: LTr., 2008, p.142.

_____. *Celebrar a eucaristia: Tempo de restaurar a vida*. São Paulo: Paulinas, 2006, p. 102.

_____. *Viver a ritualidade litúrgica como momento histórico da salvação*: a participação litúrgica segundo a *Sacrosanctum Concilium*. São Paulo: Paulinas, 2005, p. 123.

CULLMANN, O. *La signification de la Sainte-Cène dans le cristianisme primitive. Revue d'histoire et de philosophie religieuses* 16 (1936), p. 1-22.

DENZIGER, Henrich. *Compêndio dos símbolos, definições e declarações de fé em moral*, traduzido, com base na 40ª edição alemã (2005), aos cuidados de Peter Hünermann por José Marino Luz e Johan Konings. São Paulo: Palinas-Loyola, 2007, p. 1471.

MARTÍNEZ, César A. Franco. *Eucaristia y presencia real:* glosas de San Pablo y palabras de Jesus. Madrid: Encuentro – Fundación San Justino, 2003, p. 260.

MCKENZIE, John L. "Maranathá", in *Dicionário bíblico*. São Paulo: Paulus, 1983, p. 579-580.

_____. "Parusia", in *Dicionário bíblico*. São Paulo: Paulus, 1983, p. 693-695.

_____. "Tempo", in *Dicionário bíblico*. São Paulo: Paulus, 1983, p. 917-918.

MOULE, D. "A reconsideration of the context of Maranatha", NTS 6 (1960), p. 307-310.

ZUBIRI, Xavier. *El ser sobrenatural: Dios y la deificación em la teología paulina*. Barcelona: Herder, 2008, p. 135-200.

Onde Estamos Nós?
Uma Reflexão Histórico-teológica sobre os Ministérios na Igreja

Clotilde P. de Azevedo, AP[1]

Este estudo tem o objetivo de traçar uma breve panorâmica histórico-teológica sobre o desenvolvimento e a compreensão dos ministérios na vida da Igreja ao longo dos séculos desde as comunidades primitivas até o grande evento eclesial do século XX: Concílio Vaticano II (1962-1965).

A reflexão poderia ter continuado pelas trilhas da *Evangelii Nutiandi, Medellín, Puebla, Santo Domingo, Aparecida,* sem falar em tantos outros documentos importantes e, talvez, menos conhecidos. Mas optei por este recorte histórico, por trazer à luz muitos elementos normativos que possibilitam, a meu ver, uma releitura crítica do que seja ministério e de nossa prática ministerial, seja ele ordenado ou não. Não tenho a pretensão de oferecer respostas, mas, quem sabe, despertar o desejo pela busca e inquietação em um contexto de "mudança de época": onde estamos nós?

---

[1] Membro da Congregação Nossa Senhora Rainha dos Apóstolos para as Vocações (Apostolinas). Mestra em Teologia Sistemática pela Pontifícia Faculdade de Teologia Nossa Senhora da Assunção e Secretária do Conselho Superior do Instituto de Pastoral Vocacional (IPV).

A comunidade primitiva e sua normatividade

Antes de falar da normatividade das primeiras comunidades cristãs me parece importante destacar dois aspectos presentes no serviço dos discípulos ao serem chamados por Jesus e receberem o encargo de continuação e proclamação do Reino de Deus: Mt 28,18-19: o dever de dar testemunho e estar à disposição; destinação de alguém para o ministério do serviço.

As Primeiras Comunidades Cristãs nasceram da experiência de encontro com Jesus de Nazaré, acolhido pela fé como o Cristo, mas também a partir da pregação de seus discípulos, seja depois de Pentecostes como também antes. Nessas comunidades se formaram, desenvolveram e estruturaram as mais variadas formas de ministérios (serviços).

Os ministérios são dons de Deus concedidos à Igreja pelo Espírito (1Cor 12,4-11), pois na origem dos mesmos e da Igreja está a iniciativa divina, ou melhor, o chamado, a dinâmica vocacional. Teologicamente a vocação é o chamado que Deus dirige ao ser humano, individual ou coletivamente, com o objetivo de "uma missão ou serviço em favor da comunidade [...]. Mesmo tomando a iniciativa de chamar, Deus não dispensa a participação da pessoa humana. Ele quer que o ser humano responda a seu chamado. Por isso mesmo, *a vocação só se completa quando a pessoa dá sua resposta, aceitando a proposta de Deus e abraçando livremente um serviço em favor da comunidade*".[2]

Em todo o Segundo Testamento a imagem desses serviços não é muito clara e não se pode limitar uma pesquisa aos trechos que falam explicitamente das estruturas ministeriais da Igreja. Mas "deve-se ana-

---

[2] Oliveira, J. L. M. *Teologia da vocação*. São Paulo: Loyola, São Paulo: IPV, 1999, p. 20 e 22 (grifo meu).

lisar o conjunto dos documentos do Novo Testamento. Porque em um sentido muito real cada escrito do Novo Testamento é a autoexpressão de uma comunidade ou de um grupo de comunidades. Esta expressão caracteriza-se por uma grande variedade de traços, conforme o ângulo ou o enfoque de onde se apresenta a mensagem salvífica"[3].

No Segundo Testamento há uma "imagem pluriforme da Igreja",[4] mas unida a partir do único e mesmo Evangelho de Jesus. *Essa pluriformidade da Igreja não desmerece ou prejudica em nada a estrutura básica da comunidade de ser uma "resposta à proposta que é Jesus".*[5]

Na interpretação dessa experiência, há dois polos que se relacionam: o Espírito e Jesus de Nazaré, ou, como afirma E. Schillebeeckx: "A nova vida da comunidade, presente em virtude do Pneuma, é por ela mesma relacionada com Jesus de Nazaré. Pneuma e anamnese, *Espírito e 'memória de Jesus'* são experimentados como uma unidade".[6]

A interação dos dois polos que formam e caracterizam a resposta da comunidade (Pneuma e memória de Jesus) se dá a partir de um contexto histórico-concreto: o hoje, a atualidade. Dessa forma, a resposta da comunidade se dá na "relação crítica frente à atualidade concreta";[7] fazendo com que a comunidade vá transformando, reformulando e adaptando aqueles elementos que não respondem mais ao momento presente.

O encontro das primeiras comunidades com o mundo helênico gerou conflitos e provocou grandes mudanças internas, pois as mesmas, na dinamicidade do Espírito, repensaram e reformularam alguns de seus

---

[3] RUIJS, R. *Estruturas Eclesiais no Novo Testamento à Luz da Vontade de Jesus*, p. 37-38.

[4] Ibid.

[5] Ibid.

[6] SCHILLEBEECKX, E. *De Toegang tot Jezus van Nazareth*. Apud. RUIJS, R. Op. cit., p. 42 (grifo meu).

[7] RUIJS, R. Op. cit., p. 44.

esquemas judaicos. Tal fato pode ser observado claramente na questão da circuncisão ou não dos pagãos, conforme consta em At 15,5-6. Mas o elemento central, a *memória de Jesus,* permaneceu como o princípio condutor da vida e essência da comunidade, conforme At 15,7-29.

> A Igreja primitiva, com suas comunidades pluriformes, cujo autotestemunho pluriforme vem à tona nos múltiplos escritos do Novo Testamento, não é normativa para nós por ter sido ideal, por ter dado a resposta ideal à proposta-Jesus e, menos ainda, por ter esgotado todas as virtualidades da configuração essencial da comunidade cristã e de suas coordenadas transcendentais. Essas virtualidades são inesgotáveis mesmo; cada geração é chamada a dar sua própria articulação de ser resposta à proposta-Jesus. A Igreja primitiva não é normativa por ser ideal, mas porque é o único acesso ao real, isto é, à realidade encarnada do "ideal" que é Jesus. As respostas não são ideais, mas só conhecemos a proposta-Jesus por meio dessas respostas. O contato sempre retomado com a primeira resposta a uma proposta original na história permanece normativo para a resposta própria. Neste sentido, como "documento básico" no sentido pleno da palavra, a autoridade do Novo Testamento é insubstituível.[8]

Desta forma, a comunidade primitiva se torna, ela mesma, com sua experiência de fé normativa para as comunidades cristãs de todos os tempos, no sentido de discernir e relativizar/transformar, a partir da condução do Espírito, os elementos "acidentais" na vivência do conteúdo central de sua fé, a não se apegar àquilo que é temporal, cultural e histórico.

---

[8] RUIJS, R. Op. cit., p. 46.

A ministerialidade presente no Segundo Testamento[9]

Em todo Segundo Testamento, o termo usado na maioria das vezes para designar a função à qual o discípulo é chamado a desempenhar é *diakonia* (serviço). Mas foi somente após o "desaparecimento da primeira geração, sobretudo dos apóstolos e dos profetas, (que) o problema teológico do ministério se apresentou explicitamente em todas as comunidades".[10] Foi nesse período que surgiu uma teologia dos ministérios que não estava tão interessada nas estruturas ou títulos ministeriais, mas em dar continuidade à tradição apostólica, deixada como herança pela primeira geração dos seguidores de Jesus. Como exemplo podemos citar as Cartas deuteropaulinas e 1Pedro. "Sob a pseudonímia se oculta, portanto, toda uma teologia do ministério que foi tematizada de um modo ou de outro nestas mesmas epístolas."[11]

O conceito de ministério como serviço deriva etimologicamente das palavras *diakoneo* (servir) e *douleo* (servir como escravo).[12] Já em termos bíblicos

> o termo "diakonia" (lat. *Ministerium*) significa Ministério, não só no sentido específico dos diáconos, mas como realidade do serviço. Este conceito grego que era considerado sinônimo de escravidão e servidão, com sentido pejorativo (Platão *Górgia 492b)*, passa a ser símbolo de Cristo que é o diácono por excelência do Pai e dos homens (At 1,17.25; 6,4; 20,24; Rm 11,13; 2Cor 4,1; 6,3; 1Tm 1,24).

---

[9] Não é objetivo deste capítulo fazer uma análise exegética sobre os ministérios no Segundo Testamento, mas levantar alguns elementos que possam sustentar a exigência de um processo de discernimento no assumir de um ministério.

[10] SCHILLEBEECKX, E. *Por uma Igreja mais humana.* São Paulo: Edições Paulinas, 1989, p. 111.

[11] Ibidem, p. 112.

[12] ALTANA, A. Op. cit., p. 55.

Aplica-se também ao apostolado tanto da palavra (At 6,4; 20,4) quanto da reconciliação (2Cor 5,18), e indica em geral o Ministério apostólico (At 1,25; Cl 1,7). Este uso do termo "serviço", que qualifica o Ministério cristão, faz evitar os termos que em grego significam: autoridade, poder, mandato, preferindo os termos "diakonia", "leitourgia".[13]

O ministério ou diaconia que o discípulo é chamado a desenvolver não pode ser compreendido a partir de seu sentido moral e funcional, mas de seu significado ético. O cristão não está obrigado "a", mas o serviço-ministério que ele desenvolve na comunidade é parte integrante de sua ontologia cristã.[14] A diaconia que nasce a partir de Cristo "tem sua dinâmica própria e sua lei própria, talhadas a levar a uma real comunhão de sofrimento e a um autêntico despojar-se de si mesmo".[15]

Ao assumir a dinâmica do seguimento a partir de sua resposta vocacional, o discípulo passa a ter as condições necessárias para oferecer o sacrifício da própria existência, a submissão da própria vontade à vontade de Deus em favor dos irmãos.[16] A vida daquele que chamou (Jesus Cristo) se "transformou numa existência sagrada, e seus trabalhos, seu serviço, suas orações, num culto divino e espiritual".[17]

Se do mandato de Jesus (cf. Mt 28,18-19) destacamos como elemento constituinte do ministério a escolha de uma pessoa que se coloca em atitude de disponibilidade para testemunhar e anunciar

---

[13] LODI, E. "Ministério/Ministérios", in: *Dicionário de Liturgia.* São Paulo: Edições Paulinas, 1992, p. 738.
[14] ALTANA, A. *Vocazione cristiana e ministeri ecclesiali*, p. 52.
[15] DUPUY, B. D. Op. cit., p. 157.
[16] ALTANA, A. Op. cit., p. 55.
[17] DUPUY, B. D. Op. cit., p. 157.

a Boa-Nova, a partir do que foi refletido até o presente momento, pode-se concluir que essa disponibilidade em testemunhar se transforma em serviço (diaconia) ao outro, e tal atitude implica numa renúncia da própria vontade a exemplo do próprio Cristo.[18] O exercício ministerial, seja ele qual for, nunca deve ser exercido como poder e, menos ainda, como um poder opressor. O Segundo Testamento nunca apresenta o ministério nessa perspectiva (cf. Mc 10,42s.; Lc 22,25; Mt 20,25s.).

> "O ministério primitivo não é potestade, poder ou dignidade, nem constitui um estado ao modo dos senhores romanos, mas sim uma função de serviço aos demais; assim, seu caráter diaconal significa que a Igreja inteira e cada comunidade em concreto são servidoras." E no interior de uma comunidade convicta de que sua missão é servir, não há distinção entre homem ou mulher, sábio ou ignorante, rico ou pobre (cf. Gl 3,28); o importante é sua disponibilidade de colocar-se a serviço.[19]

É do ministério do próprio Jesus que brotarão todos os ministérios e a força necessária para que os discípulos possam dispor da própria vida em favor de Cristo, de sua causa e do Reinado de Deus.

Os ministérios no período pós-apostólico

Lemaire nos informa que o período apostólico "termina com a morte dos grandes apóstolos Pedro e Paulo, pelos anos 64-67. O testemunho

---

[18] ALTANA, A. Op. cit., p. 55.
[19] COSTA, A. D. "Os ministérios no Novo Testamento", in *Revista de Cultura Teológica,* n. 27, ano VII, abril/junho, 1999, p. 64.

mais seguro desta época é constituído pela coleção de cartas autênticas de Paulo, [...] certas fontes escritas, usadas nos Atos, e a maior parte da Didaqué".[20]

Por At 13,1-2 sabemos que na comunidade de Antioquia havia duas outras formas de serviço ao interno das comunidades: os *Profetas* e os *Doutores*. Estes são descritos como celebrantes da liturgia e observadores de jejuns; eram os que garantiam o ensino e a proclamação da Palavra; muito provavelmente eram judeus helenistas originários da diáspora.[21]

Em At 13,1-2 torna-se difícil perceber, em português, a distinção de funções pelos nomes, mas "autores como Bittlinger afirmam que o original grego parece indicar que Lucas faz essa distinção, na qual Barnabé, Simeão e Lúcio seriam profetas, enquanto Manaém e Paulo seriam doutores".[22] *Profetas* e *Doutores* são dois termos técnicos do cristianismo primitivo para indicar seus novos serviços: *guias ou animadores locais*. São termos que sofrem variações[23] e "é impossível descrever com precisão o que todos esses 'ministros' fazem por amor ao ministério".[24]

Os *Profetas* se diferenciam dos *Apóstolos* e *Doutores*, por seu falar "em Espírito" (cf. 1Cor 14,29-32), e "sua pregação pode tomar formas de oráculos, [...] asseguram a pregação do Evangelho durante as assembleias litúrgicas (cf. 1Cor 14,3-4.22) e proclamam também Orações de Bênção ou Oração Eucarística (cf. 1Cor 14,15-17)".[25]

---

[20] LEMAIRE. Dos serviços aos ministérios. Os serviços eclesiásticos nos dois primeiros séculos. *Concilium,* n. 80, p. 1265-1277, 1972, p. 1266.

[21] Ibidem, p. 1267-1268.

[22] COSTA, A. D. Op. cit., p. 60.

[23] Os que se afadigam pelas comunidades; supervisores; *episkopoi* (no sentido de supervisores); diáconos (auxiliares dos supervisores).

[24] SCHILLEBEECKX, E. Op. cit., p. 109.

[25] COSTA, A. D. Op. cit., p. 61.

Por Samain, sabemos que, "em 1Cor 11,5, Paulo supõe muito claramente que as mulheres podem legitimamente desempenhar um papel de profeta [...] nas assembleias litúrgicas e que, de modo geral, os dados de Rm 16; Cl 4,15 e Fm 1–2 mostram claramente também que as mulheres, muitas vezes com os maridos, desempenharam um papel considerável nas igrejas de Paulo".[26]

Os *Doutores,* chamados também de *didaskaloi* (*didaskalia* – ensinar), tinham o carisma do conhecimento. Tal carisma habilitava-os a dar aos membros da comunidade um ensino moral e doutrinal mais sistematizado e embasado nas Escrituras. Ao *Doutor* não bastava o carisma, mas era necessário saber transmitir tal carisma.[27]

Os *Apóstolos* também são *pregadores e fundadores de comunidades e garantem a unidade das mesmas* (cf. At 8,14-17). No termo *Apóstolo*[28] encontramos o conceito de "apostolado", muito presente no Segundo Testamento: "o conceito primitivo cristão de apostolado inclui também muito dos primeiros cristãos que se puseram à frente da fundação das primeiras comunidades ou que assumiram a formação das comunidades que acabavam de ser fundadas".[29] Dentro desse conceito estariam incluídos os "profetas" e os "evangelistas",[30] ministérios presentes nas comunidades paulinas.

Segundo Samain, os *Apóstolos* são ministros da Palavra, pois "são essencialmente missionários oficialmente mandados por suas comuni-

---

[26] SAMAIN, E. "O ministério e os ministérios segundo o Novo Testamento", in *REB,* v. 37, fasc. 146, junho, 1977, p. 349.

[27] COSTA, A. D. Op. cit., p. 61.

[28] "É numa fonte 'antioquena' que vamos encontrar, pela primeira vez, o termo técnico 'apóstolo': enviado oficialmente pelo Espírito Santo e pela comunidade (ou melhor, enviado da comunidade sob a ação do Espírito Santo) para espalhar a Boa-Nova", LEMAIRE, A. Op. cit., p. 1268.

[29] SCHILLEBEECKX, E. Op. cit., p. 103.

[30] Ibidem, p. 102-105.

dades em vista do anúncio da Boa-Nova".[31] As primeiras comunidades eram caracterizadas como apostólicas, a partir desse amplo conceito de *Apóstolo*, e não por sua ligação direta com o grupo dos Doze. "Para o Novo Testamento a apostolicidade é, antes de mais nada, título distintivo para a própria comunidade cristã com base no 'evangelho de Jesus Cristo', que fora proclamado à comunidade pelos primeiros discípulos de Jesus, isto é, o evangelho da reconciliação e do perdão."[32]

Pela visão paulina descobre-se que as diferentes funções (ministérios) dentro da comunidade são fruto dos carismas: dons do Espírito traduzidos em *serviço na* e *para* a *comunidade*. Profetas, Doutores e Apóstolos formam a primeira tríade ministerial no período pós-apostólico e são "fundamentalmente ministros da Palavra". Concomitantemente a esses serviços, surge o ministério dos *Evangelistas*.

Evangelistas e Pastores

Pelas Cartas Pastorais, principalmente nas figuras de Timóteo e Tito, sabe-se que o ministério dos *Evangelistas* e *Pastores* era exercido pelos "colaboradores" de Paulo que formavam uma espécie de equipe itinerante com a mesma autoridade do apóstolo, para intervir onde havia necessidade e para fundar novas comunidades; o serviço exercido por eles era eminentemente pastoral. Os *Evangelistas* e *Pastores* surgem logo após o desaparecimento daqueles que passaram a ser conhecidos como os fundamentos da Igreja (cf. Ef 2,20): os "apóstolos e profetas"; não é mais tempo de grandes expansões geográficas, mas de consolidação das comunidades.

---

[31] SAMAIN, E. Op. cit., p. 348.
[32] SCHILLEBEECKX, E. *Por uma Igreja mais humana*, p. 106.

O ministério próprio dos *Evangelistas* incluía em primeiro lugar a *didaskalia* (cf. 1Tm 4,16; Tt 2,1), que, no *contexto das assembleias litúrgicas, se assim pode ser chamada, era explicitado seja pela leitura da Sagrada Escritura, como também pela pregação* (cf. 1Tm 4,13; 2Tm 63,1). Mas sua autoridade era finalizada

> em função da caridade (1Tm 1,5; 2Tm 2,22.24-25) e que se estende a vários domínios: organização da assistência às viúvas (1Tm 5,3-16), colocação de presbíteros à frente de cada comunidade (1Tm 2,1-15); justiça em caso de acusação feita contra um presbítero (1Tm 5,19ss.); excomunhão dos que recusam escutar as advertências (Tt 3,10). Enfim, Timóteo e Tito têm de cuidar do futuro das comunidades, sobretudo em relação com as pessoas encarregadas da continuação da transmissão fiel do Evangelho (1Tm 5,22; Tt 1,5; 2Tm 2,2).[33]

O ministério exercido pelos *Evangelistas* e *Pastores* seria melhor não ser confundido com o de outros grupos, principalmente aqueles que aparecem nas cartas pastorais, que ao interno da comunidade se tornaram autoridades locais, colaborando com a organização das mesmas: os presbíteros[34] (cf. Tt 1,5) e os diáconos (cf. 1Tm 3,8-13).[35]

---

[33] SAMAIN, E. Op. cit., p. 353.

[34] Muitas vezes, no Segundo Testamento, o termo presbíteros e epíscopos são aplicados como sinônimos; já a distinção entre epíscopos e diáconos é clara. O epíscopo seria um presbítero – correspondente à figura do Ancião das comunidades judaicas de Israel – que no colégio formado pelos presbíteros teria a função de supervisão. Não podemos confundir a figura do epíscopo do Novo Testamento com o episcopado monárquico.

[35] LEMAIRE, A. *Os ministérios no Novo Testamento*. São Paulo: Paulinas, 1977, p. 23-24. Em artigo sobre o mesmo assunto, o autor esclarece que "nas comunidades judeu-cristãs, os serviços se organizam segundo o modelo tradicional de 'presbíteros', enquanto que a missão entre os gentios procura respeitar a originalidade cultural das novas comunidades [...] prefere-se a expressão mais vaga e geral de 'supervisores e ministros'". LEMAIRE, A. *Dos serviços aos ministérios*, p. 1271.

Com esses ministérios, atestados pelas cartas pastorais, encerra-se o quadro ministerial do Segundo Testamento; organizado a partir das necessidades e problemas das comunidades locais.

Uma panorâmica sobre o desenrolar ministerial do século II ao IV

A partir do século II, motivada pelas "pressões" provocadas pelas heresias nascentes que ameaçavam a autenticidade da fé recebida (a Tradição dos apóstolos), a Igreja iniciou um processo de estruturação. Mas o florescimento, cada vez maior, de comunidades exigia também uma institucionalização para a manutenção da unidade. Tais comunidades não contavam mais com a presença seja de Jesus Cristo, seja de seus primeiros seguidores; baseavam-se unicamente na fé da experiência pascal.[36] O passar dos séculos foi forjando uma fé mais sistematizada e com estruturas comunitárias organizadas. O problema é que nem sempre essas duas realidades contribuíram para que a comunidade fosse uma "resposta à proposta que é Jesus".

As várias comunidades no século II eram tidas como Igrejas autônomas, com liberdade para estruturarem e criarem seus ministérios de acordo com as necessidades. Podemos citar como exemplo o caso da Igreja de Corinto com sua riqueza ministerial.[37]

Nessas Igrejas havia vários ministérios "instituídos" pela comunidade, sem a necessidade da imposição das mãos. Entre esses ministérios, pode ser citada a tríade presente nas comunidades paulinas: *Apóstolos,*

---

[36] VELASCO, R. *A Igreja de Jesus*, p. 53.
[37] Ibidem, p. 55-58.

Profetas e *Doutores*. Pela Didaqué, as Cartas de Inácio de Antioquia e a Tradição Apostólica de Hipólito têm informações de como tais ministérios eram exercidos e a necessidade das comunidades saberem discernir entre os verdadeiros e falsos ministros dessa tríade.

O ministério dos *Catequistas* será de grande importância e destaque entre o século II e III. Os *Catequistas* eram aqueles que exerciam a função de leitores nas celebrações litúrgicas e, aos poucos, foram assumindo o cuidado pela instrução dos catecúmenos. O ministério do *Catequista* "supunha uma capacitação, implicava a incumbência oficial do bispo, comportava uma responsabilidade e era mais estável. É por isso que lhe concede prioridade sobre qualquer outro ministério".[38] Figuras como Orígenes, Clemente de Alexandria, Agostinho e Cirilo de Jerusalém foram *Catequistas*.

Um ministério próximo ao dos *Doutores* era o de *Leitor*: pessoas eleitas pela comunidade por suas qualidades e instrução, às vezes maior que a do Bispo, a quem competia a proclamação da Palavra, não sua interpretação. Eram instituídos na comunidade por meio de uma celebração.[39]

Além desses ministérios temos ainda: os *Subdiáconos*;[40] o *Exorcista*;[41] os *Acólitos* e *Salmistas* (devem ser consagrados pelo Bispo);

---

[38] Costa, A. D. Op. cit., p. 110.

[39] Schillebeeckx, E. Op. cit., p. 186.

[40] Esse ministério aparece na Tradição Apostólica em último lugar. O *Subdiácono* não recebe a imposição das mãos e é nomeado para seguir o diácono. Para assumir tal ministério é exigido do candidato: "pureza e comportamento exemplar, abertura à Palavra de Deus e à oração, bem como uma vida ascética e humilde", Costa, A. D. Op. cit., p. 111.

[41] Motivado pela mentalidade da época, é de grande importância na preparação dos candidatos ao Batismo. Os *Exorcistas* têm por função "dizer orações para libertar possessos e os que estão sob o domínio do demônio", Costa, A. D. Op. cit., p. 111.

Ostiários;[42] *Anciãos leigos*;[43] *Dom da Cura* (o serviço desse ministério aparece muitas vezes relacionado ao do *Exorcista* e é fruto de um dom do Espírito); *Confessores*;[44] *Viúvas*;[45] *Virgens*.[46]

Institucionalização dos ministérios

No final do século II e início do III, a Igreja passa por um progressivo processo de evolução e institucionalização dos ministérios. Seja porque as comunidades foram copiando e assumindo as estruturas imperiais dos lugares onde estavam, seja em função das novas necessidades da Igreja.[47]

Nesse período, o "episcopado passou por uma evolução considerável, [...] nada pode ser feito na comunidade cristã oficialmente, sem seu consentimento, tanto a celebração da eucaristia como casa-

---

[42] Homens que ficavam na porta de entrada das igrejas; no caso das mulheres, tal serviço era de responsabilidade das diaconisas.

[43] Encarregavam-se da administração seja eclesiástica como também aquela responsável pela caridade.

[44] Pessoas que por Cristo sofreram perseguições e torturas ou, então, padeceram castigos ou humilhações menores. O "martírio", nesse caso, é visto como um ato consagratório que dava à pessoa a honra e a categoria de presbítero, sem a necessidade da imposição das mãos.

[45] Tinham grande importância nas comunidades primitivas, eram divididas em: "assistidas" pela comunidade e "instituídas". As viúvas instituídas não recebiam a imposição das mãos, pois não desempenhavam uma função litúrgica, mas dedicavam-se a Deus e a oração. As exigências para se pertencer ao grupo das "instituídas" eram: único casamento, cumprimento do período de luto, piedade, idade avançada, ter educado bem os filhos, fazer voto de continência perpétua.

[46] Como as viúvas, também ocupavam um lugar privilegiado na comunidade. Deveriam ter uma vida exemplar de dedicação a Deus e estar a serviço da caridade, sobretudo às mulheres.

[47] LEMAIRE, A. Op. cit., p. 56.

mento de dois cristãos".[48] Eles detêm para si a administração das finanças da comunidade, e esse fator acabará contribuindo para que sua autoridade e figura cresçam amplamente. Mas também haverá uma verdadeira institucionalização dos ministérios em seus aspectos canônicos e litúrgicos; tal informação nos vem principalmente da Tradição Apostólica de Hipólito. As comunidades tinham, até esse período, a liberdade de criar e instituir seus próprios ministérios, menos o bispo.

Passos significativos foram dados no século III rumo a uma estruturação e clericalização dos ministérios a partir da concentração dos mesmos em torno da celebração eucarística. Nesse contexto, a tríade bispo, presbítero e diácono passa a ser chamada de *clerus*[49] e o termo leigo começa a ser usado para aqueles que não exerciam ministérios ligados ao contexto litúrgico. Porém, *clerus* e leigos, nesse período, não são termos em oposição; ainda há espaços que podem ser ocupados por aqueles que não pertenciam ao *clerus* ou exerciam funções litúrgicas sem a necessidade da imposição das mãos, como, por exemplo, os leitores, subdiáconos, os confessores, entre outros.

---

[48] Ibidem, p. 57.

[49] "A palavra *Kleros*, donde *clerus* e *clérigo*, encontra-se abundantemente na Bíblia, sobretudo no Antigo Testamento. Tem um primeiro sentido de *sorte* e em seguida o de *porção, parte sorteada* (em herança). Na 1Pd 5,3, no plural, designa a comunidade dada em divisão a cada presbítero. Quanto a *laikos*, donde *leigo*, não se encontra na Bíblia; ao contrário de *láos*, da qual seria o adjetivo, é muito empregada. Quer dizer *povo*, no Antigo Testamento, *láos* é oposto a *ta éthne* e designa expressamente o Povo de Deus, distinto das nações. Nossa palavra 'leigo' liga-se, portanto, a outra que, na linguagem judia e na cristã, designava o povo consagrado por oposição aos povos profanos [...]. No vocabulário do N.T. não há, portanto, distinção entre 'leigos' e 'clerigos'", CONGAR, Y. M. *Os leigos na Igreja*. São Paulo: Herder, 1966, p. 14.

Idade Média e ministerialidade?

No século IV dois fatos irão marcar definitivamente o cristianismo nascente: o Edito de Milão[50] e o Edito de Tessalônica.[51] Estes dois editos marcarão não só o nascimento de uma nova eclesiologia, como também o fim de uma organização ministerial mais carismática.[52] O cristianismo passou da perseguição à religião oficial do Estado, onde "a organização local da Igreja seguia deliberadamente o modelo civil do império".[53]

Ao longo da Idade Média foi forjada uma novidade que iria marcar e influenciar profundamente a eclesiologia até a "reviravolta" do Concílio Vaticano II: o princípio da dupla autoridade.[54]

Se entre os séculos V e VIII surgiu o duplo princípio de autoridade para governar o mundo, "teoria dos dois princípios", os séculos que vão do VIII ao XI foram marcados pelo duplo princípio para reger a Igreja. O imperador passou a ser um poder dentro da Igreja como um ministro de Deus no mundo; o papel do papa foi deslocado para fora da realidade histórica; e até a entrega de um bispado dependia unicamen-

---

[50] VELASCO, R. *A Igreja de Jesus,* p. 122.

[51] Ibidem, p. 126.

[52] Cf. VELASCO, R. *A Igreja de Jesus,* p. 131-132.

[53] SCHILLEBEECKX, E. *Por uma Igreja mais humana,* p. 201.

[54] Gelásio I, no final do século V, em uma carta a Atanásio I, fez uma clara distinção de poderes: pontifícios e imperiais. Esta distinção ficará conhecida como a "teoria dos dois poderes". A partir de Carlos Magno (século IX), passaram a ser dois princípios de autoridade para governar a Igreja, onde se situava também o poder imperial. Essa concepção se acentuou sob o pontificado de Gregório VII, no século XI, e culminou na *Unan Sanctam* de Bonifácio VIII, no início do século XIV. Cf. KNOWLES, D; OBOLENSKY, D. *Nova História da Igreja.* Vol. III. Petrópolis: Vozes, 1974, p. 79-88. Sobre o mesmo assunto VELASCO, R. *A Igreja de Jesus.* Petrópolis: Vozes, 1996, p. 126-151. Alguns autores preferem chamar de *Césaro-papismo* (domínio do poder civil sobre a Igreja) e *Hierocracia* (pretende, na prática, transformar o poder político num mero feudo do poder eclesiástico).

te da decisão do rei.[55] Carlos Magno, também conhecido como "governador de todos os cristãos", pode ser citado como um bom exemplo desse fato.[56]

Mesmo dentro desse contexto, ainda era reservada unicamente ao papa a consagração de um imperador, como ato que conferiria dignidade ao mesmo. Tais consagrações eram acompanhadas de concordatas, entre a Igreja de Roma e o imperador, com a concessão de territórios. Desta forma, o papa começou a ser "soberano de Estado", o que no século X significaria dois terços da atual Itália, com isto se abriu um novo período e estilo na forma de "ser Igreja".[57]

O prestígio do ministério ordenado cresceu a tal ponto de cada "ordem se converter em degrau para acender a outra 'ordem' superior, mais privilegiada, a ponto do ministério eclesiástico assemelhar-se à carreira militar".[58] Em primeiro lugar havia a ordem clerical, depois os diáconos, os subdiáconos e a seguir as chamadas "ordens menores" (ostiários, leitores, exorcistas, acólitos). O pro-

---

[55] Se nos séculos III e IV, a figura do bispo era ainda a única pessoa a quem os pobres e os oprimidos da cidade podiam recorrer, a partir de Constantino tal figura ficou completamente transformada. Um elemento, porém, a ser ressaltado como positivo, ainda presente nestes primeiros séculos de caminhada cristã, foi a participação do povo, no processo de eleição-escolha de um bispo. Este processo de escolha era tido como algo de "origem divina" e elemento integrante da "Tradição Apostólica". A participação do povo no processo de eleição-escolha do bispo foi um costume que, ao longo de todo o século V, os papas iriam defender a ponto de Leão Magno afirmar: "Ninguém deve ser ordenado bispo contra o desejo dos cristãos e sem que eles sejam expressamente consultados a respeito", VELASCO, R. *A Igreja de Jesus*, p. 134. Cf. SCHILLEBEECKX, E. Op. cit., p. 204-207.

[56] Cf. KNOWLES, D; OBOLENSKY, D. Op. cit., p. 31-42; 70-72. Confira também MARTINA, G. *Storia della chiesa*. Roma: Istituto di Teologia per corrispondenza del centro "Ut Unum sint", 1980, p. 116-117.

[57] Cf. KNOWLES, D; OBOLENSKY, D. Op. cit., p. 58-63. Sobre o mesmo assunto, cf. MARTINA, G. Op. cit., p. 118.

[58] VELASCO, R. Op. cit., p. 133.

tagonismo da fé que no século III ainda era presente na atuação de todos os membros da comunidade cristã[59] passou a ser, lentamente, do "sagrado pontífice", gerando uma verdadeira pirâmide eclesial com três categorias perfeitamente distintas de cristãos: o clero, os monges e os leigos.

Os inícios do século XI assistiram a um tempo de grande desejo de mudança por parte de muitos membros da Igreja. Pode ser destacada nesse período a figura dos monges e, em particular, os da abadia de Cluny, que acabaram por preparar a *Reforma Gregoriana.*[60] Reforma que teve seu ponto culminante entre os séculos XI ao XIV com o apogeu da hierocracia, que acabou por transformar a Igreja em uma monarquia eclesiástica, tendo na pessoa de Gregório VII (monge de Cluny) seu maior expoente.[61]

Na afirmação de Congar, Gregório VII "desenhou os traços de uma eclesiologia jurídica dominada pela instituição papal".[62] Mas tal reforma não ficou ilesa de ações de protesto por parte de reis e imperadores desejosos de autonomia em seus projetos políticos; uma dessas reações foi a criação de uma escola de juristas independentes do poder papal e defensora do poder temporal.[63]

---

[59] VELASCO, R. *A Igreja de Jesus*, p. 119-120.

[60] "Pode-se dizer que os monges de Cluny e outras ordens monásticas prepararam diretamente a reforma gregoriana pelo menos nestas duas direções: por sua vinculação direta com Roma despertaram a consciência de uma Igreja supranacional que, sob a autoridade monárquica do primado romano, libertasse as Igrejas particulares de sua enorme submissão aos poderes temporais; e por sua vida centrada na separação do mundo, na contemplação entendida como forma suprema de vida cristã, deram à reforma um ar monacal. O retorno à 'forma da Igreja primitiva', que marca toda a reforma, tem como referência significativa a vida monástica como ideal para toda a Igreja", VELASCO, R. Op. cit., p. 162.

[61] Cf. KNOWLES, D; OBOLENSKY, D. Op. cit., p. 179-183.

[62] CONGAR, Y. Apud. VELASCO, R. *A Igreja de Jesus*, p. 165.

[63] VELASCO, R. Op. cit., p. 168.

A *Reforma Gregoriana* abriu um caminho sem precedentes na elaboração de uma eclesiologia que se consolidou com certo ar de perenidade. Tal elaboração representou a "maior virada que a eclesiologia católica conheceu"[64] com a absolutização de um sistema – monarquia eclesial –, com postulações de "verdade revelada", em que o leigo[65] acabou por perder totalmente seu protagonismo. "A reforma gregoriana produziu grandes melhoramentos na esfera pastoral e na espiritualidade, mas infelizmente descuidou do laicato, tanto do ponto de vista religioso quanto do ponto de vista cultural. Os leigos eram excluídos do mundo sagrado e do mundo cultural."[66]

Não seria correto afirmar que esta Reforma tenha sido a fonte da virada, mas a canonização de uma eclesiologia que se caracterizou como uma *monarquia papal*, com uma *estrutura hierárquica eclesial que dividia os cristãos em duas categorias: clérigos e leigos.* A eclesiologia se reduziu, como já foi dito, a uma hierarcologia,[67] que se fundamentava no "poder vindo de Deus" e se caracterizava como uma estrutura "de

---

[64] VELASCO, R. Op. cit., p. 189.

[65] O termo aqui usado refere-se à grande massa do povo cristão. No contexto da Idade Média, caracterizada pelo sistema feudal, parecia haver duas categorias de leigo, uma representada pelos senhores feudais, os nobres, a outra contemplaria o "povão". "O leigo foi identificado com o *idiota,* com o analfabeto ou sem cultura, com o homem pobre e carnal, o *vir saecularis*: o homem do mundo [....]. Excetuados os leigos poderosos [...] os outros leigos eram súditos mudos e obedientes, que permaneciam sob o controle dos que 'sabiam', os *maiores*. Esta situação social era também defendida por argumentos teológicos", SCHILLEBEECKX, E. *Por uma Igreja mais humana,* p. 216.

[66] Ibidem, p. 227.

[67] "Todo o eixo da Igreja no ocidente latino foi pensado a partir das relações Cristo-Igreja, mas a partir do modelo das relações que uma sociedade tem com seu fundador. Nesse sentido, há uma transmissão de poder: Cristo-doze-bispo-papa gerando uma hierarquia que aparece como detentora de todo o poder na Igreja, e esta termina por se constituir como única representante da Igreja universal e particular. Ficou recalcada a imagem da Igreja como comunidade de fé (*communitas fidelium*), onde todos são responsáveis por todas as coisas", BOFF, L. *Eclesiogênese.* Petrópolis: Vozes, 1977, p. 39.

'direito divino' e, portanto, descreve a própria natureza da Igreja, sua essência imutável: Igreja é, pela força de sua natureza, uma sociedade desigual".[68] *Ficava, desta forma, totalmente distorcido e alterado o polo pelo qual se articulava o movimento de Jesus na perspectiva e dinâmica do Reinado de Deus proposto e vivido por Jesus.*

Os séculos XIV e XV foram caracterizados pelo desejo de uma transformação eclesiológica, marcada pela distinção entre a "obediência da fé" de um lado e a "obediência papal" de outro; por um conflito entre duas eclesiologias: a dominante – desencadeada pela Reforma Gregoriana – e outra, que foi se caracterizando por um voltar a uma visão mais "tradicional" da Igreja – um modelo mais parecido ao da Igreja primitiva, uma *eclesiologia de comunhão*.[69] Percebia-se que havia "algo fundamental, mais importante do que o papa, ou seja, a *própria Igreja* como comunidade de crentes, a que então se chamava de 'congregatio fidelium', a qual, em virtude de sua fé, tem e continua sempre tendo Cristo por Cabeça".[70] Começava então as mudanças eclesiológicas que exigiam um maior entendimento do verdadeiro sentido, lugar e função do papa.

Nesta *eclesiologia de comunhão* por baixo "de sua estrutura jurídica há algo que define o sentido e a razão de ser das estruturas da Igreja: *a finalidade a que servem*. E esta finalidade não é outra que a edificação da própria Igreja".[71]

A partir desse pano de fundo, outro princípio passou a ser resgatado: *o princípio conciliar.*[72] A autoridade máxima passava a ser o *Concílio* –

---

[68] Cf. VELASCO, R. Op. cit., p. 176.
[69] Ibid. Sobre o mesmo assunto, MARTINA, G. *Storia della chiesa*, p. 209-210.
[70] VELASCO, R. *A Igreja de Jesus*, p. 197.
[71] Ibid.
[72] CONGAR, Y. *Ministeri e comunione ecclesiale*. Bologna: EDB, 1973, p. 101-104. Sobre o mesmo tema, cf. MARTINA, G. Op. cit., p. 210-215.

como já havia sido afirmado pelo Concílio de Pisa[73] – por representar a Igreja como um todo, voltando dessa forma à "comunhão eclesial como lugar de articulação profunda das diversas instâncias eclesiais no contexto da totalidade da Igreja".[74] O Concílio de Constança (1414-1418) e o de Basileia (1431-1449)[75] reafirmavam esse princípio como um "lugar normal para resolver os problemas mais graves da Igreja, para 'resolver em comum' as coisas mais importantes, 'contrastando-as com o parecer de muitos'. [...] Neste sentido o concílio é maior do que o papa: uma estrutura de 'direito divino' na Igreja, que cumpre uma função distinta e mais ampla do que o papa sozinho".[76]

O século XV, ao contrário, assistiu a um período de absolutização da hierarcologia;[77] já o século XVI viu surgir a figura de Martin Lutero[78] num contexto em que era inevitável uma reforma na estrutura da Igreja. Nas palavras de Velasco

> o conflito que teve origem na Reforma Protestante está entre a absolutização de uma forma histórica de Igreja, de um sistema eclesial, e a percepção de que isso a converte num poder deste mundo contrário ao evangelho. Outros temas debatidos no conflito, incluindo o da justificação apenas pela fé, seriam consequências dessa confrontação fundamental.[79]

---

[73] Cf. ALBERIGO, G. *História dos Concílios Ecumênicos*. São Paulo: Paulus, 1995, p. 221-222.

[74] VELASCO, R. Op. cit., p. 199.

[75] Cf. ALBERIGO, G. Op. cit., p. 256-271.

[76] VELASCO, R. Op. cit., p. 200.

[77] Ibidem, p. 201-204.

[78] Para uma breve síntese biográfica, cf. BIHLMEYER, K.; TUECHLE, H. *História da Igreja*. Vol. III, p. 23-24.

[79] VELASCO, R. Op. cit., p. 208.

O enrijecimento da estrutura eclesial, com a Reforma Protestante, contribuiu para que a Reforma do Concílio de Trento (1545-1563)[80] não atingisse seu objetivo. O Concílio dedicou-se mais a responder aos aspectos "ameaçados" pelos protestantes – relação entre Sagrada Escritura e Tradição, o tema da justificação pela fé, os sacramentos e o sacerdócio ministerial –, e a questão eclesiológica não foi abordada diretamente.[81]

Em todo o contexto eclesiológico desenhado a partir da Idade Média, de forma mais contundente a partir da *Reforma Gregoriana*, falar de *ministérios*, que até meados do século V ainda comportava alguma diversidade de dons e serviços dentro da comunidade cristã, passou a ser *sinônimo de um estado clerical* ou pertença a uma *ordo*. Os leigos eram os que se ocupavam das "coisas do mundo".[82]

No século XVIII, com a Revolução Francesa em 1789, herdeira do pensamento Iluminista, abriu-se uma nova época ao mundo moderno marcado pelos ideais de *liberdade, igualdade e fraternidade*. A partir desse período, houve a afirmação de uma sociedade marcadamente burguesa, capitalista, anticlerical e "republicana".

---

[80] Cf. ALBERIGO, G. *História dos Concílios Ecumênicos*, p. 324-361. Sobre o mesmo assunto, cf. TUCHLE, G.; BOUMAN, C. A. *Nova História da Igreja*, p. 142-157.

[81] BIHLMEYER, K.; TUECHLE, H. Op. cit., p. 104-117.

[82] "Estevão de Tournai unia no mesmo texto a afirmação da unidade e da dualidade: 'na mesma cidade e sob um rei único, há dois povos a cuja distinção correspondem duas vidas, às quais correspondem dois principados, uma dupla ordem de jurisdição. A cidade é a Igreja, seu rei é Cristo, os dois povos são as duas ordens dos clérigos e dos leigos, as duas vidas são a espiritual e a carnal, os dois principados são o sacerdócio e a realeza, as duas jurisdições são a divina e humana'. Essa ideia exprimiu-se em uma imagem muito usada a partir de Hugo de São Vítor: a dos dois lados do corpo. Hugo e os que o seguiram entendiam afirmar assim a unidade da Igreja ou mais exatamente da *respublica christiana* [...] a Igreja e a sociedade formavam um único corpo no qual se exerciam dois poderes e se levavam duas vidas", CONGAR, Y. M. *Os leigos na Igreja*. São Paulo: Herder, 1966, p. 28.

A mescla de todos esses elementos espalhou-se por toda a Europa, instaurando um novo tempo para a vida em sociedade, como também na "maneira de ser Igreja". "A Igreja se revela, no contexto do mundo moderno, como um poder politicamente *conservador e reacionário*. A nostalgia do 'antigo regime' coloca-a instintivamente na defensiva, forçando-a à aliança com as forças conservadoras e antirrevolucionárias desta encruzilhada histórica europeia".[83]

Concílio Vaticano II: uma nova aurora ministerial

Quando o recém-eleito Ângelo Roncalli, Papa João XXIII, anunciou em 25 de janeiro de 1959 a decisão de conclamar um Concílio na Igreja para uma ampla reforma da mesma, houve um alardo geral em nível interno[84] da sociedade e da parte de outras Igrejas cristãs. O próprio papa afirmou ter feito o anúncio "tremendo um pouco de comoção, mas ao mesmo tempo com humilde resolução de propósito, o nome e a proposta de um sínodo diocesano para a urbe e de um concílio geral para a Igreja universal".[85]

A tarefa essencial do concílio era contida em suas duas palavras-chaves: *aggiornamento* e *diálogo*.[86] O papa pensava em um *concílio pastoral*, com características diferentes dos 20 concílios anteriores: "na época moderna, num mundo de fisionomia profundamente mudada [...], mais do que de tal ou qual ponto de doutrina ou de disciplina que será

---

[83] VELASCO, R. Op. cit., p. 221.

[84] Cf. SOUZA, N. "Contexto e desenvolvimento histórico do Concílio Vaticano II", in Op. cit., p. 24.

[85] JOÃO XXIII. Apud. ALBERIGO, G. *História dos Concílios Ecumênicos*, p. 395.

[86] Cf. LORSCHEIDER, A. "Linhas mestras do Concílio Ecumênico Vaticano II", in: *Vida Pastoral,* n. 243, julho-agosto, 2005, p. 13-16.

preciso reconduzir às fontes puras da revelação e da tradição, trata-se de repor em valor e em toda a sua luz a substância do pensamento e da vida humana e cristã, de que a Igreja é depositária e mestra pelos séculos".[87]

O evento conciliar seria uma renovação geral da vida cristã para um testemunho fiel do evangelho. E mais, seria um evento pastoral capaz de colocar a Igreja em profundo diálogo com o mundo, dando uma atenção especial aos pobres.

Instaurou-se no concílio o método indutivo, com o objetivo de verificar a situação do mundo e confrontá-la com a palavra de Deus. Devido à relevância que a categoria história adquiriu no concílio como um todo, houve uma renovação nos estudos bíblicos, patrísticos, litúrgicos e ecumênicos. A perspectiva da teologia conciliar é indubitavelmente a dialética entre mistério (não como algo que jamais será revelado) e história (lugar da intervenção de Deus e dinâmica). É o mistério de Deus, do ser humano e da Igreja em profunda relação com a história – lugar de atuação do ser humano, aberta à presença do mistério de Deus que se revela. Tal perspectiva é devedora da grande contribuição de Paulo VI referente à incidência do mistério de Deus na vida da igreja e da humanidade.[88]

Se o Concílio Vaticano II teve como tema central a eclesiologia, esta teve como centro a categoria *Povo de Deus* que marcou a grande virada eclesiológica desse Concílio. O Vaticano II foi marcado também por sua postura de abertura no diálogo com o mundo moderno.

Não pode deixar de ser mencionado, porém, que em vários documentos conciliares há uma justaposição de tendências e pensamentos que refletem a própria realidade dos padres conciliares e as dificuldades de

---

[87] João XXIII. Apud. Beozzo, J. O. "O Concílio Vaticano II: etapa preparatória", in: *Vida Pastoral,* n. 243, julho-agosto, 2005, p. 4.
[88] Gonçalves, P. S. L.; Bombonato, V. I. (org.) *Concílio Vaticano II.* São Paulo: Paulinas, 2004, p. 77-83.

aprovação de certos textos. Pois, como afirma Pe. Almeida, "metodologicamente, o Concílio conjugou duas exigências – renovação da Igreja e salvaguarda da continuidade – por meio da assim chamada 'justaposição'".[89] Esta justaposição não foi diferente no tocante à eclesiologia.

O prólogo da Constituição Dogmática *Lumen Gentium,* ao falar do mistério da Igreja, conceitua-a como *sacramento universal de salvação,*[90] "sinal e instrumento da íntima união com Deus e da unidade de todo ser humano",[91] não uma cópia visível do mistério de Deus. Conceituá-la dessa forma é afirmar que na comunidade cristã está realmente presente e atuante o amor universal do Pai, sem perder sua dimensão de mistério; é afirmar também que a Igreja é essencialmente missionária e formada por um *povo peregrino.*[92] É uma Igreja que "não se dissolve na história, mas tem uma responsabilidade histórica, que não lhe é acidental, mas essencial, pois frontalmente referida às divinas missões do Filho e do Espírito em nosso mundo, em nossa carne, em nossa história: uma Igreja no itinerário dos homens".[93] Atrás desse modelo eclesiológico estão nomes como Schillebeeckx, De Lubac, Semmerlroth, Congar e Karl Rahner.

---

[89] ALMEIDA, J. A. *Lumem Gentium: a transição necessária.* São Paulo: Paulus, 2005, p. 18.

[90] Falar da Igreja como Sacramento Universal de Salvação "enriquece a eclesiologia com a alta significação da sacramentologia e, ao mesmo tempo, translada à eclesiologia a grande problemática sacramental da atualidade. Sua adequada realização só é possível sob a condição de que o sacramento se manifeste em um renovado contexto sacramentológico, quer dizer: se o símbolo sacramental chamado Igreja é perceptível e significativo para o qual deve estar suficientemente inculturado com características próprias e concretas em um meio industrial ou camponês, pobre e humilde, africano e latino-americano, sem as roupagens extemporâneas", ADRIANO, J. "Teologia dos ministérios e a formação de agentes", in *Revista de Cultura Teológica,* ano VI, n. 24, julho-setembro, 1998, p. 92-93.

[91] LG 21.

[92] LG 7, 8, 48.

[93] ALMEIDA, J. A. *Lumem Gentium: a transição necessária,* p. 91.

Um dos grandes méritos do Concílio foi a passagem, na compreensão da Igreja, de uma visão "universalista" mais ligada à Reforma Gregoriana, que transformou a Igreja numa grande diocese composta por vários vigários (bispos), a uma eclesiologia "eucarística e comunial do primeiro milênio (que) valoriza o episcopado dentro da Igreja local ou particular e dentro da comunhão das Igrejas. [...] Abriu a possibilidade de compreender a Igreja a partir da Igreja local".[94] Para expressar a unidade entre a Igreja universal e a Igreja particular, a tradição encontrou uma categoria que foi oficializada pelo Vaticano II: sacramento universal de unidade e salvação.

Na Constituição Dogmática *Lumen Gentium* a imagem da igreja é trabalhada a partir da categoria *povo de deus*. O capítulo sobre o *Povo de Deus* foi inserido entre os capítulos que tratam do mistério da Igreja e da hierarquia, demonstrando que numa Igreja com rosto trinitário a graça batismal é o que há de comum a esse *povo*, independentemente das diferenças ministeriais; que a Igreja se constrói na história e estende-se a toda a humanidade.[95] Desta forma a categoria povo de Deus engloba todos os fiéis, independentemente de qualquer distinção interna; a Igreja torna-se o lugar da *igualdade e participação* e seu paradigma eclesiológico é *comunional*. Como pressuposto da categoria--conceito *comunhão* está aquela do povo de Deus, pois a "eclesiologia do novo povo de Deus traz em si mesmo a eclesiologia de comunhão [...]. A comunhão do povo obtém seu sentido último e alcance na comunhão teológica, que faz passar de povo a povo de Deus";[96] é a categoria de comunhão que fundamenta o ser deste novo povo de Deus a partir do conceito da Aliança.

---

[94] CALIMAN, C. "A eclesiologia do Concílio Vaticano II e a Igreja no Brasil", op. cit., p. 236. Cf. BOFF, L. *Eclesiogênese.* Petrópolis: Vozes, 1977, p. 26.

[95] Cf. ALMEIDA, A. J. *Teologia dos ministérios não ordenados na América Latina.* São Paulo: Loyola, 1989, p. 166-167; 176-177. Também COSTA, A. D. C. *Os ministérios leigos.* Op. cit., p. 194.

[96] CALVA, F. O. "Eclesiologia de comunión, comunión presbiteral y estructuras de comunión", in *Medellín*, fasc. 115, septiembre, 2003, p. 508 (tradução minha).

A forma como a categoria povo de Deus é apresentada, pela *Lumen Gentium*, traz consigo a prerrogativa da participação consciente de todos e de uma organização comunitária em torno de um projeto comum de "unidade nas diferenças e de comunhão de todos com todos e com Deus [...]. Os órgãos de direção e animação [...] (que) surgem de dentro do povo de Deus: não estão acima e fora, mas dentro e a serviço do povo de Deus".[97]

O fundamento deste *Povo de Deus* se encontra na graça batismal que torna a todos filhos do mesmo Pai e com igual dignidade. Em primeiro lugar se é discípulo e discípula de Jesus! Com isso, *o Concílio fez uma revalorização da vocação cristã* ao reabrir a todos o caminho da santidade: "se na Igreja nem todos caminham pela mesma via, ainda assim todos são chamados à santidade e têm igualmente a mesma fé pela mesma justiça de Deus" (cf. 2Pd 1,1).[98] *Ao mesmo tempo deu uma perspectiva muito mais ampla ao conceito vocacional*, libertando-o do reducionismo no qual vocação seria quase sinônimo de vocação específica (leia-se vida consagrada e ministério ordenado). Paulo VI em uma de suas mensagens pelo Dia Mundial de Oração pelas Vocações afirmou: "toda vida é vocação!". *Todos pelo batismo são chamados à vida cristã, à santidade,[99] e participam, com seus diferentes carismas,*

---

[97] Boff, L. "A visão inacabada do vaticano II: Ekklesia – hierarquia ou povo de Deus?", in *Concilium*, fasc. 281/3, 1999, p. 43.

[98] LG 32 (grifo meu).

[99] Na obra *Symbolik* de J. A. Möhler, primeira metade do século XIX, quando o autor trabalha a relação entre comunidade dos fiéis e "communio sanctorum", Möhler tematiza o "aspecto sobrenatural da comunidade dos santos [...] a Igreja é concebida como a comunidade que abriga em si céu e terra [...] todavia ela se constitui de dois segmentos: a igreja terrena, aquela que sofre, e a igreja triunfante, a do céu. Na base desta relação [...] é que se constrói a nova concepção eclesiológica möhleriana exposta na *Symbolik*: a Igreja, comunidade de redenção. [...] A Igreja triunfante se encontra ulteriormente subdividida em dois estados: purgante e triunfante propriamente dita. Segundo Möhler, portanto, não basta ter feito parte da Igreja terrestre para ser imediatamente admitido, depois da morte, à beatitude divina. Tal admissão dependerá

da vida e missão de Jesus Cristo ao entrar na dinâmica do discipulado.
Povo de Deus é uma definição concreta de Igreja e, se ao interno desse povo não existir participação, igualdade e comunhão, por parte também dos cristãos leigos e leigas, por menor que seja, existirá uma "massa informe de fiéis",[100] e não povo de Deus.

Os padres conciliares, ao relembrarem que a participação dos cristãos leigos e leigas na missão da igreja dos primeiros tempos era fecunda,[101] abriram um frutuoso caminho de retorno a um paradigma de Igreja, no qual a *relação entre espírito e memória de Jesus* encontra seu aspecto central. Retomar a eclesiologia da comunidade primitiva foi, ao mesmo tempo, um resgate da palavra *ekklesia* (termo grego profano assumido pelas primeiras comunidades), que, além de resgatar a dimensão vocacional própria da Igreja, exclui a "conotação de separatismo e de estar aberto para o universalismo, a convocação de todos".[102]

Tendo como base os pressupostos acima, pode-se considerar a Igreja como sacramento de comunhão, e esta sacramentalidade refere-se a sua dimensão mais profunda, que se expressa e aparece em sua dimensão visível; ela é sacramento da "comunhão do Deus trino, que se faz presente

---

sempre da atitude tomada por cada um até o momento da morte [...]. O que mais chama a atenção neste discurso möhleriano é sua concepção de santidade. Esta não se identifica mais apenas como uma nova condição de vida, uma experiência de unidade no amor, originada e sustentada pelo Espírito Santo. Ela é apresentada, agora, sobremaneira, como uma espécie de perfeição moral do fiel tomado singularmente [...]. Trata-se de uma nova interpretação de santidade [...]. Ser santo, na *Symbolik* [...] uma busca sincera de comunhão íntima com Deus e em função de uma reta determinação da própria liberdade". TAVARES, S. S. *Unidade na pluralidade: a eclesiologia de J. A. Möhler (1796-1838)*, p. 861-862.

[100] BOFF, L. *A visão inacabada do Vaticano II: Ekklesia – hierarquia ou povo de Deus?*, p. 43.

[101] AA, 1.

[102] RUIJS, R. "Estruturas Eclesiais no Novo Testamento à Luz da Vontade de Jesus", in *REB*, v. 33, fasc. 129, p. 35-60, março, 1973, p. 39.

como povo de Deus, corpo de Cristo e templo do Espírito Santo".[103] Neste sentido, sua forma externa-visível não deve constituir sua realidade interna de graça, mas deveria corresponder à mesma.[104]

A diaconia, em seu sentido original de serviço, nasce da fé que professamos em Jesus Cristo, que é a manifestação concreta e plena do amor de Deus à humanidade. Esta diaconia expressa a derivação do ser ministerial da Igreja compreendida como sacramento de salvação e comunhão. "Porém tudo isso exige que em seu acontecer diário os membros da Igreja – de modo particular seus ministros – compreendam-se diversamente de como se compreendiam antes do concílio".[105]

Na eclesiologia comunional é o próprio espírito que suscita os vários carismas (funções) de que a comunidade necessita para seu funcionamento;[106] são os carismas que "fundam um princípio estrutural na igreja [...]. São constitutivos da Igreja, de tal maneira que Igreja sem carismas (funções, serviços) não existe. A própria hierarquia é um estado carismático, não anterior à comunidade nem sobre ela, mas dentro dela e a seu serviço".[107]

Tomando como base todo o conceito de ministério apresentado e a definição de que ministérios são os diversos serviços que o espírito suscita na Igreja e para a mesma,[108] pode-se afirmar então que alguns desses

---

[103] CALVA, F. O. *Eclesiologia de comunión, comunión presbiteral y estructuras de comunión*, p. 517.

[104] Ibidem, p. 521.

[105] Ibidem, p. 522 (tradução do autor).

[106] Altana, A. V*ocazione cristiana e ministeri ecclesiali*, p. 30-41.

[107] BOFF, L. *A visão inacabada do Vaticano II*, p. 47.

[108] "Chamamos ministérios os diversos serviços que o Espírito Santo suscita na Igreja e para a Igreja, e 'ultrapassam o ocasional, tendo certa estabilidade'. Os ministérios são frutos dos carismas, são os carismas do Espírito traduzidos estavelmente em serviço na comunidade e para a comunidade. De fato, os carismas tornam os fiéis 'adaptados e prontos a assumir várias obras e ofícios', isto é, ministérios", ALTANA, A. Vocazione cristiana e ministeri ecclesiali, p. 36 (tradução do autor).

ministérios assumem um caráter *permanente ou institucional*, por responder a necessidades permanentes da comunidade (por exemplo, anunciar, celebrar, criar coesão e unidade dos fiéis e dos serviços) e outros *esporádicos ou conjunturais* (como serviço da caridade, preocupação para com os pobres e as injustiças, promoção e defesa da dignidade humana). Essas funções esporádicas não são menos importantes para a vida da comunidade do que aquelas de caráter permanente.[109]

Essa ressalva é importante, pois muitas vezes corremos o risco de após mais de 40 anos de celebração do Concílio Vaticano II deixar alguns elementos na caixa de recordações e cairmos na tentação de uma supervalorização do ministério ordenado ou a uma redução dos ministérios não ordenados a simples suplência[110] e fechados a questão sacramental: batismo, eucaristia e matrimônio.

Os carismas de unidade devem "estar a serviço de todos os carismas. É um serviço entre outros, mas com uma orientação toda especial de ser o elemento-ponte entre as várias funções da comunidade. Nisso residem a essência e o sentido do sacerdócio ministerial em seus vários degraus de realização hierárquica [...]. Sua função não é a acumulação, mas a integração dos carismas".[111]

Como já foi dito, a diferenciação existente no *povo de Deus*, de carismas e ministérios,[112] dá-se pela ação do espírito distribuidor dos dons e pelo princípio de unidade desse povo.[113] Carismas e ministérios são um enriquecimento do mesmo espírito "para aperfeiçoar os santos em vista

---

[109] Boff, L. "Ceb's e ministérios na perspectiva do terceiro milênio", in *Fragmentos de cultura*, fas. 6, vol. 19, 1996, p. 16-17.
[110] Cf. Sesboüé, B. *Não tenham medo! Os ministérios na Igreja hoje.* São Paulo: Paulus, 1998, p. 130-146.
[111] Boff, L. *A visão inacabada do Vaticano II*, p. 48.
[112] AA, 6.
[113] LG 12; 13; AA, 3.

do ministério para a edificação do corpo de Cristo, até que alcancemos todos a unidade da fé do conhecimento do Filho de Deus, o estado de homem perfeito, à medida da estatura da plenitude de Cristo" (Ef 4,12-13). Desta forma então, fica muito mais clara a afirmação conciliar de que os cristãos leigos e leigas participam, eles também, da tríplice função de Cristo por meio dos sacramentos de iniciação.[114]

Quando em 15 de agosto de 1972, Paulo VI publicou o motu próprio da *ministeria quaedam,* este se constituiu como um marco importante na evolução da ministerialidade da Igreja. Este é um documento que dá vida na Igreja, cria e dá sanção jurídica a uma nova instituição dos ministérios aberta também aos cristãos leigos e leigas: *leitor* e *acólito.* Os ministérios de leitor e acólito deixaram de ser chamados "ordens menores", seu conferimento passaria a se chamar "instituição", e não "ordenação", e seriam clérigos somente os que tivessem recebido o diaconato.

Ao se referir a essas duas formas de serviço, o documento usa o termo "ministérios que podem ser confiados a leigos"; dá a esses serviços o nome de ministérios, mas não define o que é um ministério; abre-se aqui um ponto que se tornará controvertido e confuso no caminhar eclesiológico e ministerial até nossos dias.

No documento, o termo "leigo" é usado de forma técnica ou tipológica: refere-se à categoria de pessoas que não são "clérigos"; o único elemento caracterizante do clérigo, presente neste documento, é o sacramento da ordem.[115]

Interessantes são duas observações bem pertinentes sobre esse documento: a primeira feita por Pe. Almeida de que, mesmo sem ter ainda resolvido a questão do binômio "clero-laicato", há duas questões que

---

[114] Cf. LG 10; 11; 12; 34; 35; 36; AA, 2.

[115] SANTOS, M. A. "Novos caminhos para os ministérios – reformular o Motu próprio *Ministeria quaedam*?", in *Teocomunicação,* v. 32, n. 135, março, 2002, p. 22.

o documento coloca, mas não resolve: "a natureza da 'instituição' e a substância do que é 'próprio e reservado aos clérigos' daquilo que 'pode ser confiado aos leigos'".[116] A segunda é uma constatação de ordem prática do Pe. Santos:

> Como grave limitação, há que se considerar que, na quase totalidade das vezes, a instituição de ministérios só acontece para os candidatos ao sacerdócio. Isso converteu os ministérios instituídos basicamente ligados ao clero. O que contraria o desejo de *ministeria quaedam*. Além disso, as funções relacionadas para os ministros instituídos são executadas por outros.[117]

Um novo modelo de ação pastoral, baseado na existência de ministérios não ordenados, nasceu da maneira nova de captar a realidade e missão da Igreja apresentada pelo Vaticano II e de como ser uma resposta a essa mesma realidade. O modelo de uma Igreja toda ministerial nasce do reconhecimento de si como ícone da trindade, corpo de cristo, sinal do reino e, por consequência, povo de Deus. A categoria povo de Deus é o fundamento último desse novo modelo eclesiológico.

Onde estamos nós?

A partir da tradição paulina, de maneira particular da comunidade de Corinto, Paulo exorta e trabalha para que não haja partidarismos (cf. 1Cor 3,5-7.21-23), mas uma consciência comum de pertencer a Cristo, assim como ele foi de Deus. Todos, na comunidade, são membros de um único corpo: Cristo (cf. 1Cor 12,27; Rm 12,4-5). A partir dessa pers-

---

[116] Cf. ALMEIDA, A. J. *Teologia dos ministérios não ordenados na América Latina*, p. 29.
[117] Santos, M. A. Op. cit., p. 23.

pectiva, pode-se afirmar que "numa comunidade cristã a diversidade carismática não tem a menor importância. Para Paulo, uma comunidade cristã, é antes de tudo comunidade para a missão. Por isso surgem nela diversos 'carismas' e 'ministérios', cuja inter-relação e interdependência se explicam com a comparação do corpo".[118]

A partir das cartas paulinas autênticas, sabe-se que a tríade ministerial fundamental era composta pelos *apóstolos, profetas* e *doutores*. Tal tríade expressa uma preocupação com a missão. Pelas demais cartas, fruto da tradição paulina posterior, aparece a tríade: bispos, presbíteros e diáconos; revelando uma comunidade voltada para si mesma.

Pela experiência ministerial da comunidade de Corinto, constata-se que a diversidade carismática nasce de uma única fonte, o Espírito (cf. 1Cor 12,11.13). E, ao falar de carismas, não podemos esquecer-nos do fato de que a Igreja como tal é carismática, pois é criada e movida pelo Espírito. Esta é "sua dimensão mais profunda, a partir da qual os carismas ganham sentido; é também a partir dessa dimensão mais profunda que se precisam discernir outras dimensões da Igreja que não estão no mesmo nível e profundidade. É porque ela é chamada a ser carismática, e para que o seja de fato, há carismas na Igreja. E por isso todos os carismas são 'para a utilidade de todos' (1Cor 12,7), para a edificação da Igreja como corpo de Cristo".[119]

Os ministérios são dons de Deus, concedidos pelo Espírito, em uma realidade concreta, e como tal se enquadram numa chave de leitura vocacional. Ao trazer para o hoje, essa resposta não pode ser matizada fora da perspectiva do movimento de Jesus e das comunidades primitivas. Pois tais comunidades são normativas às demais por serem uma *resposta à proposta que é Jesus.*

---

[118] VELASCO, R. *A Igreja de Jesus*, p. 58.
[119] Ibidem, p. 58-59.

Em seu tempo histórico, Jesus de Nazaré iniciou um movimento com características (discipulado) e estruturas (serviços-ministérios) advindas da maneira como ele mesmo compreendeu e viveu seu ministério.

É do ministério de Cristo que nasceram e se estruturaram os ministérios, como respostas concretas a seu chamado para o anúncio e manifestação do reinado de Deus. Nesse sentido, o assumir de um ministério comporta as mesmas exigências, inclusive seu discernimento, de uma resposta vocacional. Dito de outra forma, as prerrogativas de um discernimento vocacional e ministerial são as mesmas, pois o assumir de uma vocação é a consequência de um assumir ministerial.

A forma como as primeiras comunidades até o século IV estruturaram e discerniram seus vários ministérios tornam-se critérios que podem jogar luzes na atualização sempre necessária do seguimento de Jesus. Repercorrendo brevemente a caminhada histórica do desenvolver ministerial, gostaria de destacar um dos critérios de discernimento dos ministérios que, a meu ver, é central: os *ministérios como dons do Espírito nascem da necessidade da comunidade, na comunidade e para a comunidade.*

Conforme as comunidades vão crescendo e se desenvolvendo, sentem a necessidade de manter a tradição recebida e, com isso, manter sua apostolicidade – autoridade da fé dos primeiros seguidores – através também dos novos serviços que vão surgindo dentro da comunidade. É sempre uma realidade de necessidade da comunidade que faz nascer um ministério também àqueles com maior visibilidade. Por esse mesmo motivo, o assumir ministerial não nasce de um voluntarismo, mas num contexto de discernimento que ligou seus critérios àqueles da resposta ao seguimento de Jesus codificados nas bem-aventuranças.

A distinção conciliar entre Igreja universal e Igreja local permitiu, no pós-concílio, o surgimento de uma "nova forma" de ser igreja na América Latina: *comunidades eclesiais de base.* Estas comunidades nasceram a partir do *chão latino-americano* e da busca de um retorno às origens, para que a Igreja na América Latina fosse uma *resposta à proposta que é Jesus* sempre mais encarnada na vida e realidade do povo pobre. Nessas *comunidades eclesiais de base*, os ministérios não ordenados encontraram um chão fecundo que possibilitou seu florescimento não só como uma resposta às várias necessidades de uma comunidade ou sociedade, mas como espaço de realização vocacional: uma maneira concreta de viver o seguimento de Jesus.[120] No cenário eclesiológico ministerial[121] a vocação do cristão leigo e leiga encontra seu espaço e razão de existir. A partir da tradição paulina, de maneira particular da comunidade de Corinto, o conceito de Igreja expressa, antes de qualquer coisa, a comunidade local como "a Igreja inteira de Deus acontecendo num determinado local".[122] Pois, nas comunidades locais, após o evento da páscoa, a experiência de fé no ressuscitado, Jesus de Nazaré, continua a fundar a Igreja.

Tal experiência de fé, obra do Espírito, foi passada pela primeira geração de testemunhas e continua a ser transmitida por aqueles que assumiram tal transmissão como "um ministério, um serviço indispensável para que aconteça o verdadeiramente importante: a comunidade crente, que toma agora a iniciativa, o protagonismo de sua própria fé, porque é ela a principal responsável pelo próprio dom recebido".[123]

A categoria Igreja mistério de comunhão, *"ícone da trindade"*, apresentada pelo Concílio Vaticano II, desencadeou também um novo

---

[120] Cf. CARVAJAL, J. J. "Las cuatro Conferencias Generales del Episcopado: Rio, Medellín, Puebla, Santo Domingo 'el camino recorrido'", in *Medellín,* v. 18, junio, 2004, p. 175-218.

[121] Cf. LIBANIO, J. B. *Cenários da Igreja.* São Paulo: Loyola, 1999. Nesta obra o autor faz uma interessante análise de diferentes eclesiologias e sua repercussão prática a partir da categoria *Cenário.* Não existe na obra o título *cenário ministerial,* mas o Cenário Libertação tem como eixo a comunhão e diversidade ministerial.

[122] VELASCO, R. *A Igreja de Jesus,* p. 55.

[123] Ibidem, p. 56.

tempo para o serviço de animação vocacional que, passo a passo, foi redesenhando o rosto da teologia da vocação e dos ministérios.[124]

O conceito de vocação passou a ser compreendido a partir da dinâmica do chamado e da resposta, levando-se em conta as mediações do chamado. "Recuperam-se duas categorias fundamentais: o chamado universal à santidade de cada um e o chamado a uma vocação específica."[125] Esta *nova visão* da vocação e dos ministérios, na América Latina, não pode ser encarada como um momento isolado, mas no conjunto das renovações provocadas pelos efeitos pós-conciliares no mundo até o momento presente.

Muitos documentos conciliares completaram 40 anos de existência, mas sente-se, como afirma João Batista Libânio, certo compasso de espera onde se conjugam avanços e retrocessos em relação aos posicionamentos conciliares. Ao lado de posturas eclesiais que almejam instaurar uma Igreja que viva a *comunhão* e *participação*, há uma forte tendência de encarar os ministérios não ordenados com reservas, vivendo certa "lei do silêncio" sobre o tema. Mas também tendências de centralização, clericalização ou jurisdicionismo. No tocante aos ministérios não ordenados, não se pode esquecer que a normatividade de uma *Igreja toda ministerial* não nasce da cabeça ou do querer de uns poucos, mas se fundamenta a partir da experiência das primeiras comunidades cristãs e na vivência concreta de sua *resposta à proposta que é Jesus.*

---

[124] No Brasil, entre outras obras, pode-se citar: CNBB. *Guia pedagógico de pastoral vocacional.* Estudos da CNBB n. 36, São Paulo: Paulinas 1983; Idem. *A Pastoral vocacional no Brasil.* Estudos da CNBB n. 50, São Paulo: Paulinas, 1987, p. 17-64. OLIVEIRA, J. L. M. *Teologia da vocação.* São Paulo: Loyola, São Paulo: IPV, 1999. Idem. *Nossa Resposta ao Amor.* São Paulo: Loyola, São Paulo: IPV, 2001. Idem. *Evangelho da vocação.* São Paulo: Loyola, São Paulo: IPV, 2003.

[125] CNBB, SVM. *Congresso vocacional do Brasil. Texto-base.* Brasília-DF, 1998, n. 21.

Este rápido sobrevoo histórico-teológico, como abordado ao início deste capítulo, não se esgota com estas páginas, é uma porta sempre aberta que nos conduz a novos destinos e exige duas coisas: reabastecimento na fonte primeira do discipulado e revisões transparentes e críticas em todo o equipamento-estrutura. Essas paradas acontecem em alguns aeroportos estratégicos com uma equipe que aprendeu criticamente dos acertos e erros do passado, aberta às novas tecnologias e em sintonia com as condições de voo de seu tempo: onde estamos nós?

Referências bibliográficas

ADRIANO. J. "Teologia dos ministérios e a formação de agentes", in *Revista de Cultura Teológica,* ano VI, n. 24, julho-setembro, 1998, p. 89-120.

ALBERIGO, G. *História do Concílio Vaticano II.* Petrópolis: Vozes, 1996.

ALMEIDA, A. J. *Teologia dos ministérios não ordenados na América Latina.* São Paulo: Loyola, 1989.

_____. *Lumem Gentium:a transição necessária.* São Paulo: Paulus, 2005.

_____. *Os ministérios não ordenados na Igreja Latino--Americana.* São Paulo: Loyola, 1989.

ALTANA, A. *Vocazione cristiana e ministeri ecclesiali.* Roma: Libreria Editrice Rogate, 3ª ristampa, 1976.

ANTONIAZZI, A. *Os ministérios na Igreja hoje.* Petrópolis: Vozes, 1975.

_____. "A pluralidade dos ministérios no Novo Testamento", in *Reb*, vol. 33, fasc. 129, março, 1973, p. 61-71.

BEOZZO, J. O. *A Igreja do Brasil no Concílio Vaticano II: 1959-1965.* São Paulo: Paulinas, 2005, p. 351-364.

BEOZZO, J. O. "O Concílio Vaticano II: etapa preparatória", in *Vida Pastoral,* n. 243, julho-agosto, 2005, p. 3-12.

BIHLMEYER, K.; TUECHLE, H. *História da Igreja.* Vol. III. São Paulo: Paulinas, 1965.

BITTLINGER, A. *Dons e ministérios.* São Paulo: Paulinas, 1977.

BOFF, L. "A visão inacabada do Vaticano II: Ekklesia – hierarquia ou povo de Deus?", in *Concilium,* fasc. 281/3, 1999, p. 40-49.

_____. *Eclesiogênese.* Petrópolis: Vozes, 1977, p. 26.

CALIMAN, C. *A eclesiologia do Concílio Vaticano II e a Igreja no Brasil.*

CALVA, F. O. "Eclesiologia de comunión, comunión presbiteral y estructuras de comunión", in *Medellín,* fasc. 115, septiembre, 2003.

CARVAJAL, J. J. "Las cuatro Conferencias Generales del Episcopado: Rio, Medellín, Puebla, Santo Domingo 'el camino recorrido'", in *Medellín,* v. 18, junio, 2004, p. 175-218.

CNBB. *Vocações e ministérios para o novo milênio.* Documento Final do I Congresso Vocacional do Brasil, Brasília, 1999.

CNBB; SVM. *Congresso vocacional do Brasil. Texto-base.* Brasília-DF, 1998.

_____. *2º Congresso vocacional do Brasil. Texto-base.* Brasília-DF, 2004.

_____. *Ano Vocacional 2003, Texto-base.* Brasília-DF, 2003.

CONCÍLIO VATICANO II. *Constitutio Dogmática de Ecclesia – Lumen Gentium.* AAS, v. 57, n. 01, 30 janeiro, 1965, p. 5-67.

CONGAR, Y. *Leigos na Igreja. Escalões para uma teologia do laicato.* São Paulo: Herder, 1966.

_____. "A Igreja como Povo de Deus", in *Concilium,* n. 1, vol. II, janeiro, 1965, p. 8-26.

COSTA, A. D. "Os ministérios no Novo Testamento", in *Revista de Cultura Teológica,* n. 27, abril/junho, 1999, p. 47-85.

DUPUY, B. D. "Teologia dos ministérios eclesiais", in FEINER, J.; LOEHRER, M. *Mysterium Salutis IV/6*, secção VI. Petrópolis: Vozes, 1973, p. 156-185.

FORTE, B. *La chiesa icona della trinità. Breve ecclesiologia.* Brescia: Queriniana, 1984.

FRAIVE, A. *Os leigos nas origens da Igreja.* Petrópolis: Vozes, 1992.

GONÇALVES, P. S. L.; BOMBONATTO, V. I. (org.). *Concílio Vaticano II, análise e prospectivas.* São Paulo: Paulinas, 2004.

GOULART, J. D. *Os caminhos da vocação para servir.* São Paulo: Paulus, 2ª edição, 2003.

KÄSEMANN, E. "Diversidade e unidade no Novo Testamento", in *Concilium,* n. 91, 1984, p. 81.

KNOWLES, D.; OBOLENSKY, D. *Nova História da Igreja.* Vol. III. Petrópolis: Vozes, 1974, p. 79-88.

LEMAIRE, A. *Os ministérios na Igreja.* São Paulo: Paulinas, 1977.

_____. "Dos serviços aos ministérios. Os serviços eclesiásticos nos dois primeiros séculos", in *Concilium,* n. 80, 1972, p. 1265-1277.

LIBÂNIO, J. B. *Cenários da Igreja.* São Paulo: Loyola, 1999.

_____. "Concílio Vaticano II. Os anos que se seguiram", in *Vida Pastoral,* n. 243, julho-agosto, 2005, p. 23-28.

LODI, E. "Ministério/Ministérios", in: *Dicionário de Liturgia.* São Paulo: Edições Paulinas, 1992, p. 737-749.

LORSCHEITER, A. "Linhas mestras do Concílio Ecumênico Vaticano II", in *Vida Pastoral,* n. 243, julho-agosto, 2005, p. 13-16.

MARTINA, G. *Storia della* chiesa. Roma: Istituto di Teologia per corrispondenza del centro "Ut Unum sint", 1980.

OLIVEIRA, J. L. M. *Teologia da vocação.* São Paulo: Loyola, São Paulo: IPV, 1999.

_____. *Pastoral Vocacional e cultura urbana.* São Paulo: Loyola, São Paulo: IPV, 2000.

Oliveira, J. L. M. *Nossa resposta ao amor.* São Paulo:Loyola, São Paulo: IPV, 2001.

_____. *O evangelho da vocação.* São Paulo:Loyola, São Paulo: IPV, 2003.

Paulo VI. *Motu proprio Ministeria Quaedam.* AAS, v. 64, n. 08, 31 agosto, 1972, p. 529-534.

Parra, A. *Os ministérios na Igreja dos pobres.* Petrópolis: Vozes, 1991.

_____. "Ministeri laicali", in Ellacuría, I.; Sobrino, J. (a cura di). *Mysterium Liberationis,* Roma: Edizioni Borla, 1992, p. 783.

Ruijs, R. "Estruturas Eclesiais no Novo Testamento à Luz da Vontade de Jesus", in *REB,* v. 33, fasc. 129, p. 35-60, março, 1973.

Samain, E. "O ministério e os ministérios segundo o Novo Testamento", in *REB,* v. 37, fasc. 146, p. 343-367, junho, 1977.

Santos, M. A. "Novos caminhos para os ministérios", in *Teocomunicação,* v. 32, n. 135, [março], 2002, p. 21-42.

_____. "A relação entre 'sacerdócio ministerial – sacerdócio comum' e 'ministérios ordenados – ministérios não ordenados'", in *Teocomunicação,* v. 31, n. 132, junho, 2001, p. 217-250.

Schillebeeckx, E. *Por uma Igreja mais humana.* São Paulo: Edições Paulinas, 1989.

Sesboüe, B. *Não tenham medo! Os ministérios na Igreja hoje.* São Paulo: Paulus, 1998.

Tavares, S. S. "Unidade na pluralidade: a eclesiologia de J. A. Möhler (1796-1838)", in *REB,* v. 64, fasc. 256, outubro, 2004, p. 836-864.

Velasco, R. *A Igreja de Jesus.* Petrópolis: Vozes, 1996.

Zagheni, G. *A Idade Contemporânea.* São Paulo: Paulus, 1999, p. 40-41.

Discrepância entre o Ideal do Matrimônio e a Realidade

Christiane Blank[1]

Ideal e realidade

"Íntima comunhão de vida e de amor" (GS 48), "doação recíproca de duas pessoas" (GS 48) são apenas dois exemplos daquilo que a teologia, nos textos do Concílio Vaticano II e na época pós-consciliar, designa como ideal e paradigma do matrimônio. Esta visão personalista, que acentua o relacionamento íntimo e pessoal entre os cônjuges, exalta o amor, a intimidade de um relacionamento harmonioso e profundo entre as duas pessoas. Sacerdotes, bispos e leigos engajados na Pastoral Familiar falam com entusiasmo desse amor, como se este fosse tão omni-presente na vida concreta do casal, como é nos documentos pós-conciliares da Igreja.

Infelizmente, porém, a realidade não é assim. Ela está refletida nas estatísticas sobre divórcio e separações,[2] e estas mostram que cada vez mais os casais têm dificuldades em vivenciar concretamente aquela "co-

---

[1] Doutora em Teologia pela Pontifícia Faculdade de Teologia Nossa Senhora da Assunção, onde é professora. É psicóloga e professora em outros institutos de ensino superior. É especialista em Teologia/Psicologia matrimonial, tendo publicado vários livros sobre o assunto.

[2] As datas do IBGE mostram que as separações judiciais em 2005 aumentaram em 7,4% em relação a 2004 e os divórcios tiveram um crescimento de 15,5% no mesmo período.

munidade de amor" (GS 47), enfatizada pelos documentos e propagada pelos representantes da Igreja. É trágico que muitos fiéis recebem com ambiguidade a nova perspectiva da Igreja em relação ao matrimônio, e isso exatamente num momento no qual essa Igreja superou a velha concepção pré-conciliar do matrimônio como contrato e se empolga em apresentar esse matrimônio como união pessoal de vida e amor. Para boa parte dos fiéis, a discrepância entre uma pregação que enfatiza o ideal do amor em sua forma mais pura e profunda e a realidade vivida em seu relacionamento cotidiano, é grande demais. Confrontados com os apelos de todos aqueles que se engajam na luta pela preservação do matrimônio e da família, acentuando a importância da "Igreja doméstica", muitos casais se sentem fracassados porque não conseguem corresponder em sua convivência concreta ao ideal propagado. Reconhecendo a própria situação como insatisfatória ou precária, não são poucos os fiéis que desenvolvem sentimentos de culpa, de fracasso e de incompetência. Quanto mais se enfatiza no campo religioso a beleza de um amor profundo, mais se revela para muitos a imperfeição do próprio amor. Os apelos morais e suas exigências quanto ao esforço para a realização do ideal propagado se revelam contraprodutivos. Eles aumentam a pressão, e assim crescem o desânimo e o desespero. Esses, muitas vezes, terminam na revolta contra a Igreja e contra Deus. Mas assim não deveria ser. O que fazer, então, para evitar tais situações?

Novos paradigmas, novas possibilidades

Numa concepção visionária, os textos de *Gaudium et Spes*, já em 1965, forneceram todos os pré-requisitos necessários para uma ação pastoral capaz de prevenir tais impasses. A nova compreensão do matrimônio como aliança e processo fornece as bases para uma nova teologia e ação matrimonial. Ela pode incentivar os casais a iniciar uma caminhada diferente, no decorrer da qual os parceiros serão capazes de construir aquela "união íntima, doação recíproca" (GS 48) tão desejada.

A teologia matrimonial, à qual me refiro, parte de novos paradigmas. Conforme eles, o matrimônio não é mais compreendido em primeiro lugar como contrato, cujo fim exclusivo e único é a procriação. Leis e parágrafos não são mais vistos como estabilizadores predominantes da união. Foi superada também a concepção estática do matrimônio em termos de contrato; e não se trata mais de cimentar e fixar o relacionamento por dentro de uma situação estática. A partir dos textos de *Gaudium et Spes* iniciou-se na teologia matrimonial da Igreja uma nova perspectiva, conforme a qual o matrimônio se compreende em primeiro lugar como "aliança".

Essa mudança significa muito mais do que uma simples troca de conceito. Trata-se de uma verdadeira mudança de paradigma. O Concílio retoma o significado profundo da experiência de aliança, assim como ela aparece nos textos bíblicos, na aliança entre Deus e seu povo: Deus convida o ser humano para se aliar a ele e iniciar um processo de mudanças e transformações. O exemplo culminante de tais transformações encontramos no Êxodo. Naquela caminhada através do deserto, o povo de Israel é chamado a se libertar e a descobrir novos horizontes em sua maneira de ser.

A Igreja, em sua compreensão do matrimônio, refere-se a essa experiência bíblica. Para ela, Deus também chama o casal para começar um novo projeto de vida. Um projeto, no qual os dois cônjuges, juntos com Deus, engajam-se numa caminhada para construir um novo futuro. Ser no caminho significa conhecer novas dimensões, abrir perspectivas e transcender os limites restritos. No entanto, implica também em correr riscos, duvidar, falhar e errar nesse caminho. Mas é através de tais erros e fracassos que se aprende. Mesmo que essa aprendizagem muitas vezes seja penosa e demorada, tudo é possível desde que os aliados não desistam. Deus, por sua vez, nunca desiste. Ele é "go´el". Ele é um Deus que defende todos aqueles que não têm defensor. Isso significa que o Deus "go´el" sempre fica fiel também àqueles que foram esquecidos, rejeitados e abandonados em seu relacionamento. O amor de Deus é irrestrito e fiel, generoso e misericordioso. É nessa fidelidade irrestrita que se revela também para os casais em crise a grandiosidade daquilo que significa "aliança".

É mérito do Concílio Vaticano II ter começado a ver o matrimônio a partir dessa nova perspectiva: Matrimônio é aliança!

Uma teologia matrimonial que não se fixa nas deficiências, mas se torna teologia de esperança

Infelizmente, poucos cônjuges têm consciência dessa mudança revolucionária dos paradigmas, e muito menos do significado libertador que este poderia ter para sua própria vida de casal. Ainda hoje, muitos se sentem intimidados por uma mentalidade que enfatiza leis, parágrafos e que ameaça com sanções. Muitos outros se sentem sobrecarregados pela exigência de celebrar um amor idealizado, apresentado como se fosse a realidade cotidiana e onipresente de todos aqueles que têm boa vontade e fé.

Por eles, apesar de toda a sua boa vontade, não conseguirem atingir o ideal propagado, desanimam e muitas vezes até se afastam da Igreja ou pelo menos de sua doutrina respectiva.

Contra tudo isso, temos de insistir numa teologia matrimonial que não se fixe nas deficiências, mas se torne teologia de esperança. Nela, o fato de os recursos existentes do próprio casal serem muitas vezes fragmentários, é considerado normal. Os fragmentos existentes não são vistos como deficiências dos cônjuges pelas quais devem ser culpados. Toda situação é interpretada como etapa provisória dentro do processo de uma caminhada, rumo a um ideal. Tal teologia da esperança aceita como normal o caso daqueles casais que, porventura, ainda estão longe do ideal enfatizado. Ela acredita na força transformadora dos cônjuges. Ela confia que eles, através de um processo dialético, são capazes de progredir e se aproximar mais ao ideal de uma "comunidade de amor" (GS47). Mas ela não apresenta esse ideal como exigência a ser atingida plenamente já no início, mas muito mais como objetivo, rumo ao qual os cônjuges estão a caminho.

A felicidade no amor, de fato, não é algo que se alcança automaticamente através da celebração do sacramento. Já o teólogo holandês E. Schillebeeckx e com ele também a teologia pós-conciliar mostram que o matrimônio deve ser entendido como processo. Conforme Schillebeeckx, esse processo começa bem antes da celebração do sacramento e conhece "no casamento socialmente reconhecido... um momento festivo de confirmação, mas depois, durante toda a vida, deve-se desenvolver".[3] É importante que os casais sejam informados sobre essa teologia. É a partir dela que eles podem libertar-se daquela falsa expectativa, conforme a qual a felicidade se instala automaticamente e de maneira mágica através da celebração do sacramento.

Ao mesmo tempo, os casais podem libertar-se também da pressão de terem de corresponder desde o início a um ideal de matrimônio perfeito. Tal pressão é contraprodutiva. Ela desanima e paralisa, e, como consequência, muitos desistem bem cedo, porque se sentem incapazes de responder às altas expectativas.

---

[3] BAUMANN, Urs. *Die Ehe – Ein Sakrament?*, Zürich, Benziger, 1988, p. 299. Sobre o caráter processual do matrimônio e sua correlação com as dimensões da fé, vide também: SCHILLEBEECKX, E. *O matrimônio, realidade terrestre e mistério de salvação*, Petrópolis, Vozes, 1969, p. 300-309.

Uma teologia, porém, que compreende matrimônio como aliança mostra aos casais que todo relacionamento se encontra em constante evolução e transformação. Ninguém e nada nascem prontos; as mudanças só acontecem através de processos. Dithmar Mieth, especialista em Teologia Moral, acentua com veemência que isso também é válido para o matrimônio. Também nele não são os resultados finais que importam, mas o processo que o casal percorre.[4] O processo da vivência matrimonial torna-se meio de aprendizagem para aprofundar o amor. Assim, porém, abre-se para os casais uma nova perspectiva para interpretar suas dificuldades. Elas se revelam normais e até necessárias para o amadurecimento do amor. Os cônjuges com dificuldades não precisam desesperar-se. Eles sabem que o amor se aprende e se aprofunda através de uma caminhada conjunta. As dúvidas existentes e as fraquezas humanas não precisam ser negadas e muito menos interpretadas como fracassos pecaminosos. Em vez disso, pode-se aceitar que dificuldades e crises fazem parte de um processo que em nada é linear, mas que tem seus altos e baixos – e que isso é totalmente normal.

O que importa nesta nova perspectiva é que os casais percebam que cabe a eles desenvolver um papel ativo nesse processo. É através das experiências da vida que o amor se transforma. Isso significa que os casais são continuamente chamados a buscar novas respostas. Assim eles se tornam os protagonistas de sua vida e de sua felicidade matrimonial.

---

[4] Cf. MIETH, D. *Die Spannungseinheit von Theorie und Praxis,* Freiburg i. Ue., Universitätsverlag, 1986, p. 67-81.

Uma Pastoral Matrimonial que investe
no desenvolvimento das potencialidades do próprio casal

Realizar tal atitude na realidade concreta é muito difícil. A situação é bem mais complexa do que na época em que o matrimônio ainda era compreendido exclusivamente como contrato, com regras fixas e respostas previsíveis. Na realidade, receitas prontas não existem, e isso vale sobretudo quando se acentua o caráter personalista do relacionamento e o amor íntimo e pessoal das duas pessoas. Esse amor desenvolve uma dinâmica própria que não só é complexa, mas muitas vezes também pouco previsível. Além disso, o relacionamento amoroso não se constitui mais, como antigamente, nos moldes de uma estrutura social bastante estável e definida. A sociedade pós-moderna oferece uma pluralidade de valores e propostas que dificultam a orientação do casal. Sujeitos às interferências dessa sociedade, os cônjuges têm dificuldades em encontrar seu próprio caminho. Enfrentar sempre novos desafios muitas vezes supera a capacidade do casal, sobretudo quando não foram preparados para isso.

Como consequência, há muitos cônjuges que vivem dia após dia a discrepância frustrante entre o ideal, apresentada na visão teológico--personalista do amor, e a realidade concreta da união deles. Diante dessa situação, a Pastoral Matrimonial se vê desafiada hoje de maneira totalmente nova. Ela deve buscar outros caminhos de atuação para poder ajudar a esses casais.

A problemática inicial que se põe é a seguinte: Como dois parceiros poderão construir um relacionamento profundo e duradouro se nunca aprenderam a interagir? Como um cônjuge pode atender às necessidades afetivas do outro, se neste mundo frio e funcional ele mesmo está tão carente de calor humano? Como podem ser resolvidos os conflitos de tal maneira que ambos se beneficiem, quando cada um dos parceiros se acostumou a lutar apenas por suas próprias vantagens? Como persuadir um cônjuge a manter-se fiel, quando este, marcado pela mentalidade do consumo, já habituou-se a trocar tudo o que não mais o satisfaz?

As perguntas levantadas mostram que a Pastoral Matrimonial deve inovar seus trabalhos e suas perspectivas, a fim de responder aos novos desafios. Os métodos tradicionais, apesar de seu grande valor, são insuficientes. Investir sobretudo na informação racional, no ensinamento moral e em soluções prontas, não resolve os problemas dos casais. O amor não funciona assim. Os mecanismos psíquicos são mais complexos e o ser humano não se reduz a uma dimensão intelectual.

Para responder a essa realidade, também a Pastoral Matrimonial deve acentuar o enfoque personalista e sua valorização do amor interpessoal. Isso, porém, significa investir num trabalho dinâmico que promova as próprias capacidades do casal. A atenção da Pastoral Matrimonial deve concentrar-se no incentivo ao crescimento e à evolução do amor entre os parceiros. Um amor, aliás, que muitas vezes se realiza em condições desfavoráveis. Numa época que acentua o individualismo e a competição, as pessoas, em sua história de vida, normalmente aprendem muito pouco sobre amizade, solidariedade e fidelidade. Outros valores prevalecem, assim como eficiência, beleza, eterna juventude e produtividade. Na sociedade neoliberal, uma pessoa que não corresponde a tais parâmetros não serve mais e está sendo substituída. O amor, porém, não segue os parâmetros do neoliberalismo. Mas isso muitas pessoas, hoje, nem sabem mais.

É dentro de tais condições desfavoráveis que a Pastoral Matrimonial tem de preparar os casais. Seu objetivo deve ser o seguinte: desenvolver as potencialidades de ambos os parceiros. Para que isto aconteça, devem ser utilizados métodos que envolvam esses parceiros em experiências práticas. Experiências essas que mudam os pensamentos, os sentimentos e a percepção de cada um dos cônjuges e que, como consequência, influenciem e eventualmente mudem o agir individual e em conjunto.

Tais métodos existem! Eles foram inclusive elaborados com a ajuda da própria Igreja, mas infelizmente são pouco conhecidos.[5] São métodos que se baseiam no princípio fundamental da interação. Uma interação que promove o desenvolvimento e o treinamento das próprias habilidades do casal. Habilidades básicas, tais como:

– a comunicação para que os dois conheçam melhor seus sentimentos, seus pensamentos e suas necessidades;
– a resolução de conflitos para encontrar soluções construtivas e viáveis para ambos.

Tudo isso ajuda a aproximar os cônjuges, a fazer que passo por passo cada um se torne único e especial para o outro. Conflitos não precisam ser mais reprimidos, mas podem ser resolvidos de tal maneira que a convivência a dois se torne rica e dinâmica. Com o desenvolvimento das próprias habilidades, o casal cresce em autonomia e responsabilidade.

Favorecer o desenvolvimento do juízo moral e da fé

Isso, porém, não basta. Para que os cônjuges possam orientar-se no pluralismo dos valores propagados na sociedade pós-moderna, eles precisam de ajuda. Não adianta, porém, somente impor valores e ameaçar com sanções. Temos de ajudar o casal a desenvolver seu próprio julgamento moral. Só assim os cônjuges se tornam aptos a decidir com autonomia e responsabilidade e a escolher conscientemente o rumo de sua vida.

---

[5] Cf. BLANK, C. *Crescer no amor sem perder a paixão.* São Paulo, Paulus, 2007. BLANK, C. *Construir o matrimônio na Pós-Modernidade.* São Paulo, Paulus, 2006.

Como em outros processos de desenvolvimento, também no matrimônio, as pessoas passam por certos estágios de desenvolvimento.[6] Se num primeiro momento nosso comportamento é determinado de forma acentuada pela obediência e pelo medo da punição e das sanções, em momentos posteriores da evolução do ser humano, isso muda. O julgamento moral não se orienta mais exclusivamente no bem-estar da própria pessoa, mas se preocupa sempre mais com o bem-estar dos outros. Em estágios avançados desse desenvolvimento moral, leis ou parágrafos não ocupam mais o primeiro lugar. São substituídos pelos princípios éticos universais, vitais para toda a existência humana. Com a defesa de princípios como direito à vida, justiça, solidariedade e liberdade, visa-se a construção de um mundo melhor.

Para o casal, fazer essa evolução sozinho é muito difícil. Por causa disso, é mais uma vez a Pastoral Matrimonial que é chamada a agir e a desenvolver junto com os casais um trabalho que promove as potencialidades respectivas:

– Sensibilidade para discernir o funcionamento dos mecanismos de manipulação na sociedade.

– Senso crítico para distinguir entre valores essenciais para a vida e pseudovalores, propagados por pessoas e grupos interessados no lucro.

– Substituição de uma perspectiva egocêntrica que apenas visa a felicidade individual ou conjugal, por um projeto mais vasto, no qual os dois cônjuges se tornem protagonistas para a construção de um mundo melhor.

---

[6] Cf., por exemplo, a exposição das teorias de Lawrence Kohlberg em *Construir o matrimônio na Pós-Modernidade*. São Paulo, Paulus, 2006, p. 199ss.

Promover tal evolução nas pessoas é extremamente difícil, mas é possível. Muitas das propostas existentes[7] para conseguir as mudanças necessárias baseiam-se em métodos interacionais que partem da situação concreta do casal. Através da confrontação com os problemas e dilemas reais, os casais aprendem a analisar com senso crítico os prós e os contras de uma determinada problemática. Aprendem a assumir responsabilidade e decidir com autonomia. Tudo isso é um processo demorado, que tem seus altos e baixos e que nunca termina. Mas quanto mais os parceiros conseguem entrar nessa dinâmica processual, tanto mais conseguirão libertar-se de seu egoísmo e egocentrismo. Tanto mais também percebem que o objetivo do matrimônio ultrapassa até o desejo de encontrar a felicidade individual ou conjugal dos parceiros. Compreendem que eles, como casal, fazem parte de um projeto maior, que é a construção de um mundo mais justo e mais fraterno. Com isso, abrem-se novas perspectivas. O olhar fixado unicamente na questão do relacionamento se amplia, e assim até as próprias dificuldades e falhas são relativizadas. Dessa maneira, porém, até a vida ganha novo sentido.

Tais perspectivas mais abrangentes ultrapassam as fronteiras das questões morais. Elas, porém, remetem a uma reflexão teológica sobre o sentido mais profundo e amplo do sacramento do matrimônio. No sacramento, os cônjuges não apenas fazem uma aliança entre si. Eles engajam-se numa aliança que alcança uma dimensão transcendental: a aliança do ser humano com Deus. Firmando essa aliança, o casal se compromete a participar de um projeto que ultrapassa em muito a construção e a vivência do próprio relacionamento. Envolve-se no projeto de Deus que o incentiva a construir um mundo melhor. A sigla para este mundo é de "Reino de Deus".

---

[7] Cf. BLANK, C. *Construir o matrimônio na Pós-Modernidade*. São Paulo, Paulus, 2006, p. 210ss.

Chamado para envolver-se num projeto maior: a construção do "Reino de Deus"

A aliança matrimonial revela-se assim como um desafio enorme. É o desafio de arriscar-se a começar uma caminhada. Tal caminhada implica a coragem de confiar não só nas próprias capacidades, mas também num Deus que está conosco e nos acompanha. Para poder acreditar nisso, as pessoas têm de ter fé. Essa fé, porém, por sua vez, não nasce do nada. Ela tem de ser cultivada, reforçada e desenvolvida. E, mais uma vez, a Pastoral Matrimonial é desafiada: Como é que se pode desenvolver e fortalecer a fé do casal, para que este não desista das dificuldades que encontra no caminho?

Especialistas como J. W. Fowler e F. Oser mostram que também o desenvolvimento da fé é possível e necessário.[8] Muitas pessoas vivem ainda num estágio rudimentar de fé. Estão dominadas pelo medo de um Deus onipotente, um "Deus ex maquina" que decide de maneira arbitrária sobre seu destino. Um Deus ameaçador que pune quando o ser humano falha.

É importante que as pessoas se libertem desse tipo de fé que paralisa e que, em vez disso, comecem a desenvolver uma fé mais evoluída. Uma fé que confia num Deus que ama o ser humano. Um Deus que acompanha os cônjuges em suas dificuldades. Um Deus também que respeita o ser humano e até lhe dá a liberdade de errar e falhar, sem intervir com ameaças e punições. Um Deus, enfim, que confia no ser humano, porque sabe que é através das experiências que esse Ser vai aprender e crescer.

---

[8] Cf. As reflexões sobre a teoria de J. W. Fowler em BLANK, C. *Construir o matrimônio na Pós-Modernidade*. São Paulo, Paulus, 2006, p. 235ss. OSER, F. *Wieviel Religion braucht der Mensch*. Gütersloh, GTB, 1988, S. 45ss.

Para que o casal possa viver o matrimônio a partir de tal fé, a Pastoral Matrimonial tem de lhe ajudar a desenvolver essa fé.[9] Uma fé sem ameaças, uma fé num Deus de amor, num Deus misericordioso, num Deus que defende todos aqueles que não têm defensor. Anunciar essa "Boa-Nova" no trabalho pastoral com os casais é de importância primordial sobretudo nos tempos de hoje. Em tempos de instabilidade e insegurança, de frieza e cálculo, o casal tem de saber que Deus o ama de maneira radical, absoluta e para sempre. Que Deus tem plena confiança em suas potencialidades e os acompanha no caminho. Aconteça o que acontecer, ele não desistirá.

É uma das tarefas mais importantes da Pastoral Matrimonial, transmitir essa "Boa-Nova" aos casais. Ao mesmo tempo é essencial para o trabalho dessa pastoral que ela mesma deixe-se guiar pelo Espírito desse Deus. Um espírito de esperança que acentua os recursos do próprio casal e investe em seu desenvolvimento. Na medida em que a Pastoral Matrimonial conseguir ajudar os cônjuges a se tornarem protagonistas responsáveis por sua vida, diminui também a discrepância entre o ideal de um amor feliz e a situação real do casal. A aplicação da nova Teologia Matrimonial nas atuações pastorais torna-se assim, novamente, mensagem de esperança, porque acredita no poder excepcional do amor e em sua força transformadora. Quanto mais a Pastoral Matrimonial usar os novos métodos interacionais mencionados aqui, tanto mais ela oferece aos casais subsídios para desenvolver suas capacidades de comunicação. Ao mesmo tempo pode favorecer criativamente a evolução da moral e da fé. Assim, essa Pastoral, contra todos os sinais negativos, possibilitará a reativação da força transformadora do amor.

Cabe a todos nós, na solidariedade cristã, sermos instrumentos para a promoção desta transformação.

---

[9] Cf. BLANK, C. *Construir o matrimônio na Pós-Modernidade,* São Paulo, Paulus, 2006, p. 243ss.